普通高等教育农业农村部"十四五"规划教材

材 料 力 学

主　编　任述光　冯辉荣
副主编　陈　霖　刘中华
参　编　张　岚　薛晋霞　陈　鑫　彭楚才　周茂定
　　　　吴　晓　伍志军　赵稳军　魏　刚　吴　懿
　　　　康家鑫
主　审　吴明亮

机械工业出版社

本书为普通高等教育农业农村部"十四五"规划教材,按照教育部力学基础课程教学指导分委员会《理工科非力学专业力学基础课程教学基本要求》,在编者主编的高等院校机械类"十二五"、普通高等教育力学系列"十三五"规划教材的基础上改编而成,可供48~72学时的材料力学课程选用。本书重视基础与应用,着眼于基本概念及基本理论,突出能力培养,融入工程问题力学理论分析与计算机数值计算相结合的新成果。本书的主要内容包括绪论、轴向拉伸与压缩、剪切和挤压的实用计算、扭转、弯曲内力、弯曲应力、弯曲变形、应力分析及广义胡克定律等。

本书的编写力求做到概念表达准确、文字精练、层次分明、论述严谨、结构紧凑、深入浅出。本书具有专业面宽与教学适用性强等特点。

本书可作为高等院校机械、能源、动力、土木、水利、材料类专业材料力学课程的教材,也可作为自学教材,还可供相关专业工程技术人员参考。

图书在版编目（CIP）数据

材料力学/任述光,冯辉荣主编. -- 北京：机械工业出版社,2025.1. --（普通高等教育农业农村部"十四五"规划教材）. -- ISBN 978-7-111-77358-0

Ⅰ. TB301

中国国家版本馆 CIP 数据核字第 20253M1P28 号

机械工业出版社（北京市百万庄大街22号　邮政编码100037）
策划编辑：汤　嘉　　　　　责任编辑：汤　嘉
责任校对：丁梦卓　李　杉　　封面设计：王　旭
责任印制：任维东
河北京平诚乾印刷有限公司印刷
2025年7月第1版第1次印刷
184mm×260mm・21.25 印张・527千字
标准书号：ISBN 978-7-111-77358-0
定价：65.00元

电话服务　　　　　　　　　网络服务
客服电话：010-88361066　　机　工　官　网：www.cmpbook.com
　　　　　010-88379833　　机　工　官　博：weibo.com/cmp1952
　　　　　010-68326294　　金　书　网：www.golden-book.com
封底无防伪标均为盗版　　　机工教育服务网：www.cmpedu.com

前言

材料力学是普通高等教育理工科专业重要的专业技术基础课，也是学习后续相关课程的理论基础课。本书作为普通高等教育农业农村部"十四五"规划教材，为适应新时代的教与学，根据普通高等院校理工科材料力学教学大纲和线上线下混合式教学的基本要求而编写。党的二十大报告指出："育人的根本在于立德。全面贯彻党的教育方针，落实立德树人根本任务，培养德智体美劳全面发展的社会主义事业建设者和接班人……培养造就大批德才兼备的高素质人才，是国家和民族长远发展大计。"为全面贯彻落实党的二十大精神，本书的编写把"立德树人"作为教育教学的第一要务，旨在培养学生严谨的科学态度，追求真理、勇攀科学高峰的责任感和使命感，以及精益求精的工匠精神。本书在注重基本概念、基本原理和基本方法的前提下，结合实际工程案例，有机融入课程思政；聚焦前沿研究，突出新工科人才培养目标，引导读者，循序渐进，进行创新探索学习，以适应教学改革和新工科发展的需要。

本书的编写借鉴了诸多优秀的力学书籍，结合编者的教学及实践经验，在编者主编的《材料力学》书籍的基础上，对内容做了精心的选择和编排。本书注重理论严谨、逻辑清晰、内容精炼、叙述深入浅出，注重培养读者分析解决问题的能力，融入与材料力学相关的计算机有限元分析数值模拟的新成果，使枯燥、晦涩的力学问题变得鲜明、生动，增强了读者学习材料力学课程的兴趣，并附以较丰富的习题，供读者选做。

本书共14章，其中，第1章由康家鑫编写，第2章由冯辉荣编写，第3章由张岚编写，第4章由魏刚编写，第5章由吴懿编写，第6章由赵稳军编写，第7章由吴晓编写，第8章由刘中华编写，第9章由周茂定编写，第10章由任述光编写，第11章由陈霖编写，第12章由薛晋霞编写，第13章由彭楚才编写，第14章由伍志军编写，附录A由陈鑫编写。全书由任述光负责统稿，并对部分章节内容进行了补充和删减。

由于编者水平有限，书中难免有疏漏和不足之处，恳请读者批评指正。

编　者

目录

前言

第1章 绪论 1
    1.1 材料力学的任务 1
    1.2 变形固体的基本假设 1
    1.3 外力及其分类 2
    1.4 内力和应力 4
    1.5 变形与应变 6
    1.6 杆件变形的基本形式 7
    习题 9

第2章 轴向拉伸与压缩 10
    2.1 轴向拉伸与压缩的概念及工程实例 10
    2.2 轴力与轴力图 10
    2.3 横截面及斜截面上的应力 13
    2.4 材料在拉伸与压缩时的力学性能 17
    2.5 许用应力 强度条件 23
    2.6 轴向拉伸或压缩时的变形 26
    2.7 简单拉压超静定问题 29
    习题 34

第3章 剪切和挤压的实用计算 41
    3.1 剪切的概念 41
    3.2 剪切强度的实用计算 42
    3.3 挤压及其适用强度计算 44
    习题 47

第4章 扭转 51
    4.1 扭转的概念 51
    4.2 传动轴的转矩 扭矩和扭矩图 52
    4.3 剪切胡克定律 55
    4.4 等直圆杆扭转时的应力 强度条件 57
    4.5 圆轴扭转时的变形 刚度条件 62
    4.6 等直圆杆扭转时的应变能 65
    4.7 非圆轴截面杆的扭转 67
    4.8 薄壁杆件的自由扭转 69
    习题 75

第5章 弯曲内力 80
    5.1 弯曲的概念 80
    5.2 受弯杆件的简化 81
    5.3 梁的弯曲内力——剪力和弯矩 83

5.4 剪力图和弯矩图 …………………………………………………………………… 87
5.5 微分关系及剪力图与弯矩图 …………………………………………………… 91
5.6 平面曲杆的弯曲内力图 ………………………………………………………… 95
习题 ……………………………………………………………………………………… 97

第6章 弯曲应力 ………………………………………………………………………… 101
6.1 弯曲正应力 ……………………………………………………………………… 101
6.2 弯曲切应力 ……………………………………………………………………… 107
6.3 弯曲强度计算 …………………………………………………………………… 115
6.4 提高弯曲强度的一些措施 ……………………………………………………… 121
6.5 开口薄壁杆件的弯曲中心 ……………………………………………………… 125
习题 ……………………………………………………………………………………… 130

第7章 弯曲变形 ………………………………………………………………………… 136
7.1 弯曲变形的基本概念 …………………………………………………………… 136
7.2 挠曲线的近似微分方程 ………………………………………………………… 138
7.3 积分法计算梁的变形 …………………………………………………………… 139
7.4 叠加法计算梁的变形 …………………………………………………………… 145
7.5 刚度条件及其应用 ……………………………………………………………… 152
7.6 简单超静定梁 …………………………………………………………………… 154
习题 ……………………………………………………………………………………… 157

第8章 应力分析及广义胡克定律 ……………………………………………………… 162
8.1 应力状态概述 …………………………………………………………………… 162
8.2 应力状态的实例 ………………………………………………………………… 163
8.3 二向应力状态分析——解析法 ………………………………………………… 166
8.4 二向应力状态分析——图解法 ………………………………………………… 171
8.5 三向应力状态 …………………………………………………………………… 175
8.6 广义胡克定律 …………………………………………………………………… 177
8.7 复杂应力状态下的比能 ………………………………………………………… 181
习题 ……………………………………………………………………………………… 183

第9章 强度理论 ………………………………………………………………………… 189
9.1 基本变形时构件的强度条件 …………………………………………………… 189
9.2 复杂应力状态下强度条件的提出 ……………………………………………… 189
9.3 常用的四种强度理论 …………………………………………………………… 190
9.4* 莫尔强度理论 …………………………………………………………………… 195
习题 ……………………………………………………………………………………… 198

第10章 组合变形 ………………………………………………………………………… 201
10.1 组合变形的概念 ………………………………………………………………… 201
10.2 斜弯曲 …………………………………………………………………………… 202
10.3 拉伸（压缩）与弯曲的组合 …………………………………………………… 208
10.4 偏心拉伸（压缩） ……………………………………………………………… 210
10.5 扭转与弯曲的组合 ……………………………………………………………… 215
习题 ……………………………………………………………………………………… 218

第11章 压杆稳定 ………………………………………………………………………… 224
11.1 压杆稳定概述 …………………………………………………………………… 224

11.2　临界压力的概念 ………………………………………………… 225
　　11.3　两端铰支细长压杆的临界压力 ………………………………… 227
　　11.4　不同杆端约束细长压杆的临界力 ……………………………… 230
　　11.5　欧拉公式的适用范围、临界应力 ……………………………… 231
　　11.6　压杆稳定性计算 ………………………………………………… 234
　　11.7　提高压杆稳定性的措施 ………………………………………… 235
　　习题 ……………………………………………………………………… 237

第 12 章　能量方法 ………………………………………………………… 242
　　12.1　杆件基本变形的应变能 ………………………………………… 242
　　12.2　虚功原理 ………………………………………………………… 248
　　12.3　单位荷载法与莫尔积分 ………………………………………… 249
　　12.4　卡氏定理 ………………………………………………………… 252
　　12.5　最小势能原理 …………………………………………………… 255
　　习题 ……………………………………………………………………… 257

第 13 章　超静定问题 ……………………………………………………… 261
　　13.1　超静定结构的概念 ……………………………………………… 261
　　13.2　简单超静定问题 ………………………………………………… 263
　　13.3　力法求解超静定结构 …………………………………………… 269
　　13.4　利用对称性简化超静定结构 …………………………………… 278
　　习题 ……………………………………………………………………… 281

第 14 章　动载荷与交变应力 ……………………………………………… 286
　　14.1　考虑惯性力的应力计算 ………………………………………… 286
　　14.2　冲击荷载 ………………………………………………………… 290
　　14.3　冲击韧性 ………………………………………………………… 296
　　14.4　交变应力与疲劳失效 …………………………………………… 298
　　习题 ……………………………………………………………………… 306

附录 A　截面的几何性质 ………………………………………………… 313
　　A.1　静矩和形心 ……………………………………………………… 313
　　A.2　惯性矩、惯性积和极惯性矩 …………………………………… 315
　　A.3　平行移轴与转轴公式 …………………………………………… 318
　　A.4　主惯性轴与主惯性矩 …………………………………………… 321
　　习题 ……………………………………………………………………… 321

附录 B　常用截面的几何性质计算公式 ………………………………… 325

附录 C　简单荷载作用下梁的转角和挠度 ……………………………… 327

附录 D　型钢规格表 ……………………………………………………… 329

参考文献 …………………………………………………………………… 334

第 1 章　绪　论

1.1　材料力学的任务

各种机械或工程结构均是由若干零件或结构元件组成的，这些不可再拆卸的零件或结构元件统称为构件，如建筑物的梁和柱、机床的轴、发动机连杆等。在工作中，构件受到一定的外力，例如，提升重物的钢丝绳承受重物的拉力，车床主轴受齿轮啮合力和切削力，桥墩承受桥梁及桥上物体的压力。这些作用于物体的外力统称为载荷或荷载。构件受到外力作用时，其形状与尺寸发生改变，称为变形。构件的变形分为两类：一类为外力消除后可以完全恢复的变形，称为弹性变形；另一类为外力消除后不能恢复的变形，称为塑性变形或残余变形。

为保证工程结构或机械的正常工作，构件应有足够承受载荷的能力。因此，构件应满足以下的要求：

1. 强度要求

构件应有足够的抵抗破坏和塑性变形的能力。例如，提升重物的钢丝绳不允许被拉断，储气罐不应爆裂，不能产生显著的塑性变形等。

2. 刚度要求

构件应有足够的抵抗弹性变形的能力。有些构件工作时虽然不会出现强度不够而失效的情况，但如果出现较大变形也会影响到其正常工作。例如，机床主轴或床身变形过大，将影响加工精度，吊车大梁变形过大会引起吊车的爬坡等。

3. 稳定性要求

构件应有足够的保持原有平衡形态的能力。例如，千斤顶的螺杆、内燃机的挺杆应始终保持原有直线平衡形态。构件丧失原有平衡形态的现象称为失稳，构件失稳在工程上也是不允许的。例如，桥梁结构的受压杆件失稳，将可能导致桥梁的整体或局部坍塌。

构件的强度、刚度和稳定性统称为构件的承载能力。提高构件承载能力往往需要加大截面尺寸或采用优质材料，但是由此又可能导致结构笨重，造成材料浪费。材料力学的任务就是在满足强度、刚度和稳定性的要求下，为设计既安全可靠又经济合理的构件提供必要的理论基础和计算方法。

在研究构件的承载能力时，材料在外力作用下表现出的变形和破坏等，要通过实验来测定，还有一些尚无理论结果的问题，也必须借助实验方法来解决。因此，实验分析和理论研究均是材料力学解决问题的方法。

1.2　变形固体的基本假设

固体有多方面的属性，研究的角度不同，侧重面就不相同。固体材料因外力作用而变形，称为变形固体或可变形固体。材料在外力作用下所表现出来的性能称为材料的力学性能或**机械性质**。研究构件的强度、刚度和稳定性时，为抽象出力学模型，掌握与问题有关的主要属性，忽略一些次要因素，对变形固体做如下假设：

1. 连续性假设

假设组成固体的物质微粒毫无空隙地充满了固体所占据的空间，即认为物质是密实的。按此假设，构件中的一些力学量（例如各点的位移等），即可采用坐标的连续函数表示，并采用无限小的极限分析方法。实际上，组成固体的粒子之间存在着空隙并不连续，但这种空隙的大小与构件的尺寸相比极其微小，可以忽略不计，于是认为固体在其整个体积内是连续的。

2. 均匀性假设

假设构件内各处的力学性能相同。对于实际材料，其基本组成部分的力学性能往往存在不同程度的差异。例如，金属是由大量微小晶粒所组成，每个晶粒的力学性能不完全相同。但是，由于构件的尺寸远大于其组成部分的尺寸（例如 $1mm^3$ 的钢材中包含了数万甚至数十万晶粒），可以将物体的力学性能看作各晶粒的力学性能的统计平均值，因此，按照统计学观点，仍可将材料看作是均匀的，认为各处的力学性能是相同的。

3. 各向同性假设

沿任何方向，固体的力学性能都是相同的，具备这种性质的材料称为各向同性材料，否则称为各向异性材料。玻璃、工程塑料即为典型的各向同性材料。金属的单个晶粒是各向异性的，但由于金属物质是由大量的晶粒所组成，而且晶粒的排列是杂乱无章的，因此，金属材料在各个方向的性质就接近相同了。至于由增强纤维和基体材料组成的复合材料、木材等，就是各向异性材料。

1.3 外力及其分类

1.3.1 外力

以构件为研究对象，其他物体作用于其上的力均为外力，包括载荷和支座的约束力。按照作用方式，外力可以分为集中力和分布力。集中力即为作用于物体某一点上的力。很多情况下，力并非作用于物体的某一点上，而是作用于物体的一部分长度、表面上或作用于物体的体积上。连续作用在物体一部分长度上的力称为**线分布力**，如楼板对梁的作用力。连续分布在物体表面（或部分表面）上的力称为**表面力**或**面（积）力**，例如接触压力、土压力、流体压力等。作用于物体的体积上的外力则称为**体积力**或**体力**，例如三维物体的重力和惯性力等。

物体内各点所受体积力一般是不同的。为了表明物体在某一点 M 所受体积力大小和方向，在这一点取物体的一小部分体积，它包含着 M 点，并且它的体积为 ΔV，设作用于 ΔV 的外力为 ΔF，则外力在此体积的平均集度为 $\dfrac{\Delta F}{\Delta V}$，如果所取的体积不断缩小，则 ΔF 和 $\dfrac{\Delta F}{\Delta V}$ 都将不断地改变大小、方向。若体力为连续分布，当 ΔV 无限减小而趋于 0，则 $\dfrac{\Delta F}{\Delta V}$ 将趋于一极限值 f，即

$$\lim_{\Delta V \to 0} \frac{\Delta F}{\Delta V} = f$$

是物体在 M 点的体积力（体力），为外力在 M 点的体集度。因为 ΔV 为标量，所以 f 的方向即为 ΔF 的极限方向，其量纲为 $L^{-2}MT^{-2}$。

与体积力的情况相同，取物体表面包含 M 点的小部分面积 ΔS，设作用于 ΔS 的外力为 ΔF，则外力在此面积的平均集度为 $\frac{\Delta F}{\Delta S}$。如果所取的面积不断缩小，则 ΔF 和 $\frac{\Delta F}{\Delta S}$ 都将不断地改变大小、方向和作用点。如果面力为连续分布，当 ΔS 无限减小而趋于 0 时，则 $\frac{\Delta F}{\Delta S}$ 将趋于一极限值 p，即

$$\lim_{\Delta V \to 0} \frac{\Delta F}{\Delta S} = p$$

是物体在 M 点的面力，为外力在 M 点的面集度。因为 ΔS 为标量，所以 p 的方向就是 ΔF 的极限方向，其量纲为 $L^{-1}MT^{-2}$。

对于作用于物体上的线分布力，若一点 M 处 Δl 长度上作用的力为 ΔF，当 Δl 无限减小而趋于 0 时，$\frac{\Delta F}{\Delta l}$ 的极限为该点的线集度，一般称作**载荷集度**，即

$$\lim_{\Delta V \to 0} \frac{\Delta F}{\Delta l} = q$$

q 的方向即为 ΔF 的极限方向，其量纲为 MT^{-2}。

1.3.2 分类

按照载荷随时间变化的情况，可分为静载荷和动载荷。随时间变化极其缓慢或不随时间变化的载荷称为**静载荷**。如起重机以极缓慢的速度吊装重物时所受到的力；测定工程材料的力学性能时，实验所用的载荷加载速度控制在一定范围内。静载荷的特征是在加载过程中，构件质点没有加速度，或加速度很小可以忽略不计。随时间变化显著或使构件中各质点产生明显加速度的载荷，称为**动载荷**。按其随时间变化方式，动载荷又分为交变载荷和冲击载荷，例如，当齿轮转动时，作用于每一个齿上的力都是随时间作周期性变化的，称为**交变载荷**，如图 1-1 所示。**冲击载荷**则是物体的运动瞬时发生突然的变化所引起的载荷，例如急刹车时飞轮的轮轴、锻造时汽锤的锤杆和冲床的冲头工作时都受到冲击载荷的作用。

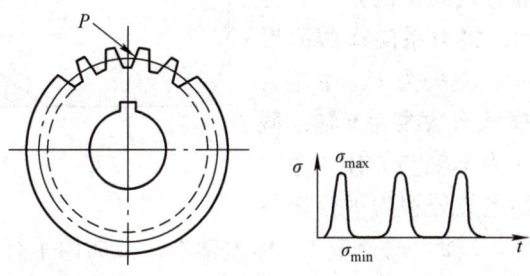

图 1-1

材料在静载荷和动载荷作用下的性能颇不相同,分析方法也有差异。因为静载荷问题比较简单,所建立的理论和分析方法又可作为解决动载荷问题的基础,本书首先研究静载荷问题,没有特别指明的载荷均为静载荷。

1.4 内力和应力

1.4.1 内力与截面法

物体因受外力作用而变形,其内部各部分之间因相对位置改变而引起的相互作用就是**内力**。即使不受外力的作用,物体的各质点之间依然存在着相互作用力——固有内力。而材料力学中所说的内力,是指在外力作用下上述相互作用力的变化量,称为"附加内力"。它随外力的增大而增大,达到某一限度时,则会引起构件的破坏,它与强度密切相关。材料力学中常用构件某个截面上的所受的力来表征其内力,它是截面上各点内力系向截面内任一点简化的宏观体现。

受外力作用而处于平衡的构件,要计算内力,一般用**截面法**,就是假想用一平面,将构件截开,从而揭示和确定内力的方法。如图 1-2 所示,构件 m—m 截面的内力求解包含以下 4 个步骤:

(1)假想用一平面沿 m—m 截面将构件切开,分为两部分。

(2)留下任意一部分作为研究对象,并舍弃另一部分。

(3)用作用于截面上的内力代替舍弃部分对留下部分的作用。

(4)建立留下部分的平衡方程,确定未知的内力。作用在留下部分的外力和截面内力构成平衡力系,对留下部分列静力平衡方程,就可以计算出截面内力。

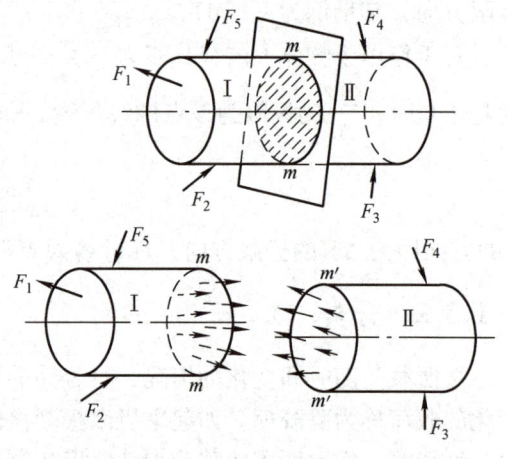

图 1-2

按照连续性假设,在 m—m 截面上各处都有内力作用,所以内力是分布于截面上的一个分布力系。把分布力系向截面上某一点简化后得到**主矢**和**主矩**,其可称为截面上的内力。为方便起见,一般取横截面,将力系向横截面形心 O 简化,如图 1-3 所示,主矢为 F,主矩为 M_O。以形心为原点,以横截面法线为 x 轴,截面内任意两个正交的方向为 y 轴与 z 轴,建立右手正交坐标系 $Oxyz$,将主矢分解为平行坐标轴的分量,其中平行法线(x 轴)的分量 F_N 称为**轴力**,截面内平行 y 轴和平行 z 轴的分量 F_{Sy} 和 F_{Sz} 称为**剪力**。将主矩 M_O 分解为平行 3 个坐标轴的力偶矩矢量,其中作用面在横截面内的力偶称为**扭矩**,以 T 表示,另外还有作用在 xy 平面和 xz 平面的力偶,称为**弯矩**,分别

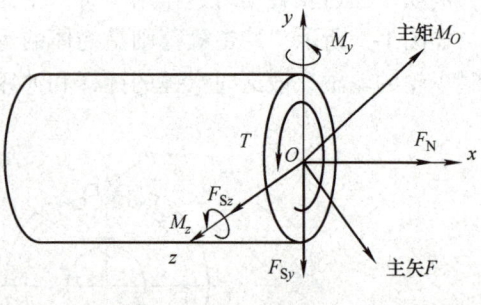

图 1-3

以 M_z 和 M_y 表示。

【例】 已知小型压力机机架受力 F_P、F'_P 的作用,如图 1-4a 所示,试求:立柱截面 $m—n$ 上的内力。

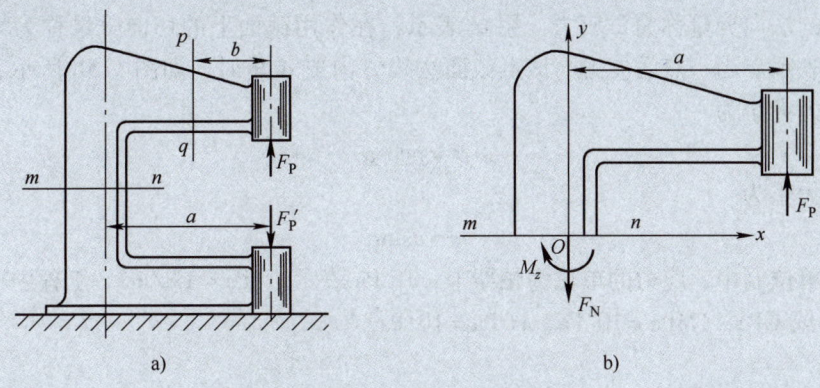

图 1-4

解:(1)利用截面法,假想从 $m—n$ 面将机架截开,将机架分成两部分;

(2)取上部为研究对象,建立如图 1-4b 所示坐标系,O 为截面形心,画出内力 F_N 和弯矩 M_z;

(3)留下部分的平衡方程为

$$\sum F_y = 0, \quad F_P - F_N = 0$$
$$\sum M_O = 0, \quad F_P a - M_z = 0$$

求得内力 F_N 和 M_z 分别为 $F_N = F_P$,$M_z = F_P a$

请读者尝试求 $p—q$ 截面上的内力。

1.4.2 应力

内力的大小并不能说明截面内某一点处内力系分布的强弱程度。为了研究物体在其内部某一点 M 处内力的强弱,假想用经过 M 点的一个截面 $m—m$ 将物体分为 Ⅰ、Ⅱ 两部分。将部分 Ⅰ 舍弃,留下部分 Ⅱ,如图 1-5a 所示。部分 Ⅰ 将在截面 $m—m$ 上作用一定的内力于部分 Ⅱ。在 $m—m$ 截面上取包含 M 点的微小面积 ΔA,作用于 ΔA 面积上的内力为 ΔF。

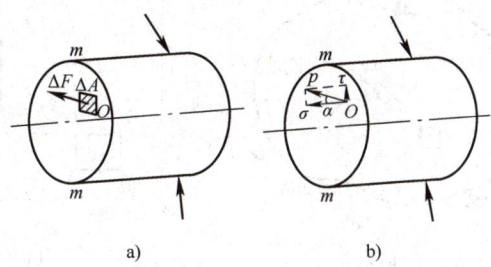

图 1-5

假定内力连续分布，令 ΔA 无限减小而趋于 M 点时，

$$\lim_{\Delta A \to 0} \frac{\Delta F}{\Delta A} = p \tag{1-1}$$

p 称为截面 $m\text{—}m$ 上 M 点的**应力**，它反映了截面 M 点处受力的强弱和方向。应力 p 在其作用截面上的法向分量称为**正应力**，用 σ 表示；在作用截面上的切向分量称为**切应力**或**剪应力**，用 τ 表示。当一点的应力与该点截面法线方向成 α 角时，如图 1-5b 所示，则截面上该点的正应力大小为

$$\sigma = p\cos\alpha \tag{1-2}$$

切应力大小为

$$\tau = p\sin\alpha \tag{1-3}$$

在国际单位制中，应力的单位为帕斯卡，用 Pa 表示。$1\text{Pa} = 1\text{N}/\text{m}^2$。工程中应力的常用单位为 MPa 或 GPa，$1\text{MPa} = 10^6\text{Pa}$，$1\text{GPa} = 10^9\text{Pa}$。

1.5 变形与应变

图 1-6a 所示弹性体，通过约束限制其刚体位移后，M 点到 M' 点位移全是由变形引起的。设想在 M 点附近取边长为 Δx、Δy、Δz 的微小直角六面体（当六面体的边长趋于无限小时称为**单元体**），变形后六面体的边长和棱边的夹角都将发生变化。把上述六面体投影于 xy 平面内（放大）。变形前平行于 x 轴的线段 MN 原长为 Δx，变形后 M 和 N 分别移动到 M' 和 N'。$M'N'$ 的长度为 $\Delta x + \Delta s$。这里 $\Delta s = \overline{M'N'} - \overline{MN}$ 表示线段 MN 的长度变化。比值

$$\varepsilon_m = \frac{\overline{M'N'} - \overline{MN}}{\overline{MN}} = \frac{\Delta s}{\Delta x} \tag{1-4}$$

表示线段每单位长度的平均伸长或缩短，称为线段 MN 的**平均应变**。逐渐缩小 M 点与 N 点的距离使 $\overline{MN}$ 趋近于零，则 ε_m 的极限

$$\varepsilon_x = \lim_{\overline{MN} \to 0} \frac{\overline{M'N'} - \overline{MN}}{\overline{MN}} = \lim_{\Delta x \to 0} \frac{\Delta s}{\Delta x} \tag{1-5}$$

称为 M 点沿 x 方向的**线应变**或**正应变**。如果线段 MN 内各点沿 x 方向的变形程度是均匀的，则平均应变是 M 点的应变。否则，只有式 (1-5) 定义的应变才是 M 点的应变。同样可以定义 y 和 z 方向的应变。

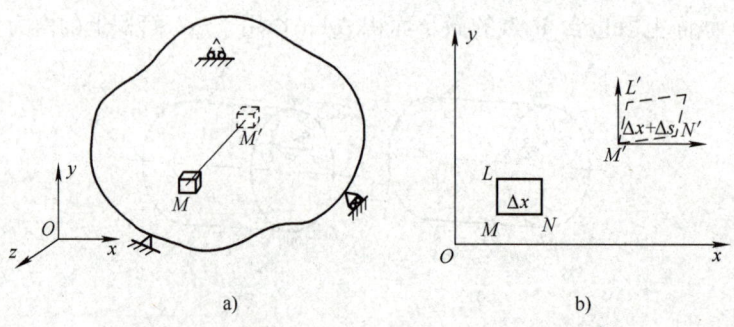

图 1-6

固体的变形还表现在正交线段的夹角也将发生变化，例如在图 1-6b 中，变形前 MN 与 ML 垂直，变形后 $M'N'$ 与 $M'L'$ 的夹角变为 $\angle L'M'N'$，变形前后角度的变化是 $\dfrac{\pi}{2} - \angle L'M'N'$。当 N 和 L 趋近于 M 时，上述角度变化的极限值

$$\gamma_{xy} = \lim_{\substack{MN \to 0 \\ ML \to 0}} \dfrac{\pi}{2} - \angle L'M'N'$$

称为 M 点在 x、y 方向的剪应变或切应变（角应变），表示 M 点平行于 x 轴和 y 轴的微元线段构成的直角改变量。同样，可以定义 M 点沿另外两个坐标轴方向的线应变与剪应变。

线应变 ε 和剪应变 γ 是度量某点变形程度的两个基本量，它们是无量纲量。

弹性变形一般是极其微小的，材料力学研究的问题限于小变形的情况，认为无论是变形或因变形引起的位移，其大小都远小于构件的最小尺寸。所以在列结构的力的平衡方程时忽略结构的位移和变形，仍用变形前的形状和尺寸，这种处理方法称为原始尺寸原理。利用这一原理，可以简化许多十分复杂的问题。

例如，在图 1-7 中，支架的各杆因受力而变形，引起载荷作用点的位移。但由于位移 δ_1 和 δ_2 都是非常小的量，所以当列节点 B 的平衡方程时，仍可用支架变形前的形位和尺寸，这使计算得到很大简化。否则为求出 AB 和 BC 两杆所受的力，应先列出节点 B 的平衡方程，又要考虑支架形状和尺寸的变化，而这些变化在求得两杆受力之前又是未知的，问题就变得十分复杂了。

正因为位移和变形都是很小的量，所以这些量的二次方以上的量和乘积，与其相比，就可作为高阶小量。

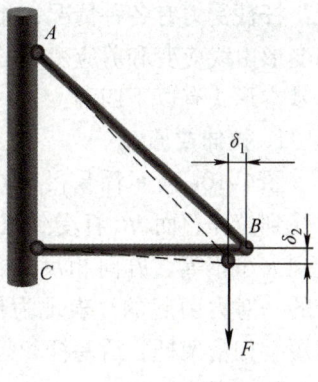

图 1-7

1.6 杆件变形的基本形式

1.6.1 构件的分类

工程上构件的种类很多，如杆、板、壳、块等，而材料力学主要研究长度远大于横截面尺寸的构件，称为杆件或简称杆。垂直杆件轴线的截面称为横截面。

各横截面形心的连线称为轴线，轴线为直线的称为直杆，轴线为曲线的或折线的称为曲杆或折杆。如图 1-8 所示。

各横截面尺寸不变的杆称作等截面杆，截面变化的称为变截面杆，工程中常见的是等截面直杆，简称等直杆，它是材料力学主要的研究对象。除杆件外，工程中常见的构件还有平板、壳体和实体构件，如图 1-9 所示。

厚度方向尺寸远远小于另外两个方向尺寸的构件称为板或壳，平分构件厚度的面称为中面，中面为平面的

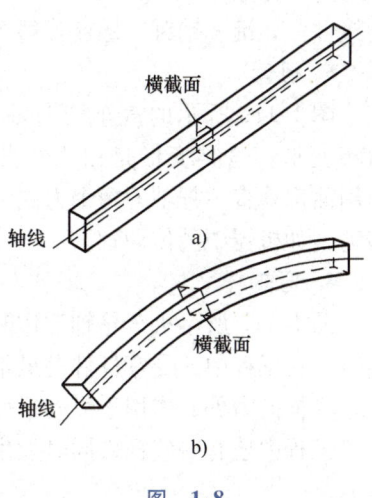

图 1-8

称为**板**，中面为曲面的称为**壳**。板和壳在石油、化工容器、船舶和现代建筑中使用较多。

当构件长、宽、高三向尺寸相差不多（同一数量级）时称为**块体**或**实体**，如机器的底座、建筑中的挡土墙等等。

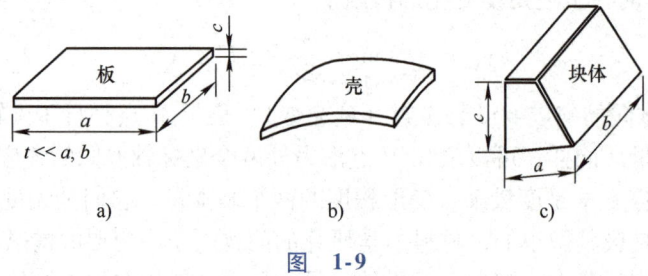

图 1-9

1.6.2 杆件变形的基本形式

杆件受力有各种情况，相应有不同的变形形式。就杆件一点周围的微分单元体来说，它的变形由线应变和剪应变来描述。所有单元体变形的积累就形成杆件的整体变形。杆件变形的基本形式有以下四种：

1. 拉伸或压缩

图 1-10a 所示简易吊车在载荷 F 作用下，AC 杆受到拉伸，而 BC 杆受到压缩。这类变形是由于受到大小相等、方向相反的、作用线与杆轴线重合的一对力引起的，表现为杆件长度发生伸长或缩短。如桁架杆、活塞杆和起吊重物的钢索等。

2. 剪切

图 1-10b 所示铆钉连接在载荷 F 作用下，铆钉受到剪切。这类变形形式由大小相等、方向相反、相互平行的力引起。表现为受剪杆件的两部分沿外力作用方向发生相对错动。机械中常用的连接件，如键、销钉、螺栓等都产生剪切变形。

3. 扭转

图 1-11a 所示的汽车转向轴，在工作时发生扭转变形。这类变形是由大小相等、方向相反、作用面都垂直于杆轴的两个力偶引起的。表现为杆件的任意两个横截面发生绕杆轴线的相对转动，如机器中的传动轴。

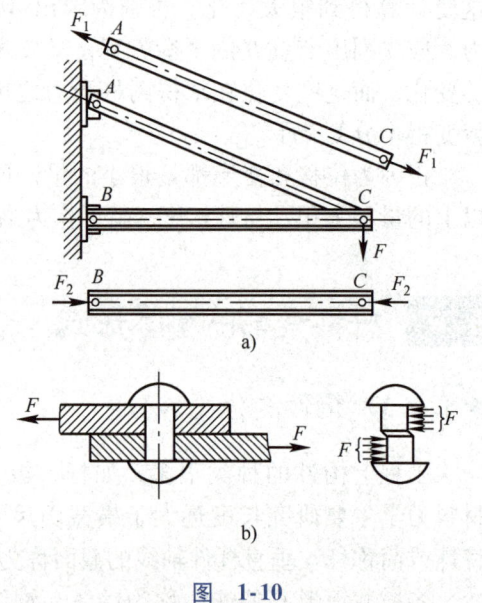

图 1-10

4. 弯曲

图 1-11b 所示火车轮轴工作时受到垂直于杆件轴线的横向力作用，杆件轴线由直线变为曲线。在工程中，受弯杆件是最常见的情形之一，例如桥式起重机的大梁，各种心轴及屋梁等。除横向力外，作用于纵向平面内的一对等值反向的力偶也能引起弯曲。

工程中还有一些杆件同时发生上述两种以上基本变形，称为组合变形。

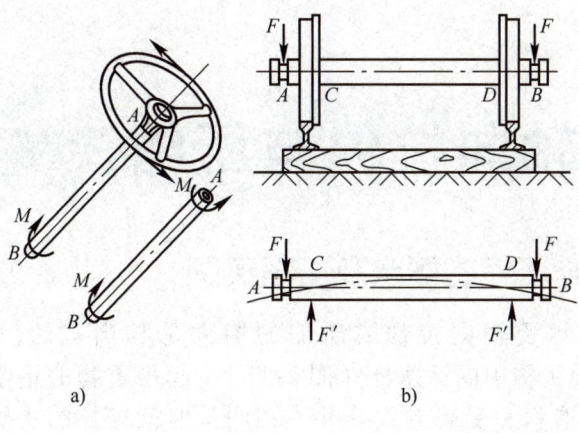

图 1-11

习 题

1-1 刚体静力学中力的平移定理在求变形体的约束力时是否有效？在求内力时是否有效？

1-2 如图 1-12 所示为一悬臂式吊车架，在横梁 AB 的中点 D 作用一集中载荷 P = 25kN，分析两杆的变形形式，并求距端面 B 为 1.3m 的截面 I（图中虚线所示）内力。

1-3 如图 1-13 所示平板变形后 ab 边伸长了 0.025mm，求 ab 边的平均应变和 ab、ad 两边夹角的变化。

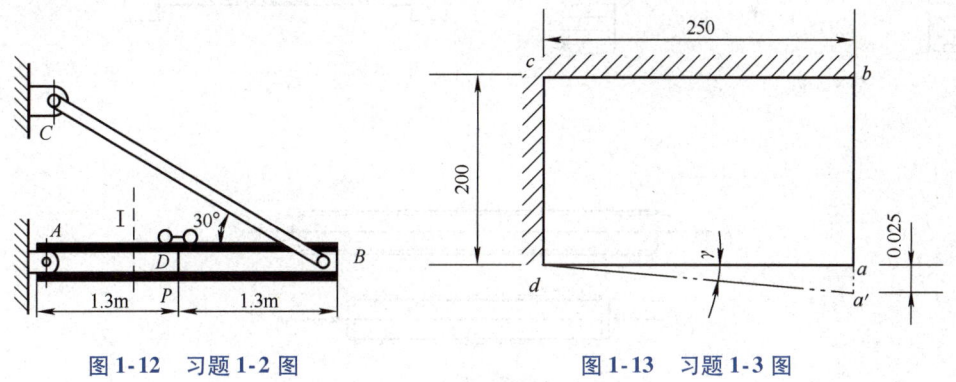

图 1-12 习题 1-2 图   图 1-13 习题 1-3 图

1-4 圆形薄板的半径为 R = 80mm，变形后半径增量为 $\Delta R = 3 \times 10^{-3}$ mm，试求沿半径方向和外圆周方向的平均应变。

1-5 如图 1-14 所示三角形薄板因受外力作用而变形，角点 B 垂直向上的位移为 0.03mm，假设 AB 和 BC 仍保持为直线。试求沿 OB 方向的平均应变，并求 AB 和 BC 两边在 B 点的切应变。

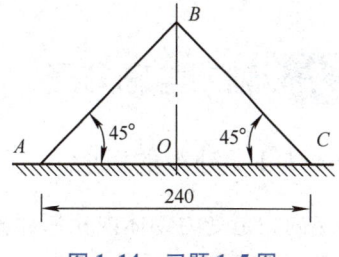

图 1-14 习题 1-5 图

第 2 章 轴向拉伸与压缩

2.1 轴向拉伸与压缩的概念及工程实例

在工程实际中，承受轴向拉伸或压缩的构件是相当多的，例如，桁架的桁杆（图 2-1a）、液压传动机构中的活塞杆（图 2-1b）、起吊重物的钢索及悬索桥中的拉杆等。虽然这些杆件的形状和受载方式等并不相同，但就杆长的主要部分来看却有着共同的特点：都是直杆，**外力或外力合力的作用线与杆轴线重合**；共同的变形特点是：**杆件沿着杆轴方向伸长或缩短**。这种受力与变形就称为**轴向拉伸**或**压缩**，这类构件称为拉杆或压杆。本章只研究直杆的拉伸与压缩。可将这类杆件的形状和受力情况进行简化，得到如图 2-2 所示的受力与变形的计算简图，图中的实线为受力前的形状，虚线则表示变形后的形状。

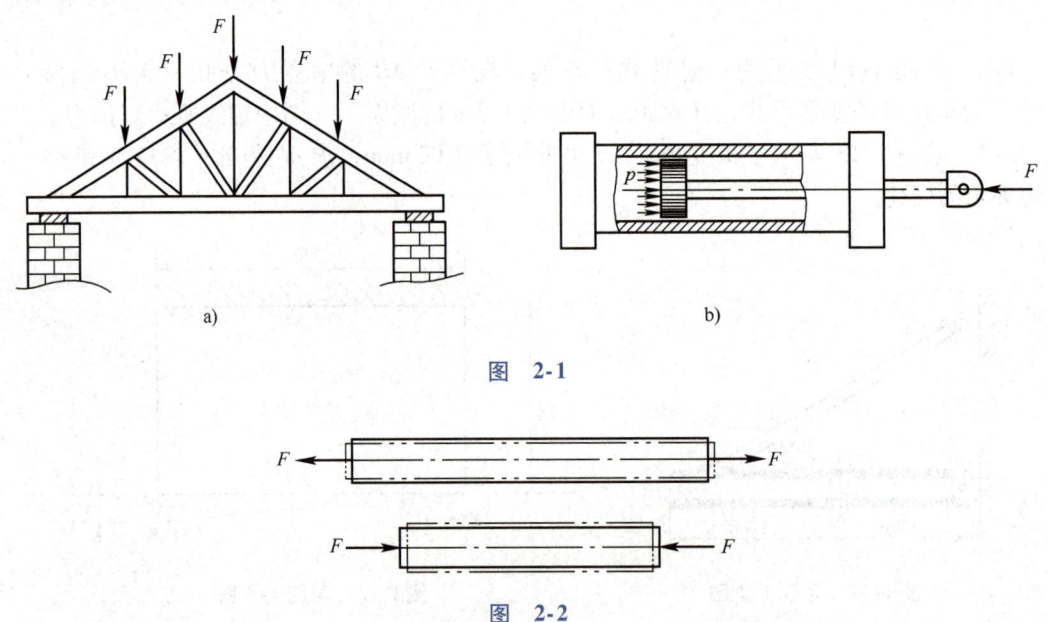

图 2-1

图 2-2

2.2 轴力与轴力图

2.2.1 轴力的概念

内力是受力物体内相邻部分之间的相互作用力，可用截面法显示并求得截面上的内力。图 2-3a 所示为一受外力 F 作用拉伸的等直杆，为了求拉杆横截面 m—m 上的内力，可假想

用一平面在横截面 m—m 处把拉杆切开，分成两段，任取一部分（如左半部分），舍弃另一部分（如右半部分），并将舍弃部分对留下部分的作用以截面上的分布内力系来代替，用 F_N 表示这一分布内力系的合力，且内力 F_N 为留下部分所受的外力，如图 2-3b 所示。由平衡方程

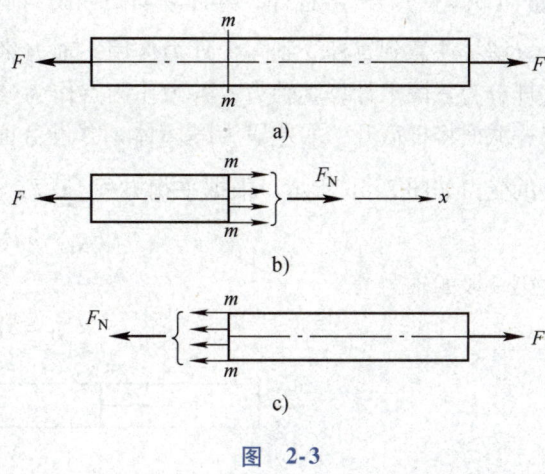

图 2-3

$$\sum F_x = 0, \quad F_N - F = 0$$

得

$$F_N = F$$

因为外力 F 的作用线与杆件轴线重合，所以内力的合力 F_N 的作用线也必然与杆件的轴线重合，故可将 F_N 称为**轴力**。

若取右半部分作研究对象，则由作用与反作用原理可知，右半部分在 m—m 截面上的轴力与前述左半部分在 m—m 截面上的轴力数值相等而指向相反（图 2-3c），且由右半部分的平衡方程也可得到 $F_N = F$。

为了使左右两段同一横截面上的轴力具有相同的正负号，对轴力的正负号做如下规定：**使杆件产生纵向伸长，即背离截面的轴力为正，称为拉力；使杆件产生纵向缩短，即指向截面的轴力为负，称为压力**。计算轴力时一般按正向（拉力）假设，若计算值为负号则表明杆件受压。

在上面分析轴力的过程中所采用的方法就是截面法，它是材料力学求内力的一般方法。用截面法求轴向拉（压）杆轴力的基本步骤是：

（1）在需要求内力的截面处，假设用横截面将杆件截开为两部分。

（2）任取一部分为研究对象，画出其受力图，注意要将另一部分对其的作用力用轴力表示。

（3）利用平衡条件建立平衡方程，求出截面内力（即轴力）。

2.2.2 轴力图

若沿杆件轴线作用的外力多于两个，则在杆件各部分的横截面上，轴力不尽相同。这时通常可分段利用截面法求出各部分横截面上的轴力，轴力沿杆轴的分布可以用图形描述。一般以与杆件轴线平行的坐标轴表示各横截面的位置，以垂直于该坐标轴的方向表示相应截面的轴力值（通常省略表示坐标轴的箭头），然后根据各段内的轴力的大小与符号，就可绘出表示杆件轴力与截面位置关系的图线，这样绘出的图形称为**轴力图**。绘制轴力图时，正的轴力（拉力）画在横轴的上侧，负的轴力（压力）画在横轴的下侧。轴力图能够简洁地表示杆件各横截面的轴力大小及方向，它是进行应力、变形、强度、刚度等计算的依据。

下面用例题来说明轴力图的绘制方法。

【例2-1】 一等直杆,其计算简图如图2-4a所示,试作该杆件的轴力图。

解:注意到直杆受到多个外力作用,轴力将随着横截面位置的不同而发生变化。需将直杆分为三段来计算其轴力,各力作用点作为分段的界点,应用截面法,在第一段内任意取一截面将杆截开,取左段为隔离体,并设截面上的轴力 F_{N1} 方向为正,即为拉力。隔离体的受力如图2-4b所示。根据平衡方程 $\sum F_x = 0$,有

$$F_{N1} - 5\text{kN} = 0$$

故第一段的轴力为

$$F_{N1} = 5\text{kN}$$

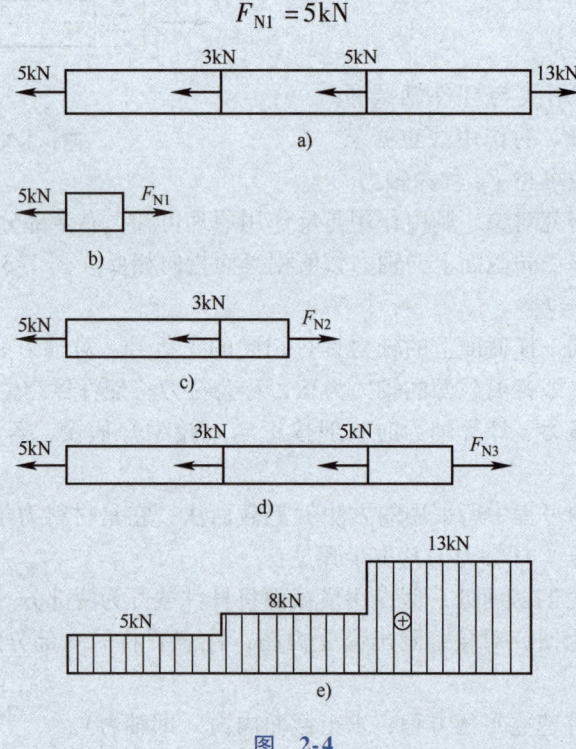

图 2-4

用同样的方法,在第二段范围内任意取一截面将杆件截开,保留左段,其受力如图2-4c所示。根据平衡方程 $\sum F_x = 0$,有

$$F_{N2} - 5\text{kN} - 3\text{kN} = 0$$

故第二段的轴力为

$$F_{N2} = 8\text{kN}$$

如图2-4d所示,用同样的方法可得第三段的轴力为

$$F_{N3} = 13\text{kN}$$

最后,综合以上计算结果,按比例绘制轴力图,如图2-4e所示。

2.3 横截面及斜截面上的应力

2.3.1 横截面上的应力

前面已经介绍了如何求杆件的轴力,但是只根据轴力并不能判断杆件是否具有足够的强度。例如用同一材料制成粗细不同的两根杆,在相同的拉力作用下,两杆的轴力自然是相同的。但当拉力逐渐增大时,细杆必定先被拉断。这说明拉杆的受力程度不仅与轴力的大小有关,而且与横截面面积有关。所以必须用横截面上的内力分布集度(即应力)来度量杆件的受力程度。

在拉(压)杆的横截面上,与轴力 F_N 对应的应力是正应力 σ。根据连续性假设,横截面各点都存在着内力。若以 A 表示横截面面积,则微面积 dA 上的微内力 σdA 组成一个垂直于横截面的平行力系,其合力就是轴力 F_N。于是得静力关系

$$F_N = \int_A \sigma dA \tag{a}$$

因为还不知道 σ 在横截面上的分布规律,只由式(a)并不能确定 F_N 与 σ 之间的关系。因而必须从研究杆件的变形入手,以确定应力 σ 的分布规律。

拉伸变形前,在等直杆的侧面上绘制垂直于杆轴的直线 ab 和 cd,如图 2-5 所示。拉伸变形后 ab 和 cd 仍为直线,且仍然垂直于轴线,只是分别平行地移至 $a'b'$ 和 $c'd'$。根据这一现象,做出如下的假设:变形前原为平面的横截面,变形后仍然保持为平面。这就是轴向拉伸或压缩时的平面假设。由这一假设可以推断,拉杆所有纵向纤维的伸长都相等。又因为材料是均匀的,各纵向纤维的性质相同,因而其受力也就相同。所以杆件横截面上的内力是均匀分布的,即在横截面上各点处的正应力 σ 都相等。于是由式(a)得出

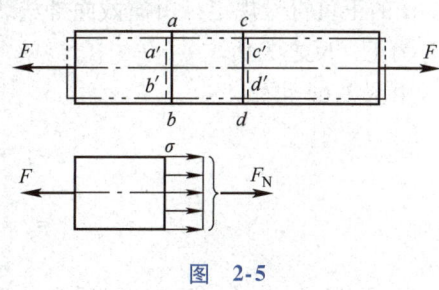

图 2-5

$$F_N = \int_A \sigma dA = \sigma \int_A dA, \quad \sigma = \frac{F_N}{A} \tag{2-1}$$

式(2-1)即为拉杆横截面上正应力 σ 的计算公式。当 F_N 为压力时,它同样可用于压应力计算。关于正应力的正负符号,一般规定拉应力为正,压应力为负。

使用式(2-1)时,要求外力的合力作用线必须与杆件轴线重合。此外,因为在集中力作用点附近应力分布比较复杂,所以它不适用于集中力作用点附近的区域。

在某些情况下,杆件横截面沿轴线变化。当这类杆件受到拉力或压力作用时,如外力作用线与杆件的轴线重合,且截面尺寸沿轴线的变化缓慢,则横截面上的应力仍可近似地用式(2-1)计算。这时横截面面积不再是常量,而是截面位置坐标 x 的函数。若以 $A(x)$ 表示坐标 x 的横截面的面积,$F_N(x)$ 和 $\sigma(x)$ 表示横截面上的轴力和应力,由式(2-1)得

$$\sigma(x) = \frac{F_N(x)}{A(x)} \tag{2-2}$$

2.3.2 斜截面上的应力

前面讨论了拉（压）杆横截面上的正应力，但实验表明，有些材料拉（压）杆的破坏发生在斜截面上。为了全面研究杆件的强度，还需要进一步讨论斜截面上的应力。

设直杆受到轴向拉力 F 的作用，其横截面面积为 A，假设用任意斜截面 $k—k$ 将杆件切开，设该斜截面与横截面的夹角为 α，也即 x 轴正向与截面外法线方向的夹角，如图 2-6a 所示。设斜截面的面积为 A_α，则

$$A_\alpha = \frac{A}{\cos\alpha}$$

设 $F_{N\alpha}$ 为 $k—k$ 截面上的内力，由左段平衡求得为 $F_{N\alpha} = F_P$，如图 2-6b 所示。仿照横截面上应力的推导方法，可知斜截面上各点处应力均匀分布。用 p_α 表示其上的应力，则

$$p_\alpha = \frac{F}{A_\alpha} = \frac{F\cos\alpha}{A} = \sigma\cos\alpha$$

式中，σ 为横截面上的正应力。将应力 p_α 分解为沿斜截面法线方向分量 σ_α 和沿斜截面切线方向分量 τ_α。σ_α 称为正应力，τ_α 称为剪（切）应力，如图 2-6c 所示。关于应力的正负符号规定为：正应力符号规定同前，**切应力绕隔离体内一点转向顺时针转动时为正，反之为负**。α 的正负符号规定：由横截面外法线（x 轴）转到斜截面外法线（n）方向为逆时针转动时为正，反之为负。

由图 2-6c 可知

$$\sigma_\alpha = p_\alpha\cos\alpha = \sigma\cos^2\alpha \tag{2-3}$$

$$\tau_\alpha = p_\alpha\sin\alpha = \frac{\sigma}{2}\sin2\alpha \tag{2-4}$$

从式（2-3）、式（2-4）可看出，σ_α 和 τ_α 均随角度 α 改变而改变。当 $\alpha = 0°$ 时，σ_α 达到最大值，其值为 σ，斜截面 $m—m$ 为垂直于杆轴线的横截面，即最大正应力发生在横截面上；当 $\alpha = \pm 45°$ 时，τ_α 绝对值达到最大值，其值为 $\sigma/2$，绝对值最大切应力发生在与轴线成 $\pm 45°$ 角的斜截面上。

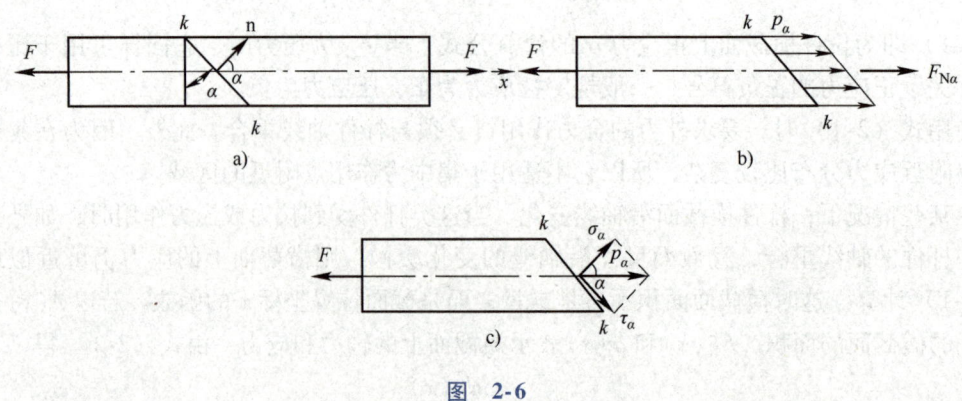

图 2-6

【例 2-2】

阶梯形圆截面直杆受力如图 2-7a 所示,已知载荷 $F_1 = 20\text{kN}$,$F_2 = 50\text{kN}$,杆件 AB 段与 BC 段的直径分别为 $d_1 = 30\text{mm}$,$d_2 = 20\text{mm}$。试求各段杆横截面上的正应力及 AB 段上斜截面 m—m 上的正应力和切应力。

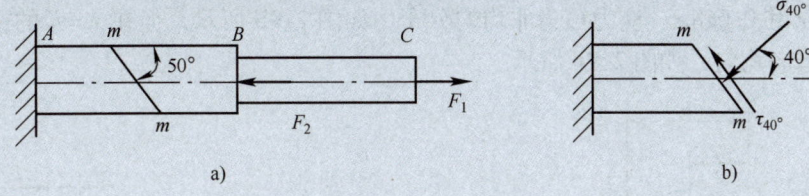

图 2-7

解:由截面法求得杆件 AB、BC 段的轴力分别为

$$F_{N1} = -30\text{kN}(压力),\quad F_{N2} = 20\text{kN}(拉力)$$

由式（2-1）得,杆件 AB、BC 段横截面上的正应力分别为

$$\sigma_1 = \frac{F_{N1}}{A_1} = \frac{4F_{N1}}{\pi d_1^2} = \frac{4 \times (-30 \times 10^3 \text{N})}{\pi \times (0.03\text{m})^2} = -4.24 \times 10^7 \text{Pa} = -42.4\text{MPa}(压应力)$$

$$\sigma_2 = \frac{F_{N2}}{A_2} = \frac{4F_{N2}}{\pi d_2^2} = \frac{4 \times 20 \times 10^3 \text{N}}{\pi \times (0.02\text{m})^2} = 6.37 \times 10^7 \text{Pa} = 63.7\text{MPa}(拉应力)$$

斜截面 m—m 的方位角 $\alpha = 40°$,由式（2-3）、式（2-4）得,斜截面 m—m 上的正应力和切应力分别为

$$\sigma_{40°} = \sigma_1 \cos^2 \alpha = -42.4 \cos^2 40° \text{MPa} = -24.9\text{MPa}$$

$$\tau_{40°} = \frac{\sigma_1}{2} \sin 2\alpha = \frac{-42.4\text{MPa}}{2} \sin 80° = -20.9\text{MPa}$$

方向如图 2-7b 所示。

2.3.3 圣维南原理

在前面计算拉（压）杆的应力时,均认为应力沿截面是均匀分布的,但应知道,这一结论在杆件上离力作用点较远的截面才成立,在力作用点附近的截面上是不成立的,这是因为力作用点附近的应力分布情况比较复杂。作用于弹性体上某一局部区域内的外力系,可以用与它静力等效的力系来代替,经过代替,只对原力系作用区域附近的截面上的应力分布有显著影响,而对较远处（距离大于横截面的尺寸）的截面的应力分布影响即可忽略不计。这一原理是 1855 年由法国科学家圣维南（Barré de Saint-Venant）提出的,故称为**圣维南原理**。

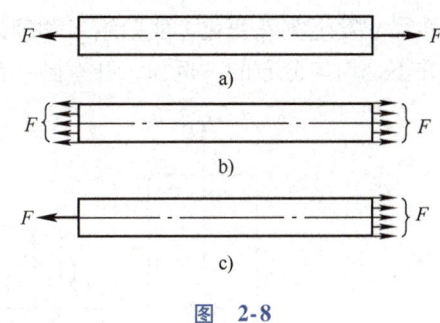

图 2-8

根据这一原理,在图 2-8 中,尽管三种情况的两端外力的分布方式不同,但只要它们是静力等效的,则除靠近杆件两端的截面应力有显著差异外,在离两端略远处（约等于横截

面的尺寸），三种情况的应力分布则完全一样。所以，无论在杆件两端按哪种方式施加载荷，只要其合力与杆件轴线重合，都可以把它们简化成相同的计算简图（见图2-2），用式（2-2）计算应力。例如，图2-9a所示承受集中力 F 作用的杆，其截面宽度为 h，在 $x = h/4$ 与 $x = h/2$ 的横截面 1—1 与 2—2 上，最大应力 $\sigma_{\max} = 2.575\overline{\sigma}$ 和 $1.387\overline{\sigma}$，最小应力 $\sigma_{\min} = 0.198\overline{\sigma}$ 和 $0.668\overline{\sigma}$。应力虽为非均匀分布，如图2-9b所示，但在 $x = h$ 的横截面 3—3 上，应力则趋向均匀，如图2-9c所示。

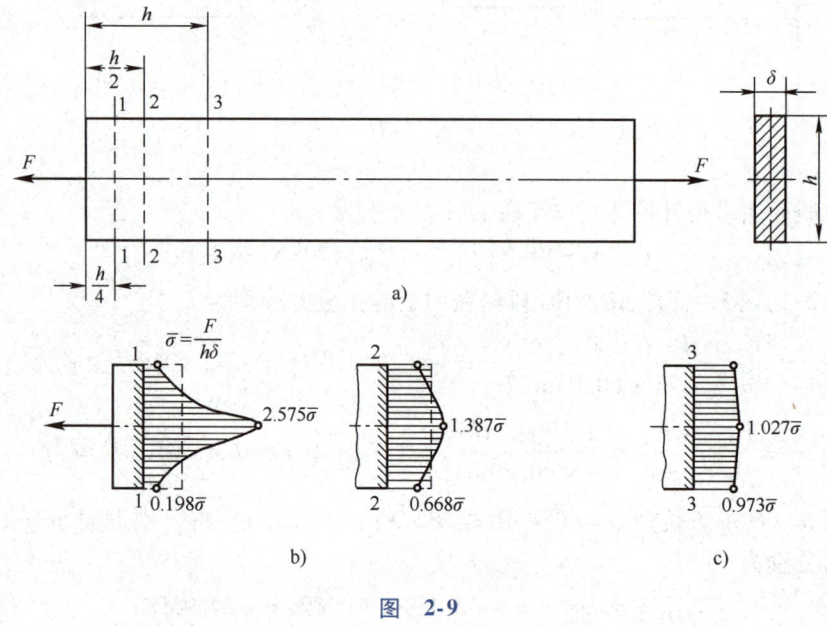

图 2-9

2.3.4 应力集中的概念

由于实际需要，有些构件必须有切口、切槽、油孔、螺纹、轴肩等，以致在这些部位上截面尺寸发生突然变化。实验结果和理论分析表明，在构件尺寸突然改变处的横截面上，应力并不是均匀分布的。例如，开有圆孔和带有切口的板条，如图2-10所示，当其受轴向拉

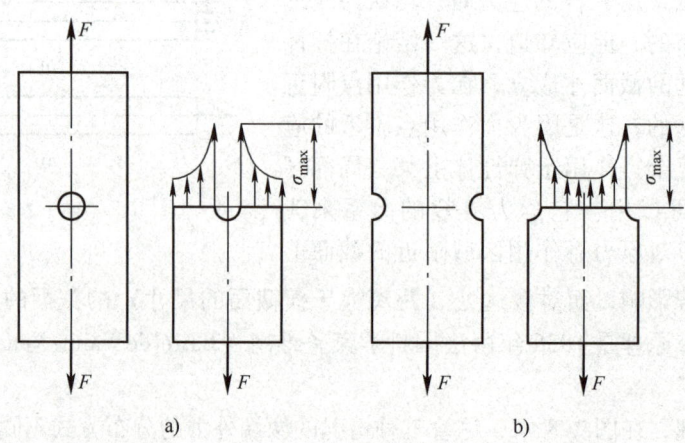

图 2-10

伸时，在圆孔和切口附近的局部区域内，应力将急剧增大，但在离开这一区域稍远处，应力就迅速减小而趋于均匀。这种因杆件外形突然变化而引起局部应力急剧增大的现象，称为**应力集中**。

设发生应力集中的截面上的最大应力为 σ_{max}，同一截面上的平均应力为 σ_0，则比值

$$K_t = \frac{\sigma_{max}}{\sigma_0} \quad (2\text{-}5)$$

称为**理论应力集中系数**。K_t 反映了应力集中的程度，是一个大于 1 的系数。实验结果表明：截面尺寸改变得越急剧，角越尖，孔越小，应力集中的程度就越严重。应力集中一般对构件的强度是不利的，因此，构件上应尽可能地避免带尖角的孔和槽，在阶梯轴的轴肩处要用圆弧过渡，而且在结构允许的范围内，应尽量使圆弧半径大一些。

2.4 材料在拉伸与压缩时的力学性能

构件的强度、刚度及稳定性，不仅与构件的形状、尺寸及所受的外力有关，而且与材料的力学性能有关。所谓**材料的力学性能**，是指材料在外力作用下表现出来的变形、破坏等方面的特性。不同的材料具有不同的力学性能；同一种材料在不同的工作条件下，如加载速率和温度等，也有不同的力学性能。本节主要介绍常用金属材料在常温和静载作用下处于轴向拉伸和压缩时的力学性能，这是材料最基本的力学性能。

在室温下，以缓慢平稳加载的方式进行的试验，称为常温、静载试验。它是确定材料力学性能的基本试验。拉伸与压缩是测量材料力学性能最主要的试验，拉伸试件的形状如图 2-11a、b 所示，中间为较细的等直部分，两端夹持部分较粗，两部分间采用圆角过渡。在中间等直部分取长为 l 的一段作为工作段，l 称为标距。为了比较不同材料的试验结果，应将试件加工成标准尺寸。国家规定的试验标准《金属材料拉伸试验 第 1 部分：室温试验方法》（GB/T 228.1—2010）对试件的形位公差、加工精度、试验条件等都有具体规定。对圆截面试件，标距 l 与横截面直径 d 有两种比例

$$l = 10d \text{ 或 } l = 5d \quad (a)$$

对矩形截面杆件，标距 l 与横截面面积 A 之间的关系规定为

$$l = 11.3\sqrt{A} \text{ 或 } l = 5.65\sqrt{A} \quad (b)$$

压缩试验通常采用圆截面和方截面的压缩试件，如图 2-11c 所示，为了避免试件在试验过程中失稳或因压力偏心等因素引起试件压弯，一般规定其长度 l 与横截面直径 d 或边长 b 的比值为 1~3。

试验时使试件受轴向拉伸或压缩，观察试件从开始受力到破坏的全过程，了解试件受力与变形之间的关系，以测定材料力学性能各项指标。由于低碳钢和铸铁是两种不同类型的材料，都是工程实际中广泛使用的材料，它们的力学性能比较典型。因此，我们主要以低碳钢和铸铁为例，来说明材料在拉伸和压缩时的力学性能。

▶ 2.4.1 材料拉伸时的力学性能

1. 低碳钢拉伸时的力学性能

低碳钢是指含碳量在 0.3% 以下的碳素钢。这类钢材在工程中使用较为广泛，而且在拉

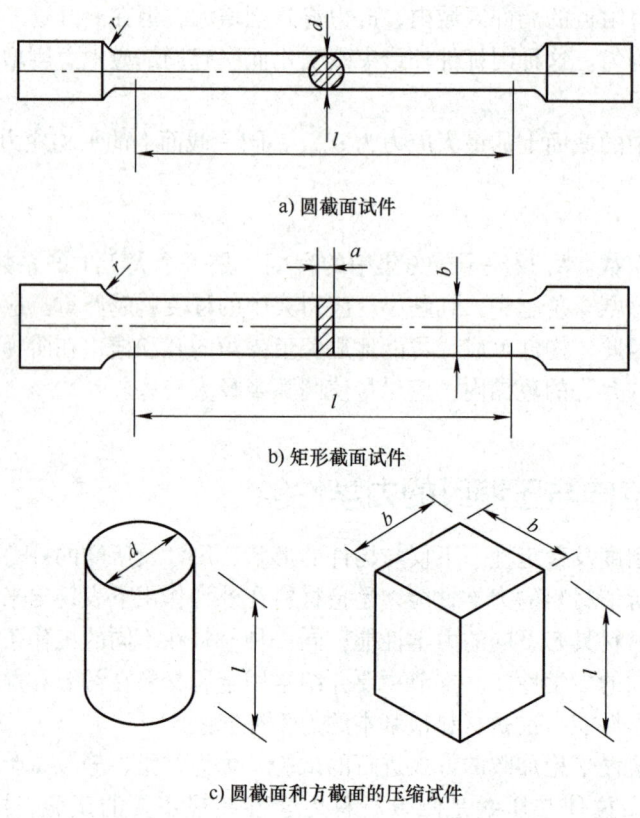

a) 圆截面试件

b) 矩形截面试件

c) 圆截面和方截面的压缩试件

图 2-11

伸试验中表现出来的力学性能也较有代表性。

试验时，试件装在试验机上，受到缓慢增加的拉力作用。对应着每一个拉力 F，试件标距 l 有一个伸长量 Δl。用于表示 F 和 Δl 关系的曲线，称为拉伸图或 F-Δl 曲线，如图 2-12 所示。

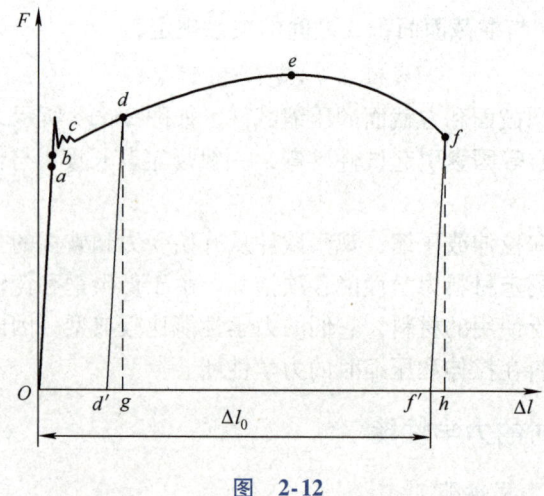

图 2-12

F-Δl 曲线与试件尺寸有关。为了消除试件尺寸的影响，将拉力 F 除以试件横截面的原始面积 A，得出试件横截面上的正应力 $\sigma = \dfrac{F}{A}$；同时，由于试验段变形是均匀的，将伸长量 Δl 除以标距的原始长度 l，得到试件在工作段内的应变 $\varepsilon = \dfrac{\Delta l}{l}$。以 σ 为纵坐标，ε 为横坐标，作图表示 σ 与 ε 的关系，称应力-应变图或 σ-ε 曲线，如图 2-13 所示，应力-应变曲线与拉伸图是相似的。根据试验结果，低碳钢的力学性能可分为以下阶段。

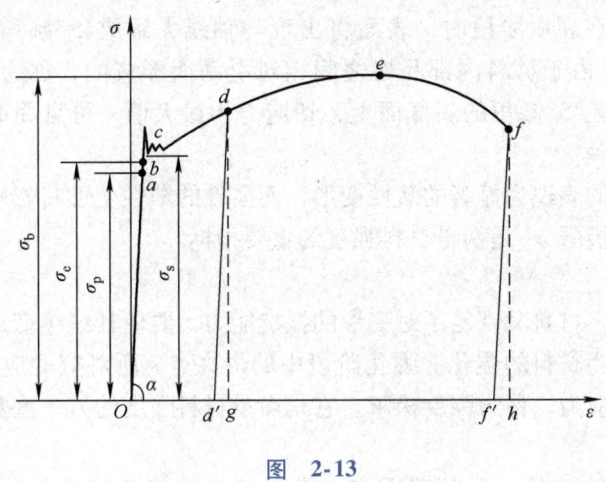

图 2-13

（1）弹性阶段

在拉伸的初始阶段，σ 与 ε 的关系为直线 Oa，表示在这一阶段内正应力 σ 与线应变 ε 成正比，即

$$\sigma \propto \varepsilon \tag{c}$$

或者将其写为等式

$$\sigma = E\varepsilon \tag{2-6}$$

式中，E 为与材料性质有关的比例常数，称为**弹性模量**。式（2-6）就是拉伸时的**胡克定律**。因为应变没有量纲，故 E 的量纲与 σ 相同，常用单位为 GPa（吉帕），$1\text{GPa} = 10^9 \text{Pa}$。由式（2-6）并从 σ-ε 曲线的直线部分可得

$$E = \dfrac{\sigma}{\varepsilon} = \tan\alpha \tag{d}$$

所以 E 为直线 Oa 的斜率。直线 Oa 的最高点 a 所对应的应力，用 σ_p 来表示，称为材料的**比例极限**。可见，当应力低于比例极限时，应力与应变成正比，应力-应变服从胡克定律，Oa 段也称为线弹性阶段。

超过比例极限后，从 a 点到 b 点，σ 与 ε 之间的关系不再是直线，但解除拉力后变形仍可完全消失，这种变形称为**弹性变形**。b 点所对应的应力 σ_e 是材料只出现弹性变形的极限值，称为**弹性极限**。在 σ-ε 曲线上，a、b 两点非常接近，所以工程上对弹性极限和比例极限并不严格加以区分。

在应力大于弹性极限后，如再解除拉力，则试件变形的一部分随之消失，这就是上面提到的弹性变形。但还留下一部分不能消失的变形，这种变形称为**塑性变形**或**残余变形**。

(2) 屈服阶段

当应力超过 b 点增大到某一数值时，应变有非常明显的增大，而应力先是减小，然后做微小的波动，在 σ-ε 曲线上出现接近水平线的小锯齿形线段，材料似乎失去了抵抗变形的能力。这种应力基本保持不变，而应变显著增大的现象，称为屈服或流动。在屈服阶段内的最高应力和最低应力分别称为上屈服极限和下屈服极限。上屈服极限的数值与试件形状、加载速度等因素有关，一般是不稳定的。下屈服极限则有比较稳定的数值，能够反映材料的性能。通常将下屈服极限称为屈服极限，用 σ_s 来表示。

表面磨光的试件在屈服阶段时，表面将出现与轴线大致成45°倾角的条纹，如图 2-14 所示。这是由于材料内部晶格之间相对滑动而形成的，称为滑移线。因为拉伸时在与杆轴成45°倾角的斜截面上，切应力为最大值，可见屈服现象的出现与最大切应力有关。

材料在屈服阶段的表现为显著的塑性变形，而零件的塑性变形将影响机器的正常工作，所以屈服极限 σ_s 是衡量材料强度的重要指标。

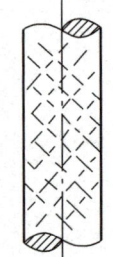

图 2-14

(3) 强化阶段

在屈服阶段之后，材料又恢复了对变形的抵抗能力，要使其继续变形必须增大拉力。这种现象称为材料的强化。强化阶段中的最高点 e 所对应的应力 σ_b 是材料所能承受的最大应力，称为强度极限。它是衡量材料强度的另一重要指标。

(4) 颈缩阶段

过 e 点后，在试件的某一局部范围内，横向尺寸突然急剧缩小，形成颈缩现象，如图 2-15 所示。由于在颈缩部分横截面面积迅速减小，使试件尺寸继续伸长所需要的拉力也相应减小。在 σ-ε 曲线中，用横截面原始面积 A 计算出的应力 $\sigma = \dfrac{F}{A}$ 下降，对应图 2-13 中的 ef 段为一下降的曲线，降到 f 点时，试件被拉断。

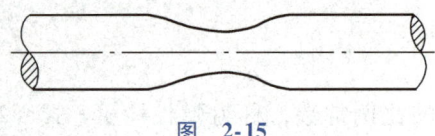

图 2-15

试件拉断后，由于保留了塑性变形，试件长度由原来的 l 变为 l_1。比值

$$\delta = \frac{l_1 - l}{l} \times 100\% \tag{2-7}$$

称为延伸率。延伸率是衡量材料塑性的指标，其值越大塑性越好。低碳钢的延伸率很高，其平均值为 20%～30%，这说明低碳钢的塑性性能很好。工程上通常按延伸率的大小把材料分成两大类。$\delta \geq 5\%$ 的材料称为塑性材料，如低碳钢、低合金钢、黄铜、铝合金等，而把 $\delta < 5\%$ 的材料称为脆性材料，如灰铸铁、混凝土、砖石、玻璃、陶瓷等。

原始横截面面积为 A 的试件，拉断后颈缩处的最小截面面积变为 A_1，比值

$$\psi = \frac{A - A_1}{A} \times 100\% \tag{2-8}$$

称为断面收缩率。ψ 也是衡量材料塑性的指标，其值越大塑性越好。

如把试件拉到超过屈服极限的 d 点，如图 2-13 所示，然后逐渐卸除拉力，σ-ε 曲线将

沿着斜直线 dd' 回到 d' 点，斜直线 dd' 近似平行于 Oa。这说明，在卸载过程中，应力和应变按直线规律变化，这就是卸载定律。拉力完全卸除后，在应力-应变图中的 $d'g$ 表示消失了的弹性变形，而 Od' 表示不再消失的塑性变形。

卸载后，如在短期内再次加载，则应力和应变大致上沿卸载时的斜直线 dd' 变化，直到 d 点后，又沿曲线 def 变化。可见再次加载时，直到 d 点以前材料的变形是线弹性的，过 d 点后才开始出现塑性变形。比较图 2-13 中的 $Oabcdef$ 和 $d'def$ 两条曲线，可见在第二次加载时，其比例极限（亦即弹性阶段）得到了提高，但塑性变形和延伸率却有所下降。这种现象称为冷作硬化。

一方面，工程上经常利用冷作硬化来提高材料的弹性极限。例如，起重用的钢索和建筑用的钢筋，常用冷拔工艺以提高强度。但另一方面，构件初加工后，由于冷作硬化使材料变脆变硬，给下一步加工造成困难，且容易产生裂纹，往往需要在工序之间安排退火，以消除冷作硬化的影响。

2. 其他塑性材料拉伸时的力学性能

其他金属材料的拉伸试验与低碳钢拉伸试验方法相同，但材料所显示出来的力学性能有很大差异。图 2-16 给出了锰钢、硬铝、退火球墨铸铁和 45 钢的应力-应变图。这些材料都是塑性材料，但前三种材料没有明显的屈服阶段。对于没有明显屈服阶段的塑性材料，通常规定以产生 0.2% 塑性应变时所对应的应力值作为材料的屈服极限，称为名义屈服极限，以 $\sigma_{0.2}$ 表示，如图 2-17 所示。

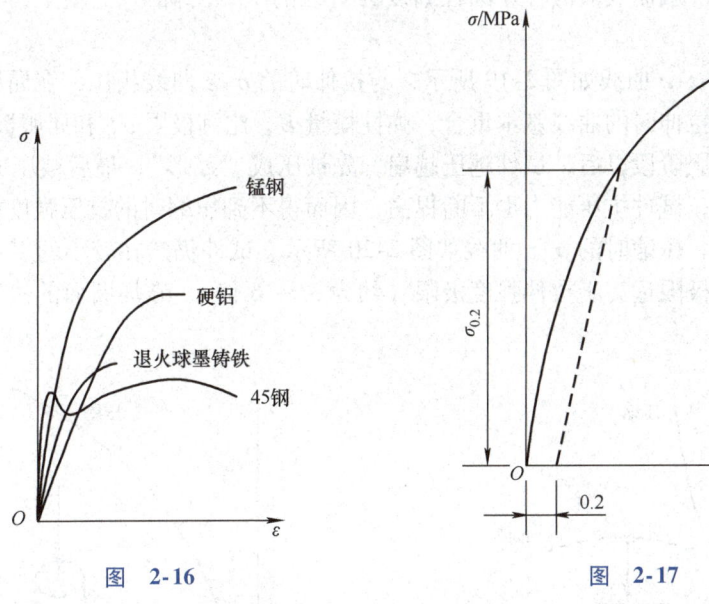

图 2-16   图 2-17

3. 铸铁拉伸时的力学性能

灰口铸铁拉伸时的应力-应变关系是一段微弯曲线，没有明显的直线部分，如图 2-18 所示。铸铁试件在较小的拉力下就被拉断，没有屈服和颈缩现象，拉断前的应变很小，延伸率也很小。所以，灰口铸铁是典型的脆性材料。

铸铁拉断时的最大应力即为其抗拉强度极限，因为没有屈服现象，抗拉强度极限 σ_b 是

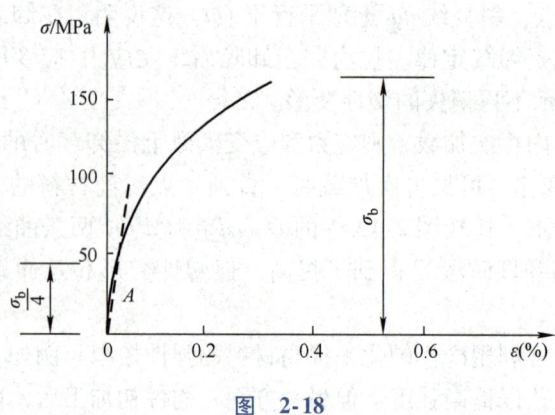

图 2-18

衡量强度的唯一指标。铸铁等脆性材料抗拉强度很低，不宜作为抗拉构件的材料。

由于铸铁的应力-应变图没有明显的直线部分，弹性模量 E 的数值随应力的大小而变化，在较低的拉应力下，可近似地认为其变形服从胡克定律。通常取 σ-ε 曲线的割线代替曲线的开始部分，并以割线的斜率作为弹性模量，称为**割线弹性模量**。工程上常将原点 O 与 $\sigma_b/4$ 处的 A 点连成割线，用该割线的斜率作为铸铁的弹性模量 E 的近似值。

2.4.2　材料压缩时的力学性能

金属的压缩试件一般制成短圆柱，圆柱高度为直径的 1.5~3 倍。混凝土、石料等则制成立方体的试块。

低碳钢压缩时的 σ-ε 曲线如图 2-19 所示，与拉伸时的 σ-ε 曲线相比，在屈服以前，低碳钢压缩时的曲线与拉伸时的曲线基本重合，弹性模量 E、比例极限 σ_p 和屈服极限 σ_s 都与拉伸时大致相同。屈服阶段以后，试件越压越扁，先被压成"鼓形"，最后被压成"薄饼"，横截面面积不断增大，试件抗压能力也不断提高，因而得不到压缩时的抗压强度极限。

铸铁是脆性材料，压缩时的 σ-ε 曲线如图 2-20 所示。试件仍然在较小的变形下突然破坏，但压缩时的强度极限远高于拉伸强度极限（约为 3~6 倍），破坏断面的法线与轴线大致成 45°~55° 的倾角。

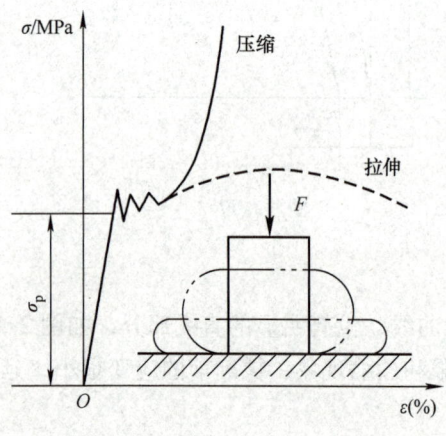

图 2-19

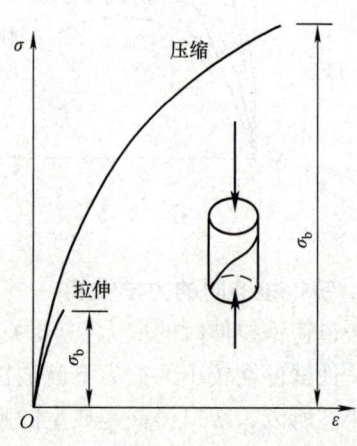

图 2-20

其他脆性材料，如混凝土、石料等，抗压强度也远高于其抗拉强度。因此，对于脆性材料，适宜制作承压构件。

综上所述，塑性材料与脆性材料的力学性能主要有以下的区别：

(1) 塑性材料在断裂前有较大的塑性变形，其塑性指标（δ 和 ψ）较高；而脆性材料的变形较小，塑性指标较低。这是它们的基本区别。

(2) 脆性材料的抗压能力远比抗拉能力强，适宜于制作受压构件；塑性材料的抗压与抗拉能力相近，适宜于制作受拉构件。

(3) 另外，要指出的是，以上关于塑性材料和脆性材料的划分是指在常温、静载时的情况。实际上，同一种材料在不同的外界因素影响下，可能表现为塑性，也可能表现为脆性。例如，低碳钢在低温时也会变得很脆。因此，将材料表述为处于塑性状态或脆性状态，就更确切些。

2.5　许用应力　强度条件

由 2.4 节的试验可知，对于脆性材料，当应力达到其强度极限 σ_b 时，构件会断裂而破坏；对于塑性材料，当应力达到屈服极限 σ_s 时，将产生显著的塑性变形，会使构件不能正常工作。工程中，把构件断裂或出现显著的塑性变形统称为破坏。材料破坏时的应力称为极限应力，用 σ_u 表示。为保证有足够的安全程度，将极限应力除以大于1的系数 n 作为材料的许用应力

$$[\sigma] = \frac{\sigma_u}{n} \tag{2-9}$$

脆性材料取强度极限 σ_b 作为极限应力，塑性材料一般取屈服极限 σ_s（或 $\sigma_{0.2}$）作为极限应力。两类材料的许用应力分别为

脆性材料：
$$[\sigma] = \frac{\sigma_b}{n_b} \tag{a}$$

塑性材料：
$$[\sigma] = \frac{\sigma_s}{n_s} \tag{b}$$

式中，n_b 及 n_s 分别为对应于强度极限及屈服极限的安全系数。在常温、静载时，对于塑性材料，通常取 $n_s = 1.5 \sim 2.2$；对于脆性材料，通常取 $n_b = 2.0 \sim 3.5$，甚至更大。

根据分析计算所得的构件在工作时由于实际荷载作用所产生的应力，称为工作应力。当受拉或受压杆件横截面上的最大工作应力不大于许用应力时，杆件就可以安全正常工作，公式为

$$\sigma_{\max} = \left(\frac{F_N}{A}\right)_{\max} \leqslant [\sigma] \tag{2-10a}$$

式（2-10a）即为杆件轴向拉伸或压缩时的强度条件。

对于等截面直杆，式（2-10a）则可写为

$$\sigma_{\max} = \frac{F_{N\max}}{A} \leqslant [\sigma] \tag{2-10b}$$

建立强度条件时，之所以要引入安全系数，把许用应力作为杆件实际工作应力的最高限度，是出于两个方面的考虑。一方面，考虑强度条件中各因素在取值上常常会有偏差。例

如，载荷估计的不准确，杆件尺寸制造上的偏差，材料性质的不均匀性，以及许多情况下经过简化以后计算方法所带有的近似性等。这些都会使计算结果与实际情况存在一定的出入，因而有必要引入安全系数把极限应力降低为许用应力，以确保安全。另一方面，考虑给构件以一定的强度储备，以避免因遭受某些意外的载荷或不利的工作条件而导致破坏。如果构件的破坏所引起的后果严重时，则应考虑给予较多的强度储备。

安全系数的选择，不仅要考虑材料本身，还必须考虑构件所处的具体工作条件。有关部门常在规范中对各种工作条件下构件的安全系数给出具体规定。安全系数的选择是个重要的问题，安全系数过大会造成浪费，并使构件笨重，过小又保证不了安全，可能导致事故的发生。合理地选择安全系数，需要考虑许多工程技术及经济上的问题。

式（2-10）所表达的强度条件，是轴向拉、压杆件强度计算的依据。利用上述条件，可以解决以下三类强度计算问题。

1. 强度校核

已知载荷、杆件的横截面尺寸和材料的许用应力，即可计算杆件的最大工作应力，并检查是否满足强度条件的要求，称为强度校核。可表示为

$$\sigma_{max} = \frac{F_{Nmax}}{A} \leq [\sigma]$$

在最大工作应力大于许用应力的情况下，通常应加大横截面面积。但考虑到许用应力是概率统计的数值，出于经济的考虑，最大工作正应力也可略大于材料的许用应力，一般认为以不超过许用应力的5%为宜。

2. 设计截面尺寸

如果已知拉（压）杆所受外力和材料的许用应力，根据强度条件可以确定该杆最小横截面面积。例如，对于等直杆，其所需横截面面积为

$$A \geq \frac{F_{Nmax}}{[\sigma]}$$

3. 确定许可载荷

如果已知拉压杆的截面尺寸和许用应力，根据强度条件可以确定该杆所能承受的最大轴力

$$F_{Nmax} \leq A[\sigma]$$

然后根据杆件的静力平衡条件，求出轴力与外力间的关系，就可以确定出杆件或结构所能承担的最大安全载荷，即许可载荷。

【例2-3】 用绳索起吊钢筋混凝土管，如图2-21a所示，管的重量 $W = 10 \text{kN}$，绳索的直径 $d = 40 \text{mm}$，许用应力 $[\sigma] = 10 \text{MPa}$，试校核绳索的强度。

解：（1）计算绳索的轴力。以钢筋混凝土管为研究对象，画出其受力图如图2-21b所示，根据对称性易知左右两段绳索轴力相等，记为 F_{N1}，根据静力平衡方程有

$$2F_{N1} \sin 45° - W = 0$$

所以

$$F_{N1} = \frac{W}{\sqrt{2}} = 5\sqrt{2} \text{kN}$$

（2）校核强度

$$\sigma = \frac{F_{N1}}{A} = \frac{4F_{N1}}{\pi d^2} = \frac{4 \times 5\sqrt{2} \times 10^3 \text{N}}{\pi \times 40^2 \times 10^{-6} \text{m}^2} = 5.63 \times 10^6 \text{Pa} = 5.63 \text{MPa} < [\sigma] = 10 \text{MPa}$$

故绳索满足强度条件，能够安全工作。

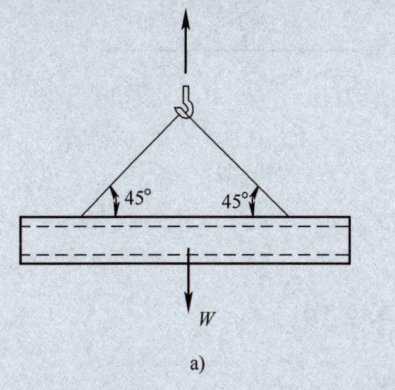
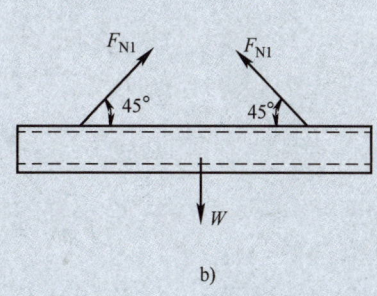

图 2-21

【例 2-4】 如图 2-22 所示，一铸铁圆筒，顶部承受压力 $F_P = 500 \text{kN}$，筒的外径 $D = 25 \text{cm}$，已知铸铁的容许应力 $[\sigma] = 30 \text{MPa}$，试求筒壁的厚度 t，筒的自重忽略不计。

解：（1）求圆筒所需的横截面积 A

$$A \geq \frac{F_P}{[\sigma]} = \frac{500 \times 10^3 \text{m}^2}{30 \times 10^6} = \frac{5}{3} \times 10^{-2} \text{m}^2 = 167 \text{cm}^2$$

（2）求圆筒内径 d

由于圆筒的横截面积

$$A = \frac{\pi}{4}(D^2 - d^2)$$

所以，圆筒内径

$$d = \sqrt{D^2 - \frac{4A}{\pi}} = \sqrt{25^2 \text{cm}^2 - \frac{4 \times 167 \text{cm}^2}{\pi}} = 20.3 \text{cm}$$

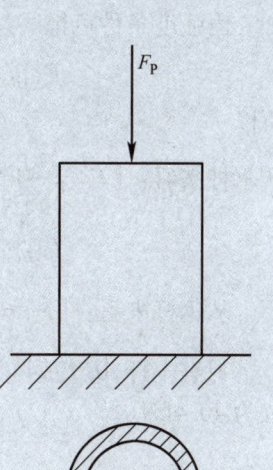

图 2-22

（3）求壁厚 t

$$t = \frac{D-d}{2} = \frac{25 \text{cm} - 20.3 \text{cm}}{2} = 2.35 \text{cm}$$

实际工程中可选用 $t = 2.5 \text{cm}$，即筒的内径为 20cm。

【例 2-5】 图 2-23a 为一吊架，AB 为木杆，其横截面面积 $A_W = 10^4 \text{mm}^2$，许用应力 $[\sigma]_W = 7 \text{MPa}$；$BC$ 杆为钢杆，$A_S = 600 \text{mm}^2$，$[\sigma]_S = 160 \text{MPa}$。试求许可载荷 $[F]$。

解：假想地将吊架截开，保留部分如图 2-23b 所示。由保留部分的平衡条件

$$\sum F_y = 0, \quad F_{NBC} \sin 30° - F = 0$$

$$\sum F_x = 0, \quad F_{NAB} - F_{NBC} \cos 30° = 0$$

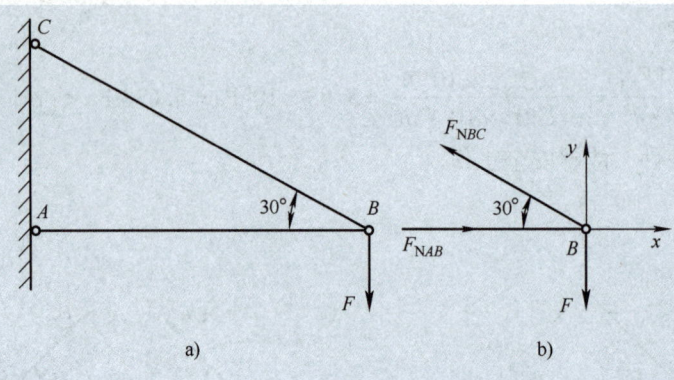

图 2-23

得

$$F_{NBC} = \frac{F}{\sin 30°} = 2F$$

$$F_{NAB} = F_{NBC}\cos 30° = \sqrt{3}F$$

由强度条件可得

$$F_{NAB} = \sqrt{3}F \leq A_W [\sigma]_W = 10^4 \times 10^{-6} \times 7 \times 10^6 \text{N} = 70\text{kN}$$

所以

从木杆来看：$[F] = \dfrac{70}{\sqrt{3}}\text{kN} = 40.4\text{kN}$

$$F_{NBC} = 2F \leq A_S [\sigma]_S = 600 \times 10^{-6} \times 160 \times 10^6 \text{N} = 96\text{kN}$$

从钢杆来看：$[F] = \dfrac{96}{2}\text{kN} = 48\text{kN}$

只有木杆 AB 与钢杆 BC 均满足强度条件时，吊架才安全，故吊架的许可载荷 $[F]$ 应取为 40.4kN。

2.6 轴向拉伸或压缩时的变形

直杆在轴向拉力作用下，将引起轴向尺寸的伸长和横向尺寸的缩小。反之，在轴向压力作用下，将引起轴向尺寸的缩短和横向尺寸的增大。

设等直杆的长度为 l，横截面面积为 A。在轴向拉力 F 作用下，长度由 l 变为 l_1，如图 2-24 所示。杆件在轴线方向的伸长为

$$\Delta l = l_1 - l \tag{a}$$

由于变形是均匀的，将 Δl 除以 l 得杆件轴线方向的线应变

$$\varepsilon = \frac{\Delta l}{l} \tag{2-11}$$

ε 称为杆件的**纵向线应变**，是轴向的相对变形。它是一个无量纲的量，其正负号与 Δl 相同，即正值表示拉应变，负值表示压应变。

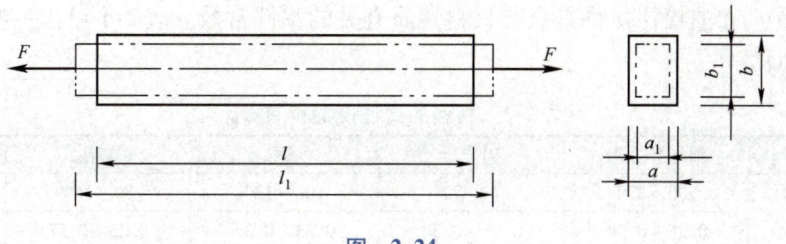

图 2-24

杆件横截面上的应力为

$$\sigma = \frac{F_N}{A} \tag{b}$$

由胡克定律可知：当应力不超过材料的比例极限时，应力与应变成正比。即

$$\sigma = E\varepsilon$$

将式（2-11）和式（b）代入上式，得

$$\Delta l = \frac{F_N l}{EA} \tag{2-12}$$

式（2-12）表明，当应力不超过比例极限时，杆件的伸长 Δl 与轴力 F_N 和杆件的长度 l 成正比，与横截面面积 A 成反比。这是**胡克定律**的另一表达形式。式（2-12）也适用于计算杆件压缩时的变形。

由式（2-12）可见，对长度相同，受力相等的杆件，EA 越大，则变形 Δl 越小，所以 EA 称为杆件的**抗拉（压）刚度**。它反映了杆件抵抗拉伸（或压缩）变形的能力。

式（2-12）适用于杆件横截面面积 A 和轴力 F_N 皆为常量的情况。对于 F_N 或 A 沿杆件轴线分段变化的情况，其轴向变形应分段计算后再求代数和，即

$$\Delta l = \sum_i \frac{F_{Ni} l_i}{EA_i} \tag{2-13}$$

对于 F_N 或 A 沿杆件轴线连续变化的情况，应按积分计算，即

$$\Delta l = \int_l \frac{F_N(x)\,dx}{EA(x)} \tag{2-14}$$

若杆件变形前的横向尺寸分别为 a 和 b，受轴向拉伸变形后分别为 a_1 和 b_1，如图 2-24 所示，则

$$\Delta a = a_1 - a, \qquad \Delta b = b_1 - b \tag{c}$$

由试验可知，二横向线应变相等，故杆件的横向线应变为

$$\varepsilon' = \frac{\Delta a}{a} = \frac{\Delta b}{b} \tag{d}$$

试验表明，当应力不超过比例极限时，杆的横向应变 ε' 与纵向应变 ε 之比的绝对值是一个常数，即

$$\mu = \left| \frac{\varepsilon'}{\varepsilon} \right| \tag{e}$$

μ 称为**泊松比**。它是一个无量纲的量，其值随材料而异，可以由试验确定。

因为当杆件轴向伸长时，横向缩小，而轴向缩短时，横向增大，所以 ε 和 ε' 的符号总是相反的。因此，ε 和 ε' 的关系可以写成

$$\varepsilon' = -\mu\varepsilon \tag{2-15}$$

弹性模量 E 和泊松比 μ 都是只与材料性质有关的弹性常数。表 2-1 给出一些常用材料的 E 和 μ 的近似值。

表 2-1 材料的弹性模量和泊松比

材料参数	钢与合金钢	铝合金	铜	铸铁	木材（顺纹）
E/GPa	200～220	70～72	100～120	80～160	8～12
μ	0.25～0.30	0.26～0.34	0.33～0.35	0.23～0.27	—

【例 2-6】 在图 2-25 所示的阶梯杆中，已知 $F_A = 10\text{kN}$，$F_B = 20\text{kN}$，$l = 100\text{mm}$，AB 段与 BC 段的横截面面积分别为 $A_{AB} = 100\text{mm}^2$，$A_{BC} = 200\text{mm}^2$，材料的弹性模量 $E = 200\text{GPa}$。试求杆的总伸长量及端面 A 与 D—D 截面间的相对位移。

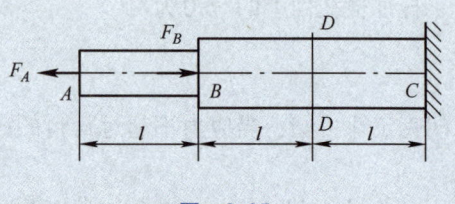

图 2-25

解：AB 段及 BC 段的轴力 F_{NAB} 和 F_{NBC} 分别为

$$F_{NAB} = F_A = 10\text{kN}$$

$$F_{NBC} = F_A - F_B = -10\text{kN}$$

杆的总伸长量为

$$\Delta l = \Delta l_{AB} + \Delta l_{BC} = \frac{F_{NAB} l}{E A_{AB}} + \frac{F_{NBC} \times 2l}{E A_{BC}}$$

$$= \left(\frac{10 \times 10^3 \times 100 \times 10^{-3}}{200 \times 10^9 \times 100 \times 10^{-6}} + \frac{-10 \times 10^3 \times 2 \times 100 \times 10^{-3}}{200 \times 10^9 \times 200 \times 10^{-6}}\right)\text{m} = 0$$

端面 A 与 D—D 截面间的相对位移 Δ_{AD} 等于端面 A 与 D—D 截面间杆的伸长量 Δl_{AD}

$$\Delta l_{AD} = \Delta l_{AB} + \Delta l_{BD} = \frac{F_{NAB} l}{E A_{AB}} + \frac{F_{NBD} l}{E A_{BD}}$$

$$= \left(\frac{10 \times 10^3 \times 100 \times 10^{-3}}{200 \times 10^9 \times 100 \times 10^{-6}} + \frac{-10 \times 10^3 \times 100 \times 10^{-3}}{200 \times 10^9 \times 200 \times 10^{-6}}\right)\text{m} = 0.25\text{mm}$$

【例 2-7】 图 2-26a 所示为一简单托架。已知 BC、BD 杆的横截面面积分别为 $A_1 = 320\text{mm}^2$、$A_2 = 1050\text{mm}^2$。$E = 200\text{GPa}$，$F_P = 60\text{kN}$。求 B 点的位移。

解：三角形 BCD 三边的长度比为 $BC:CD:BD = 3:4:5$，由此求出 $BD = 2\text{m}$。根据 B 点的平衡方程，求得 BC 杆的轴力 F_{N1} 和 BD 杆的轴力 F_{N2} 分别为

$$F_{N1} = \frac{3}{4} F_P = 45\text{kN}（拉）$$

$$F_{N2} = \frac{5}{4} F_P = 75\text{kN}（压）$$

根据胡克定律，求出 BC 和 BD 两杆的变形分别为

$$BB_1 = \Delta l_1 = \frac{F_{N1} l_1}{E A_1} = \frac{45 \times 10^3 \times 1.2}{200 \times 10^9 \times 320 \times 10^{-6}}\text{m} = 0.844\text{mm}$$

$$BB_2 = \Delta l_2 = \frac{F_{N2} l_2}{E A_2} = \frac{75 \times 10^3 \times 2}{200 \times 10^9 \times 1050 \times 10^{-6}}\text{m} = 0.714\text{mm}$$

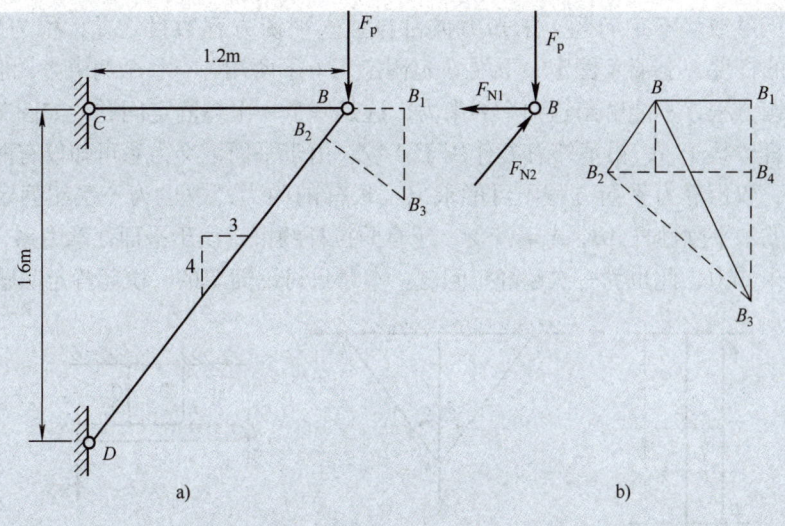

图 2-26

这里 Δl_1 为拉伸变形，而 Δl_2 为压缩变形。设想将托架在节点 B 拆开。BC 杆伸长后变为 B_1C，BD 杆压缩变形后变为 B_2D。分别以 C 点和 D 点为圆心、CB_1 和 DB_2 为半径，作弧相交于 B_3。两杆变形过程中始终保持在 B 点联结，因此 B_3 点即为托架变形后 B 点的位置。在小变形条件下，B_1B_3 和 B_2B_3 是两段极其微小的短弧，因而可用分别垂直于 BC 和 BD 的直线段来代替，这两线段的交点即为 B_3。BB_3 即为 B 点的位移。

由图 2-26b 可以求出 $\quad B_2B_4 = \Delta l_2 \times \dfrac{3}{5} + \Delta l_1$

B 点的铅垂位移

$$B_1B_3 = B_1B_4 + B_4B_3 = BB_2 \times \frac{4}{5} + B_2B_4 \times \frac{3}{4} = \Delta l_2 \times \frac{4}{5} + \left(\Delta l_2 \times \frac{3}{5} + \Delta l_1\right) \times \frac{3}{4}$$

$$= \left[0.714 \times \frac{4}{5} + \left(0.714 \times \frac{3}{5} + 0.844\right) \times \frac{3}{4}\right]\text{mm} = 1.526\text{mm}$$

B 点的水平位移

$$BB_1 = \Delta l_1 = 0.844\text{mm}$$

最后求出 B 点的位移 BB_3 为

$$BB_3 = \sqrt{(B_1B_3)^2 + (BB_1)^2} = 1.74\text{mm}$$

2.7 简单拉压超静定问题

2.7.1 超静定的概念

在前面的讨论中，杆件的轴力可以用平衡条件求出，这种情况称为静定问题。但有时由于未知力的数目多于静力平衡方程的数目，只凭静力平衡方程不能解出全部未知力。这种情况称为**超静定问题**或**静不定问题**。未知力数目与独立平衡方程数目之差,称为**超静定次数**。图 2-27a 所示的杆件,上端 A 固定,下端 B 也固定,上下两端各有一个约束力,但我们只能列出 1 个静力平衡方程,不能解出这两个约束力,这是一个一次超静定问题。如图 2-27b 所示的杆系结构,三杆铰接于 A,铅垂外力 F 作用于 A 铰。由于平面汇交力系可知仅有两个独立的平衡方程,显然,仅由静力平衡方程不可能求出三根杆的内力,故也为一次超静定问题。再如图 2-27c 所示的水平刚性杆 AB,A 端铰支,还有两拉杆约束,属于平面任意力系,可列 3 个方程,但有 4 个未知力,此也为一次超静定问题。本章只讨论简单的一次超静定问题。

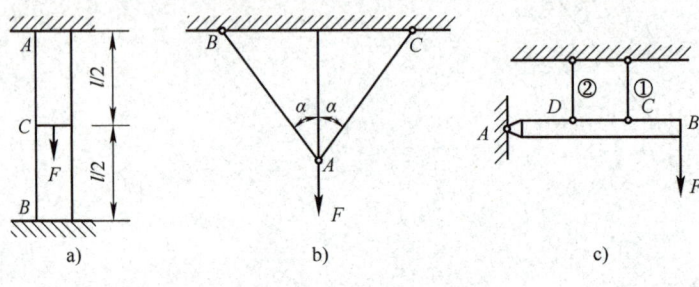

图 2-27

在求解超静定问题时,除了利用静力平衡方程以外,还必须考虑杆件的实际变形情况,列出变形的补充方程,并使补充方程的数目等于超静定次数。结构在正常工作时,其各部分的变形之间必然存在着一定的几何关系,称为**变形协调条件**。解超静定问题的关键在于根据变形协调条件写出几何方程,然后将联系杆件的变形与内力之间的物理关系(如胡克定律)代入变形几何方程,即得所需的补充方程。

以图 2-28a 所示桁架计算杆中轴力为例,由图 2-28b 得节点 A 的静力平衡方程为

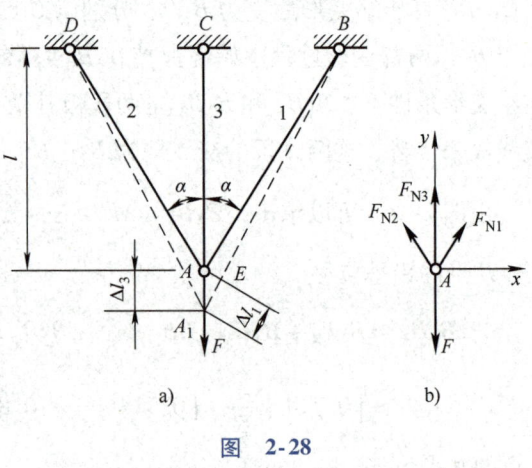

图 2-28

$$\left. \begin{array}{l} \sum F_x = 0, \ F_{N1}\sin\alpha - F_{N2}\sin\alpha = 0 \\ \sum F_y = 0, \ F_{N3} + F_{N1}\cos\alpha + F_{N2}\cos\alpha - F = 0 \end{array} \right\} \quad (a)$$

这里平衡方程有 2 个,但未知力有 3 个,可见,只凭静力平衡方程不能求得全部轴力,所以这是超静定问题。

为了求得问题的解,在静力平衡方程之外,还必须寻求补充方程。设 1、2 两杆的抗拉刚度相同,同为 EA。桁架变形是对称的,节点 A 垂直地移动到 A_1,位移 AA_1 就是杆 3 的伸长 Δl_3。以 B 点为圆心、杆 AB 的原长为半径作圆弧,圆弧以外的线段即为杆 1 的伸长 Δl_1。由于变形很小,可用垂直于 A_1B 的直线代替上述弧线,且仍可认为 $\angle AA_1B = \alpha$。于是

$$\Delta l_1 = \Delta l_3 \cos\alpha \qquad (b)$$

式(b)为 1、2、3 三杆件的变形必须满足的关系,只有满足了这一关系,它们才可能在变

形后仍然在节点 A_1 联系在一起，变形才是协调的。所以，这种几何关系称为**变形协调条件**。若杆 1、2 的抗拉刚度同为 EA，杆 3 的抗拉刚度为 E_3A_3，由胡克定律

$$\Delta l_1 = \frac{F_{N1}l}{EA\cos\alpha}, \quad \Delta l_3 = \frac{F_{N3}l}{E_3A_3} \tag{c}$$

式（c）表示变形与轴力关系，称为**物理方程**，将其代入式（b），得

$$\frac{F_{N1}l}{EA\cos\alpha} = \frac{F_{N3}l}{E_3A_3}\cos\alpha \tag{d}$$

式（d）即为在静力平衡方程之外得到的**补充方程**。

由式（a）和式（d）得

$$F_{N1} = F_{N2} = \frac{F\cos^2\alpha}{2\cos^3\alpha + \dfrac{E_3A_3}{EA}}$$

$$F_{N3} = \frac{F}{1 + 2\dfrac{EA}{E_3A_3}\cos^3\alpha}$$

上述分析表明，对于超静定问题，需要综合静力平衡方程、变形协调条件和物理方程等三方面的关系进行求解。

2.7.2 装配应力

杆件在制造过程中，其尺寸有微小的误差是在所难免的。在静定问题中，这种误差本身只会使结构的几何形状略有改变，并不会在杆中产生附加的内力。如图 2-29a 所示的两根长度相同的杆件组成一个简单构架，若由于两根杆制成后的长度（图中实线表示）均比设计长度（图中虚线表示）超出了 δ，则装配好以后，两杆原应有的交点 C 下移一个微小的距离 Δ 至 C' 点，两杆的夹角略有改变，但杆内不会产生内力。但在超静定问题中，情况就不同了。例如图 2-29b 所示的超静定桁架，若由于两斜杆的长度制作得不准确，均比设计长度长些，这样就会使三杆交不到一起，而实际装配往往需强行完成，装配后的结构形状如图 2-29b 所示，设三杆交于 C'' 点，C'' 点介于 C 点与 C' 点之间，由于各杆长度均有所变化，因而在结构尚未承受载荷作用时，各杆就已经有了应力，这种应力称为**装配应力**（或初应

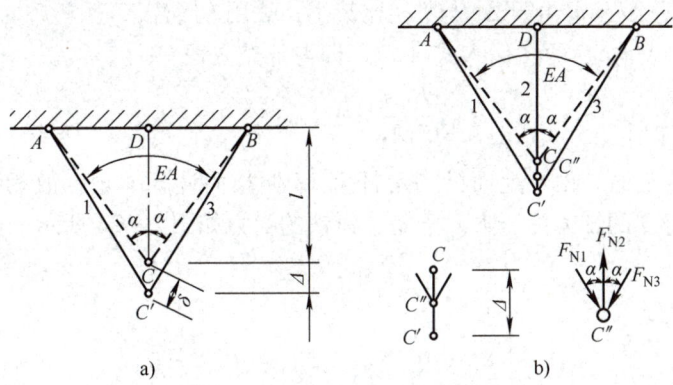

图 2-29

力)。计算装配应力的关键仍然是根据变形协调条件列出变形几何方程。下面通过具体例子来加以说明。

【例2-8】 两铸件用两钢杆1、2连接,其间距为 $l = 200\text{mm}$,如图2-30a所示。现需将制造的过长 $\Delta e = 0.11\text{mm}$ 的铜杆3装入铸件之间,如图2-30b所示,并保持三杆的轴线平行且有间距 a。试计算各杆内的装配应力。已知钢杆直径 $d = 10\text{mm}$,铜杆横截面为 $20\text{mm} \times 30\text{mm}$ 的矩形,钢的弹性模量 $E = 210\text{GPa}$,铜的弹性模量 $E_3 = 100\text{GPa}$。铸铁很厚,其变形可略去不计。

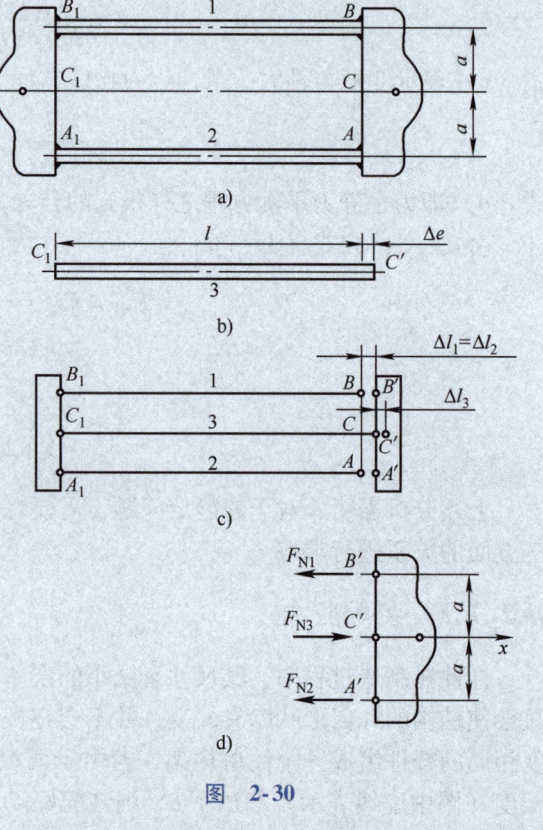

图 2-30

解:本题中3根杆的轴力均为未知,但平面平行力系只有2个独立的平衡方程,故为一次超静定问题。

因铸铁可视为刚体,其变形协调条件是三杆变形后的端点须在同一直线上。由于结构对称于杆3,故其变形关系如图2-30c所示。从而可得变形几何方程为

$$\Delta l_3 = \Delta e - \Delta l_1 \qquad (a)$$

物理关系为

$$\Delta l_1 = \frac{F_{N1} l}{EA} \qquad (b)$$

$$\Delta l_3 = \frac{F_{N3} l}{E_3 A_3} \qquad (c)$$

式(b)和式(c)中,A 和 A_3 分别为钢杆和铜杆的横截面面积。式(c)中的 l 在理论上应是杆3的原长 $l + \Delta e$,但由于 Δe 与 l 相比甚小,故用 l 代替。

将式(b)和式(c)两式代入式(a),即得补充方程

$$\frac{F_{N3} l}{E_3 A_3} = \Delta e - \frac{F_{N1} l}{EA} \qquad (d)$$

在建立平衡方程时,由于上面已判定杆1、2伸长而杆3缩短,故相应地假设杆1、2的轴力为拉力而杆3的轴力为压力。于是,铸铁的受力如图2-30d所示。由对称关系可知

$$F_{N1} = F_{N2} \qquad (e)$$

另一平衡方程为

$$\sum F_x = 0, \quad F_{N3} - F_{N1} - F_{N2} = 0 \qquad (f)$$

联立求解式（d）~式（f），整理后即得装配内力为

$$F_{N1} = F_{N2} = \frac{\Delta e EA}{l}\left(\frac{1}{1+2\dfrac{EA}{E_3A_3}}\right)$$

$$F_{N3} = \frac{\Delta e E_3 A_3}{l}\left(\frac{1}{1+\dfrac{E_3A_3}{2EA}}\right)$$

所得 F_{N1}、F_{N2}、F_{N3} 均为正，说明杆 1、2 为拉力和杆 3 为压力的假设是正确的。

各杆的装配应力为

$$\sigma_1 = \sigma_2 = \frac{F_{N1}}{A} = \frac{\Delta e E}{l}\left(\frac{1}{1+2\dfrac{EA}{E_3A_3}}\right)$$

$$= \frac{(0.11\times 10^{-3}\text{m})\times(210\times 10^9\text{Pa})}{0.2\text{m}} \times \left[\frac{1}{1+\dfrac{2\times(210\times 10^9\text{Pa})\times\dfrac{\pi}{4}\times(10\times 10^{-3}\text{m})^2}{(100\times 10^9\text{Pa})\times(20\times 10^{-3}\text{m})\times(30\times 10^{-3}\text{m})}}\right]$$

$$= 74.53\times 10^6\text{Pa} = 74.53\text{MPa}$$

$$\sigma_3 = \frac{F_{N3}}{A_3} = \frac{\Delta e E_3}{l}\left(\frac{1}{1+\dfrac{E_3A_3}{2EA}}\right) = 19.51\text{MPa}$$

从例 2-8 可以看出，在超静定问题里，杆件尺寸的微小误差会产生相当可观的装配应力。这种装配应力既可能引起不利的后果，也可能带来有利的影响。土建工程中的预应力钢筋混凝土构件，就是利用装配应力来提高构件承载能力的例子。

2.7.3 温度应力

在工程实际中，结构物或其部分杆件往往会因温度的变化而产生伸缩。在均匀温度场中，静定杆件或杆系由温度引起的变形伸缩自由，一般不会在杆中产生内力。但在超静定问题中，由于有了多余约束，由温度变化所引起的变形将受到限制，从而在杆内产生内力及与之相应的应力，这种应力称为温度应力或热应力。计算温度应力的关键也是根据杆件或杆系的变形协调条件及物理关系列出变形补充方程式。与前面不同的是，杆的变形包括两部分，即由温度变化所引起的变形，以及与温度内力相应的弹性变形。

【例 2-9】 如图 2-31a 所示，杆①、②、③用铰相连接，当温度升高 $\Delta t = 20℃$ 时，求各杆的温度应力。已知杆①与杆②由铜制成，弹性模量 $E_1 = E_2 = 100\text{GPa}$，$\varphi = 30°$，线膨胀系数 $\alpha_1 = \alpha_2 = 16.5\times 10^{-6}℃^{-1}$，横截面积 $A_1 = A_2 = 200\text{mm}^2$；杆③由钢制成，其长度 $l = 1\text{mm}$，$E_3 = 200\text{GPa}$，$A_3 = 100\text{mm}^2$，$\alpha_3 = 12.5\times 10^{-6}℃^{-1}$。

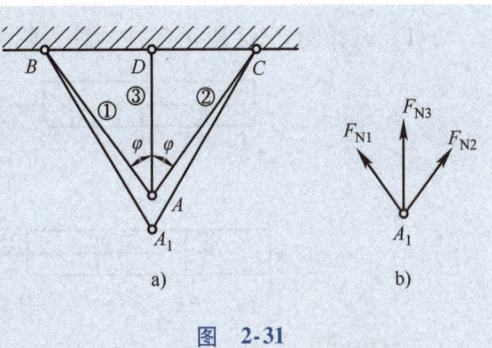

图 2-31

解：设 F_{N1}、F_{N2}、F_{N3} 分别代表三杆因温度升高所产生的内力，假设均为拉力，考虑 A 铰的平衡，如图 2-42b 所示，则有

$$\sum F_x = 0, \quad F_{N1}\sin\varphi - F_{N2}\sin\varphi = 0, \tag{a}$$

$$\sum F_y = 0, \quad 2F_{N1}\cos\varphi + F_{N3} = 0, \tag{b}$$

得

$$F_{N1} = F_{N2}, \quad F_{N1} = -\frac{F_{N3}}{2\cos\varphi}$$

变形几何关系为

$$\Delta l_1 = \Delta l_3 \cos\varphi \tag{c}$$

物理关系（温度变形与内力弹性变形）为

$$\Delta l_1 = \alpha_1 \Delta t \frac{l}{\cos\varphi} + \frac{F_{N1}\dfrac{l}{\cos\varphi}}{E_1 A_1} \tag{d}$$

$$\Delta l_3 = \alpha_3 \Delta t l + \frac{F_{N3} l}{E_3 A_3} \tag{e}$$

将式（d）和式（e）两式代入式（c）得

$$\alpha_1 \Delta t \frac{l}{\cos\varphi} + \frac{F_{N1} l}{E_1 A_1 \cos\varphi} = \left(\alpha_3 \Delta t l + \frac{F_{N3} l}{E_3 A_3}\right)\cos\varphi \tag{f}$$

联立求解式（a）、式（b）和式（f）三式，得各杆轴力

$$F_{N3} = 1492\text{N}$$

$$F_{N1} = F_{N2} = -\frac{F_{N3}}{2\cos\varphi} = -860\text{N}$$

杆①与杆②承受的是压力，杆③承受的是拉力，各杆的温度应力为

$$\sigma_1 = \sigma_2 = \frac{F_{N1}}{A_1} = -\frac{860}{200}\text{MPa} = -4.3\text{MPa}$$

$$\sigma_3 = \frac{F_{N3}}{A_3} = \frac{1492}{100}\text{MPa} = 14.92\text{MPa}$$

习 题

2-1 试作图 2-32 所示各杆的轴力图。

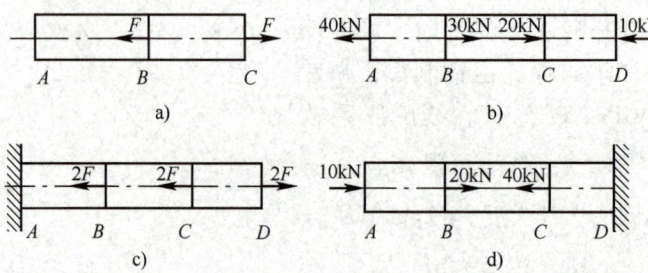

图 2-32 习题 2-1 图

2-2 简易起吊架如图 2-33 所示，AB 为 10cm × 10cm 的杉木，BC 为 d = 2cm 的圆钢，F = 26kN。试求斜杆及水平杆横截面上的正应力。

2-3 阶梯杆如图 2-34 所示，受轴向力 $F_1 = 25\text{kN}$，$F_2 = 40\text{kN}$，$F_3 = 35\text{kN}$ 的作用，截面面积 $A_1 = A_3 = 300\text{mm}^2$，$A_2 = 250\text{mm}^2$。试求各段杆横截面上的正应力。

2-4 直杆受力如图 2-35 所示，其横截面面积分别为 A 和 A_1，且 $A = 2A_1$，长度为 l，弹性模量为 E，载荷 $F_2 = 2F_1 = F$。试求杆的绝对变形 Δl 及各段杆横截面上的应力。

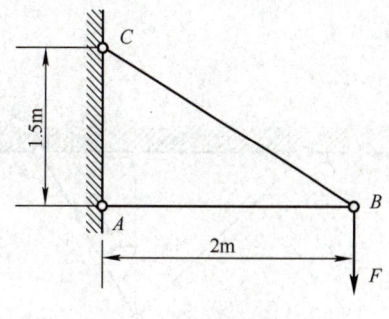

图 2-33 习题 2-2 图

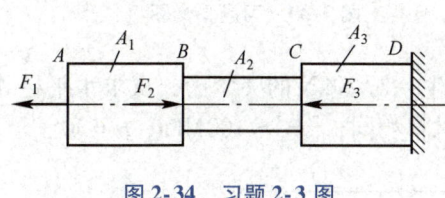

图 2-34 习题 2-3 图

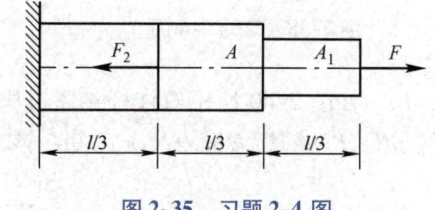

图 2-35 习题 2-4 图

2-5 直径为 10mm 的圆杆，受轴向拉力 $P = 10\text{kN}$，试求杆中最大切应力，并求与横截面的夹角为 $\alpha = 30°$ 的斜截面上的正应力及切应力。

2-6 图 2-36 所示的简杆系中，设 AB 和 AC 分别为直径是 20mm 和 24mm 的圆截面杆，$E = 200\text{GPa}$，$F = 5\text{kN}$。试求点 A 的垂直位移。

2-7 截面直杆如图 2-37 所示。已知 $A_1 = 8\text{cm}^2$，$A_2 = 4\text{cm}^2$，$E = 200\text{GPa}$。求杆的总伸长 Δl。

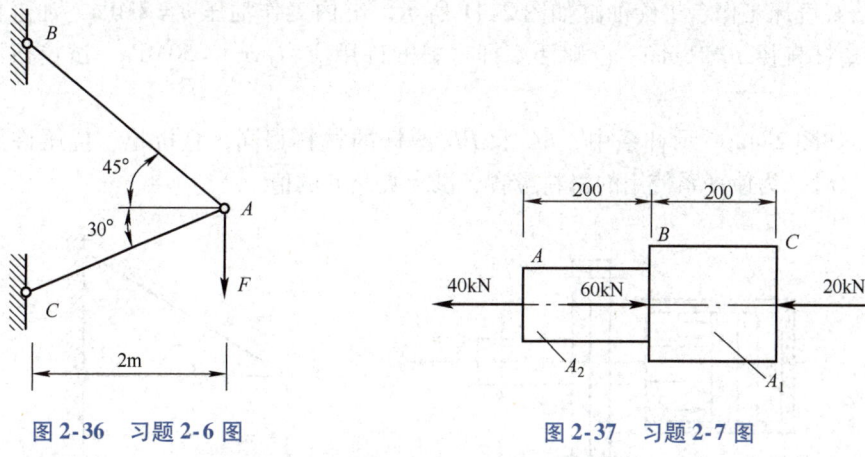

图 2-36 习题 2-6 图　　　　图 2-37 习题 2-7 图

2-8 如图 2-38 所示桁架，已知两杆的直径分别为 $d_1 = 30\text{mm}$，$d_2 = 20\text{mm}$，材料的许用应力 $[\sigma] = 160\text{MPa}$。试求桁架的许可载荷 $[P]$。

2-9 结构尺寸及受力如图 2-39 所示，设 AB、CD 均为刚体，BC 和 EF 为圆截面钢杆。钢杆直径 $d = 25\text{mm}$，两杆材料均为 Q235 钢，其许用应力 $[\sigma] = 160\text{MPa}$。若已知载荷 $F_p = 39\text{kN}$，试校核此结构的强度是否安全。

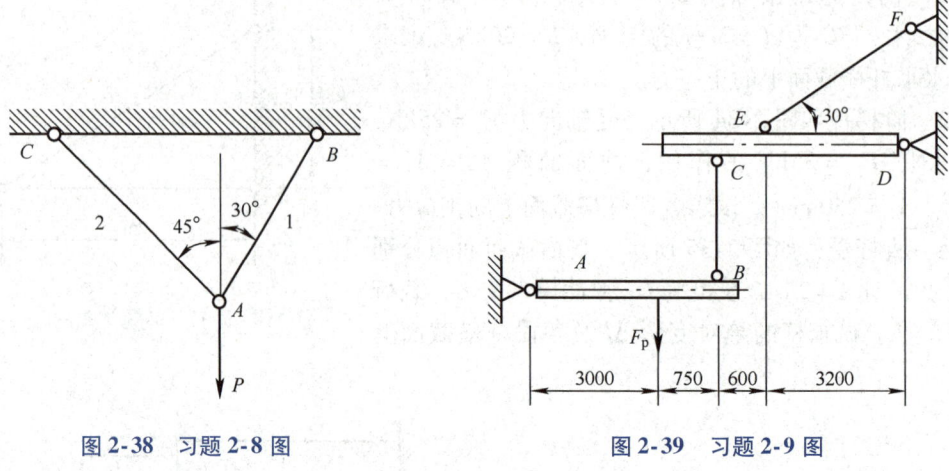

图 2-38　习题 2-8 图　　　　　图 2-39　习题 2-9 图

2-10　如图 2-40 所示双杠杆夹紧机构，需产生一对 20kN 的夹紧力，试求水平杆 AB 及两斜杆 BC、BD 的横截面直径。已知：该三杆的材料相同，$[\sigma]=100$MPa，$\alpha=30°$。

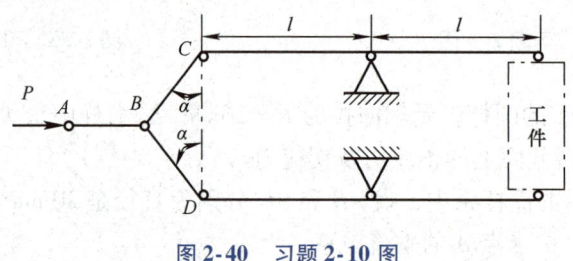

图 2-40　习题 2-10 图

2-11　某铣床工作台进给油缸如图 2-41 所示，缸内工作油压 $p=2$MPa，油缸内径 $D=75$mm，活塞杆直径 $d=18$mm。已知活塞杆材料的许用应力 $[\sigma]=50$MPa，试校核活塞杆的强度。

2-12　如图 2-42 所示杆系中，BC 和 BD 两杆的材料相同，且抗拉、抗压许用应力相等，同为 $[\sigma]$，为使杆系使用的材料最省，试求夹角 θ 的值。

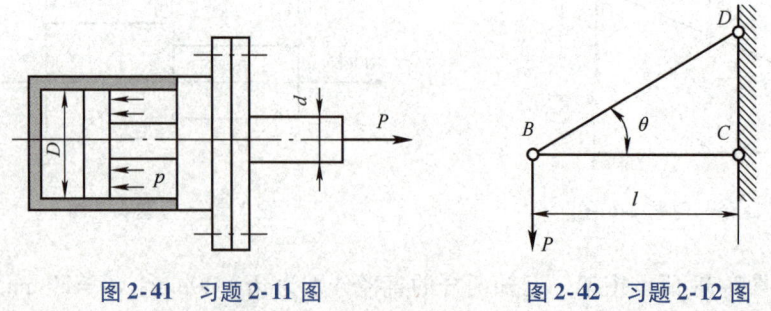

图 2-41　习题 2-11 图　　　　　图 2-42　习题 2-12 图

2-13　图 2-43 所示结构，设 CF 为刚体，BC 为铜杆，DF 为钢杆，两杆的横截面面积分别为 A_1 和 A_2，弹性模量分别为 E_1 和 E_2。如要求 CF 始终保持水平位置，试求 x。

2-14　如图 2-44 所示结构是用同一材料的三根杆组成。三根杆的横截面面积分别为

$A_1 = 200 \text{mm}^2$、$A_2 = 300 \text{mm}^2$ 和 $A_3 = 400 \text{mm}^2$，载荷 $P = 40 \text{kN}$。求各杆横截面上的应力。

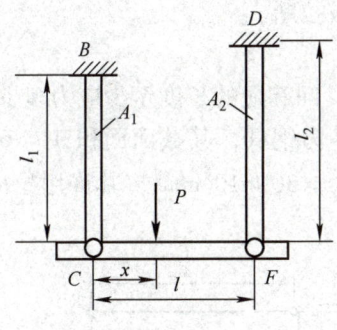

图 2-43 习题 2-13 图

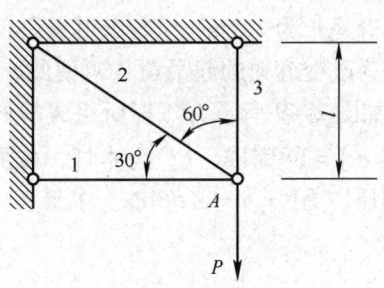

图 2-44 习题 2-14 图

2-15 如图 2-45 所示，一钢试件，$E = 200 \text{GPa}$，比例极限 $\sigma_p = 200 \text{MPa}$，直径 $d = 10 \text{mm}$。其标距 $l_0 = 100 \text{mm}$ 之内用放大 500 倍的引伸仪测量变形，试问：

（1）当引伸仪上的读数为伸长 25mm 时，试件的相对变形、应力及所受荷载各为多少？

（2）当引伸仪上读数为 60mm 时，应力等于多少？

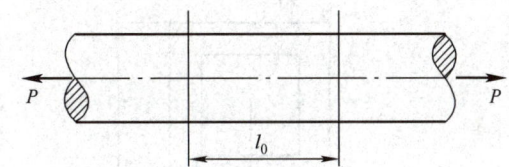

图 2-45 习题 2-15 图

2-16 如图 2-46 所示，平板拉伸试件，宽度 $b = 29.8 \text{mm}$，厚度 $h = 4.1 \text{mm}$，在拉伸试验时，每增加 2kN 拉力，利用电阻丝测得沿轴线方向产生应变 $\varepsilon_1 = 120 \times 10^{-6}$，横向应变 $\varepsilon_2 = -38 \times 10^{-6}$。求试件材料的弹性模量 E 及横向变形系数 μ。

2-17 如图 2-47 所示，横截面尺寸为 $75 \text{mm} \times 75 \text{mm}$ 的短木柱，承受轴向压力。欲使木柱任意截面的正应力不超过 2.4MPa，剪应力不超过 0.77MPa，求其最大荷载 P。

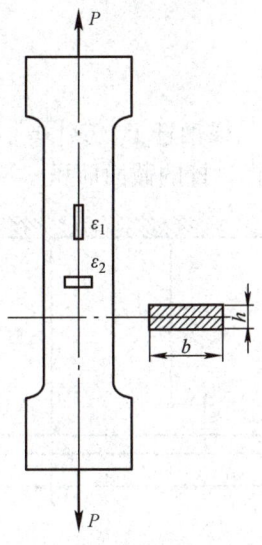

图 2-46 习题 2-16 图

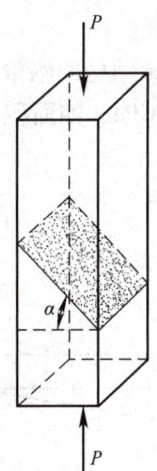

图 2-47 习题 2-17 图

2-18 钢制正方形框架，边长 $a=400\mathrm{mm}$，重力 $G=500\mathrm{N}$ 用麻绳套在框架外面起吊，如图 2-48 所示。已知此麻绳在 290N 的拉力作用下将被拉断。

（1）如麻绳长为 1.7m，试校核其极限荷载。

（2）因为改变麻绳的起吊角 α 可使此麻绳不断，问麻绳的长度至少应为多少？

2-19 如图 2-49 所示为二杆所组成的杆系，AB 为钢杆，其截面面积 $A_1=600\mathrm{mm}^2$，钢的许用应力 $[\sigma]=140\mathrm{MPa}$。BC 为木杆，截面面积 $A_2=30\times10^3\mathrm{mm}^2$，其许用拉应力 $[\sigma_\mathrm{t}]=8\mathrm{MPa}$，许用压应力 $[\sigma_\mathrm{c}]=3.5\mathrm{MPa}$。求最大许可荷载 P。

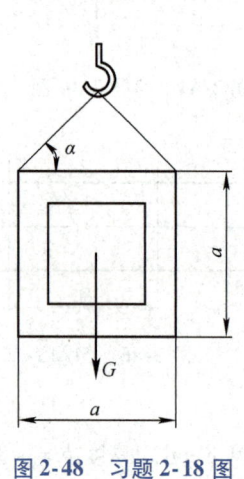

图 2-48　习题 2-18 图　　图 2-49　习题 2-19 图

2-20 有一两端固定的水平钢丝如图 2-50 中虚线所示。已知钢丝横截面的直径 $d=1\mathrm{mm}$，当在钢丝中点 C 悬挂一集中荷载 P 后，钢丝产生的应变达到 0.09%，钢丝的弹性模量 $E=0.2\times10^6\mathrm{MPa}$，试问此时：

（1）钢丝内的应力为多大？

（2）钢丝在点 C 处下降的距离为多少？

（3）荷载 P 是多大？

2-21 图 2-51 所示结构的刚梁吊在同一材料的二根钢杆上，其 $[\sigma]=160\mathrm{MPa}$，制造误差 $\delta=0.1\mathrm{mm}$，$E=200\mathrm{GPa}$，如面积 $A_1:A_2=2$，试选择二杆的截面面积。

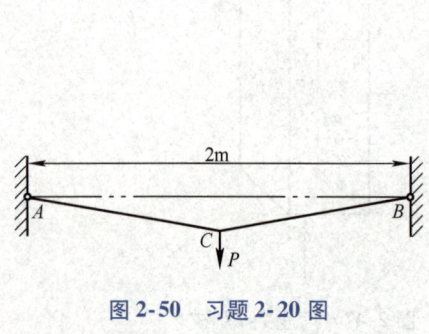
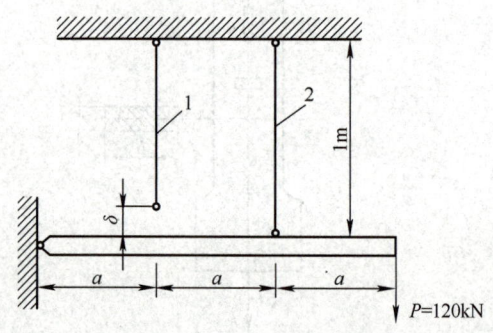

图 2-50　习题 2-20 图　　图 2-51　习题 2-21 图

2-22 刚性梁 ABC，由材料相同、横截面面积相等的三根直杆支持，其结构和受力如

图 2-52 所示,试分析三杆的受力分配比(图中 $AB = BC$)。

2-23 刚性梁 ABC 由材料相同、截面积相等的三根立柱支承,其结构和受力如图 2-53 所示,如使刚性梁保持水平,求:

(1) 加力点的位置 x。

(2) 此时各立柱中的轴力。

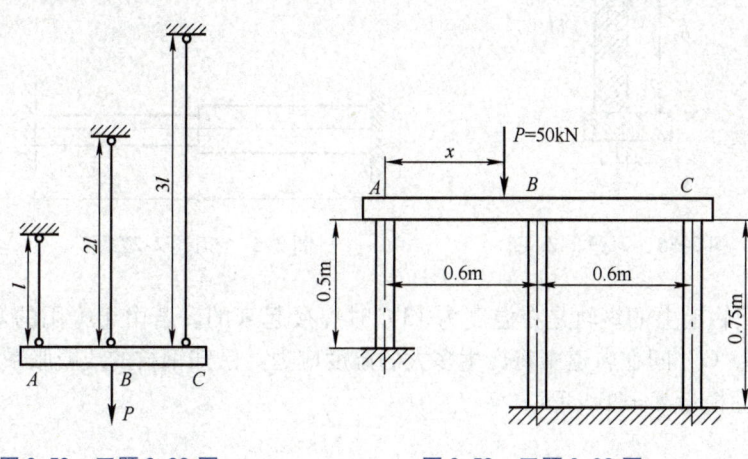

图 2-52 习题 2-22 图   图 2-53 习题 2-23 图

2-24 在图 2-54 所示结构中,AB 为一刚杆,BD 和 CE 为二钢链杆。已知杆 BD 的横截面面积 $A_1 = 400\text{mm}^2$,杆 CE 的横截面面积 $A_2 = 200\text{mm}^2$,钢材的许用应力 $[\sigma] = 170\text{MPa}$。若在刚杆 AB 上作用有均布荷载 $q = 30\text{kN/m}$,试校核钢杆 BD 和 CE 的强度。

2-25 在图 2-55 所示结构中,刚杆 AB 由链杆 AD、CE 和 BF 所支承。已知三链杆的横截面面积均为 A,许用应力均为 $[\sigma]$,试求此结构的许用荷载 P 的大小。

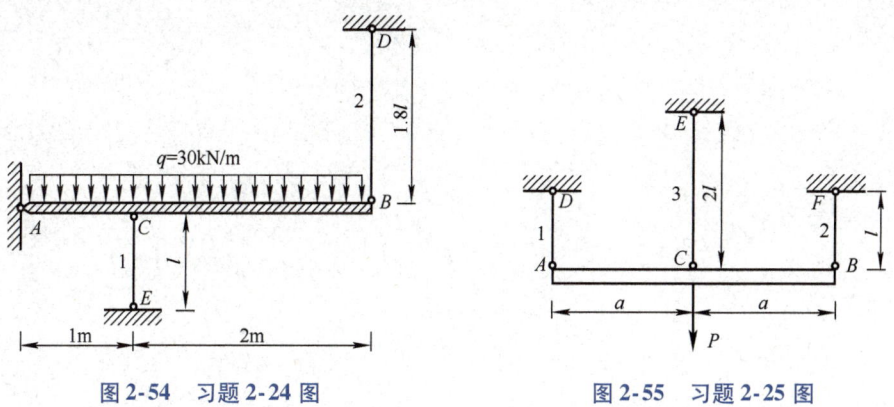

图 2-54 习题 2-24 图   图 2-55 习题 2-25 图

2-26 将材料不同但形状尺寸相同的二杆,并联地固接在位于杆两端的刚性板上,如图 2-56 所示。已知材料的弹性模量 $E_1 > E_2$。若要使二杆都发生均匀的拉伸,试求拉力 P 应有的偏心距 e。

2-27 如图 2-57 所示,有一阶梯形钢杆,二段的横截面面积分别为 $A_1 = 1000\text{mm}^2$,$A_2 = 500\text{mm}^2$。在 $t_1 = 5℃$ 时将杆的两端固定,试求当温度升高至 $t_2 = 25℃$ 时,在杆各段中引起的温度应力。已知钢材的线膨胀系数 $\alpha = 12.5 \times 10^{-6}℃^{-1}$,$E = 200\text{GPa}$。

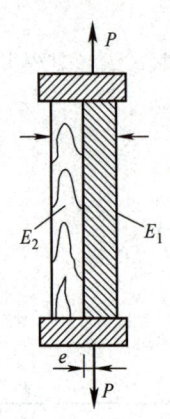
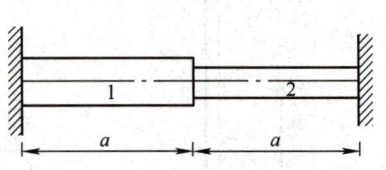

图 2-56　习题 2-26 图　　　　图 2-57　习题 2-27 图

2-28　铁路轨道上的钢轨是在温度为 13℃ 时焊接起来的。若由于太阳的暴晒使钢轨的温度升高到了 43℃，问在轨道中将产生多大的温度应力。已知钢材的线膨胀系数 $\alpha = 12.5 \times 10^{-6} \text{℃}^{-1}$，弹性模量 $E = 200 \text{GPa}$。

第 3 章 剪切和挤压的实用计算

3.1 剪切的概念

在工程实际中,存在许多与剪切有关的问题,例如,钢板采用铆钉或螺栓连接,冲床冲孔的加工,轮与轴的平键连接,剪板机上的板件裁剪,钢丝钳剪钢筋,这些都会涉及剪切强度的计算。图 3-1a 所示为铆钉连接两块钢板,当钢板受到一对反向外力作用时,钢板上的力将传递于螺栓,使螺栓受到剪切。图 3-2a 所示为剪板机对钢板的裁剪加工,剪板机工作时其上下刀刃对钢板施加的一对反向外力,从而钢板会产生剪切变形。

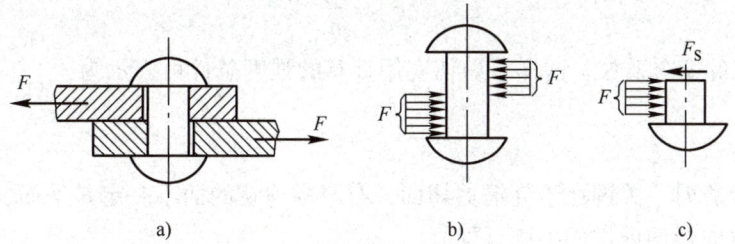

图 3-1

通过铆钉或钢板的受力图 3-1b 和图 3-2b,我们可以发现剪切的主要受力特点是构件受到一对大小相等、方向相反、作用线相距很近的一对外力的作用。外力作用线之间平行于外力的截面称为**剪切面**,剪切面可能为平面,也可能为曲面,构件的剪切变形主要表现为剪切面(m—n 面)沿外力方向发生相对错动,如图 3-2b 所示。

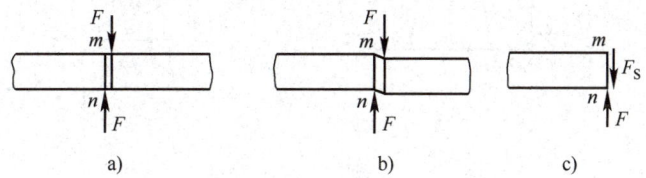

图 3-2

构件剪切面上的内力可用截面法求得。如图 3-1c、图 3-2c 所示,将构件沿剪切面 m—n 假想地截开,保留一部分,根据保留部分的平衡条件,可知剪切面上必有与外力平行或与剪切面相切的内力 F_S 的作用。这里 F_S 称为剪力,根据平衡方程,可求得

$$F_S = F$$

实际上,剪切变形时,在构件受到外力作用的附近区域,其应力的分布和变形情况往往相当复杂,剪切面上除了有分布复杂的剪应力之外,甚至还包含有次要的正应力。因而对这类构件的应力进行理论上的精确分析是困难的。为了满足工程设计计算的需要,一般采用在

试验和经验基础上建立起来的比较简便的计算方法,称为剪切的实用计算,所以这是一种近似或粗略的计算方法,但也能满足工程设计计算的需要。

3.2 剪切强度的实用计算

在实用计算中,剪切面上的正应力分量由于数值较小可以忽略,并假设剪切面上的切应力是均匀分布的,若以 A 表示剪切面的面积,则其上的剪应力 τ 为

$$\tau = \frac{F_S}{A} \tag{3-1}$$

实际上 τ 只是剪切面内的一个"平均切应力",所以也称为**名义切应力**。

将构件刚好被剪断破坏时的剪力代入式(3-1),算得的剪应力称剪切极限应力,记为 τ_u,除以安全系数 n,即得到许用剪应力

$$[\tau] = \frac{\tau_u}{n}$$

式中,n 为规定的安全系数。这样,剪切实用计算的强度条件可表示为

$$\tau = \frac{F_S}{A} \leq [\tau] \tag{3-2}$$

剪切强度计算时,关键在于弄清剪切面,有时候剪切的面不一定是平面,如冲床上冲裁圆孔的情况,这时候的剪切面为圆柱面。

【例 3-1】 如图 3-3 中,已知钢板厚度 $t = 10$mm,其剪切极限应力 $\tau_u = 300$MPa。若用冲床将钢板冲出直径 $d = 20$mm 的孔,问需要多大的冲剪力 F?

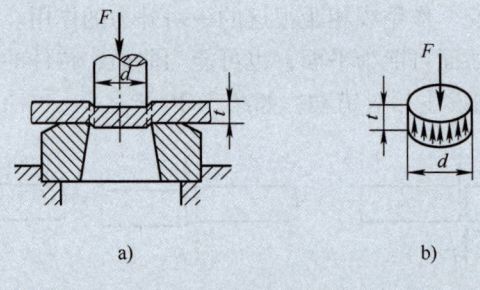

图 3-3

解:如图 3-3b,剪切面为一直径 d,高度 t 的圆柱体的侧面,其面积为

$$A = \pi dt = \pi \times 20 \times 10 \text{mm}^2 = 628.3 \text{mm}^2$$

冲孔所需的冲剪力应为

$$F \geq A\tau_u = 628.3 \times 300 \text{N} = 188.5 \text{kN}$$

【例 3-2】 图 3-4 所示装置被用来确定胶接处的抗剪强度,尺寸如图 3-4 所示,若已知破坏时的荷载为 20kN,试求胶接处的极限切应力。

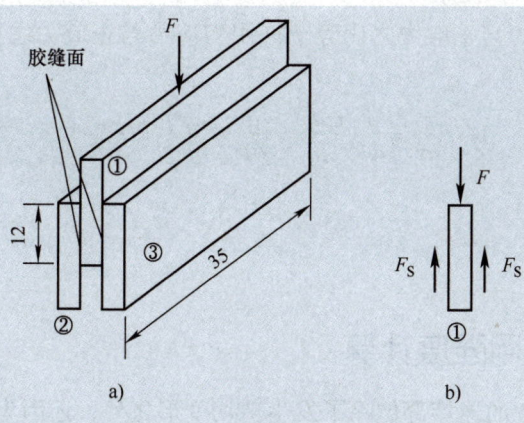

图 3-4

解：取零件①为研究对象，画出其受力图（见图3-4b）。根据平衡方程可求得受剪面上的剪力 F_S 为

$$F_S = \frac{F}{2} = 10\text{kN}$$

剪切面的面积

$$A_S = 12 \times 35\text{mm}^2 = 420\text{mm}^2$$

得到胶接处的极限切应力为

$$\tau_u = \frac{F_S}{A_S} = \frac{10 \times 10^3 \text{N}}{420\text{mm}^2} = 23.8\text{MPa}$$

【例3-3】 如图 3-5 所示螺栓连接装置，已知螺栓的许用切应力 $[\tau]$ 和许用正应力 $[\sigma]$ 之间关系为 $[\tau] = 0.7[\sigma]$，试求螺栓直径 d 和钉头高度 t 的合理比值。

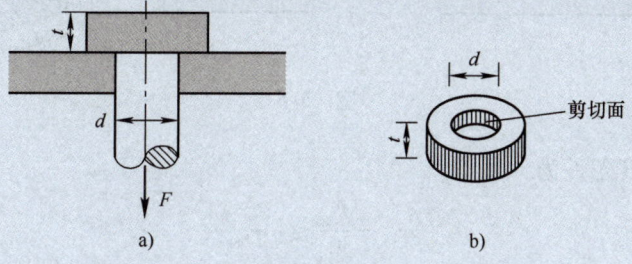

图 3-5

解：（1）螺栓横截面拉伸正应力为

$$\sigma = \frac{F}{A_1} = \frac{4F}{\pi d^2}$$

（2）如图 3-5b 所示，直径为 d 的圆柱面为剪切面，剪切面积 $A = \pi d t$，剪力 $F_S = F$，剪切应力为

$$\tau = \frac{F_S}{A} = \frac{F}{\pi d t}$$

当螺栓工作时剪应力与正应力之比等于许用剪应力与正应力之比时，能够承受的荷载最大，较合理

故

$$\frac{\tau}{\sigma} = \frac{F/\pi dt}{4F/\pi d^2} = \frac{d}{4t} = \frac{[\tau]}{[\sigma]} = 0.7$$

$$\frac{d}{t} = 2.8$$

3.3 挤压及其适用强度计算

一般情况下，在构件的连接部位除了发生剪切变形之外，还因为在接触面上产生正应力而发生挤压变形，发生在接触面上的正应力称为挤压应力。如图 3-6 铆钉连接钢板的情况，铆钉与钢板孔壁在接触处就会因挤压应力产生挤压变形，随着挤压应力的增大，会出现铆钉被挤扁及钢板圆孔被拉长的情况，说明铆钉或钢板圆孔处发生了塑性变形，这种发生于局部的屈服失效表明挤压强度不够，因此，需要对连接件进行挤压强度计算。与剪切类似，在挤压面上的挤压应力分布往往也是很复杂的，难以进行精确的计算，故为了满足工程近似计算简单化的需要，对于挤压应力也采用实用计算方法。

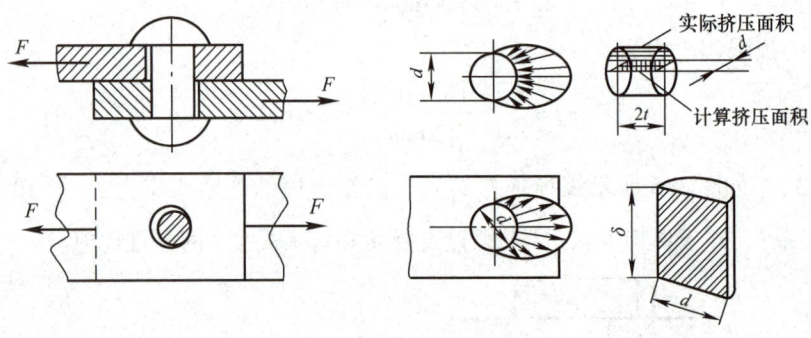

图 3-6

挤压应力的强度条件为

$$\sigma_{bs} = \frac{F_{bs}}{A_{bs}} \leq [\sigma_{bs}] \tag{3-3}$$

式中，σ_{bs} 为挤压应力，与切应力 τ 类似，也属于名义上的应力值，可理解为挤压面上应力的平均值；F_{bs} 为连接件传递的挤压力，可通过平衡条件来计算；A_{bs} 为挤压面积，当挤压面为平面时，其等于实际接触面积。当挤压面为曲面时，挤压应力分布远非均匀，最大挤压应力大于平均挤压应力，而引起挤压强度失效的是最大应力，因此，计算时取实际接触面在与挤压力垂直的平面上的投影面积作为承压面积，这样计算得到的结果接近最大挤压应力。如图 3-6 所示铆钉连接钢板的情况中，$A_{bs} = d\delta$，d 为铆钉或圆孔的直径，δ 为钢板厚度。$[\sigma_{bs}]$ 为许用挤压应力，其取值与式（3-2）中许用切应力 $[\tau]$ 类同，需通过实验来确定。

【例3-4】 如图3-7a所示，齿轮与轴采用平键传递转矩。已知轴的直径 $d = 60\text{mm}$，平键的尺寸为 $bhl = 20\text{mm} \times 16\text{mm} \times 100\text{mm}$，传递的力偶矩 $M_e = 2.5\text{kN} \cdot \text{m}$，平键的许用应力分别为：$[\tau] = 60\text{MPa}$，$[\sigma_{bs}] = 110\text{MPa}$。试校核该键的强度。

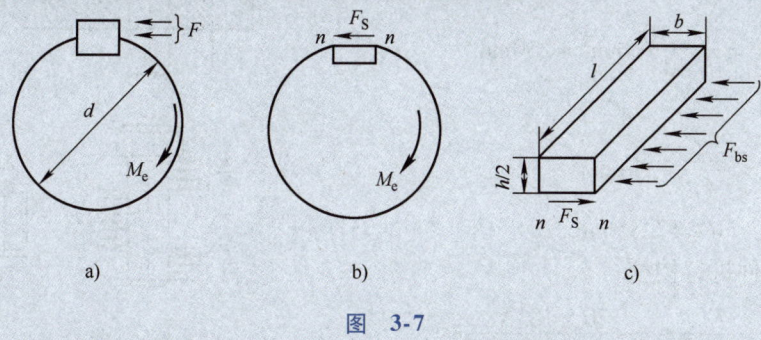

图 3-7

解：首先校核键的剪切强度。假设将键沿 n—n 截面分成两部分，并把 n—n 截面以下部分和轴作为一个整体来考虑，如图3-7b所示。因为假设在 n—n 截面上的切应力均匀分布，故 n—n 截面上剪力 F_S 为

$$F_S = A\tau = bl\tau$$

根据轴的力矩平衡方程有

$$F_S \frac{d}{2} = bl\tau \frac{d}{2} = M_e$$

故

$$\tau = \frac{2M_e}{bld} = \frac{2 \times 2.5 \times 10^6 \text{kN} \cdot \text{m}}{20 \times 100 \times 60 \text{mm}^3} = 41.7\text{MPa} < [\tau]$$

可见该键满足剪切强度条件。

其次校核键的挤压强度。考虑键在 n—n 截面以上部分的平衡（见图3-7c），在 n—n 截面上的剪力为 $F_S = bl\tau$，右侧面上的挤压力为

$$F_{bs} = A_{bs}\sigma_{bs} = \frac{h}{2}l\sigma_{bs}$$

由水平方向的平衡条件得

$$F_S = F_{bs} = \frac{2M_e}{d}$$

由此求得

$$\sigma_{bs} = \frac{4M_e}{lhd} = \frac{4 \times 2.5 \times 10^6 \text{kN} \cdot \text{m}}{100\text{mm} \times 16\text{mm} \times 60\text{mm}} = 104.2\text{MPa} < [\sigma_{bs}]$$

故平键也符合挤压强度要求。

【例3-5】 电瓶车挂钩用插销连接，如图3-8a所示。已知 $t = 10\text{mm}$，插销材料的许用切应力 $[\tau] = 40\text{MPa}$，许用挤压应力 $[\sigma_{bs}] = 100\text{MPa}$，牵引力 $F = 20\text{kN}$。试选定插销的直径 d。

解：插销的受力情况如图3-8b，可以求得

$$F_S = \frac{F}{2} = 10\text{kN}$$

先按抗剪强度条件进行设计

$$A \geq \frac{F_S}{[\tau]} = \frac{10 \times 10^3}{40}\text{mm}^2 = 250\text{mm}^2$$

即

$$\frac{\pi d^2}{4} \geq 250\text{mm}^2$$

$$d \geq 17.85\text{mm}$$

对挤压强度条件进行校核

$$\sigma_{bs} = \frac{F_{bs}}{A_{bs}} = \frac{F}{2td} = \frac{20 \times 10^3 \text{N}}{2 \times 10\text{mm} \times 17.85\text{mm}}$$

$$= 56\text{MPa} < [\sigma_{bs}]$$

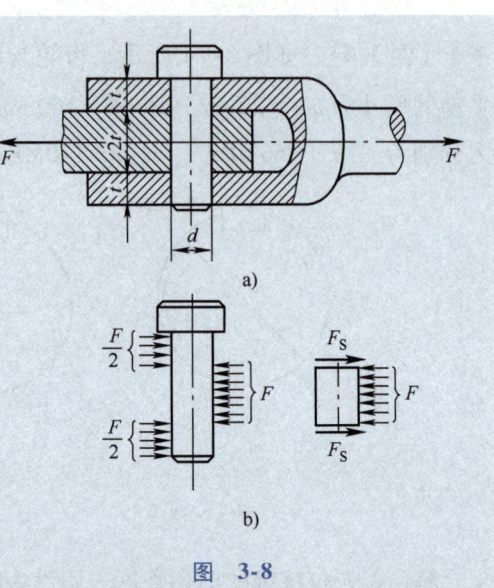

图 3-8

满足挤压强度条件。查机械设计手册，最后采用 $d = 20\text{mm}$ 的标准圆柱销钉。

【例3-6】 图3-9a所示拉杆，用四个直径相同的铆钉固定在另一个板上，拉杆和铆钉的材料相同，试校核铆钉和拉杆的强度。已知 $F = 80\text{kN}$，$b = 80\text{mm}$，$t = 10\text{mm}$，$d = 16\text{mm}$，$[\tau] = 100\text{MPa}$，$[\sigma_{bs}] = 300\text{MPa}$，$[\sigma] = 150\text{MPa}$。

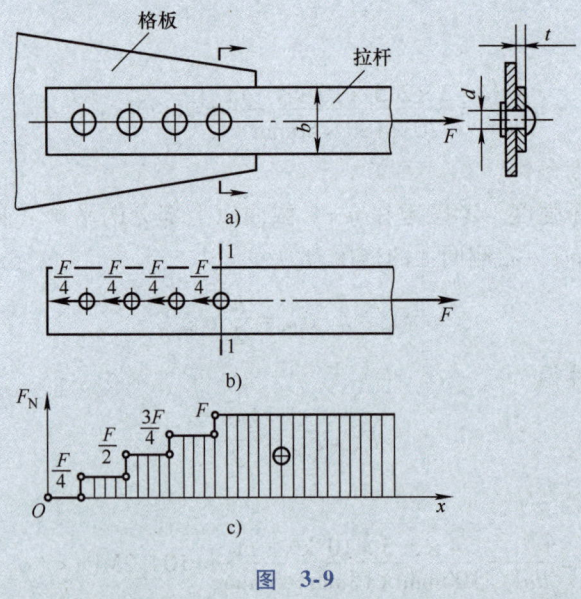

图 3-9

解：根据受力分析，此结构有三种破坏可能，即铆钉被剪断，或产生挤压破坏，或拉杆被拉断。

（1）铆钉的抗剪强度计算

当各铆钉的材料和直径均相同，且外力作用线通过铆钉组剪切面的形心时，可以假设

各铆钉剪切面上的剪力相同。所以，对于图 3-9a 所示铆钉组，各铆钉剪切面上的剪力均为

$$F_S = \frac{F}{4} = \frac{80}{4}\text{kN} = 20\text{kN}$$

相应的切应力为

$$\tau = \frac{F_S}{A} = \frac{20 \times 10^3}{\frac{\pi}{4} \times 16^2 \times 10^{-6}}\text{Pa} = 99.5\text{MPa} < [\tau]$$

（2）铆钉的挤压强度计算

四个铆钉受挤压力为 F，每个铆钉所受到的挤压力 F_{bs} 为

$$F_{bs} = \frac{F}{4} = 20\text{kN}$$

由于挤压面为半圆柱面，则挤压面积应为其投影面积，即

$$A_{bs} = td$$

故挤压应力为

$$\sigma_{bs} = \frac{F_{bs}}{A_{bs}} = \frac{20 \times 10^3}{10 \times 16 \times 10^{-6}}\text{Pa} = 125\text{MPa} < [\sigma_{bs}]$$

（3）拉杆的强度计算

其危险面为 1—1 截面，所受到的拉力为 F，危险截面面积为 $A_1 = (b-d)t$，故最大拉应力为

$$\sigma = \frac{F}{A_1} = \frac{80 \times 10^3}{(80-16) \times 10 \times 10^{-6}}\text{Pa} = 125\text{MPa} < [\sigma]$$

根据以上强度计算，铆钉和拉杆均满足强度要求。

习 题

3-1　如图 3-10 所示，试根据剪切强度条件设计插销直径 d。已知 $F = 80\text{kN}$，材料的许用切应力 $[\tau] = 60\text{MPa}$。

3-2　在厚度 $t = 8\text{mm}$ 的钢板上，冲出一个形状如图 3-11 所示的腰圆孔，钢板极限切应力 $\tau_u = 120\text{MPa}$，求冲床所需的冲力 F。

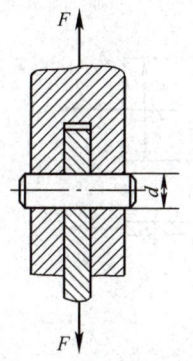

图 3-10　习题 3-1 图

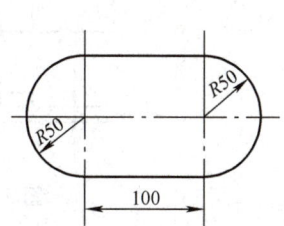

图 3-11　习题 3-2 图

3-3 如图 3-12 所示轴的直径 $d=60\text{mm}$,平键的尺寸 $b=20\text{mm}$,$h=16\text{mm}$。平键的许用切应力 $[\tau]=40\text{MPa}$,许用挤压应力 $[\sigma_{bs}]=90\text{MPa}$。若由轴通过平键所传递的力偶矩 $M_e=3\text{kN}\cdot\text{m}$,试设计平键的长度 l。

3-4 木榫接头如图 3-13 所示。已知 $a=b=120\text{mm}$,$h=350\text{mm}$,$c=50\text{mm}$,$F=30\text{kN}$,$[\sigma_{bs}]=10\text{MPa}$,$[\tau]=2\text{MPa}$。试对接头的剪切和挤压强度进行校核。

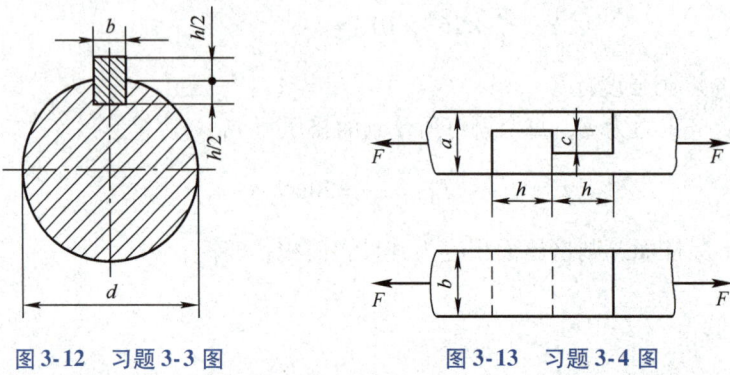

图 3-12 习题 3-3 图　　　　图 3-13 习题 3-4 图

3-5 矩形截面木拉杆的接头如图 3-14 所示。已知轴向拉力 $P=50\text{kN}$,截面宽度 $b=250\text{mm}$,木材的顺纹许用挤压应力 $[\sigma_{bs}]=10\text{MPa}$,顺纹的许用剪应力 $[\tau]=1\text{MPa}$,试求接头处所需的尺寸 l 和 a。

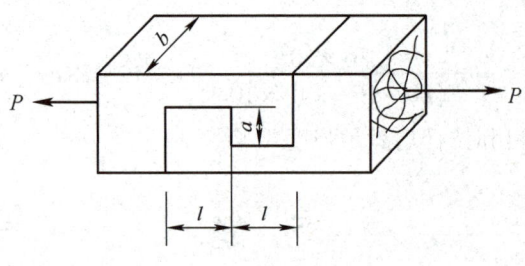

图 3-14 习题 3-5 图

3-6 图 3-15 所示拉杆由两块钢板用四个直径相同的铆钉连接而成。已知外力 $F=90\text{kN}$,板宽 $b=80\text{mm}$,板厚 $\delta=12\text{mm}$,铆钉直径 $d=18\text{mm}$,铆钉许用切应力 $[\tau]=100\text{MPa}$,铆钉许用挤压应力 $[\sigma_{bs}]=280\text{MPa}$,钢板许用拉应力 $[\sigma]=170\text{MPa}$。试校核接头的强度。(设每个铆钉受力相同)

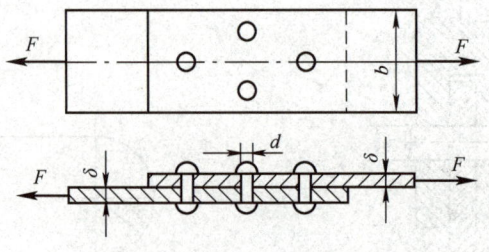

图 3-15 习题 3-6 图

3-7 图 3-16 所示凸缘联轴节传递的扭矩 $T_e = 3\text{kN} \cdot \text{m}$。四个直径 $d = 12\text{mm}$ 的螺栓均匀地分布在 $D = 150\text{mm}$ 的圆周上。材料的许用切应力 $[\tau] = 90\text{MPa}$，试校核螺栓的抗剪强度。

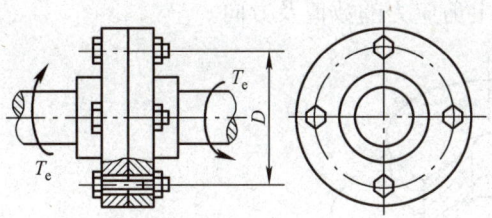

图 3-16　习题 3-7 图

3-8 厚度各为 10mm 的两块钢板，用直径 $d = 20\text{mm}$ 的铆钉和厚度为 8mm 的三块钢板连接起来，如图 3-17 所示。已知 $F = 280\text{kN}$，$[\tau] = 100\text{MPa}$，$[\sigma_{bs}] = 280\text{MPa}$，试求所需要的铆钉数目 n。

3-9 图 3-18 所示螺钉受拉力 F 作用。已知材料的剪切许用应力 $[\tau]$ 和拉伸许用应力 $[\sigma]$ 之间的关系为 $[\tau] = 0.6[\sigma]$。试求螺钉直径 d 与钉头高度 h 的合理比值。

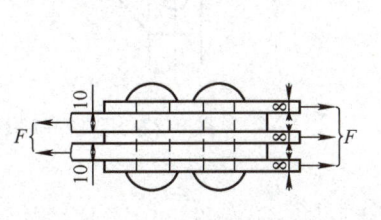 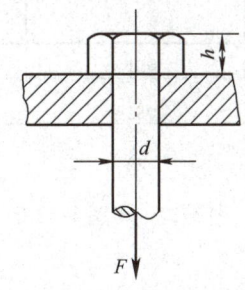

图 3-17　习题 3-8 图　　　图 3-18　习题 3-9 图

3-10 两块钢板用 7 个铆钉连接如图 3-19 所示。已知钢板厚度 $t = 6\text{mm}$，宽度 $b = 200\text{mm}$，铆钉直径 $d = 18\text{mm}$。材料的许用应力 $[\sigma] = 160\text{MPa}$，$[\tau] = 100\text{MPa}$，$[\sigma_{bs}] = 240\text{MPa}$。载荷 $F = 150\text{kN}$ 试校核此接头的强度。

3-11 如图 3-20 所示，用夹剪剪断直径为 3mm 的铅丝。若铅丝的剪切极限应力为 100MPa，试问需要多大的力 F？若销钉 B 的直径为 8mm，试求销钉内的切应力。

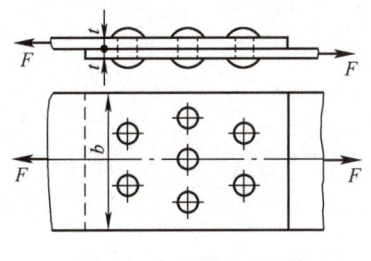 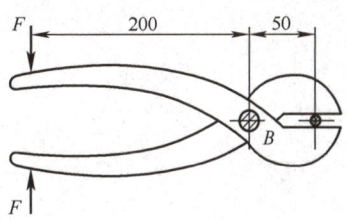

图 3-19　习题 3-10 图　　　图 3-20　习题 3-11 图

3-12 为了使压力机在最大压力 $P = 160\text{kN}$ 时重要机件不发生破坏，在压力机冲头内装有保险器——压塌块，如图 3-21 所示。保险器材料采用 HT20-40 铸铁，其极限剪应力 $\tau =$

360MPa。试设计保险器尺寸 δ。

3-13 一托架如图 3-22 所示。已知外力 $P = 35\text{kN}$，铆钉的直径 $d = 20\text{mm}$，铆钉都受单剪。求最危险的铆钉截面上剪应力的数值及方向。

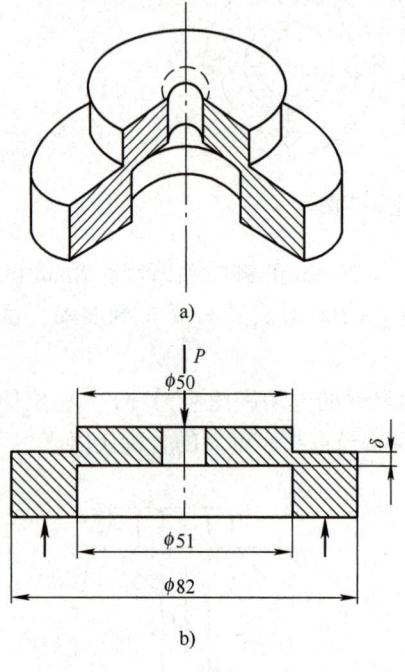

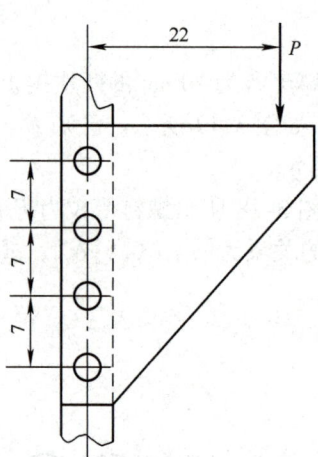

图 3-21 习题 3-12 图   图 3-22 习题 3-13 图

第4章 扭 转

4.1 扭转的概念

工程中经常遇到扭转变形的构件，例如，螺丝刀拧螺钉（见图 4-1），螺丝刀杆右端受到手柄传来的力偶作用，左端则受到螺钉的阻抗力偶作用；汽车转向轴（见图 4-2），轴上端受到方向盘传来的力偶作用，下端则受到转向器的阻抗力偶作用。这类构件所受外力的特点是构件在垂直于轴线的两平行平面受大小相等、转向相反的一对力偶作用。在这两个力偶作用下，两力偶作用面之间的任意两个横截面绕构件轴线发生相对转动，这种变形称为扭转。

图 4-1

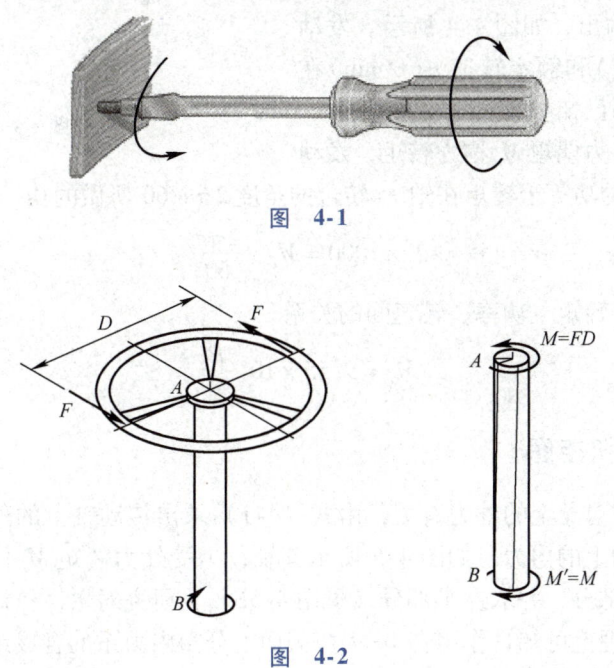

图 4-2

如图 4-3 所示，当构件发生扭转变形时，任意两个横截面将绕轴线作相对转动而产生相对角位移，称为该两个横截面的扭转角，用 φ 表示。φ_{B-A} 表示杆件右端的 B 截面相对于左端 A 截面的扭转角。

工程实际中，有很多构件，如车床的光杆、搅拌机轴、汽车传动轴都是受扭构件。本章主要研究圆截面等直杆的扭转，这是工程中最常见的情况，也是扭转中最简单的问题。对非圆截面杆的扭转，则只做简单介绍。

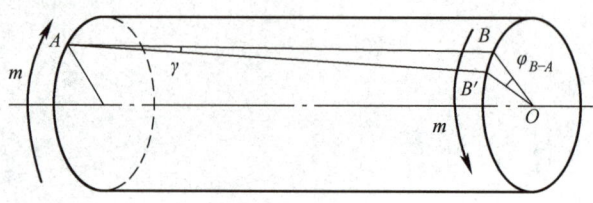

图 4-3

4.2 传动轴的转矩 扭矩和扭矩图

4.2.1 传动轴的转矩

由 4.1 节可知,扭转变形中的杆件所受的外力是一对力偶,而对传动轴而言,其所受外力偶一般由发动机输出,如图 4-4 所示。发动机的额定功率 $P(\text{kW})$ 和额定转速 $n(\text{r/min})$ 在其铭牌上有标示,为已知参数。

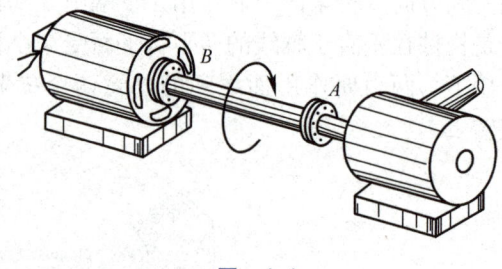

图 4-4

发动机输出的外力偶矩 M_e 称为转矩,发动机在 1s 时间内所做的功等于转矩在轴 1s 转过的角度 $2\pi n/60$ 所做的功,即

$$P \times 1000 = M_e \times \frac{2\pi n}{60}$$

由此得到传动轴转矩、功率、转速间的关系

$$M_e = 9.55 \times 10^3 \frac{P}{n} \tag{4-1}$$

4.2.2 扭矩和扭矩图

因内力只与研究对象上的外力有关,由式(4-1)求出传动轴上的外力偶矩后,即可用截面法分析其横截面上的内力。如图 4-5 所示圆轴,承受外力偶矩 M_e 作用,现假想用横截面 1—1 将其分成两部分,并取左半部分(见图 4-5b)为研究对象,作用在轴左段上的外力偶矩为 M_e,由平衡理论可知,作用在 1—1 横截面上分布内力系的合成结果必为该截面内的一力偶。将作用于横截面的内力偶矩称为该截面的扭矩,用 T 来表示,其大小可根据轴左段平衡条件确定,即

$$\sum M_x = 0, T - M_e = 0$$
$$T = M_e$$

如果取右半部分作为研究对象(见图 4-5c),仍可以求得 $T = M_e$ 的结果,其转向则与用左半部分求出的扭矩相反。为了使无论用哪一部分求出的同一截面上的扭矩不仅数值相等,而且符号相同,将扭矩 T 的符号规定如下:若按右手螺旋法则把 T 表示为矢量,即右手四指的环绕方向与扭矩转向一致,大拇指的指向为扭矩矢量的正方向,当矢量方向与截面的外法线的方向一致时,T 为正;反之,为负,如图 4-6 所示。也即当力偶矩矢的指向离开截面时

为正,反之为负。根据这一规则,在图 4-5 中截面 1—1 上的扭矩无论就左半部分还是右半部分来说都是一致的,且是正的。

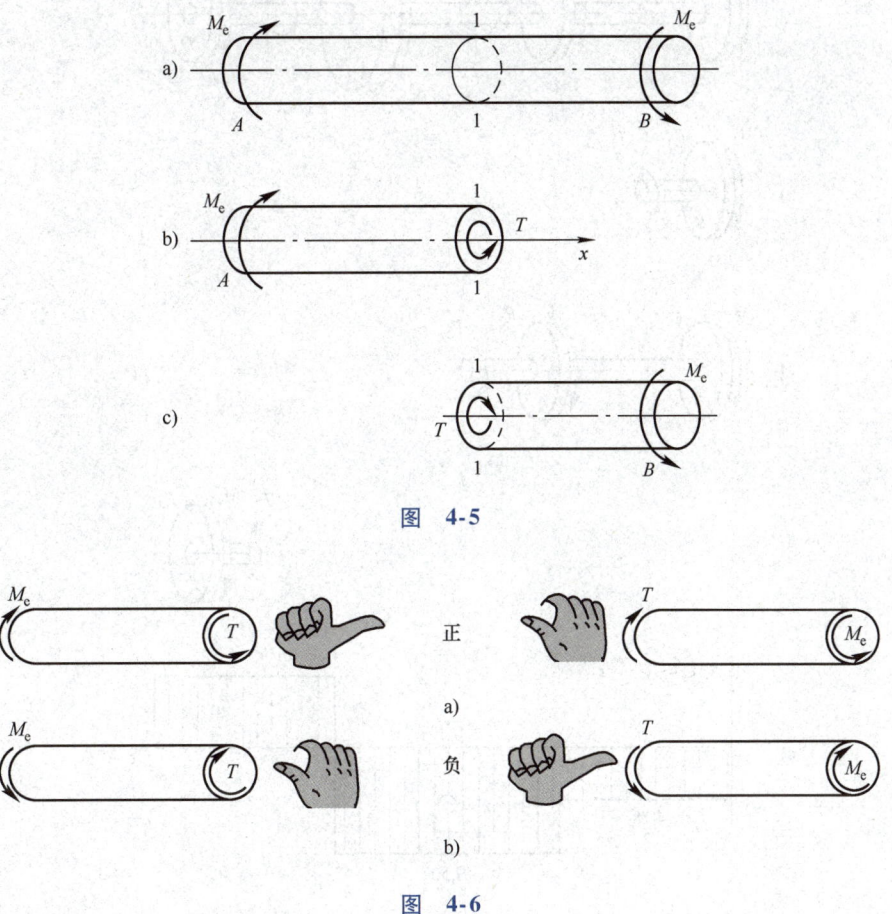

图 4-5

图 4-6

若作用于轴上的外力偶多于两个,也与拉伸(压缩)问题中画轴力图一样可用图线来表示各横截面上扭矩沿轴线变化的情况。以横轴表示横截面的位置,纵轴表示相应截面上的扭矩,这种图线称为扭矩图。下面用例题说明横截面上扭矩的计算和扭矩图的绘制。

【例 4-1】 一传动轴如图 4-7 所示,转速 $n = 300\text{r/min}$,主动轮输入的功率 $P_1 = 500\text{kW}$,三个从动轮输出的功率分别为 $P_2 = 150\text{kW}$,$P_3 = 150\text{kW}$,$P_4 = 200\text{kW}$,试作轴的扭矩图。

解: 按式 (4-1) 计算作用在各轮上的转矩

$$M_1 = 9.55 \times 10^3 \times \frac{500}{300} \text{N} \cdot \text{m} = 15.9 \text{kN} \cdot \text{m}$$

$$M_2 = M_3 = 9.55 \times 10^3 \times \frac{150}{300} \text{N} \cdot \text{m} = 4.78 \text{kN} \cdot \text{m}$$

$$M_4 = 9.55 \times 10^3 \times \frac{200}{300} \text{N} \cdot \text{m} = 6.37 \text{kN} \cdot \text{m}$$

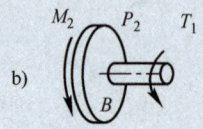
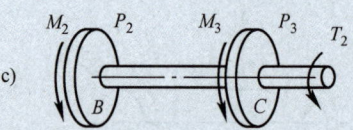
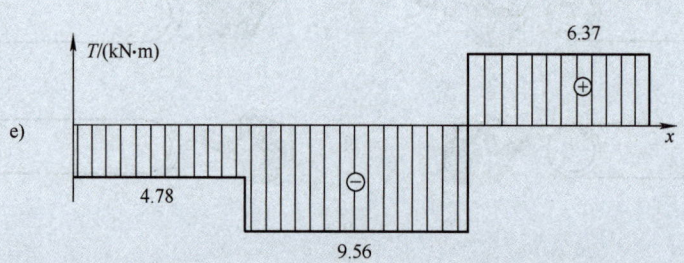
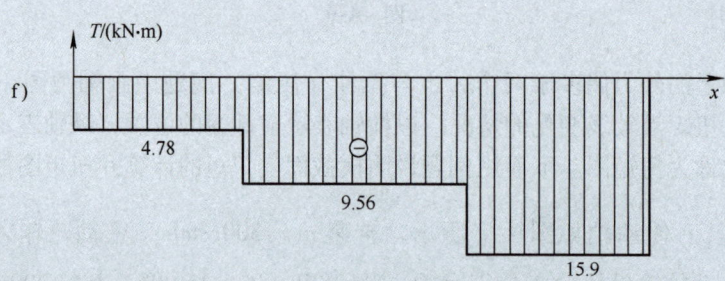

图 4-7

根据内力的定义，我们知道：杆件的内力一般只与研究对象上的外力有关，外力不变化，内力也不会变化，故内力变化的地方必定是有外力作用的地方。从传动轴的受力情况看出，轴在 BC、CA、AD 三段内，各段截面上的扭矩是不相等的。现在用截面法，根据平衡方程计算各段内的扭矩。

在 BC 段内以 T_1 表示截面 1—1 上的扭矩，并根据扭矩的符号规定，将 T_1 假设为正向如图 4-7b 所示。由平衡方程

有
$$T_1 + M_2 = 0$$
$$T_1 = -M_2 = -4.78 \text{kN} \cdot \text{m}$$

同理,在 CA 段内由图 4-7c 得
$$T_2 + M_2 + M_3 = 0$$
$$T_2 = -M_2 - M_3 = -9.56 \text{kN} \cdot \text{m}$$

如图 4-7d 所示,在 AD 段内
$$M_4 - T_3 = 0$$
$$T_3 = M_4 = 6.37 \text{kN} \cdot \text{m}$$

根据前面计算的结果,把各截面上的扭矩沿轴线变化的情况,用图 4-7e 表示出来就是扭矩图。从图中看出,最大扭矩发生于 CA 段内,且 $T_{max} = 9.56 \text{kN} \cdot \text{m}$。

对同一根轴,若把主动轮 A 安置于轴的一端,例如放在右端,则轴的扭矩图将如图 4-7f 所示。这时,轴的最大扭矩是:$T_{max} = 15.9 \text{kN} \cdot \text{m}$。可见,传动轴上主动轮和从动轮安置的位置不同,轴所承受的最大扭矩也就不同。两者相比,显然图 4-7a 所示布局比较合理。

4.3 剪切胡克定律

在讨论扭转的应力和变形之前,为了研究切应力和切应变的规律以及两者间的关系,先考察薄壁圆筒的扭转。

4.3.1 薄壁圆筒扭转时的切应力

图 4-8a、b 所示为一等厚薄壁圆筒(壁厚 $t \leqslant \dfrac{1}{10} r_0$,$r_0$ 为平均半径),受扭前在表面上用圆周线和纵向线画成方格。试验结果表明,扭转变形后由于截面的相对转动,使方格 abcd 的左、右两边发生相对错动,但圆筒沿轴线及周线的长度都没有变化,如图 4-8c 所示。这表明,圆筒横截面和包含轴线的纵向截面上都没有正应力,横截面上便只有切于截面的切应力,方向且垂直于半径,它组成与外加扭转力偶矩 M 相平衡的内力系,即 $T = M$。因为薄壁的厚度 t 很小,可以认为沿筒厚度方向切应力不变。又因在同一圆周上各点情况完全相同,应力也就相同,如图 4-8d 所示。这样,横截面上内力系对 x 轴的力矩应为

$$T = \int_A \tau \mathrm{d}A \cdot r_0 = \int_0^{2\pi} \tau r_0^2 t \mathrm{d}\alpha = 2\pi \tau r_0^2 t$$

$$\tau = \frac{T}{2\pi r_0^2 t} \tag{4-2}$$

4.3.2 切应力互等定理

用相邻的两个横截面和两个纵向面,从圆筒中取出表面为 abcd 的微六面体,称为单元体,其边长分别为 $\mathrm{d}x$、$\mathrm{d}y$ 和 t,并放大为图 4-8e。微元体的左右两侧面是圆筒横截面的一

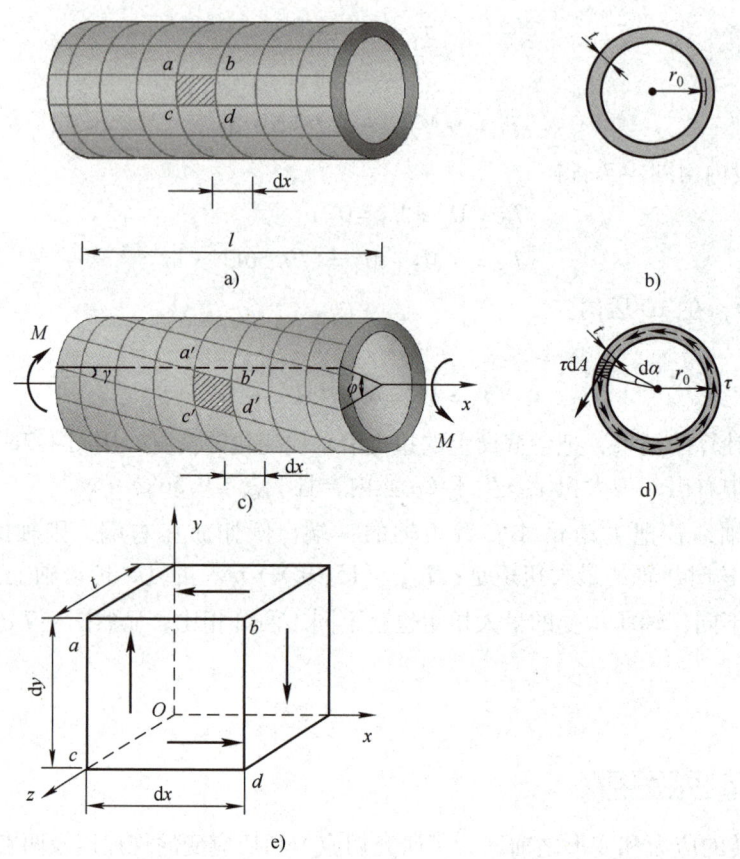

图 4-8

部分，所以其并无正应力只有切应力。由式（4-2）计算两个面上的切应力数值相等，但方向相反。于是微元体左右截面组成一个力偶矩为 $\tau \mathrm{d}ytdx$ 的力偶。由微元体平衡可知，微元体的上、下两个面上必然有切应力，并形成力偶以平衡力偶矩 $\tau \mathrm{d}ytdx$。由 $\sum F_x = 0$ 知上下两个面上存在大小相等方向相反的切应力 τ'，于是上下面切应力组成力偶矩为 $\tau' t\mathrm{d}x\mathrm{d}y$ 的力偶。由平衡方程 $\sum M = 0$，有

$$\tau \mathrm{d}ytdx = \tau' t\mathrm{d}x\mathrm{d}y$$
$$\tau = \tau' \tag{4-3}$$

式（4-3）表明，在一点微元体处相互垂直的两个平面上，若在其中一个面内有垂直于交线的切应力，则另一面内必然有与之大小相等且垂直于交线的切应力，方向则共同指向或共同背离这一交线，这就是切应力互等定理。

4.3.3 切应变 剪切胡克定律

在上述微元体的上、下、左、右四个侧面上，只有切应力并无正应力，这种情况称为纯剪切。纯剪切微元体的左右两侧面将发生微小的相对错动，使原来互相垂直的两个棱边的夹角改变了一个微量 γ，这就是扭转变形的切应变。从图 4-8c 看出，γ 即为表面纵向线变形后的倾角。记 φ 为圆筒两端的相对扭转角，l 为圆筒的长度，r 为圆筒的外侧半径，则切应变 γ

应为

$$\gamma \approx \tan\gamma = \frac{r}{l}\varphi \tag{4-4}$$

利用薄壁圆筒的扭转，可以实现纯剪切试验。试验的结果表明切应力不超过某一极限值时（该极限值称为材料的剪切比例极限），扭转角 φ 与扭转力偶矩 M 成正比（见图4-9a）。再由式（4-2）和式（4-4）看出，切应力 τ 与 M 成正比、切应变 γ 与 φ 成正比。所以上述试验结果表明，当切应力不超过材料的剪切比例极限时，切应变 γ 与切应力 τ 成正比（见图4-9b），这一结论即为剪切胡克定律，可以表示为

$$\tau = G\gamma \tag{4-5}$$

式中，G 为比例常数，是只与材料本身力学性质有关的弹性常数，称为材料的剪切弹性模量，简称切变模量。γ 为无量纲量，因此 G 的量纲与 τ 相同。钢材的 G 值约为80GPa。

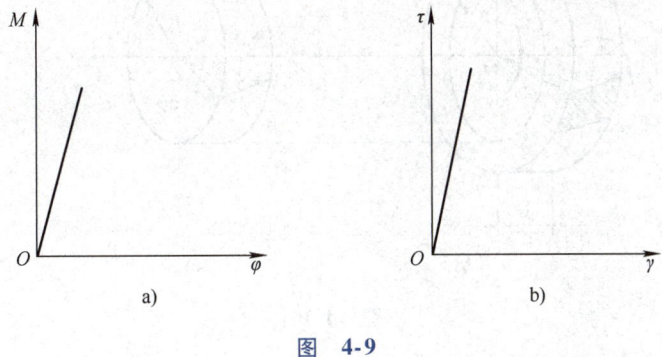

图 4-9

至此，我们已经引用了三个弹性常数，即弹性模量 E、泊松比 μ 和切变模量 G。对各向同性材料，可以证明三个弹性常数 E、μ、G 之间的关系为

$$G = \frac{E}{2(1+\mu)}$$

可见，三个弹性常数中，只有两个是独立的，只要知道任意两个，另一个即可确定。

4.4 等直圆杆扭转时的应力　强度条件

4.4.1 等直圆杆扭转时的应力

与薄壁圆筒相仿，在小变形条件下，等直圆杆在扭转时横截面上也只有切应力。为求得圆杆在扭转时横截面上的切应力计算公式，先从变形几何方面和物理方面求得切应力在横截面上的变化规律，然后再考虑静力学方面来求解。

几何方面：为研究横截面上任一点处切应变随点的位置而变化的规律，在等直圆杆的表面上作出任意两个相邻的圆周线和纵向线（见图4-10a）。当杆的两端施加一对其矩为 M_e 的外力偶后，可以发现：两周线绕杆轴线相对旋转了一个角度 $d\varphi$，圆周线的大小和形状均未改变；在变形微小的情况下，圆周线的间距也未变化，纵向线则倾斜了一个角度 γ（见图4-10b）。根据所观察到的现象，假设横截面如同刚性平面般绕杆的轴线转动，即平面

假设。试验指出,在杆扭转变形后只有等直圆杆的圆周线才仍在垂直于杆轴的平面内,所以上述假设只适用于等直圆杆。

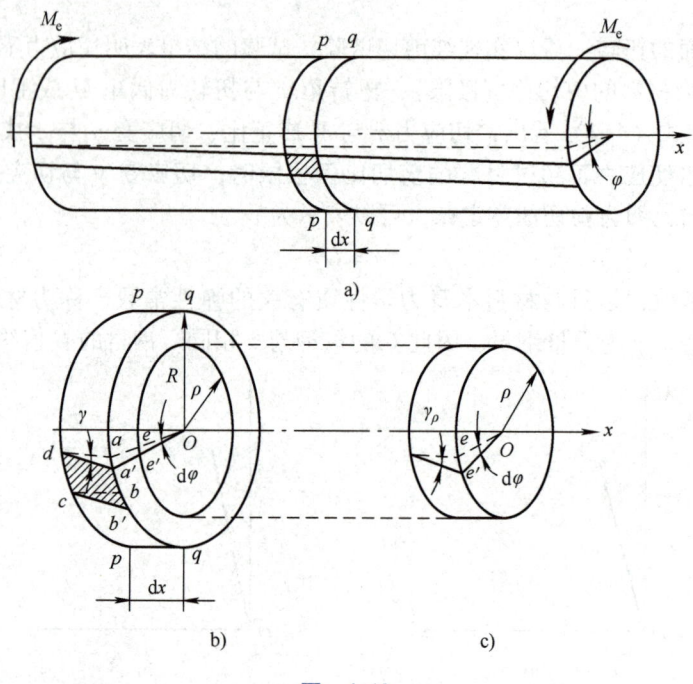

图 4-10

为确定横截面上离圆心距离为 ρ 的任一点处的切应变,假想地截取长为 $\mathrm{d}x$ 半径为 ρ 的微元体(见图 4-10c)进行分析。在小变形的情况下,有

$$\gamma_\rho \approx \tan\gamma_\rho = \frac{\overline{ee'}}{\mathrm{d}x} = \frac{\rho \mathrm{d}\varphi}{\mathrm{d}x}$$

即

$$\gamma_\rho = \rho \frac{\mathrm{d}\varphi}{\mathrm{d}x} \tag{a}$$

式(a)表示等直圆杆横截面上任一点处的切应变随该点在横截面上的位置而变化的规律。$\frac{\mathrm{d}\varphi}{\mathrm{d}x}$ 表示相对扭转角 φ 沿杆长度的变化率,称为单位长度扭转角,对于给定的横截面是个常量。因此,在同一半径 ρ 的圆周上各点处的切应变 γ_ρ 均相同,且与 ρ 成正比。

物理方面:由剪切胡克定律可知,在线弹性范围内,切应力与切应变成正比,即

$$\tau_\rho = G\gamma_\rho = G\rho \frac{\mathrm{d}\varphi}{\mathrm{d}x} \tag{b}$$

由式(b)可知,在同一半径 ρ 的圆周上各点处的切应力 τ_ρ 值均等且与 ρ 成正比。因 γ_ρ 为垂直于半径平面内的切应变,故 τ_ρ 的方向垂直于半径,切应力沿任一半径的变化情况如图 4-11 所示。

静力学方面：由于在横截面任一直径上距圆心等远的两点处的微内力 $\tau_\rho dA$ 等值而反向（见图4-11），因此整个截面上的微内力 $\tau_\rho dA$ 的主矢必等于0，合成一个力偶，即为横截面上的扭矩 T。因为 τ_ρ 的方向垂直于半径，故内力元素 $\tau_\rho dA$ 对圆心的力矩为 $\rho\tau_\rho dA$。因而，由静力学中的合力矩原理可得

$$T = \int_A \rho \tau_\rho dA \qquad (c)$$

将式（b）代入式（c），经整理后即得

$$T = G \frac{d\varphi}{dx} \int_A \rho^2 dA \qquad (d)$$

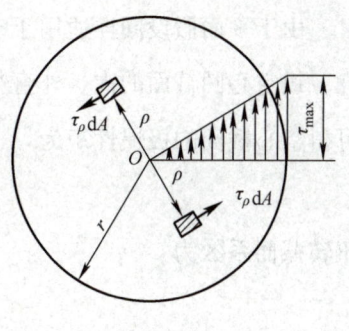

图 4-11

式（d）中的积分 $\int_A \rho^2 dA$ 仅与横截面的几何量有关，称为横截面对圆心的极惯性矩，并用 I_p 表示，即

$$I_p = \int_A \rho^2 dA \qquad (e)$$

I_p 的单位为 m^4。将式（e）代入式（d），即得

$$\frac{d\varphi}{dx} = \frac{T}{GI_p} \qquad (4-6)$$

将式（4-6）代入式（b），即得

$$\tau_\rho = \frac{T\rho}{I_p} \qquad (4-7)$$

式（4-7）即为等直圆杆在扭转时横截面上任一点处切应力的计算公式。

由式（4-7）及图4-11可见，当 ρ 等于横截面的半径 r 时，即在横截面周边上的各点处，切应力将达到其最大值 τ_{max}，其值为

$$\tau_{max} = \frac{T\rho_{max}}{I_p} = \frac{Tr}{I_p} \qquad (4-8)$$

在式（4-7）中若令

$$W_t = \frac{I_p}{\rho_{max}} = \frac{I_p}{r} \qquad (4-9)$$

则有

$$\tau_{max} = \frac{T}{W_t} \qquad (4-10)$$

式中，W_t 称为扭转截面系数，其单位为 m^3。

推导切应力计算公式的主要依据为平面假设，且材料符合胡克定律。因此，式（4-10）仅适用于在线弹性范围内等直圆杆。

为计算极惯性矩 I_p 和扭转截面系数 W_t，在圆截面上距圆心为 ρ 处取厚度为 $d\rho$ 的环形面积作为面积元素（图4-12a），并由式（e）可得截面的极惯性矩为

$$I_p = \int_A \rho^2 dA = \int_0^{\frac{d}{2}} 2\pi\rho^3 d\rho = \frac{\pi d^4}{32} \qquad (4-11)$$

圆截面的扭转截面系数为

$$W_t = \frac{I_p}{\rho_{max}} = \frac{\pi d^4/32}{d/2} = \frac{\pi d^3}{16} \qquad (4-12)$$

由于平面假设同样适用于空心圆截面杆，因此，上述切应力公式也适用于空心圆截面杆。设空心圆截面的内、外直径分别为 d 和 D（见图 4-12b），其比值 $\alpha = \dfrac{d}{D}$，则从式（e）可得空心截面的极惯性矩为

$$I_\mathrm{p} = \frac{\pi D^4 (1-\alpha^4)}{32} \tag{4-13}$$

扭转截面系数为

$$W_\mathrm{t} = \frac{\pi D^3}{16}(1-\alpha^4) \tag{4-14}$$

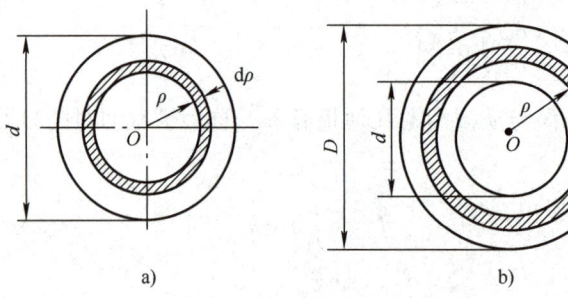

图 4-12

【例 4-2】 实心面轴 Ⅰ 和空心截面轴 Ⅱ（见图 4-13）的材料、扭转力偶矩 M_e 和长度 l 均相同，最大切应力相等。若空心圆截面内、外直径之比为 $\alpha = 0.8$，试求空心圆截面的外径与实心圆截面直径之比及两轴的质量比。

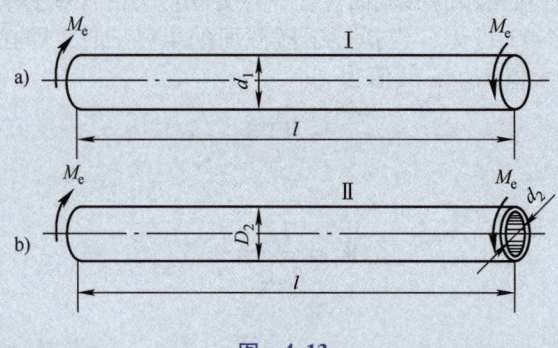

图 4-13

解：（1）两轴直径之比

设实心圆截面直径和空心圆截面内、外直径分别为 d_1 和 d_2、D_2；又扭转力偶矩相等，则两轴的扭矩也相等，设为 T。

由式（4-10）得到实心圆轴和空心圆轴的最大切应力分别为

$$\tau_{\max 1} = \frac{T}{W_{\mathrm{t}1}}, \quad \tau_{\max 2} = \frac{T}{W_{\mathrm{t}2}}$$

由式（4-12）和式（4-14）得到实心圆轴和空心圆轴的扭转截面系数分别为

$$W_{\mathrm{t}1} = \frac{\pi d_1^3}{16}, \quad W_{\mathrm{t}2} = \frac{\pi D_2^3(1-\alpha^4)}{16}$$

依题意：$\tau_{max1} = \tau_{max2}$，将 $\alpha = 0.8$ 代入有

$$\frac{D_2}{d_1} = \sqrt[3]{\frac{1}{1-\alpha^4}} = \sqrt[3]{\frac{1}{1-0.8^4}} = 1.194$$

（2）两轴的质量比

两轴材料、长度均相同，故两轴的质量比等于两轴的横截面面积之比

$$\frac{A_2}{A_1} = \frac{\frac{\pi}{4}(D_2^2 - d_2^2)}{\frac{\pi}{4}d_1^2} = \frac{D_2^2(1-\alpha^2)}{d_1^2} = 1.194^2 \times (1-0.8^2) = 0.513$$

由此可见，在最大切应力相等的情况下，空心圆轴的自重较实心圆轴为轻，比较节省材料。然而，除大型圆轴外，一般的空心轴是用实心圆杆通过钻孔加工得到的，因此除在减轻自重为其主要因素（如飞行器中的轴）或有使用要求（如机床主轴）等情况外，设计空心轴并不总是值得的。

4.4.2 强度条件

等直圆杆在扭转时，杆内各点均处于纯剪切应力状态。其强度条件是横截面上的最大工作切应力不超过材料的许用切应力，即

$$\tau_{max} = \frac{T_{max}}{W_t} \leqslant [\tau] \qquad (4-15)$$

最大扭矩所在横截面称为危险截面，由于等直圆杆的最大工作应力存在于危险截面的周边任一点处，即危险点处。将式（4-12）或式（4-14）中的 W_t 代入强度条件式（4-15）就可对实心或空心圆截面的传动轴进行强度计算，即校核强度、选择截面或计算许可荷载。

实验指出，在静荷载作用下，同一种材料在纯剪切和拉伸时的力学性能之间存在着一定的关系，因而通常可以从材料的许用拉应力值来确定其许用切应力值。但对于机械中的传动轴，由于在初步设计中略去了弯曲和应力随时间作交替变化的影响，故强度条件中所采用的许用切应力值应取低于静荷载下的许用切应力值。

【例 4-3】 图 4-14a 所示阶梯圆轴，AB 段的直径 $d_1 = 120\text{mm}$，BC 段的直径 $d_2 = 100\text{mm}$。扭转力偶矩 $M_A = 22\text{kN} \cdot \text{m}$，$M_B = 36\text{kN} \cdot \text{m}$，$M_C = 14\text{kN} \cdot \text{m}$。已知材料的许用切应力 $[\tau] = 80\text{MPa}$，试校核该轴的强度。

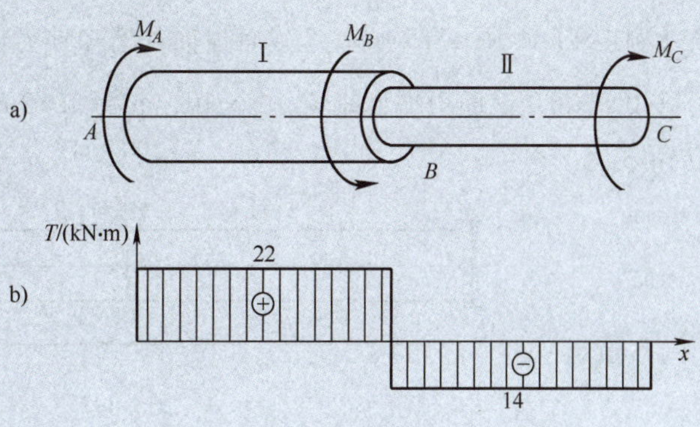

解：（1）根据截面法求出 AB、BC 段的扭矩，并作出轴的扭矩图（图 4-14b）。

（2）计算轴横截面上的最大切应力并校核强度。

图 4-14

AB 段：

$$\tau_{1\max} = \frac{T_1}{W_{t1}} = \frac{T_1}{\pi d_1^3/16} = \frac{22 \times 10^3}{\pi \times (0.12^3)/16}\text{Pa} = 64.87\text{MPa} < [\tau]$$

BC 段：

$$\tau_{2\max} = \frac{T_2}{W_{t2}} = \frac{T_2}{\pi d_2^3/16} = \frac{14 \times 10^3}{\pi \times (0.1^3)/16}\text{Pa} = 71.3\text{MPa} < [\tau]$$

因此，该轴满足强度要求。

4.5 圆轴扭转时的变形　刚度条件

4.5.1 圆轴扭转时的变形

扭转变形的特征是两个横截面间产生绕轴线的相对转角，亦即扭转角。由式（4-6）有

$$\mathrm{d}\varphi = \frac{T}{GI_p}\mathrm{d}x$$

式中，$\mathrm{d}\varphi$ 为相距为 $\mathrm{d}x$ 的两个横截面之间的相对转角（见图 4-10b）。沿轴线 x 积分，即可求得距离为 l 的两个横截面之间的相对转角为

$$\varphi = \int_l \mathrm{d}\varphi = \int_0^l \frac{T}{GI_p}\mathrm{d}x$$

若在两截面之间 T 的值不变，且轴为等直杆，则上式中 $\frac{T}{GI_p}$ 为常量。例如等直圆轴的两端作用扭转力偶时，就是这种情况。这时上式可化为

$$\varphi = \frac{Tl}{GI_p} \tag{4-16}$$

式（4-16）表明，GI_p 越大，则扭转角 φ 越小，扭转变形越小；反之，GI_p 越小，扭转变形越大。GI_p 反映了轴抵抗扭转变形的能力，称为圆轴的抗扭刚度。

【例 4-4】 图 4-15 所示等截面圆轴，已知外力偶矩 $M_A = 180\text{N}\cdot\text{m}$，$M_B = 320\text{N}\cdot\text{m}$，$M_C = 140\text{N}\cdot\text{m}$，截面极惯性矩 $I_p = 3 \times 10^5 \text{mm}^4$，$l = 2\text{m}$，切变模量 $G = 80\text{GPa}$，求杆两端面的转角 φ_{AC}。

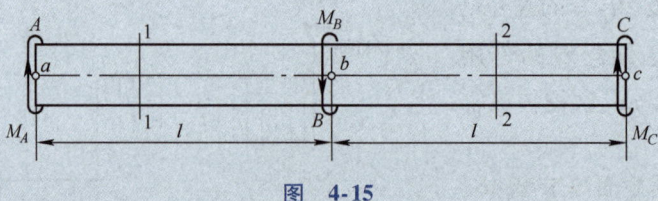

图 4-15

解：（1）根据截面法求出 AB、BC 段的扭矩

$$T_1 = M_A = 180\text{N}\cdot\text{m}$$

$$T_2 = -M_C = -140\text{N}\cdot\text{m}$$

(2) 根据式 (4-16) 求出 AB、BC 段的扭转角

$$\varphi_{AB} = \frac{T_1 l}{GI_p} = 1.50 \times 10^{-2} \text{rad}$$

$$\varphi_{BC} = \frac{T_2 l}{GI_p} = -1.17 \times 10^{-2} \text{rad}$$

(3) 求 AC 段的扭转角，A 截面相对 C 截面的扭转角等于 A 截面相对 B 截面的扭转角加上 B 截面相对 C 截面的扭转角，即

$$\varphi_{AC} = \varphi_{AB} + \varphi_{BC} = (1.50 \times 10^{-2} - 1.17 \times 10^{-2}) \text{rad} = 0.33 \times 10^{-2} \text{rad}$$

4.5.2 刚度条件

式 (4-16) 表示扭转角与轴的长度 l 有关，为消除长度的影响，用 φ 对 x 的变化率 $\varphi' = \frac{d\varphi}{dx}$ 来表示扭转变形的程度。由式 (4-16) 得出

$$\varphi' = \frac{\varphi}{l} = \frac{T}{GI_p}$$

φ 的变化率 φ' 即是相距为单位长度的两截面的相对转角，称为单位长度扭转角，单位为 rad/m。

为了避免轴的刚度不够而影响正常使用，工程上对受扭构件的单位长度扭转角进行限制，即 φ' 的最大值不得超过规定的允许值 $[\varphi']$

$$\varphi'_{max} = \frac{T_{max}}{GI_p} \leq [\varphi'] \tag{4-17}$$

工程中，习惯用 (°)/m 作为 $[\varphi']$ 的单位，将式 (4-17) 中的 rad 换算成 (°)，即为

$$\varphi'_{max} = \frac{T_{max}}{GI_p} \times \frac{180°}{\pi} \leq [\varphi'] \tag{4-18}$$

各种轴类零件的 $[\varphi']$ 值可从有关规范和手册中查询。

【例 4-5】 某汽车的主传动轴是用 40 钢的电焊钢管制成（见图 4-16），钢管外径 $D = 76$mm，壁厚 $t = 2.5$mm，轴传递的转矩 $M = 1.98$kN·m，材料的许用剪应力 $[\tau] = 100$MPa，剪变模量为 $G = 80$GPa，轴的许可扭角 $[\varphi'] = 2(°)$/m，试校核轴的强度和刚度。

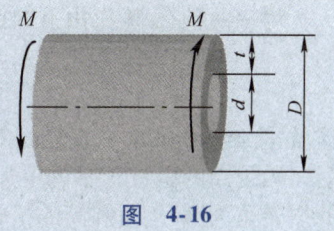

图 4-16

解：轴的扭矩等于轴传递的转矩

$$T = M = 1.98 \text{kN·m}$$

轴的内、外径之比

$$\alpha = \frac{d}{D} = \frac{D - 2t}{D} = 0.934$$

由式 (4-13) 和式 (4-9)，有

$$I_p = \frac{\pi D^4(1-\alpha^4)}{32} = 7.83 \times 10^5 \text{ mm}^4$$

$$W_t = \frac{I_p}{D/2} = 2.06 \times 10^4 \text{ mm}$$

由强度条件式（4-15）有

$$\tau_{max} = \frac{T_{max}}{W_t} = 96.1 \text{MPa} < [\tau]$$

由刚度条件式（4-18）有

$$\varphi_{max} = \frac{T_{max}}{GI_p} \times \frac{180°}{\pi} = 1.81(°)/\text{m} < [\varphi']$$

因此，该轴的强度和刚度满足要求。

【例 4-6】 设有 A、B 两个凸缘的圆轴（见图4-17a），在扭转外力偶矩 M 作用下发生了变形。这时把一个薄壁圆筒与轴的凸缘焊接在一起，然后解除 M（见图4-17b）。设轴和筒的抗扭刚度分别是 $G_1 I_{p_1}$ 和 $G_2 I_{p_2}$，试求轴内和筒内的扭矩。

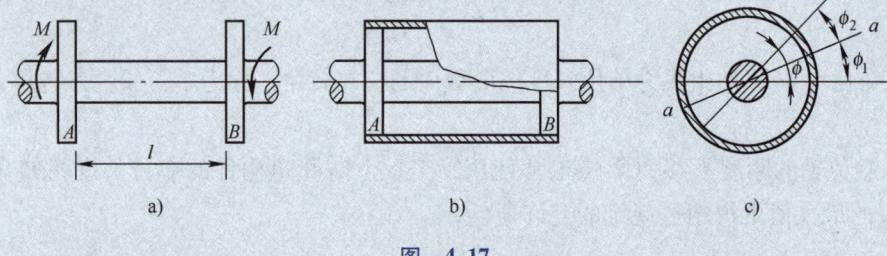

图 4-17

解：由于筒与轴的凸缘焊接在一起，外加扭转力偶矩 M 解除后，圆轴必然力图恢复其扭转变形，而圆筒则阻抗其恢复。这就使得在轴内和筒内分别出现扭矩 T_1 和 T_2。设想用横截面把轴与筒切开，因这时已无外力偶矩，平衡方程为

$$T_1 - T_2 = 0$$

仅由上式不能解出两个扭矩，所以这是一个一次静不定问题，应再寻求一个变形协调方程。

焊接前轴在 M 作用下的扭转角为

$$\phi = \frac{Ml}{GI_p} = \frac{Ml}{G_1 I_{p_1}}$$

这就是凸缘 B 的水平直径相对于 A 转过的角度（见图4-17c）。在筒与轴相焊接并解除 M 后，因受筒的阻抗，轴的上述变形不能完全恢复，最后协调的位置为 a—a。这时圆轴余留的扭转角为 ϕ_1，而圆筒的扭转角为 ϕ_2。显然

$$\phi_1 + \phi_2 = \phi$$

利用式（4-16）和以上各式，可得

$$\frac{T_1 l}{G_1 I_{p_1}} + \frac{T_2 l}{G_2 I_{p_2}} = \frac{Ml}{G_1 I_{p_1}}$$

$$T_1 = T_2 = \frac{M G_2 I_{p_2}}{G_1 I_{p_1} + G_2 I_{p_2}}$$

4.6 等直圆杆扭转时的应变能

当圆杆扭转变形时,杆内将积蓄应变能。由于杆件各横截面上的扭矩可能变化,同时,横截面上各点处的切应力也随该点到圆心的距离而改变。为此,计算杆内的应变能,应先计算杆内任一点微元处的应变能密度,再计算全杆内所积蓄的应变能。

受扭圆杆的任一点处于纯剪切应力状态,如图 4-18a 所示。设其左侧面固定,则单元体在变形后右侧面将向下移动 $\gamma \mathrm{d}x$。当材料处于线弹性范围内,切应力与切应变成正比(见图 4-18b),且切应变 γ 很小,因此在变形过程中,上、下两面上微元剪力将不做功,只有右侧面上的微元剪力 $\tau \mathrm{d}y \mathrm{d}z$ 对相应的位移 $\gamma \mathrm{d}x$ 做功,其值为

$$\delta W = \frac{1}{2}(\tau \mathrm{d}y \mathrm{d}z)(\gamma \mathrm{d}x) = \frac{1}{2}\tau\gamma(\mathrm{d}x\mathrm{d}y\mathrm{d}z)$$

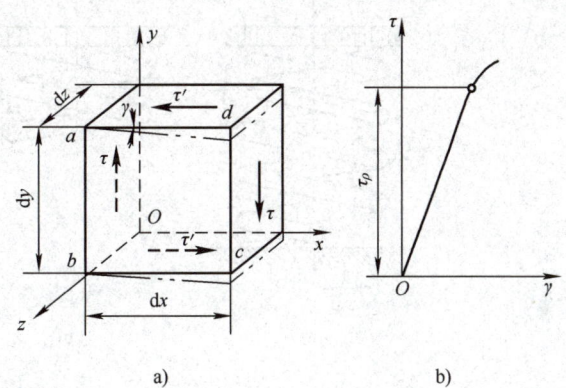

图 4-18

由功能原理,单元体内所积蓄的应变能 $\mathrm{d}U_\varepsilon$ 数值上等于力的功 δW,于是可得单位体积内的应变能即应变能密度 u_ε 为

$$u_\varepsilon = \frac{\mathrm{d}U_\varepsilon}{\mathrm{d}V} = \frac{\delta W}{\mathrm{d}x\mathrm{d}y\mathrm{d}z} = \frac{1}{2}\tau\gamma \tag{4-19a}$$

由剪切胡克定律 $\tau = G\gamma$,上式可改写为

$$u_\varepsilon = \frac{G\gamma^2}{2} = \frac{\tau^2}{2G} \tag{4-19b}$$

求得受扭圆杆任一点处的应变能密度 u_ε 后,全杆的应变能 U_ε 即可由如下积分公式计算

$$U_\varepsilon = \int_V u_\varepsilon \mathrm{d}V = \iint_{l\,A} u_\varepsilon \mathrm{d}A\mathrm{d}x \tag{4-20}$$

式中,V 为杆的体积;A 为杆的横截面面积;l 为杆长。

若等直圆杆仅在两端受外力偶矩 M_e 作用,则任一横截面的扭矩 T 和极惯性矩 I_p 均相同。将式 (4-19b) 代入式 (4-20),其中的切应力 $\tau_\rho = \dfrac{T\rho}{I_p}$,可得杆内的应变能为

$$U_\varepsilon = \iint_{l\,A} \frac{\tau^2}{2G}\mathrm{d}A\mathrm{d}x = \frac{l}{2G}\left(\frac{T}{I_p}\right)^2 \int_A \rho^2 \mathrm{d}A = \frac{T^2 l}{2GI_p} \tag{4-21}$$

由于 $T = M_e$,式 (4-21) 又可写为

$$U_\varepsilon = \frac{M_e^2 l}{2GI_p}$$

又由式 (4-16),杆的应变能 U_ε 也可改写为用相对扭转角表达的形式

$$U_\varepsilon = \frac{GI_p \varphi^2}{2l}$$

【例 4-7】 图 4-19a 所示为常用于起缓冲、减振控制作用的圆柱形密圈螺旋弹簧承受轴向压（拉）力作用。设弹簧圈的平均半径为 R，簧杆的直径为 d，弹簧的有效圈数（即除去两端与平面接触的部分后的圈数）为 n，簧杆材料的切变模量为 G。试在簧杆的斜度 $\alpha < 5°$，且簧圈的平均直径 D 远大于簧杆直径 d 的情况下，推导弹簧的应力和变形计算公式。

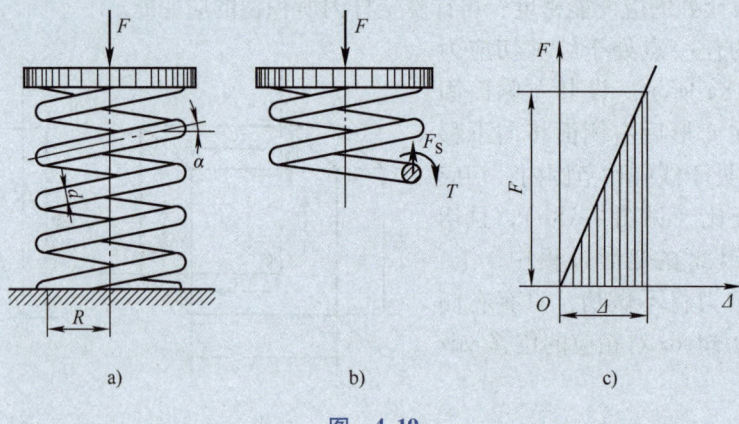

图 4-19

解：(1) 簧杆横截面上的应力

应用截面法沿簧杆的任一横截面假想地截取其上半部分（见图 4-19b）并研究其平衡。由于簧杆斜度 $\alpha < 5°$，为分析方便，可视为 $\alpha = 0°$，于是簧杆的横截面就处于包含弹簧轴线（即外力 F 作用线）的纵向平面内。由平衡方程求得截面上的内力分量为通过截面形心的剪力 $F_S = F$ 和扭矩 $T = FR$。

作为近似解，略去与剪力 F_S 相应的切应力，且当圈的平均直径 D 与簧杆直径 d 的比值 D/d 很大时，略去簧杆曲率的影响，而用截面直杆的扭转应力公式 [见式 (4-10)] 计算杆横截面上的最大扭转切应力 τ_{max}，即

$$\tau_{max} = \frac{T}{W_t} = \frac{FR}{\frac{\pi d^3}{16}} = \frac{16FR}{\pi d^3}$$

由上式算出的最大切应力是偏低的近似值。在弹簧的设计计算中，常将该式乘以考虑簧杆曲率和剪力影响的修正因数[⊖]。

(2) 弹簧的变形

利用功能原理，研究弹簧受轴向压（拉）力作用时的缩短（伸长）变形 Δ。试验结果表明，当弹簧的变形不因弹簧圈并紧而受到影响时，其变形 Δ 与外力 F 成正比，如图 4-19c 所示。由此可得外力所做功为

$$W = \frac{1}{2} F \Delta$$

若只考虑簧杆扭转变形的影响，则由等直圆杆扭转时的应变能公式 [见式 (4-21)]，可得簧杆内的应变能 U_ε 为

⊖ 刘鸿文：《高等材料力学》，高等教育出版社，1985。

$$U_\varepsilon = \frac{(FR)^2 2\pi Rn}{2GI_p}$$

式中，$l = 2\pi Rn$ 为簧杆中心线的全长；I_p 为簧杆横截面的极惯性矩。令外力所做的功 W 与簧杆内的应变能 U_ε 相等，则有

$$\Delta = \frac{2\pi RnFR^2}{G\frac{\pi d^4}{32}} = \frac{64nFR^3}{Gd^4}$$

由于在计算应变能 U_ε 时，略去了剪力的影响，并应用直杆扭转的公式，故所得的 U_ε 值是近似的，且比实际值小，因而，算出的变形 Δ 也比实际值略小，但其相对误差小于簧杆横截面的应力计算式的结果[⊖]。若令

$$k = \frac{Gd^4}{64nR^3}$$

代表弹簧的刚度系数，其单位为 N/m，则可将弹簧变形式改写为

$$\Delta = \frac{F}{k}$$

4.7 非圆轴截面杆的扭转

前面各节讨论了圆形截面杆的扭转，但有些受扭杆件的横截面并非圆形。例如，农业机械中有时采用方轴作为传动轴；曲轴的曲柄承受扭转，而其横截面是矩形的。

取一横截面为矩形的杆，在其侧面上画上纵向线和横向周界线（见图 4-20a），扭转变形后发现横向周界线已变为空间曲线（见图 4-20b）。这表明变形后杆的横截面已不再保持为平面，这种现象称为翘曲。所以，平面假设对非圆截面杆件的扭转已不再适用。对于这类问题，只能用弹性理论方法求解。

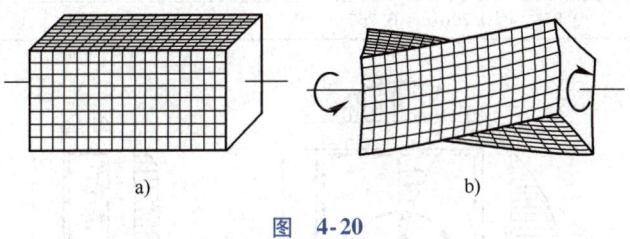

图 4-20

等直非圆杆在扭转时横截面虽将发生翘曲，但当等直杆在两端受外力偶作用，且端面可以自由翘曲时，称为纯扭转或自由扭转。这时，杆相邻两横截面的翘曲程度完全相同，横截面上仍然是只有切应力而没有正应力。若杆的两端受到约束而不能自由翘曲，称为约束扭转，则其相邻两横截面的翘曲程度不同，将在横截面上引起附加的正应力。由约束扭转所引起的附加正应力，在一般实体截面杆中通常均很小，可略去不计。但在薄壁杆件中，这一附加正应力则成为不能忽略的量[⊖]。本节仅简单介绍矩形及狭长矩形截面的等直杆在自由扭转

⊖⊖ 刘鸿文：《高等材料力学》，高等教育出版社，1985。

时弹性理论解的结果。

为了计算矩形截面杆扭转时的强度和刚度，下面直接给出横截面上最大切应力和单位长度扭转角的计算公式：

$$\tau_{\max} = \frac{T}{W_t} \tag{4-22}$$

$$\varphi' = \frac{T}{GI_t} \tag{4-23}$$

式中，W_t 仍为扭转截面系数；I_t 为截面的相当极惯性矩；GI_t 为非圆截面杆的扭转刚度。这里的 I_t 和 W_t 虽然在量纲上与圆截面的 I_p 和 W_t 相同，但在几何意义上并不同。

矩形截面（见图 4-21a）的 I_t 和 W_t 与截面尺寸的存在如下关系：

$$W_t = \alpha h b^2 \tag{4-24}$$

$$I_t = \beta h b^3 \tag{4-25}$$

式中，因数 α、β 可从表 4-1 中查出，二者均随形截面的长、短边尺寸 h 和 b 的比值 h/b 而变化。横截面上的最大切应力 $\tau_{\max}$ 发生在长边中点即在截面周边上距形心最近的点处；而在短边中点处的切应力则为该边上各点处切应力中的最大值，可由 $\tau_{\max}$ 和表 4-1 中的因数 γ 计算得

$$\tau = \gamma \tau_{\max} \tag{4-26}$$

矩形截面周边上各点处的切应力方向必与周边相切（见图 4-21a），因为在杆表面上没有切应力，故由切应力互等定理可知，在横截面周边上各点处不可能有垂直于周边的切应力分量。同理，在矩形截面的顶点处切应力必等于零。矩形截面上切应力的变化情况如图 4-21a 所示。

表 4-1　矩形截面杆在纯扭转时的系数 α、β 和 γ

h/b	1.0	1.2	1.5	2.0	2.5	3.0	4.0	6.0	8.0	10.0	∞
α	0.208	0.219	0.231	0.246	0.256	0.267	0.282	0.299	0.307	0.313	0.333
β	0.141	0.166	0.196	0.229	0.249	0.263	0.281	0.299	0.307	0.313	0.333
γ	1.000	0.930	0.858	0.796	0.767	0.753	0.745	0.743	0.743	0.743	0.743

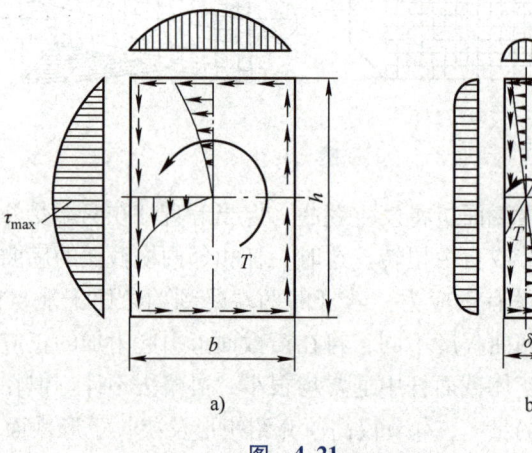

图 4-21

根据表 4-1 可知，当 $h/b > 10$ 时，$\alpha = \beta \approx \dfrac{1}{3}$，可得狭长矩形截面（见图 4-21b）的 I_t 和 W_t 与截面尺寸间的关系为

$$I_t = \frac{1}{3} h \delta^3 \qquad (4\text{-}27)$$

$$W_t = \frac{1}{3} h \delta^2 \qquad (4\text{-}28)$$

【例 4-8】 矩形截面的等直钢杆，其横截面尺寸 $h = 100\text{mm}$、$b = 50\text{mm}$，长度 $l = 2\text{m}$，在杆两端作用一对矩 $M_e = 4\text{kN·m}$ 的扭转力偶矩，钢的许用切应力 $[\tau] = 100\text{MPa}$，剪切模量 $G = 80\text{GPa}$，许可单位长度扭转角 $[\varphi] = 1.2(°)/\text{m}$，试校核该杆的强度和刚度。

解： 横截面上的扭矩

$$T = M_e = 4\text{kN·m}$$

由表 4-1，$h/b = 2$ 时，有

$$\alpha = 0.246,\ \beta = 0.229$$

由式 (4-24)、式 (4-25) 有

$$W_t = \alpha h b^2 = 0.246 \times 0.1 \times 0.05^2 \text{m}^3 = 6.15 \times 10^{-7} \text{m}^3$$

$$I_t = \beta h b^3 = 0.229 \times 0.1 \times 0.05^3 \text{m}^4 = 2.86 \times 10^{-6} \text{m}^4$$

强度校核

$$\tau_{\max} = \frac{T}{W_t} = \frac{4000}{61.5 \times 10^{-6}} \text{Pa} = 65\text{MPa} < [\tau]$$

刚度校核

$$\varphi' = \frac{T}{GI_t} = \frac{4000}{80 \times 10^9 \times 286 \times 10^{-8}} \text{rad/m} = 0.01745 \text{rad/m} = 1(°)/\text{m} < [\varphi]$$

所以该杆的强度和刚度满足要求。

4.8 薄壁杆件的自由扭转

为减轻结构自重，工程上常采用各种轧制型钢，如工字钢槽钢等；也经常使用薄壁管状杆件。这类杆件的壁厚远小于横截面的其他两个尺寸（高和宽）或平均半径，称为薄壁杆件。若杆件的截面中线（薄壁杆横截面的壁厚平分线，也称壁厚中线。）是一条不封闭的折线或曲线（见图 4-22a）则称为开口薄壁杆件。若截面中线是一条封闭的折线或曲线（见图 4-22b），则称为闭口薄壁杆件。本节只讨论开口和闭口薄壁杆件的自由扭转。

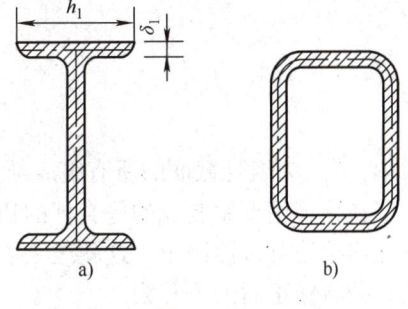

图 4-22

4.8.1 开口薄壁截面杆

对某些开口薄壁截面杆,如各种轧制型钢,其横截面可以看成由若干狭长矩形所组成的组合截面(见图4-22a)。根据杆在自由扭转时横截面的变形情况可做出如下假设:杆扭转后,横截面周线虽然在杆表面上变成曲线,但在其变形前的平面上的投影形状仍保持不变。当开口薄壁杆沿杆长每隔一定距离有加劲板时,上述假设基本上和实际变形情况符合。由假设得知,在杆扭转后,组合截面的各组成部分所转动的单位长度扭转角与整个截面的单位长度扭转角 φ' 相同,于是有变形相容条件

$$\varphi'_1 = \varphi'_2 = \cdots = \varphi'_n = \varphi'$$

式中,$\varphi'_i(i=1,2,\cdots,n)$ 为组合截面中组成部分的单位长度扭转角。由 $\varphi' = \dfrac{T}{GI_t}$,将上式变为

$$\frac{T_1}{GI_{t1}} = \frac{T_2}{GI_{t2}} = \cdots = \frac{T_n}{GI_{tn}} = \frac{T}{GI_t}$$

式中,I_{ti} 和 $T_i(i=1,2,\cdots,n)$ 分别为组合截面中组成部分 i 的相当极惯性矩及扭矩;I_t 和 T 则分别为整个组合截面的相当极惯性矩和扭矩。由合力矩和分力矩的静力学关系,可得

$$T = T_1 + T_2 + \cdots + T_n$$

联立以上3式,消去 T、G 后即得整个截面的相当极惯性矩为

$$I_t = \sum_{i=1}^{n} I_{ti}$$

对于开口薄壁截面,当其每一组成部分 i 的狭长矩形厚度 δ_i 与宽度 h_i 之比很小时,就可利用式(4-27)将上式改写为

$$I_t = \sum_{i=1}^{n} I_{ti} = \frac{1}{3} \sum_{i=1}^{n} h_i \delta_i^3 \tag{4-29}$$

为了求得整个截面上的最大切应力 $\tau_{\max}$,应先研究其每一组成部分 i 上的最大切应力 $\tau_{\max i}$。矩形截面在转时的最大切应力由式(4-22)给出,并利用长方形截面的 W_t 表达式见式(4-28)和上述式的关系,可得

$$\tau_{\max i} = \frac{T_i}{W_{ti}} = \frac{T_i}{I_{ti}} \delta_i = \frac{T}{I_t} \delta_i$$

由上式可见,该组合截面上的最大切应将发生在厚度为 $\delta_{\max}$ 的组成部分的长边处,其值为

$$\tau_{\max} = \frac{T}{I_t} \delta_{\max} = \frac{T \delta_{\max}}{\dfrac{1}{3} \sum\limits_{i=1}^{n} h_i \delta_i^3} \tag{4-30}$$

式中,$\delta_{\max}$ 为组合截面的所有组成部分中厚度的最大值。

在计算用型钢制成的等直杆的扭转变形时,由于实际型钢截面的翼缘部分是变厚度的,且在连接处有过渡圆角,这就增大了杆的刚度,故应对 I_t 表达式[见式(4-29)]做如下修正,并将修正后的 I'_t 写为

$$I'_t = \eta \times \frac{1}{3} \sum_{i=1}^{n} h_i \delta_i^3 \tag{4-31}$$

式中，η 为修正因数。对于角钢截面，可以取 $\eta = 1.00$；槽截面 $\eta = 1.12$；T 形钢截面 $\eta = 1.15$；工字钢截面 $\eta = 1.20$。在计算单位长度扭转角时仍采用式（4-23），并以 I'_t 代替式中的 I_t。

【例 4-9】 一长度为 l、厚度为 δ 的薄钢板，卷成平均直径为 D 的筒，材料的切变模量为 G，在其两端承受扭转外力偶矩 M_e，试求：

（1）在板边为自由的情况下（见图 4-23a），薄壁筒横截面上的切应力分布规律，以及其最大切应力和最大相对扭转角。

（2）当板边焊接后（见图 4-23b），薄壁筒横截面上的切应力分布规律以及其最大切应力和最大相对扭转角。

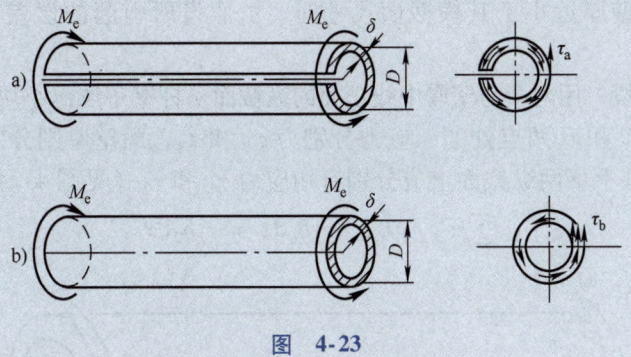

图 4-23

解：（1）开口薄壁圆筒的应力和变形

在板边为自由的情况下，可将开口环形截面展直，视为狭长矩形截面。其横截面上的切应力沿壁厚成线性变化，如图 4-23a 所示。最大切应力发生在开口薄壁圆筒的内、外周边处。对于薄壁杆，由表 4-1 查得 $\alpha = \beta = \dfrac{1}{3}$，于是最大切应力和最大相对扭转角分别为

$$\tau_a = \frac{T}{\alpha h b^2} = \frac{3M_e}{\pi D \delta^2}$$

$$\varphi_a = \varphi'_a l = \frac{Tl}{G\beta h b^3} = \frac{3M_e l}{G\pi D \delta^3}$$

（2）闭口薄壁圆筒的应力和变形

当板边焊接后，则成闭口薄壁圆筒，其横截面上的切应力沿厚为均匀分布，如图 4-23b 所示。切应力及最大相对扭转角分别为

$$\tau_b = \frac{T}{2A_0 \delta} = \frac{2M_e}{\pi D^2 \delta}$$

$$\varphi_a = \frac{Tl}{GI_p} \approx \frac{Tl}{G\pi D\delta \left(\dfrac{D}{2}\right)^2} = \frac{4M_e l}{G\pi D^3 \delta}$$

开口薄壁圆筒与闭口薄壁圆筒相比较

最大切应力之比 $\tau_a / \tau_b = \dfrac{3D}{2\delta}$

最大相对扭转角之比 $\varphi_a/\varphi_b = \dfrac{3}{4}\left(\dfrac{D}{\delta}\right)^2$

若 $D = 20\delta$，则 $\tau_a/\tau_b = 30$、$\varphi_a/\varphi_b = 300$。可见，开口薄壁圆筒的最大切应力和最大相对扭转角均远大于闭口薄壁圆筒。

4.8.2 闭口薄壁截面杆

设一横截面为任意形状、变厚度的闭口薄壁截面等直杆，在两自由端承受一对扭转外力偶作用，如图 4-24a 所示。由于杆横截面上的内力为扭矩，因此其横截面上将只有切应力。又因是闭口薄壁截面，故可假设切应力沿壁厚无变化，且其方向与壁厚的中线相切（见图 4-24b）。在杆的壁厚远小于其横截面尺寸时，由假设所引起的误差在工程计算中是允许的。

取长为 $\mathrm{d}x$ 的杆段，用两个与壁厚中线正交的纵截面从杆壁中取出小块 $ABCD$，如图 4-24c 所示。设横截面上 C 和 D 两点处的切应力分别为 τ_1 和 τ_2，而壁厚则分别为 δ_1 和 δ_2。根据切应力互等定理，在上下两纵截面上应分别有切应力 τ_1 和 τ_2（见图 4-24c）。由平衡方程

$$\sum F_x = 0, \quad \tau_1\delta_1\mathrm{d}x = \tau_2\delta_2\mathrm{d}x$$

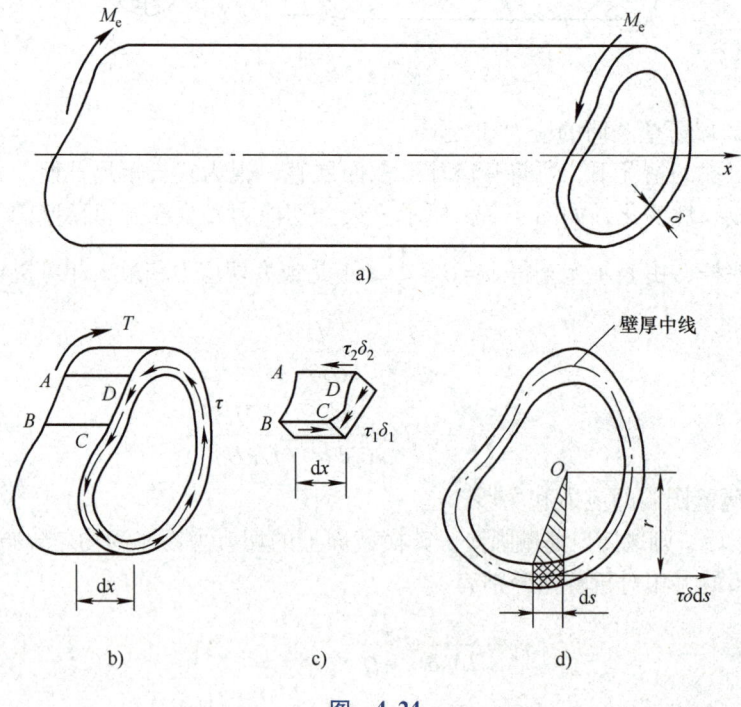

图 4-24

可得
$$\tau_1\delta_1 = \tau_2\delta_2$$

由于所取的两纵截面是任意选择的，故上式表明，横截面沿其周边任一点处的切应力 τ，与该点处的壁厚 δ 之乘积为一常数，即

$$\tau\delta = 常数$$

为找出横截面上的切应力 τ 与扭矩 T 之间的关系，沿壁厚中线取出长为 ds 的一段，在该段上的内力元素为 $\tau\delta\mathrm{d}s$（见图 4-24d），其方向与壁中线相切，其对横截面平面内任一点 O 的矩为

$$\mathrm{d}T = (\tau\delta\mathrm{d}s)r$$

式中，r 为从矩心 O 到内力元素 $\tau\delta\mathrm{d}s$ 作用线的垂直距离。由力矩合成原理可知，截面上扭矩应为 $\mathrm{d}T$ 沿壁厚中线全长 s 的积分，即

$$T = \int_s \mathrm{d}T = \int_s \tau\delta r\mathrm{d}s = \tau\delta\int_s r\mathrm{d}s$$

由图 4-24d 可知，$r\mathrm{d}s$ 为图中阴影线三角形面积的 2 倍，其沿中线全长 s 的积分应是该中线所围面积 A_0 的 2 倍。于是，可得

$$\tau = \frac{T}{2A_0\delta} \tag{4-32}$$

式（4-32）即为闭口薄壁截面等直杆在自由扭转时横截面上任一点处切应力的计算公式。

由于 $\tau\delta$ = 常数，故壁厚 δ 最薄处横截面上的切应力为最大。于是，由式（4-32）得杆横截面上的最大切应力为

$$\tau_{\max} = \frac{T}{2A_0\delta_{\min}} \tag{4-33}$$

式中，$\delta_{\min}$ 为薄壁截面的最小壁厚。

闭口薄壁截面等直杆的单位长度扭转角 φ' 可按功能原理求得。

由纯剪切应力状态下的应变能密度的表达式 [见式（4-19b）]，可得杆内任一点处的应变能密度为

$$u_\varepsilon = \frac{\tau^2}{2G} = \frac{1}{2G}\left(\frac{T}{2A_0\delta}\right)^2 = \frac{T^2}{8GA_0^2\delta^2}$$

又根据应变能密度计算扭转时杆内应变能的表达式 [见式（4-21）]，可得单位长度杆内的应变能为

$$U_\varepsilon = \int_V u_\varepsilon \mathrm{d}V = \frac{T^2}{8GA_0^2}\int_V \delta^{-2}\mathrm{d}V$$

式中，V 为单位长度杆壁的体积，$\mathrm{d}V = \delta\mathrm{d}s$。将 $\mathrm{d}V$ 代入上式，并沿壁厚中线的全长 s 积分，即得

$$U_\varepsilon = \frac{T^2}{8GA_0^2}\int_s \delta^{-1}\mathrm{d}s$$

然后，计算单位长度杆两端截面上的扭矩对杆段的相对扭转角 φ' 所做的功。由于杆在线弹性范围内工作，因此所做的功应为

$$W = \frac{T\varphi'}{2}$$

U_ε 与 W 在数值上相等，从而解得

$$\varphi' = \frac{T}{4GA_0^2}\int_s \delta^{-1}\mathrm{d}s \tag{4-34}$$

即得所要求的单位长度扭转角。式（4-34）中的积分取决于的壁厚 δ 沿壁厚中线 s 的变化规

律。当壁厚 δ 为常数时，则得

$$\varphi' = \frac{T}{4GA_0^2\delta} \tag{4-35}$$

【例 4-10】 横截面面积为 A、厚为 δ、长度为 l 和材料的切变模量均相同的三种截面形状的闭口薄壁杆，分别如图 4-25 所示。若分别在杆的两端承受相同的扭转外力偶矩 M_e，试求三杆横截面上的切应力之比和单位长度扭转角之比。

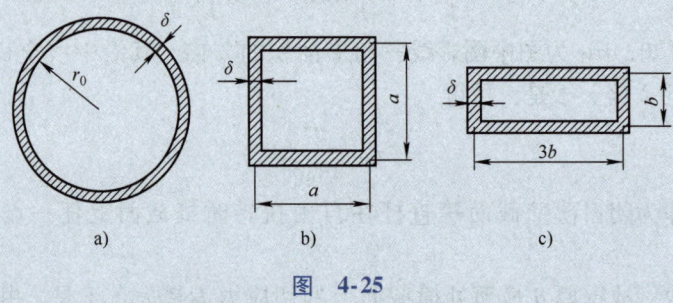

图 4-25

解：（1）三杆横截面切应力之比

薄壁圆截面

$$A = 2\pi r_0 \delta, \quad r_0 = \frac{A}{2\pi\delta}, \quad A_0 = \pi r_0^2 = \frac{A^2}{4\pi\delta^2}$$

$$\tau_a = \frac{T}{2A_0\delta} = \frac{M_e \times 2\pi\delta}{A^2}$$

薄壁正方形截面

$$A = 4a\delta, \quad a = \frac{A}{4\delta}, \quad A_0 = a^2 = \frac{A^2}{16\delta^2}$$

$$\tau_b = \frac{T}{2A_0\delta} = \frac{8M_e\delta}{A^2}$$

薄壁矩形截面

$$A = 8b\delta, \quad r_0 = \frac{A}{8\delta}, \quad A_0 = 3b \times b = \frac{3A^2}{64\delta^2}$$

$$\tau_c = \frac{T}{2A_0\delta} = \frac{32M_e\delta}{3A^2}$$

则三种截面切应力之比为

$$\tau_a : \tau_b : \tau_c = 2\pi : 8 : \frac{32}{3} = 1 : 1.27 : 1.70$$

（2）三杆单位长度扭转角之比

三杆单位长度扭转角分别为

$$\varphi'_a = \frac{Ts}{4GA_0^2\delta} = 4\pi^2 \frac{M_e\delta^2}{GA^3}, \quad \varphi'_b = 64 \frac{M_e\delta^2}{GA^3}, \quad \varphi'_c = \frac{1024}{9} \cdot \frac{M_e\delta^2}{GA^3}$$

三杆单位长度扭转角之比为

$$\varphi'_a : \varphi'_b : \varphi'_c = 1 : 1.62 : 2.88$$

上述计算表明，对于同一材料、相同截面面积，无论是强度还是刚度方面，都是薄壁圆截面最佳，薄壁矩形截面最差。这是因为薄壁圆截面壁厚中线所围的面积 A_0 最大，而薄壁箱形截面在其内角处还将引起应力集中。

习 题

4-1 如图 4-26 所示，已知传动轴的转速 $n = 300\text{r/min}$，主动轮 A 输入的功率 $P_A = 400\text{kW}$，三个从动轮输出的功率分别为 $P_B = 120\text{kW}$，$P_C = 120\text{kW}$，$P_D = 160\text{kW}$。试求 1—1、2—2、3—3 截面扭矩并画该轴的扭矩图。

4-2 图 4-27 所示空心圆截面轴，外径 $D = 40\text{mm}$，内径 $d = 20\text{mm}$，扭矩 $T = 1\text{kN}\cdot\text{m}$，试计算 A 点处（$\rho_A = 15\text{mm}$）的扭转切应力 τ_A，以及横截面上的最大与最小扭转切应力。

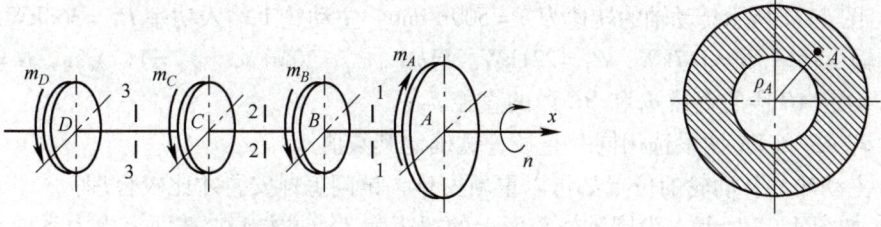

图 4-26　习题 4-1 图　　　　　图 4-27　习题 4-2 图

4-3 已知圆轴受外力偶矩 $M = 2\text{kN}\cdot\text{m}$，材料的许可切应力 $[\tau] = 60\text{MPa}$。
（1）试设计实心圆轴的直径 D_1。
（2）若该轴改为 $\alpha = d/D = 0.8$ 的空心圆轴，试设计空心圆轴的内、外径 d_2、D_2。

4-4 图 4-28 所示芯轴 AB 与轴套 CD 的轴线重合，二者在 B、C 处连成一体；在 D 处无接触。已知芯轴直径 $d = 66\text{mm}$；轴套的外径 $D = 80\text{mm}$，壁厚 $\delta = 6\text{mm}$。若二者材料相同，所能承受的最大切应力不得超过 60MPa。试求结构所能承受的最大外扭转力偶矩 T。

4-5 图 4-29 所示实心圆轴承受外扭转力偶，其力偶矩 $T = 3\text{kN}\cdot\text{m}$。试求：

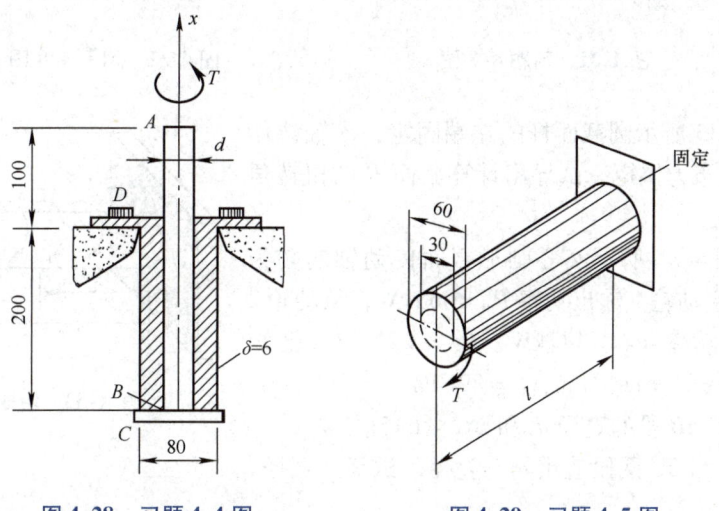

图 4-28　习题 4-4 图　　　　　图 4-29　习题 4-5 图

（1）轴横截面上的最大切应力。
（2）轴横截面上半径 $r=15\text{mm}$ 以内部分承受的扭矩所占全部横截面上扭矩的百分比。
（3）去掉 $r=15\text{mm}$ 以内部分，横截面上的最大切应力增加的百分比。

4-6　实心轴和空心轴由牙嵌式离合器连接在一起，如图 4-30 所示。已知轴的转速为 $n=100\text{r/min}$，传递的功率 $P=7.5\text{kW}$，材料的许用剪应力 $[\tau]=40\text{MPa}$。试选择实心轴直径 d_1 和内外径比值为 1/2 的空心轴外径 D_2。

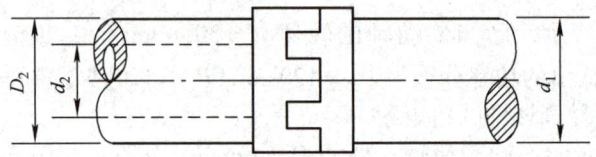

图 4-30　习题 4-6 图

4-7　图 4-31 所示传动轴的转速为 $n=500\text{r/min}$，主动轮 1 输入功率 $P_1=368\text{kW}$，从动轮 2、3 分别输出功率 $P_2=147\text{kW}$，$P_3=221\text{kW}$。已知 $[\tau]=70\text{MPa}$，$[\theta]=1(°)/\text{m}$，$G=80\text{GPa}$。

（1）确定 AB 段的直径 d_1 和 BC 段的直径 d_2；
（2）若 AB 和 BC 两段选用同一直径，试确定其数值。
（3）主动轮和从动轮的位置如可以重新安排，试问怎样安置才比较合理？

4-8　如图 4-32 所示，设圆轴横截面上的扭矩为 T，试求 1/4 截面上内力系的合力的大小、方向及作用点。

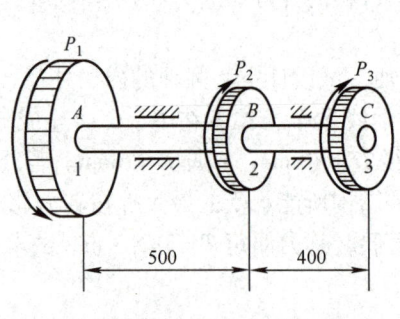

图 4-31　习题 4-7 图

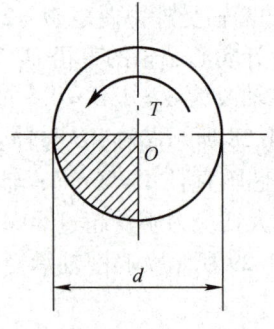

图 4-32　习题 4-8 图

4-9　图 4-33 所示圆截面杆的左端固定，沿轴线作用集度为 t 的均布力偶矩。试导出计算截面 B 的扭转角的公式。

4-10　如图 4-34 所示实心圆形截面传动轴的转为 $n=500\text{r/min}$，主动轮 1 输出功率 $P_1=368\text{kW}$，从动轮 2 和 3 分别输出功率 $P_2=147\text{kW}$，$P_3=221\text{kW}$。已知 $[\tau]=70\text{MPa}$，$[\varphi']=1(°)/\text{m}$，$G=80\text{GPa}$。

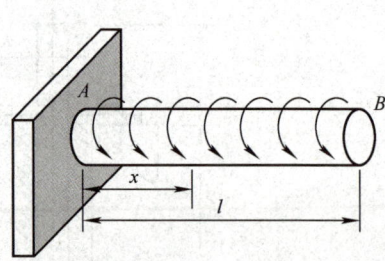

图 4-33　习题 4-9 图

（1）试确定 AB 段的直径 d_1 和 BC 段的直径 d_2。
（2）若 AB 和 BC 两段选用同一直径，试确定直径 d。

(3) 主动轮和从动轮应如何安排才比较合理?

4-11 如图 4-35 所示，阶梯形圆杆，AE 段为空心，外直径 $D = 140$mm，内直径 $d = 100$mm；BC 段为实心，直径 $d = 100$mm。外力偶矩 $M_A = 18$kN·m，$M_B = 32$kN·m，$M_C = 14$kN·m。已知：$[\tau] = 80$MPa，$[\varphi'] = 1.2(°)/$m，$G = 80$GPa。试校核该轴的强度和刚度。

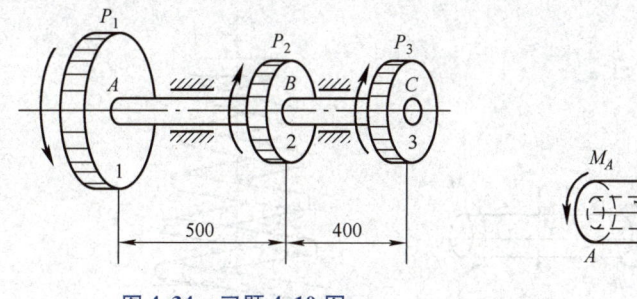

图 4-34 习题 4-10 图

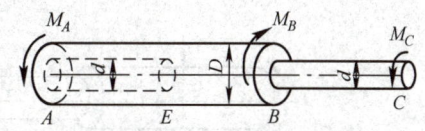

图 4-35 习题 4-11 图

4-12 全长为 l，两端面直径分别为 d_1、d_2 的圆锥形杆，在两端各承受一外力偶矩 M_e，如图 4-36 所示。试求杆两端面间的相对扭转角。

4-13 如图 4-37 所示，钻头横截面直径为 20mm，在顶部受均布的阻抗扭矩 m（单位：N·m/m）的作用，许用切应力 $[\tau] = 70$MPa。
(1) 求作用于上端的许可 M_e；
(2) 若 $G = 80$GPa，求上端对下端的相对扭转角。

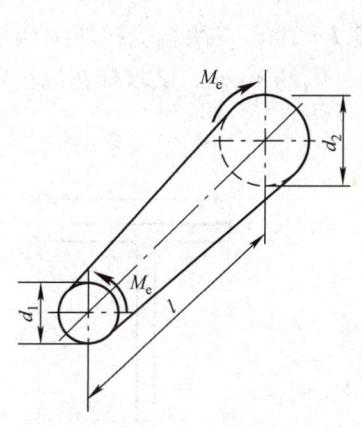

图 4-36 习题 4-12 图

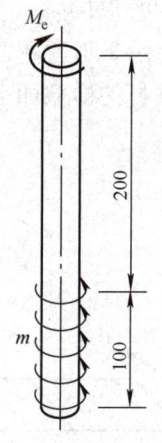

图 4-37 习题 4-13 图

4-14 有一壁厚 $\delta = 25$mm，内直径 $d = 250$mm 的空心薄壁圆管，其长度 $l = 1$m，作用在轴两端面内的外力矩 $M = 180$kN·m，材料的切变模量 $G = 80$GPa。试确定管中的最大切应力，并求管内的应变能。

4-15 圆柱形密圈螺旋弹，簧丝横截面直径 $d = 18$mm，弹簧平均直径，$D = 125$mm，弹簧材料的 $G = 80$GPa。如弹簧所受拉力 $F = 500$N，试求：
(1) 簧丝的最大切应力。
(2) 弹簧要几圈才能使它的伸长等于 6mm。

4-16 计算图 4-38 所示受扭圆轴的应变能。设 $d_1 = 2d_2$，材料的切变模量为 G。

4-17 图 4-39 所示锥形密圈螺旋弹簧，也称塔簧，受轴向压力 F 作用，上端面和下端面弹簧圈的平均直径分别为 R_1 和 R_2。簧丝直径为 d，有效圈数为 n，材料的切变模量为 G。试确定弹簧的压缩量 λ。

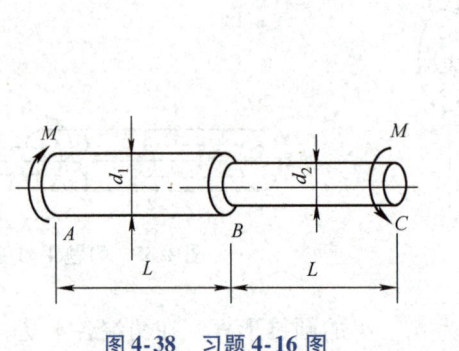

图 4-38 习题 4-16 图　　图 4-39 习题 4-17 图

4-18 图 4-40 所示矩形截面钢杆承受一对外力偶 $M_e = 3\text{kN} \cdot \text{m}$。已知材料的切变模量 $G = 80\text{GPa}$。试求：

（1）杆内最大切应力的大小位置和方向。

（2）横截面短边中点处的切应力。

（3）杆的单位长度扭转角。

4-19 图 4-41 所示 T 形薄壁截面杆的长度 $l = 2\text{m}$，在两端受扭转力偶矩作用，材料的切变模量 $G = 80\text{GPa}$，杆的横截面上的扭矩为 $T = 0.2\text{kN} \cdot \text{m}$。试求杆在纯扭转时的最大切应力及单位长度扭转角。

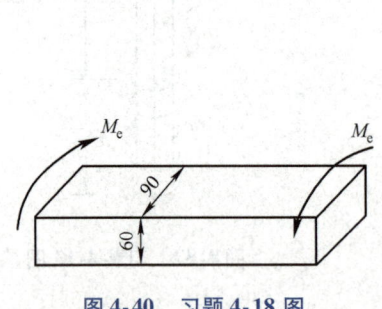 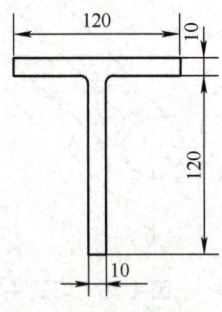

图 4-40 习题 4-18 图　　图 4-41 习题 4-19 图

4-20 图 4-42 所示为一闭口薄壁截面杆的横截面，杆在两端承受一对外力偶矩 M_e。材料的许用切应力 $[\tau] = 60\text{MPa}$。试求：

（1）按强度条件确定其许可扭转力偶矩 $[M_e]$。

（2）若在杆上沿母线切开一条缝，则其许可扭转力偶矩 $[M_e]$ 将减至多少？

4-21 图 4-43 所示为薄的两种不同形状的横截面，其壁厚及管中线的周长均相同，两杆的长度和材料也相同。当在两端承受相同的一对扭转外力偶矩时，试求：

(1) 最大切应力之比。
(2) 相对扭转角之比。

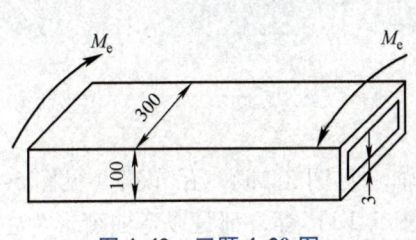

图 4-42 习题 4-20 图

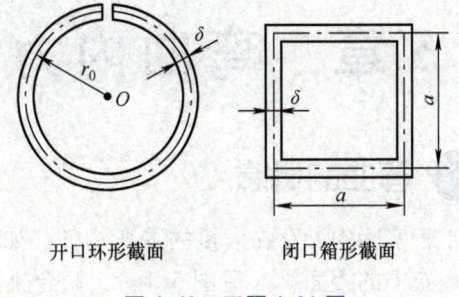

图 4-43 习题 4-21 图

第 5 章 弯曲内力

5.1 弯曲的概念

工程实际中,存在大量的受弯构件。如火车轮轴(见图 5-1a)、吊车梁(见图 5-1b)、房屋建筑中的楼面梁(见图 5-1c)、阳台挑梁(见图 5-1d)等,都是以弯曲变形为主的构件。弯曲是工程中较为常见的受力与变形,而弯曲内力,应力及变形在计算上相对于杆件的其他变形(如轴向拉压、扭转)而言,都较为复杂。

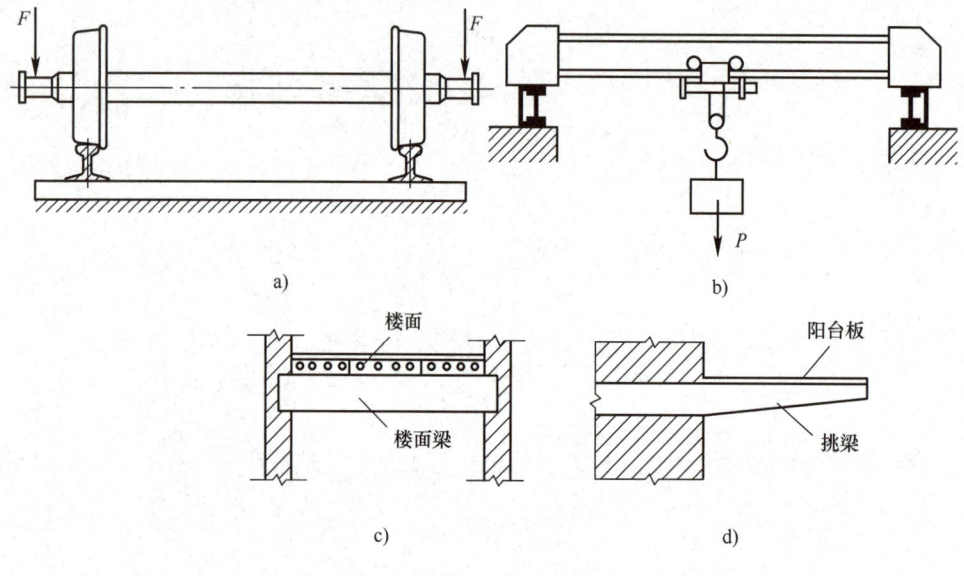

图 5-1

如图 5-2 所示,当杆件受到垂直于杆轴的外力作用或在纵向平面内受到力偶作用时,杆轴由直线弯成曲线,这种变形形式称为弯曲。以弯曲变形为主的杆件称为梁。

工程中常见的梁,其横截面往往有一根对称轴,如图 5-3 所示,这根对称轴与梁轴所组成的平面,称为纵向对称平面(见图 5-4)。如果作用在梁上的外力(包括荷载和支座约束力)和外力偶都位于纵向对称平面内,梁的变形也关于此纵向对称平面对称,称为**对称弯曲**。

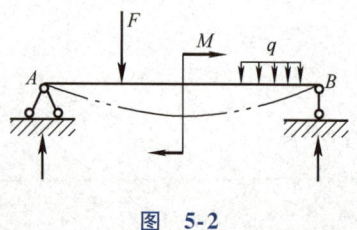

图 5-2

梁的轴线弯曲后所在的平面与载荷作用平面相重合的弯曲,称为**平面弯曲**。对称弯曲就是工程实际中常见的一种平面弯曲。以后讨论的弯曲问题,不附加说明时,都指的是平面弯曲问题。平面弯曲是一种最简单也是最常见的弯曲变形,如果外力作用在形心主惯性平面,则发生的弯曲是平面弯曲。

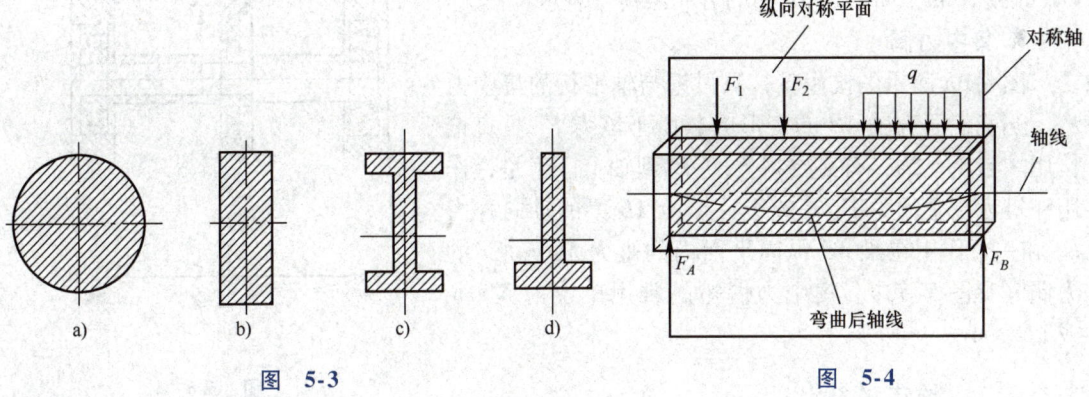

图 5-3　　　　　　　　　　　　　　　　图 5-4

5.2　受弯杆件的简化

梁的支承条件和梁上作用的载荷种类有各种不同的情况，比较复杂。为了便于分析和计算，对梁应进行必要的简化，包括梁的截面形状、荷载和支座的简化，用其计算简图来代替。确定梁的计算简图时，应尽量符合梁的实际情况，在保证计算结果足够精确的前提下，尽可能使计算过程简单。

5.2.1　梁的简化

由于梁的截面形状和尺寸，对内力的计算并无影响，通常可用梁的轴线来代替实际的梁。例如，图 5-1a 所示的火车轮轴，图 5-1b 所示的起重机大梁，在计算时就以其轴线来表示（见图 5-5a、b）。

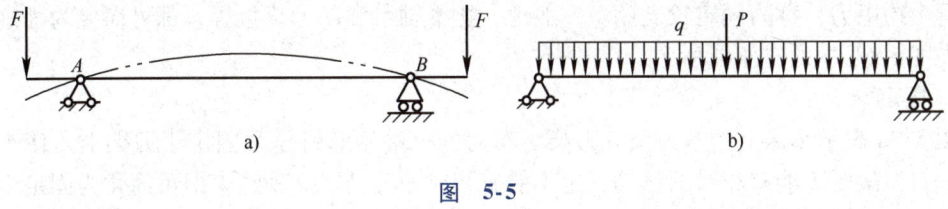

图 5-5

5.2.2　载荷的简化

作用在梁上的载荷可以简化为以下三种类型。

1. 集中载荷

对图 5-1a 所示的火车轮轴，车体的重量通过轴承作用于车轴的两端，该作用力与车轴的接触长度相比于梁的长度非常小，可视为载荷集中作用于一点，这种载荷称为集中载荷，或集中力，可简化为图 5-5a；图 5-1b 中起吊重物的重量 P（忽略电葫芦重量）作用于起重机大梁，可简化为如图 5-5b。集中载荷的单位为 N 或 kN。

2. 分布载荷

图 5-1b 所示起重机大梁起吊的重物是集中力，但是该大梁的自重连续地作用在整个大梁的长度上，可将其简化为分布载荷。这时梁上任一点的受力用载荷集度 q 表示，其单位为

kN/m 或 N/m，如图 5-5b 中的分布载荷 q 表示。

3. 集中力偶

图 5-6a 所示的锥齿轮，只讨论与轴平行的集中力 F_x。当我们研究轴 AB 的变形时，由于该力 F_x 是直接作用在齿轮上的，有必要将 F_x 平移到轴上。于是，作用在锥齿轮上的力 F_x 等效于一个沿 AB 梁的轴向外力 F_x 和一个作用在梁 AB 纵向平面内的矩为 $M_0 = F_x r$ 的力偶（见图 5-6b）。集中力偶矩的常用单位为 N·m 或 kN·m。

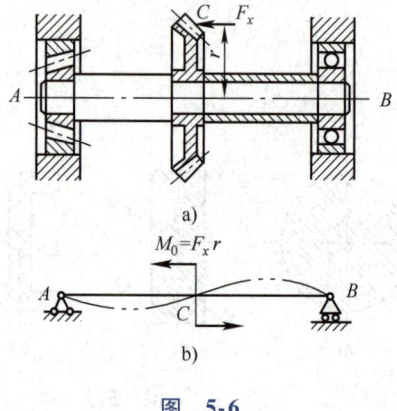

图 5-6

▶ 5.2.3 约束的简化

作用在梁上的外力，除载荷外还有支座约束力。为了分析支座约束力，必须先对梁的约束进行简化。按对梁在载荷作用面内的约束作用的不同，可以将梁的支座简化为以下三种常见的形式。

1. 可动铰支座

如图 5-6a 中的径向轴承 B，只限制截面 B 沿垂直梁轴线方向的移动，不能限制端面的轴向移动和绕端面内某一直径的转动。因此，支座 B 对梁 AB 仅有一个垂直梁轴线的支座约束力，可简化为可动铰支座。结构中的滑动轴承、桥梁下的滚轴支座等，都可简化为可动铰支座。

2. 固定铰支座

如图 5-6a 中的止推轴承 A，它将限制该截面沿任意方向的移动，但不能限制端面绕直径轴的转动，因此有与所限制的位移相对应的约束力，通常表示为梁轴线方向和垂直轴线方向的两个约束力，称为固定铰支座。一般地，止推轴承和凹型垫板等，都可简化为固定铰支座，如图 5-6b 中的支座 A 所示。

3. 固定端

图 5-7a 表示车床上的车刀及其刀架。车刀的一端用螺钉压紧固定于刀架上，使车刀压紧部分对刀架既不能有相对的移动，也不能有相对的转动，这种约束即可简化为固定端，如图 5-7b 中梁 AB 的 B 端。固定端的约束力通常用作用平面内的一个力偶和沿梁轴线及垂直梁轴线的一对正交力表示。

▶ 5.2.4 单跨静定梁的类型

经过对梁截面形状、载荷和支座的简化，便可以得到梁的计算简图。若梁的全部约束力可以用平衡方程求出，这种梁称为**静定梁**。若梁只有一个或两个支座支承，则称为**单跨梁**。**单跨静定梁**一般有三种基本形式。

1. 悬臂梁

梁的一端为固定端支座，另一端为自由端的梁称为悬臂梁，如图 5-7b 中所示的车刀 AB。

2. 简支梁

梁的两端分别由一个固定铰支座和一个可动铰支座支承的梁称为简支梁，如图 5-2 和

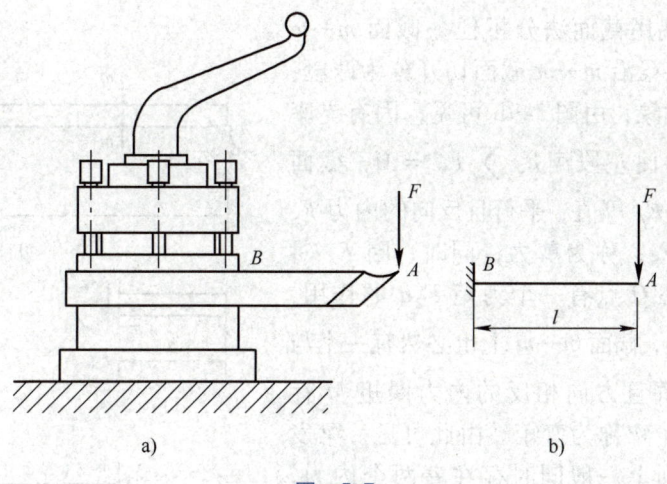

图 5-7

图 5-6b中的梁 AB。

3. 外伸梁

梁由一个固定铰支座和一个可动铰支座支承，梁的一端或两端伸出支座外的梁称为外伸梁，如图 5-5a 中所示的火车轮轴 AB。梁在两支座之间的长度称为跨度。

三种单跨静定梁的简图分别如图 5-8 所示。

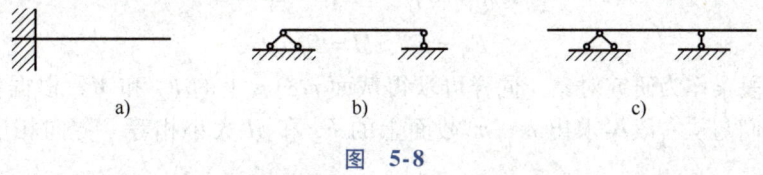

图 5-8

梁的约束力不能完全由平衡方程确定的梁，称为超静定梁。必须强调指出，梁的静定与否是根据梁的计算简图分析约束力而定的，而梁的简化应尽量符合梁的实际受力情况。如图 5-1a 所示的火车轮轴和图 5-1b 所示的起重机大梁，工作时这些梁如向左或向右偏移，总会有一端的轨道能起到阻碍梁偏移的作用。因此，可将梁两端的约束简化为一个固定铰支座，一个为可动铰支座。但若机械地认为梁的两端都是轨道，应全部简化为固定铰支座，则这些梁就是超静定梁了。这样，不但在进行受力分析时比静定梁复杂，更主要的是这种简化和梁的实际受力情况不相符合，分析时会带来很大的误差。

5.3 梁的弯曲内力——剪力和弯矩

为了解决梁的强度和刚度问题，在求得梁的支座约束力后，还必须计算梁的内力。下面将着重讨论梁的内力的计算方法。

5.3.1 截面法求内力

1. 剪力和弯矩

图 5-9a 所示为一简支梁，荷载 F 和支座约束力 F_A、F_B 是作用在梁的形心主惯性平面

内的平衡力系。现用截面法分析任一截面 m—m 上的内力。假想将梁沿 m—m 截面切开分为两段，现取左段为研究对象，由图5-9b可见，因有支座反力 F_A 作用，为使左段满足 $\sum F_y = 0$，截面 m—m 上必然有与 F_A 等值、平行且反向的内力 F_S 存在，这个内力 F_S 称为**剪力**；同时，因 F_A 对截面 m—m 的形心 O 点有一个力矩 $F_A a$ 的作用，为满足 $\sum M_O = 0$，截面 m—m 上也必然有一个与力矩 $F_A a$ 大小相等且方向相反的内力偶矩 M 存在，这个内力偶矩 M 称为弯矩。由此可见，梁发生弯曲时，横截面上一般同时存在着两个内力，即剪力和弯矩。剪力的常用单位为 N 或 kN，弯矩的常用单位为 N·m 或 kN·m。

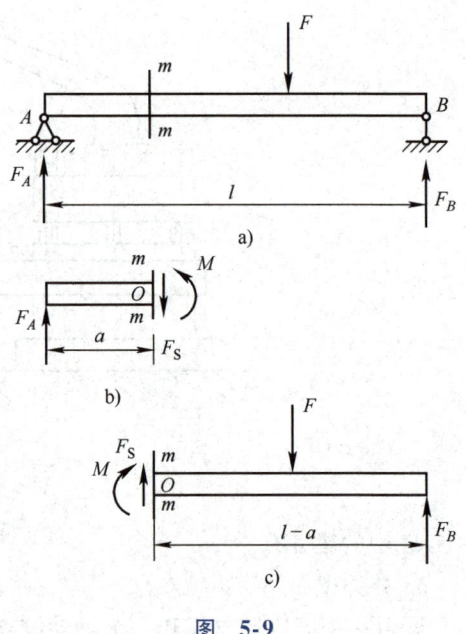

图 5-9

剪力和弯矩的大小，可由左段梁的静力平衡方程求得，即

$$\sum F_y = 0, \quad F_A - F_S = 0$$
$$\sum M_O = 0, \quad F_A a - M = 0$$

得

$$F_S = F_A, \quad M = F_A a$$

如果取右段梁作为研究对象，同样可求得截面 m—m 上的 F_S 和 M，根据作用与反作用力的关系，它们与从右段梁求出 m—m 截面上的 F_S 和 M 大小相等、方向相反，如图5-9c所示。

2. 剪力和弯矩的正、负号规定

为了使从左、右两段梁求得同一截面上的剪力 F_S 和弯矩 M 具有相同的正负号，对剪力和弯矩的正负号规定如下。

（1）剪力的正负号：剪力对梁段（隔离体）内一点的力矩顺时针时，为正（见图5-10a）；反之，为负（见图5-10b）。

（2）弯矩的正负号：使截面临近微段产生下侧受拉变形的弯矩为正（见图5-11a）；反之，为负（见图5-11b）。

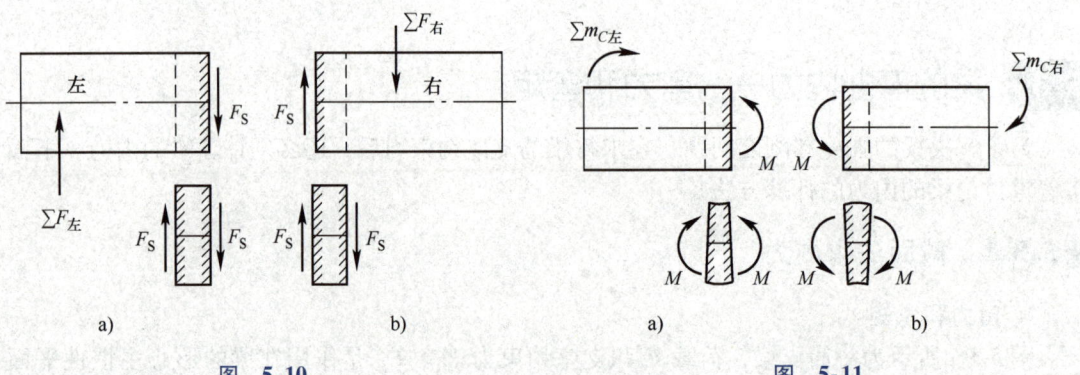

图 5-10　　　　　　　　　　　图 5-11

3. 截面法计算剪力和弯矩

用截面法求指定截面上的剪力和弯矩的步骤如下：

（1）计算支座约束力。
（2）用假想的截面在需求内力处将梁截成两段，取其中任一段为研究对象。
（3）画出研究对象的受力图（截面上的 F_S 和 M 都先假设为正的方向）。
（4）列平衡方程，解出内力。

下面举例说明用截面法计算指定截面上的剪力和弯矩。

【例 5-1】 简支梁如图 5-12a 所示简支梁。已知 $F_1 = 30\text{kN}$，$F_2 = 30\text{kN}$，试求截面 1—1 上的剪力和弯矩。

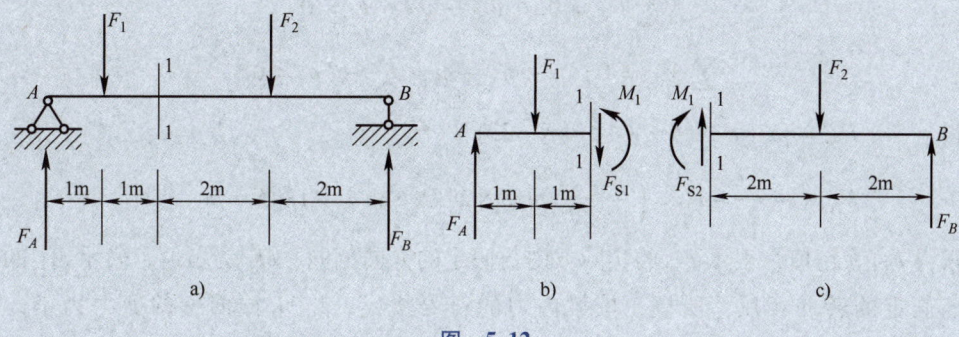

图 5-12

解：（1）求支座约束力，考虑梁的整体平衡

$$\sum M_B = 0, \quad F_1 \times 5 + F_2 \times 2 - F_A \times 6 = 0$$

$$\sum M_A = 0, \quad -F_1 \times 1 - F_2 \times 4 + F_B \times 6 = 0$$

得 $F_A = 35\text{kN}(\uparrow)$，$F_B = 25\text{kN}(\uparrow)$

校核 $\sum F_y = F_A + F_B - F_1 - F_2 = (35 + 25 - 30 - 30)\text{kN} = 0$

（2）求截面 1—1 上的内力

在截面 1—1 处将梁截开，取左段梁为研究对象，画出其受力，内力 F_{S1} 和 M_1 均先假设为正的方向（见图 5-12b），列平衡方程

$$\sum F_y = 0, \quad F_A - F_1 - F_{S1} = 0$$

$$\sum M_1 = 0, \quad -F_A \times 2 + F_1 \times 1 + M_1 = 0$$

得 $F_{S1} = F_A - F_1 = (35 - 30)\text{kN} = 5\text{kN}$

$M_1 = F_A \times 2 - F_1 \times 1 = (35 \times 2 - 30 \times 1)\text{kN} \cdot \text{m} = 40\text{kN} \cdot \text{m}$

求得 F_{S1} 和 M_1 均为正值，表示截面 1—1 上内力假定的方向相同与实际方向相同；按内力的符号规定，剪力、弯矩都是正的。如取 1—1 截面右段梁为研究对象（见图 5-12c），可得出同样的结果。

【例 5-2】 悬臂梁的尺寸及梁上荷载如图 5-13 所示，求截面 1—1 上的剪力和弯矩。

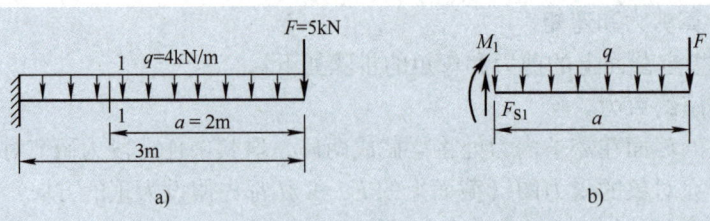

图 5-13

解：对于悬臂梁不需求支座约束力就可以计算出截面内力。可取右段梁为研究对象，其受力图如图 5-13b 所示。

$$\sum F_y = 0, \quad F_{S1} - qa - F = 0$$

$$\sum M_1 = 0, \quad -M_1 - qa \cdot \frac{a}{2} - Fa = 0$$

得

$$F_{S1} = qa + F = (4 \times 2 + 5)\text{kN} = 13\text{kN}$$

$$M_1 = -\frac{qa^2}{2} - Fa = \left(-\frac{4 \times 2^2}{2} - 5 \times 2\right)\text{kN} \cdot \text{m} = -18\text{kN} \cdot \text{m}$$

求得 F_{S1} 为正值，表示 F_{S1} 的实际方向与假定的方向相同；M_1 为负值，表示 M_1 的实际转向与假定的转向相反。所以，按梁内力的符号规定，1—1 截面上的剪力为正，弯矩为负。

5.3.2 简便法求内力

通过上述例题，可以总结出直接根据外力计算梁内力的规律，省去画受力图列平衡方程的过程。

1. 求剪力

计算剪力是对截面左（或右）段梁列力在垂直梁轴线方向的投影平衡方程，经过移项后可得

$$F_S = \sum F_y \tag{5-1}$$

式（5-1）说明：**梁内任一横截面上的剪力在数值上等于该截面一侧所有外力在垂直于梁轴线方向投影的代数和**。若外力对隔离体内一点的力矩顺时针方向转动时，等式右方投影的力取正号（见图 5-10a）；反之，取负号（见图 5-10b）。此规律可记为"外力顺转剪力正，逆转剪力负"。对于水平梁，也可以说截面以左向上的外力投影取正号，截面以右向下的外力投影取正号；反之，外力投影取负号。可记为"左上右下外力产生正号剪力；反之产生负号剪力"。

2. 求弯矩的规律

计算弯矩是对截面左（或右）段梁建立力矩平衡方程，经过移项后可得

$$M = \sum M_C \tag{5-2}$$

式（5-1）、式（5-2）说明：**梁内任一横截面上的弯矩在数值上等于该截面一侧所有外力（包括力偶）对该截面形心力矩的代数和**。将所求截面固定，若外力矩使所考虑的梁段

截面附近微段产生下凸弯曲变形时（即上部受压，下部受拉），等式右方取正号（见图5-11a）；反之，取负号（见图5-11b）。此规律可记为"下凸弯矩正，上凸弯矩负"。或者说向上的外力产生正弯矩，向下的外力产生负弯矩；截面以左顺时针的外力偶产生正弯矩，截面以右逆时针的外力偶产生正弯矩。反之产生负弯矩。可记为"左顺右逆外力偶产生正弯矩；反之产生负弯矩"。

利用上述规律直接由外力求梁内力的方法称为简便法。用简便法求内力可以省去画受力图和列平衡方程，从而简化计算过程。现举例说明。

【例5-3】 用简便法求图5-14所示简支梁1—1截面上的剪力和弯矩。

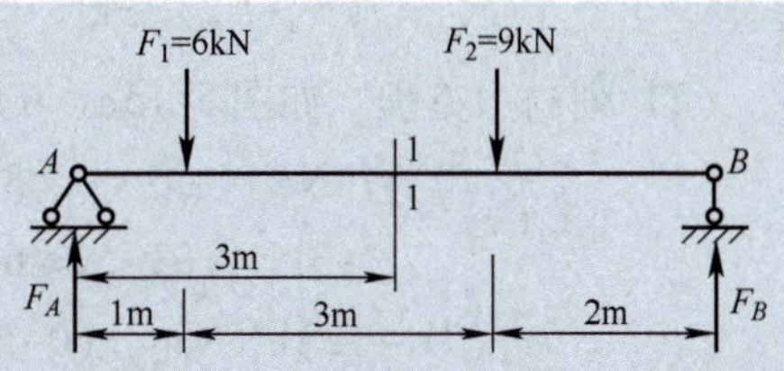

解：（1）求支座约束力。由梁的整体平衡求得
$$F_A = 8\text{kN}(\uparrow), \quad F_B = 7\text{kN}(\uparrow)$$

（2）计算1—1截面上的内力

由1—1截面以左部分的外力来计算内力，根据外力产生的剪力和弯矩的正负号规则，可得

$$F_{S1} = F_A - F_1 = (8-6)\text{kN} = 2\text{kN}$$

$$M_1 = F_A \times 3 - F_1 \times 2 = (8 \times 3 - 6 \times 2)\text{kN} \cdot \text{m} = 12\text{kN} \cdot \text{m}$$

图 5-14

5.4 剪力图和弯矩图

为了计算梁的强度和刚度，除了要计算指定截面的剪力和弯矩外，还必须知道剪力和弯矩沿梁轴线的变化规律，从而找到梁内剪力和弯矩的最大值及其所在的截面位置，这可以通过作梁的剪力图与弯矩图求得。

1. 剪力方程和弯矩方程

从上节的讨论可以看出，梁内各截面上的剪力和弯矩一般随截面的位置而变化。若横截面的位置用沿梁轴线的坐标 x 来表示，则各横截面上的剪力和弯矩都可以表示为坐标 x 的函数，即

$$F_S = F_S(x) \tag{5-3}$$

$$M = M(x) \tag{5-4}$$

式（5-3）、式（5-4）表示梁内剪力和弯矩沿梁轴线的变化规律，分别称为剪力方程和弯矩方程，或剪力函数与弯矩函数。

2. 剪力图和弯矩图

为了形象地表示剪力和弯矩沿梁轴线的变化规律，可以根据剪力方程和弯矩方程分别绘制剪力图和弯矩图。以沿梁轴线的横坐标 x 表示梁横截面的位置，以纵坐标表示相应横截面上的剪力或弯矩，表示截面上剪力或弯矩随截面位置变化的图线就称为**剪力图**和**弯矩图**。习惯上把正号剪力与弯矩画在 x 轴上方，负号剪力和弯矩画在 x 轴下方；但土木工程中习惯弯矩纵标画在梁受拉的一侧，即对水平梁来说，正弯矩纵标向下，画在 x 轴下方，负弯矩纵标向上，画在 x 轴上方。

【例 5-4】 试写出图 5-15a 所示梁的内力方程,并画出剪力图和弯矩图。

解:(1)求支座约束力

$$\sum M_C = 0 \quad F_{Ay} \times 6 - 12\text{kN} - 10 \times 3\text{kN} = 0$$

$$\sum Y = 0 \quad F_{Ay} + F_{By} - 10\text{kN} = 0$$

得 $F_{Ay} = 7\text{kN}, \quad F_{By} = 3\text{kN}$

(2)列内力方程,如图 5-15a、b 所示,

$$F_S(x) = \begin{cases} 7\text{kN} & (0 < x < 3) \\ -3\text{kN} & (3 < x \le 6) \end{cases}$$

$$M(x) = \begin{cases} (7x - 12)\text{kN}\cdot\text{m} & (0 < x < 3) \\ 3(6-x)\text{kN}\cdot\text{m} & (3 \le x \le 6) \end{cases}$$

(3)按剪力和弯矩方程绘剪力与弯矩图,如图 5-15c、d 所示。

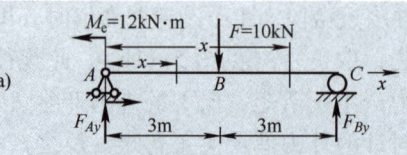
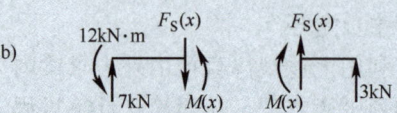
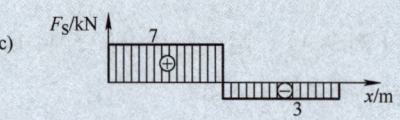
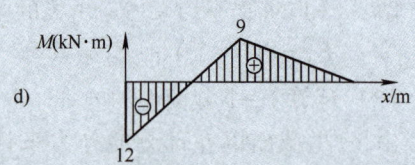

图 5-15

【例 5-5】 试写出图 5-16a 所示梁的剪力方程与弯矩方程,画出梁的剪力图和弯矩图。

解:列剪力和弯矩方程

AB 段:$F_S(x) = q(2a - x) \quad (0 < x \le a)$

$$M(x) = qa^2 + \frac{q(2a-x)^2}{2} \quad (0 < x < a)$$

BC 段:$F_S(x) = q(2a - x) \quad (a \le x \le 2a)$

$$M(x) = \frac{q(2a-x)^2}{2} \quad (a < x \le 2a)$$

作剪力图于弯矩图如图 5-16b 所示。

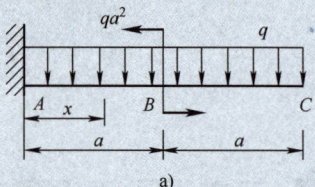
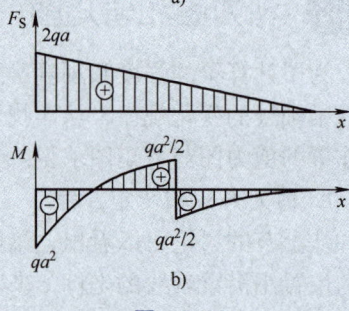

图 5-16

【例 5-6】 试写出图 5-17a 所示梁的剪力方程与弯矩方程,画出梁的剪力图和弯矩图。

解:列剪力和弯矩方程

$$F_A = \frac{aq}{2}, \quad F_B = \frac{1}{2}aq$$

AB 段:$F_S(x) = \frac{1}{2}aq \quad (0 < x < a)$

$$M(x) = \frac{1}{2}aqx - aq^2 \quad (0 < x \le a)$$

BC 段:$F_S(x) = 2aq - qx \quad (a < x < 2a)$

$$M(x) = 2aqx - 2a^2q - \frac{1}{2}x^2q \quad (a \le x \le 2a)$$

作剪力图与弯矩图如图 5-17c、d 所示。

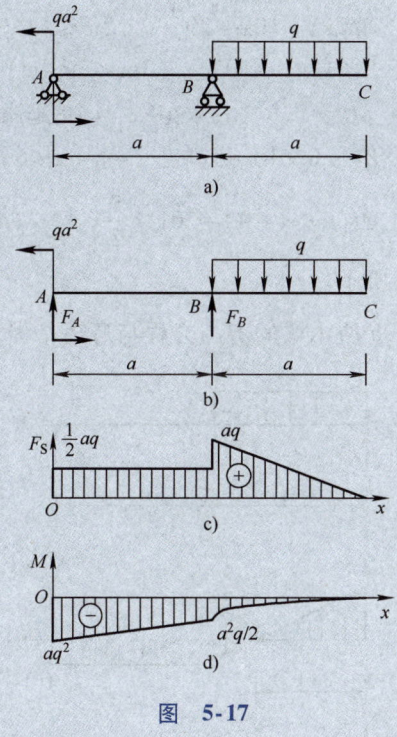

图 5-17

【例 5-7】 试写出图 5-18a 所示梁的剪力方程与弯矩方程，画出梁的剪力图和弯矩图。

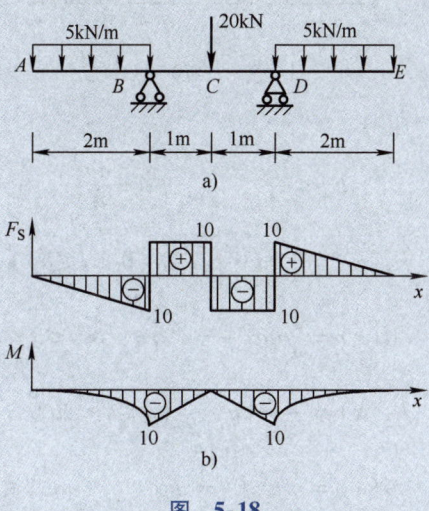

图 5-18

解：列剪力和弯矩方程

$$F_B = 20\text{kN}, \quad F_C = 20\text{kN}$$

AB 段：
$$F_S(x) = -5x \quad (0 \leq x < 2\text{m})$$

$$M(x) = -\frac{5x^2}{2} \quad (0 \leq x \leq 2\text{m})$$

BC 段： $F_S(x) = 10$ (2m < x < 3m)

$M(x) = 10x - 30$ (2m ≤ x ≤ 3m)

CD 段： $F_S(x) = -10$ (3m < x < 4m)

$M(x) = -10x + 30$ (3m ≤ x ≤ 4m)

DE 段： $F_S(x) = 10 - 5x$ (4m < x ≤ 6m)

$M(x) = -90 + 30x - \dfrac{5}{2}x^2$ (4m ≤ x ≤ 6m)

作剪力图与弯矩图如图 5-18b 所示。

【例 5-8】 试写出图 5-19a 所示梁的剪力方程与弯矩方程，画出梁的剪力图和弯矩图。

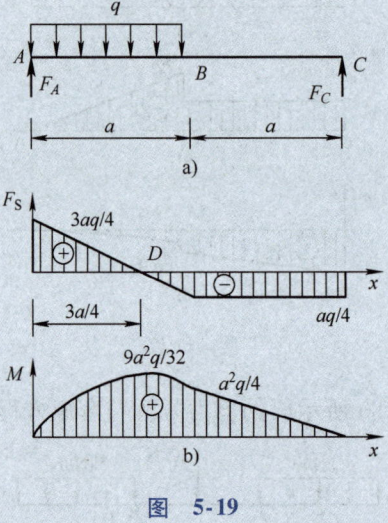

图 5-19

解：列剪力和弯矩方程

$$F_A = \dfrac{3aq}{4}, \qquad F_C = \dfrac{aq}{4}$$

AB 段： $F_S(x) = \dfrac{3}{4}aq - qx$ (0 < x ≤ a)

$M(x) = \dfrac{3}{4}aqx - \dfrac{1}{2}x^2 q$ (0 ≤ x ≤ a)

BC 段： $F_S(x) = -\dfrac{1}{4}aq$ (a ≤ x < 2a)

$M(x) = \dfrac{1}{2}a^2 q - \dfrac{1}{4}aqx$ (a ≤ x ≤ 2a)

弯矩的最大值是强度与刚度设计的重要依据，因此弯矩图中一般要标明极值弯矩及绝对值最大的弯矩。从剪力图中可以看出，AB 段中有一截面剪力为 0，这是弯矩取极值的条件，因此需要计算出该截面的极值弯矩。在 AB 段剪力方程中令 $F_S(x) = 0$，求得 $x = 3a/4$，将 x 的之代入 AB 段弯矩方程，求得极值弯矩 $M(x) = 9a^2 q/32$，也是全梁的最大弯矩值。作剪力图与弯矩图如图 5-19b 所示。

从以上例题可以看出，在无荷载梁段剪力图为与梁轴线平行的平行线（如图 5-15 中的 AB 段、BC 段，图 5-17 中的 AB 段等），弯矩图为斜直线（如图 5-15 中的 AB 段、BC 段，图 5-17 中的 AB 段等，特殊情况下弯矩图也可能是与轴线平行的平行线）。在集中力作用截面处，截面稍左和稍右剪力有突变，突变值等于该集中力的大小，剪力图在该处有跳跃（如图 5-15、5-17 中的截面 B）；而弯矩图在该截面处有转折，即出现尖点，尖点方向与该集中力指向相反（如图 5-15、5-17 中的截面 B）。梁在集中力偶作用处，截面左右的剪力无变化，而弯矩出现突变（如图 5-16），其突变值等于该集中力偶矩的大小。

从剪力图和弯矩图中可知，受均布荷载作用的梁段，该段剪力图为斜直线，弯矩图为二次抛物线（如图 5-16，图 5-17 的 BC 段，图 5-18 的 AB 段、DE 段），抛物线凸向与荷载集度指向相反。梁的最大剪力可能出现在集中力作用处稍左或稍右截面，如图 5-15 中的 B 稍左截面支座处稍左或稍右截面，包括支座作用截面（如图 5-17 中的支座 B 稍右截面，图 5-18 中的支座 D、E 处截面）；而最大弯矩可能发生在剪力为零的截面（如图 5-19 的 D 截面）或集中力偶作用稍左或稍右截面（如图 5-17 的 A 截面），包括固定端（如图 5-16 梁的 A 端），或者剪力突变截面（集中力或支座作用截面，如图 5-18 中的 B、D 截面）。也就是说，剪力为 0 的截面弯矩一定取极值，但此极值是否为弯矩函数的最值（最大值或最小值），还应该与弯矩函数的边界值、函数不连续点的左右极限值（集中力偶作用截面）及其一阶导数不连续点的函数值进行比较，找出其中绝对值最大的弯矩。支座或集中力作用截面，截面剪力图突变，如果符号也发生改变，此截面弯矩也有极值。

5.5 微分关系及剪力图与弯矩图

5.5.1 荷载集度、剪力与弯矩之间的微分关系

5.4 节从直观上总结出剪力图、弯矩图的一些规律和特点。现进一步讨论剪力、弯矩与荷载集度之间的关系。

如图 5-20a 所示，梁上作用有任意的分布荷载 $q(x)$，设 $q(x)$ 以向上为正。取 A 为坐标原点，x 轴以向右为正。现取分布荷载作用下的一微段 $\mathrm{d}x$ 来研究（见图 5-20b）。

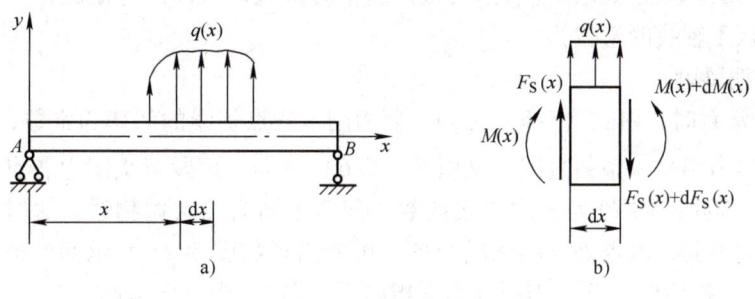

图 5-20

由于微段的长度 $\mathrm{d}x$ 非常小，因此，在微段上作用的分布荷载 $q(x)$ 可以认为是均布的。微段左侧横截面上的剪力为 $F_S(x)$、弯矩为 $M(x)$；微段右侧截面上的剪力为 $F_S(x) + \mathrm{d}F_S(x)$、

弯矩为 $M(x) + dM(x)$，并设它们均为正值。考虑微段的平衡，由

$$\sum F_y = 0, \quad F_S(x) + q(x)dx - [F_S(x) + dF_S(x)] = 0$$

得

$$\frac{dF_S(x)}{dx} = q(x) \tag{5-5}$$

即梁横截面剪力函数对截面位置 x 的一阶导数等于作用在该截面处的分布荷载集度。这一微分关系的几何意义为，剪力图上某点切线的斜率等于相应截面处的分布荷载集度。再由

$$\sum M_C = 0, \quad -M(x) - F_S(x)dx - q(x)dx\frac{dx}{2} + [M(x) + dM(x)] = 0$$

式中，C 点为右侧横截面的形心，经过整理，并略去二阶微量 $q(x)\frac{(dx)^2}{2}$ 后，得

$$\frac{dM(x)}{dx} = F_S(x) \tag{5-6}$$

即梁横截面弯矩函数对截面位置 x 的一阶导数等于该截面上的剪力。这一微分关系的几何意义为，弯矩图上某点切线的斜率等于相应该点截面上剪力。

将式（5-2）两边求导，可得

$$\frac{d^2M(x)}{dx^2} = q(x) \tag{5-7}$$

即梁横截面上的弯矩函数对截面位置 x 的二阶导数等于该截面处的分布荷载集度。由于弯矩函数的二阶导数近似为函数曲线在该点的曲率，因此，这一微分关系的几何意义为，弯矩图上某点的曲率等于相应截面处的荷载集度，由分布荷载集度的正负也可以确定弯矩图的凹凸方向。

5.5.2 用微分关系法绘制剪力图和弯矩图

利用弯矩、剪力与荷载集度之间的微分关系及其几何意义，可总结出下列一些规律，用来校核或绘制梁的剪力图和弯矩图。

1. 在无荷载梁段

即 $q(x) = 0$ 时，由式（5-5）可知，$F_S(x)$ 为常数，即剪力图是一条平行于 x 轴的直线；又由式（5-6）可知该段弯矩图上各点切线的斜率为常数，因此，弯矩图是一条斜直线（特殊情况下为平行于轴线的直线）。

2. 均布荷载梁段

即 $q(x) =$ 常数时，由式（5-5）可知，剪力图上各点切线的斜率为常数，即 $F_S(x)$ 为 x 的一次函数，剪力图是一条斜直线；又由式（5-6）可知，该段弯矩图上各点切线的斜率为 x 的一次函数，因此，$M(x)$ 为 x 的二次函数，即弯矩图为二次抛物线。这时，根据一点处荷载集度的指向不同，该点处梁的微段变形后可能出现如图 5-21 所示两种情况。当荷载集度指向上（正），微段向下凸；当荷载集度指向下（负），微段向上凸。

3. 弯矩的极值

由 $\frac{dM(x)}{dx} = F_S(x) = 0$ 可知，在 $F_S(x) = 0$ 的截面处，$M(x)$ 具有极值。即剪力等于 0 的截面上，弯矩具有极值；除了剪力为 0 的截面弯矩取极值外，在剪力突变（且正负号改变）

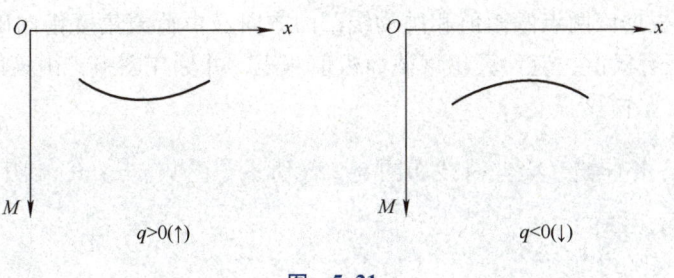

图 5-21

的截面上,弯矩也有极值,如图 5-18 中的 B、C、D 处截面。

将弯矩、剪力、荷载集度的关系及剪力图和弯矩图的一些特征汇总整理为表 5-1,以供参考。

表 5-1 在几种荷载下剪力图与弯矩图的特征

梁段上的外力情况	向下的均布荷载 q	无荷载	集中力 F C	集中力偶 M_e C
剪力图上的特征	向下方倾斜的直线 ⊕ 或 ⊖	水平直线,一般为 ⊕ 或 ⊖	在 C 处有突变	在 C 处无变化
弯矩图上的特征	上凸的二次抛物线 或	一般为斜直线 或	在 C 处有尖角 或	在 C 处有变化
最大弯矩所在截面的可能位置	在 $F_S = 0$ 的截面	—	在剪力突变的截面	在紧靠 C 点的某一侧的截面

利用上述荷载、剪力和弯矩之间的微分关系,利用叠加法,可更简捷地绘制梁的剪力图和弯矩图,其步骤如下:

(1) 分段,即根据梁上外力及支承等情况将梁分成若干段;凡集中力、集中力偶作用处,分布荷载起始和结束处及支座作用处均应作为分段的分界点,称这些点处的截面为控制界面。

(2) 利用计算内力的简便方法,直接求出各控制截面上的 F_S 值和 M 值。注意集中力(包括支座)作用截面,需计算该处稍左和稍右截面剪力,集中力偶作用截面,需计算该处稍左和稍右截面弯矩。

(3) 逐段直接绘出梁的 F_S 图。在两截面间没有分布荷载或作用均布荷载时,直接将两截面内力值对应点连直线。

(4) 逐段绘出梁的 M 图。若两控制截面间无分布荷载作用,直接将两截面内力值对应点连直线;若两控制截面间作用有均布荷载,绘弯矩图时,若该段弯矩无极值(无剪力为零的截面），直接根据该两点弯矩值和抛物线凹凸方向（由荷载集度指向确定）大致绘出抛物线。若该段弯矩有极值，应计算出该截面极值弯矩，并标在图中，由该段两端点弯矩和极值点弯矩大致绘出抛物线。

【例5-9】 一外伸梁，梁上荷载如图5-22a所示，已知 $l = 4\text{m}$，利用微分关系绘出外伸梁的剪力图和弯矩图。

解：(1) 求支座约束力

$$F_B = 20\text{kN}(\uparrow), \quad F_D = 8\text{kN}(\uparrow)$$

(2) 根据梁上的外力情况将梁分段，将梁分为 AB、BC 和 CD 三段。

(3) 计算控制截面剪力，画剪力图：AB 段梁上有均布荷载，该段梁的剪力图为斜直线，其控制截面剪力为

$$F_{SA} = 0$$

$$F_{SB^-} = -\frac{1}{2}ql = -\frac{1}{2} \times 4 \times 4\text{kN} = -8\text{kN}$$

BC 和 CD 段均为无荷载区段，剪力图均为水平线，其控制截面剪力为

$$F_{SB^+} = -\frac{1}{2}ql + F_B = (-8 + 20)\text{kN} = 12\text{kN}$$

$$F_{SC^-} = -\frac{1}{2}ql + F_B = (-8 + 20)\text{kN} = 12\text{kN}$$

$$F_{SC^+} = F_{SD} = -F_D = -8\text{kN}$$

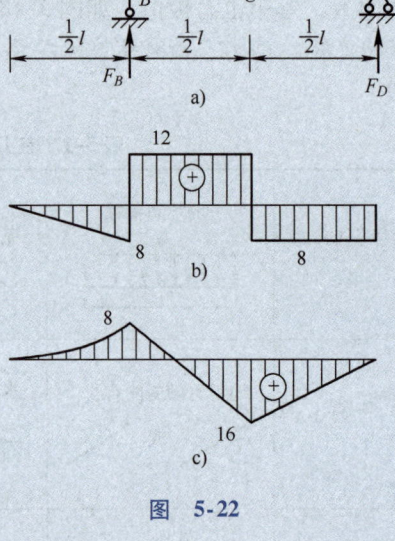

图 5-22

式中，截面位置处的上标"−""+"分别表示该截面稍左或稍右。画出剪力图如图5-22b所示。

(4) 计算控制截面弯矩，画弯矩图：AB 段梁上有均布荷载，该段梁的弯矩图为二次抛物线。因 q 向下（$q<0$），所以曲线向上凸，其控制截面弯矩为

$$M_A = 0$$

$$M_B = -\frac{1}{2}ql \cdot \frac{l}{4} = -\frac{1}{8} \times 4 \times 4^2 \text{kN} \cdot \text{m} = -8\text{kN} \cdot \text{m}$$

BC 段与 CD 段均为无荷载区段，弯矩图均为斜直线，其控制截面弯矩为

$$M_B = -8\text{kN} \cdot \text{m}$$

$$M_C = F_D \cdot \frac{l}{2} = 8 \times 2\text{kN} \cdot \text{m} = 16\text{kN} \cdot \text{m}$$

$$M_D = 0$$

画出弯矩图如图5-22c所示。

从以上看到，对本例题来说，只需算出 F_{SB^-}、F_{SB^+}、F_{SD} 和 M_B、M_C，就可画出梁的剪力图和弯矩图。

【例5-10】 一简支梁，尺寸及梁上荷载如图5-23a所示，利用微分关系绘出此梁的剪力图和弯矩图。

解：(1) 求支座约束力：$F_A = 6\text{kN}$ (↑)，$F_C = 18\text{kN}$ (↑)

(2) 根据梁上的荷载情况，将梁分为 AB 和 BC 两段，逐段画出内力图。

(3) 计算控制截面剪力，画剪力图：AB 段为无荷载区段，剪力图为水平线，其控制截面剪力为

$$F_{SA} = F_A = 6\text{kN}$$

BC 为均布荷载段，剪力图为斜直线，其控制截面剪力为

$$F_{SB} = F_A = 6\text{kN}$$
$$F_{SC} = -F_C = -18\text{kN}$$

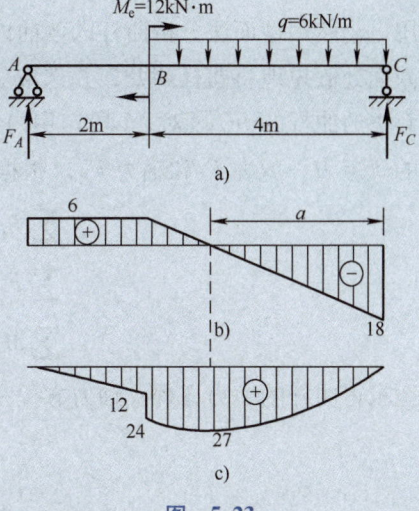

图 5-23

画出剪力图如图5-23b所示。

(4) 计算控制截面弯矩，画弯矩图：AB 段为无荷载区段，弯矩图为斜直线，其控制截面弯矩为

$$M_A = 0$$
$$M_{B^-} = F_A \times 2 = 12\text{kN} \cdot \text{m}$$

BC 为均布荷载段，由于 q 向下，弯矩图为凸向上的二次抛物线，其控制截面弯矩为

$$M_{B^+} = F_A \times 2 + M_e = (6 \times 2 + 12)\text{kN} \cdot \text{m} = 24\text{kN} \cdot \text{m}$$
$$M_C = 0$$

由剪力图可知，此段弯矩图中存在着极值，应该求出极值所在的截面位置及其大小。设弯矩具有极值的截面距右端的距离为 x，由该截面上剪力等于零的条件可求得 x 值，即

$$F_S(x) = -F_C + qx = 0$$
$$x = \frac{F_C}{q} = \frac{18}{6}\text{m} = 3\text{m}$$

弯矩的极值为

$$M_{\max} = F_C \cdot x - \frac{1}{2}qx^2 = \left(18 \times 3 - \frac{6 \times 3^2}{2}\right)\text{kN} \cdot \text{m} = 27\text{kN} \cdot \text{m}$$

画出弯矩图如图5-23c所示。

对本题来说，反力 F_A、F_C 求出后，便可直接画出剪力图。而弯矩图，也只需确定 M_{B^-}、M_{B^+} 及 $M_{\max}$ 值，便可画出。

在熟练掌握简便方法求内力的情况下，可以直接根据梁上的荷载及支座反力画出内力图。

5.6 平面曲杆的弯曲内力图

在工程中，还会遇到如图5-24所示的吊钩、链环等一类杆件。这种轴线为曲线的杆件称为曲杆或曲梁。轴线为平面曲线的曲杆称为平面曲杆。本节只分析平面曲杆弯曲时的内力

及内力图。

图 5-25a 表示一轴线为圆弧的平面曲杆，其半径为 R，在自由端 A 处受到垂直载荷 F 的作用。仍然用截面法分析曲杆的弯曲内力。在图 5-25a 所示曲线坐标中，在极角为 φ 的任意横截面处假想地将曲杆切开，并选取右段 AC 为研究对象，如图 5-25b 所示。在 C 截面上，有弃去的曲杆的 BC 段对 AC 段作用内力系，将该内力系向 C 截面的形心简化，可得 C 截面上的弯矩 M，剪力 F_S 和轴力 F_N。根据 AC 段的平衡条件

$$\sum F_t = 0, \quad F_S - F\cos\varphi = 0$$

$$\sum F_n = 0, \quad F_N + F\sin\varphi = 0$$

$$\sum M_C = 0, \quad M - FR\sin\varphi = 0$$

由此求得曲杆的剪力方程、轴力方程和弯矩方程分别为

$$F_S = F\cos\varphi$$

$$F_N = -F\sin\varphi$$

$$M = FR\sin\varphi$$

式中，n、t 分别为 C 截面处曲杆法向、切向的坐标轴，如图 5-25b 所示。关于曲杆内力的正负符号，规定以引起曲杆拉伸变形的轴力 F_N 为正；使曲杆轴线的曲率增大的弯矩 M 为正；以剪力 F_S 对所考虑的一段曲杆内任意一点取矩，若力矩为顺时针方向，则剪力 F_S 为正；反之，为负。按照这一符号规定，图 5-25b 中所示的 C 截面的内力均为正。

根据曲杆的剪力方程，弯矩方程和轴力方程，用描点法即可绘制曲杆的弯曲内力图-剪力图，弯矩图和轴力图，如图 5-25c、d、e 所示。其方法和梁的内力图的绘制方法相同，这里不再赘述。但必须说明，与钢架弯矩图的绘制规定一样，曲杆的弯矩图也一律画在曲杆受压的一侧，且不再标注弯矩的正负符号。

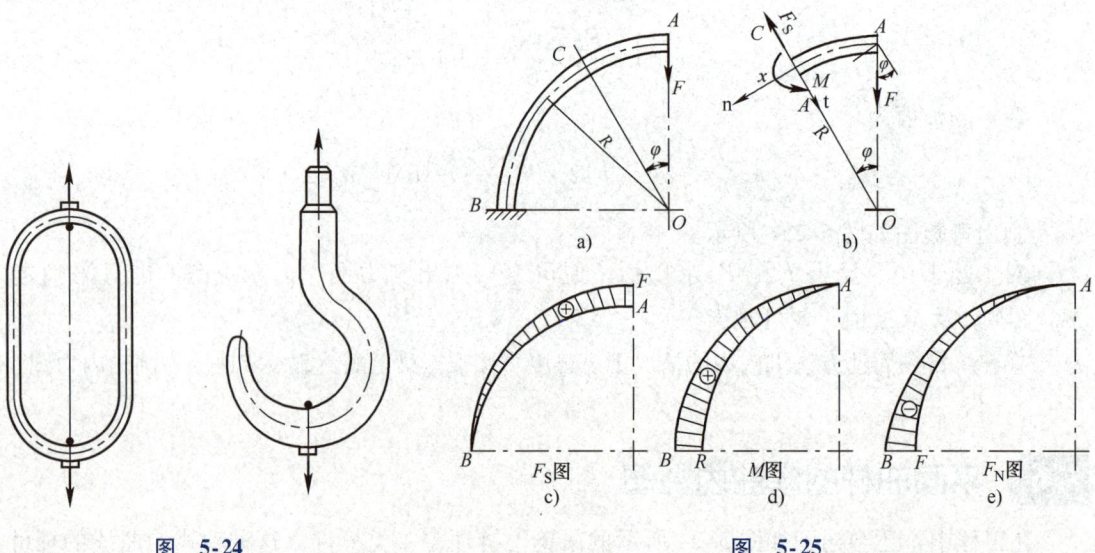

图 5-24

图 5-25

习 题

5-1 试求图 5-26 示梁指定截面上的剪力和弯矩。

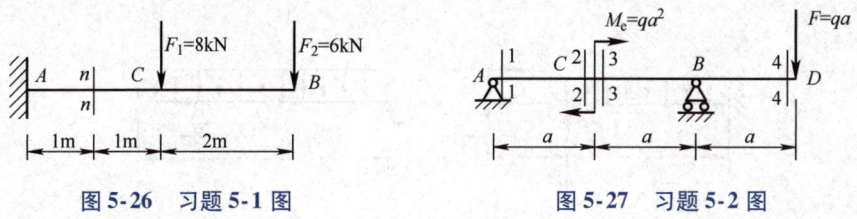

图 5-26 习题 5-1 图　　　　图 5-27 习题 5-2 图

5-2 利用截面法求如图 5-27 所示各梁中截面 1—1、2—2 和 3—3 上的剪力和弯矩。这些截面无限接近于截面 A、C 或截面 D。设 q、a 均为已知。

5-3 绘制如图 5-28 所示各梁的剪力图和弯矩图，并求出 F_{Smax} 和 M_{max}，并用梁的内力微分关系对内力图进行校核。

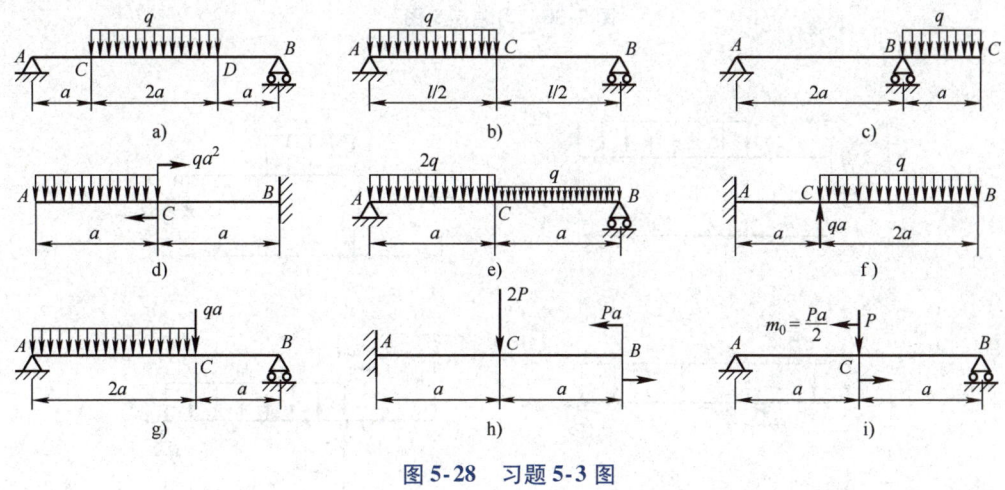

图 5-28 习题 5-3 图

5-4 试列出图 5-29 所示梁的剪力方程和弯矩方程，画剪力图和弯矩图，并求出 F_{Smax} 和 M_{max}。设 l、F、M_e，均为已知。

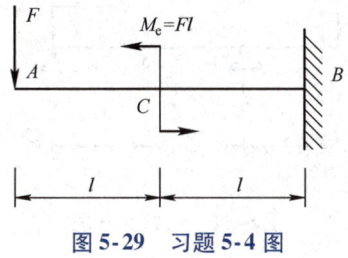

图 5-29 习题 5-4 图

5-5 试画出图 5-30 所示各梁的剪力图和弯矩图，并确定 F_{Smax}。

5-6 不列剪力方程和弯矩方程，画出图 5-31 所示各梁的剪力图和弯矩图，并求出 F_{Smax} 和 M_{max}。

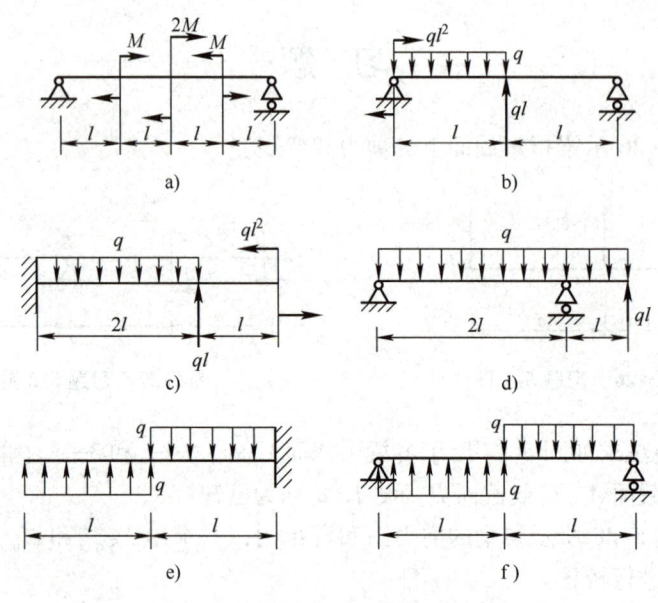

图 5-30 习题 5-5 图

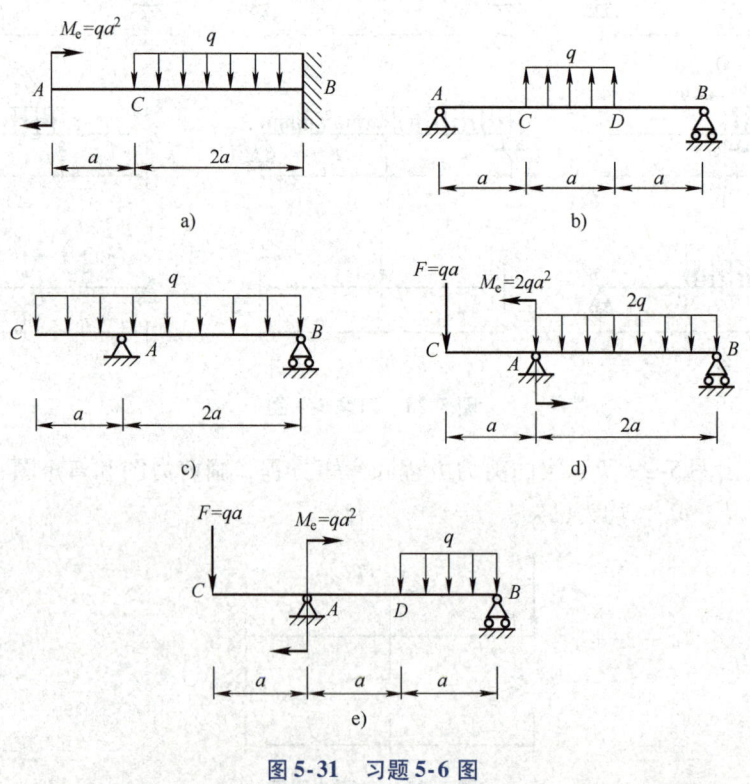

图 5-31 习题 5-6 图

5-7 图 5-32 所示起吊一根单位长度重量为 $q(\text{kN/m})$ 的等截面钢筋混凝土梁，要想在起吊中使梁内产生的最大正弯矩与最大负弯矩的绝对值相等，应将起吊点 A、B 放在何处？即求 a。

5-8 梁的上表面承受均匀分布的切向力作用，其集度为 $\bar{p}$。梁的尺寸如图 5-33 所示。若已知 $\bar{p}$、h、l，试导出轴力 F_{Nx}、弯矩 M 与均匀分布切向力 $\bar{p}$ 之间的平衡微分方程。

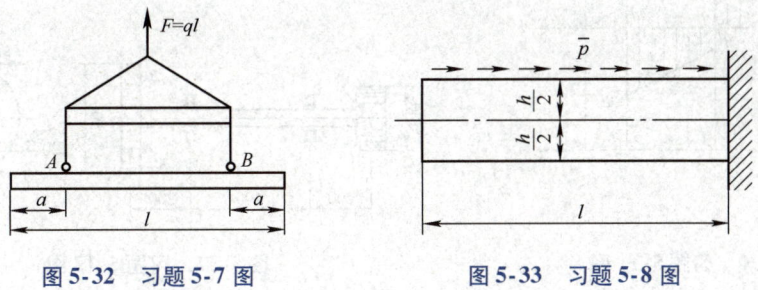

图 5-32 习题 5-7 图　　图 5-33 习题 5-8 图

5-9 静定梁承受平面载荷，但无集中力偶作用，其剪力图如图 5-34 所示。若已知 A 端弯矩 $M(A)=0$，试确定梁上的载荷及梁的弯矩图，并指出梁在何处有约束，且为何种约束。

5-10 已知静定梁的剪力图和弯矩图，如图 5-35 所示，试确定梁上的载荷及梁的支承。

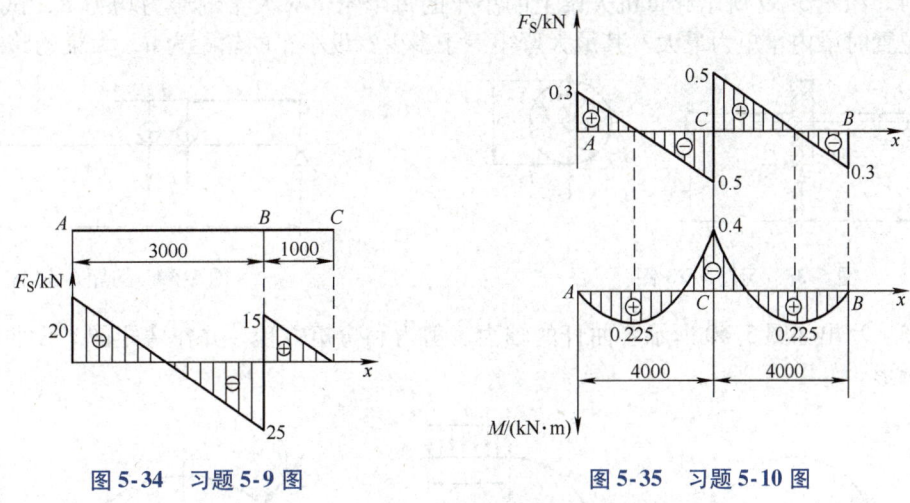

图 5-34 习题 5-9 图　　图 5-35 习题 5-10 图

5-11 静定梁承受平面载荷，但无集中力偶作用，其剪力图如图 5-36 所示。若已知截面 E 上的弯矩为零，试：

（1）在 Ox 坐标中写出弯矩的表达式。

（2）画出梁的弯矩图。

（3）确定梁上的载荷。

（4）分析梁的支承状况。

5-12 图 5-37 所示传动轴传递功率 $P=7.5$ kW，轴的转速 $n=200$ r/min。齿轮 A 上的啮合力 F_R 与水平切线夹角 20°，皮带轮 B 上作用皮带拉力 F_{S1} 和 F_{S2}，二者均沿着水平方向，且 $F_{S1}=2F_{S2}$。试：（分轮 B 重 $F_Q=0$ 和 $F_Q=1800$ N 两种情况）

（1）画出轴的受力简图；

（2）画出轴的全部内力图。

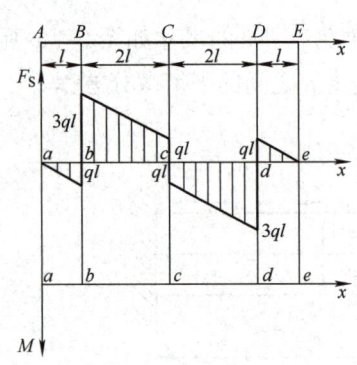 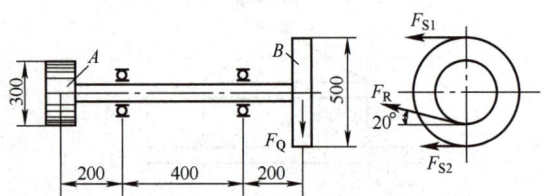

图 5-36 习题 5-11 图　　　　　　图 5-37 习题 5-12 图

5-13　如图 5-38 所示，A 为斜齿轮，三方向的啮合力分别为 $F_a = 650\text{N}$，$F_\tau = 650\text{N}$，$F_r = 1730\text{N}$，方向如图所示。若已知 $D = 50\text{mm}$，$l = 100\text{mm}$。试画出：

（1）轴的受力简图。

（2）轴的全部内力图。

5-14　如图 5-39 所示起重机大梁上的小车的每个轮子对大梁的压力均为 F，试问小车在什么位置时梁内弯矩为最大？其最大弯矩等于多少？设小车的轮距为 d，大梁的跨度为 l。

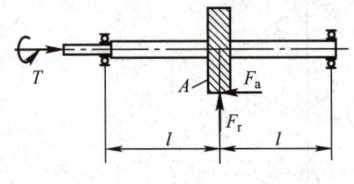 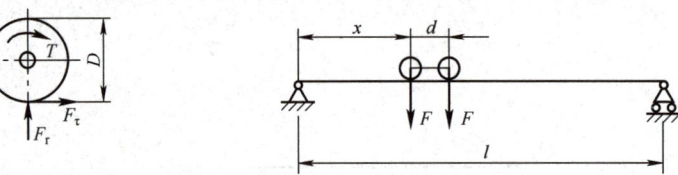

图 5-38 习题 5-13 图　　　　　　图 5-39 习题 5-14 图

5-15　写出如图 5-40 所示各曲杆的轴力、剪力和弯矩方程，并作弯矩图。设曲杆的轴线皆为圆形。

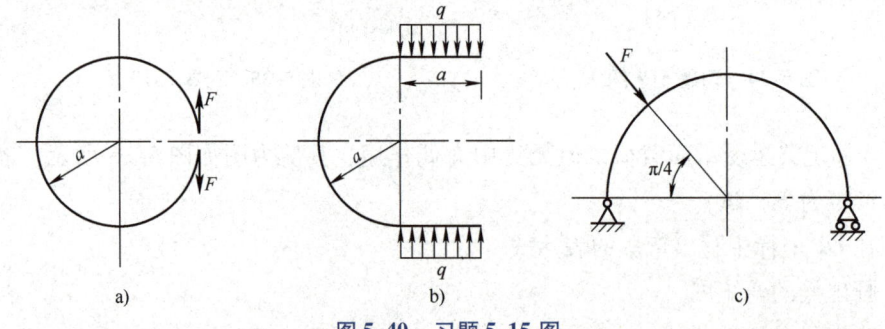

图 5-40 习题 5-15 图

5-16　试作如图 5-41 所示多跨静定梁的剪力图和弯矩图。

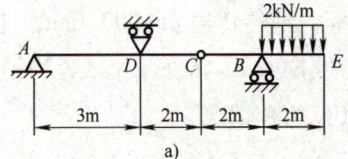 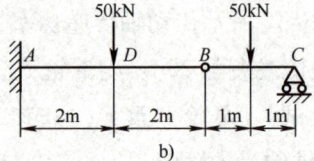

图 5-41 习题 5-16 图

第 6 章 弯曲应力

第 5 章讨论了梁在弯曲时的内力-剪力和弯矩。但是，要解决梁的弯曲强度问题，只了解梁的内力是不够的，还必须研究梁的弯曲应力。

在一般情况下，梁弯曲时横截面上有两种内力——剪力和弯矩。由于剪力是横截面上切向内力系的合力，所以它必然与切应力有关；而弯矩是横截面上法向内力系的合力偶矩，所以它必然与正应力有关。由此可见，梁横截面上有剪力 F_S 时，就必然有切应力 τ；有弯矩 M 时，就必然有正应力 σ。为了解决梁的强度问题，本章将分别研究梁正应力与切应力的计算。

6.1 弯曲正应力

6.1.1 纯弯曲梁的正应力

正应力只与横截面上的弯矩有关，而与剪力无关。因此，为简单起见，先以横截面上只有弯矩，而无剪力作用的弯曲情况来讨论弯曲正应力问题。

在梁的各横截面上只有弯矩，而剪力为零的弯曲，称为**纯弯曲**。如果在梁的各横截面上，同时存在着剪力和弯矩两种内力，这种弯曲称为**横力弯曲**或**剪切弯曲**。例如，在图 6-1 所示的简支梁中，BC 段为纯弯曲，AB 段和 CD 段为横力弯曲。

分析纯弯曲梁横截面上正应力的方法、步骤与分析圆轴扭转时横截面上切应力一样，需要综合考虑问题的变形、物理和静力学方面。

1. 变形方面

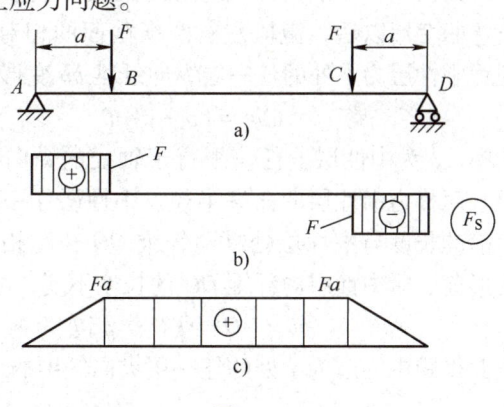

图 6-1

为了研究与横截面上正应力相应的纵向线应变，首先观察梁在纯弯曲时的变形现象。为此，取一根具有纵向对称面的等截面直梁，例如图 6-2a 所示的矩形截面梁，并在梁的侧面上画出垂直于轴线的横向线 m—m、n—n 和平行于轴线的纵向线 a—a、b—b。然后在梁的两端加一对大小相等、方向相反的力偶矩 M，使梁产生纯弯曲。

此时可以观察到如下的变形现象：纵向线弯曲后变成了弧线 $a'a'$、$b'b'$，靠顶面的 aa 线缩短了，靠底面的 bb 线伸长了。横向线 m—m、n—n 在梁变形后仍为直线，但相对转过了一定的角度，且仍与弯曲了的纵向线保持正交，如图 6-2b 所示。

无法直接观察，梁内部的变形情况，但根据梁表面的变形现象对梁内部的变形进行分析推理，可做如下假设：

（1）**平面假设** 梁所有的横截面变形后仍为平面，且仍垂直于变形后的梁的轴线，即变形前的横截面保持为变形后的横截面。

（2）**单向受力假设** 认为梁由许许多多根纵向纤维组成，各纤维之间没有相互挤压，每根纤维均处于拉伸或压缩的单向受力状态。

将前面由实验观察到的变形现象推广到梁的内部，根据平面假设，梁在纯弯曲变形时，横截面保持平面并做相对转动，靠近上面部分的纵向纤维缩短，靠近下面部分的纵向纤维伸长。由于变形的连续性，中间必有一层纵向纤维既不伸长也不缩短，这层纤维称为**中性层**，如图 6-3 所示。中性层与横截面的交线称为**中性轴**。由于外力偶作用在梁的纵向对称面内，因此梁的变形也应该对称于此平面，在横截面上就是对称于对称轴。所以中性轴必然垂直于对称轴，但具体在哪个位置上，尚不能确定。

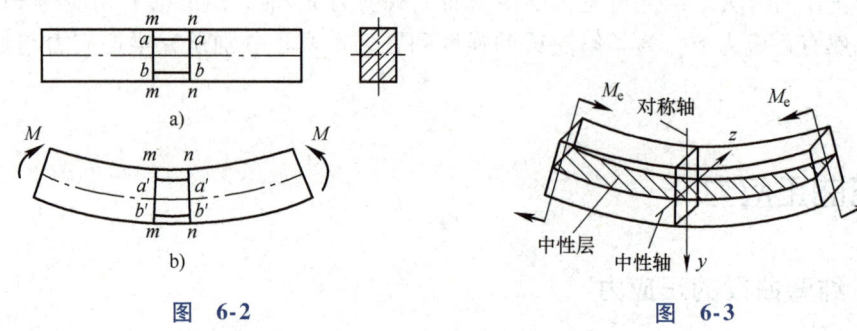

图 6-2　　　　　　　　　　图 6-3

如图 6-4 所示，考察纯弯曲梁某一微段 dx 的变形。设弯曲变形以后，微段左右两横截面的相对转角为 $d\theta$，则距中性层为 y 处的任一层纵向纤维 bb 变形后的弧长为

$$b'b' = (\rho + y)d\theta$$

式中，ρ 为中性层上任一平行于轴线的纵向线的曲率半径，简称为中性层的曲率半径。中性层任一纵向纤维变形前的长度与中性层处纵向纤维 OO 长度相等，又因为变形前、后中性层内纤维 OO 的长度不变，故有

$$bb = OO = O'O' = \rho d\theta$$

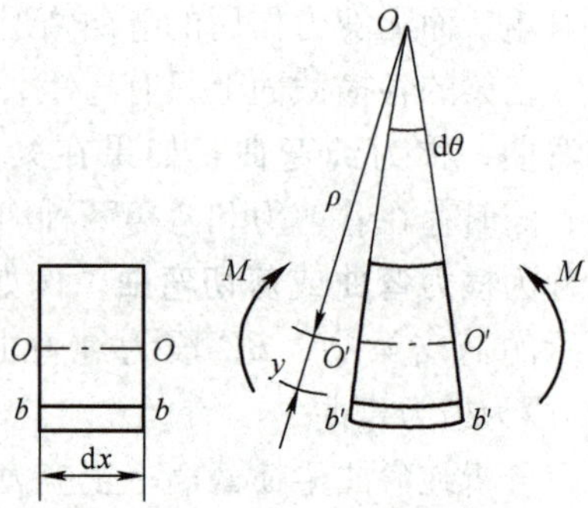

由此得距中性层为 y 处的任一层纵向纤维的线应变为

$$\varepsilon = \frac{b'b' - bb}{bb} = \frac{(\rho + y)d\theta - \rho d\theta}{\rho d\theta} = \frac{y}{\rho} \tag{6-1}$$

图 6-4

式（6-1）表明，线应变 ε 随 y 按线性规律变化。

2. 物理方面

根据单向受力假设，且材料在拉伸及压缩时的弹性模量 E 相等，则由胡克定律，得

$$\sigma = E\varepsilon = E\frac{y}{\rho} \tag{6-2}$$

式（6-2）表明，纯弯曲时的正应力随点到中性轴的距离按线性规律变化，横截面上中性轴处，$y = 0$，因而 $\sigma = 0$，中性轴两侧，一侧受拉应力，另一侧受压应力，与中性轴距离相等各点的正应力数值相等（见图 6-5）。

3. 静力学方面

虽然已经求得了由式（6-2）表示的正应力分布规律，但因曲率半径 ρ 和中性轴的位置尚未确定，所以不能用式（6-2）计算正应力，还必须由静力学关系来解决。

在图6-5中，取截面对称轴为 y 轴、中性轴为 z 轴，过 z、y 轴的交点并沿横截面外法线方向为 x 轴，建立直角坐标系。作用于微面积 dA 上的法向微内力为 σdA。在整个横截面上，各微面积上的微内力都垂直于横截面，构成一个空间平行力系。将此平行力系往 x、y 和 z 轴的交点简化，可得三个内力分量

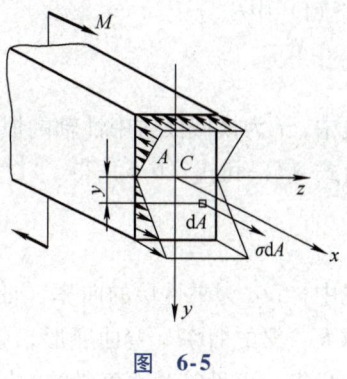

图 6-5

$$F_N = \int_A \sigma dA, \quad M_y = \int_A z\sigma dA, \quad M_z = \int_A y\sigma dA$$

由静力学关系可知，横截面上的轴力 $F_N = 0$，力偶矩 $M_y = 0$，$M_z = M$。

由于所讨论的梁横截面上轴力 $F_N = 0$，故得

$$F_N = \int_A \sigma dA = 0 \tag{a}$$

将式（6-2）代入式（a），得

$$\int_A \sigma dA = \int_A E \frac{y}{\rho} dA = \frac{E}{\rho} \int_A y dA = 0 \tag{b}$$

式（b）中积分记为

$$S_z = \int_A y dA \tag{6-3}$$

式中，S_z 称为截面对 z 轴的**静矩**。由于 E/ρ 总是大于0，由式（b）必有 $S_z = 0$。由附录A可知，只有当 z 轴通过截面形心时，静矩 S_z 才等于0。由此可得结论：中性轴 z 通过横截面的形心。这样就完全确定了中性轴在横截面上的位置。

由于所讨论的梁横截面上内力偶矩 $M_y = 0$，得

$$M_y = \int_A z\sigma dA = 0 \tag{c}$$

将式（6-2）代入式（c），得

$$\int_A z\sigma dA = \frac{E}{\rho} \int_A yz dA = 0 \tag{d}$$

式（d）中积分记为

$$I_{yz} = \int_A yz dA \tag{6-4}$$

式中，I_{yz} 称为截面对 y、z 的惯性积。由于 y 轴为对称轴，由附录A知 $I_{yz} = 0$，故式（d）自然满足。

由 $M_z = M$，得

$$M = \int_A y\sigma dA \tag{e}$$

将式（6-2）代入式（e），得

$$M = \int_A yE \frac{y}{\rho} dA = \frac{E}{\rho} \int_A y^2 dA \tag{f}$$

式（f）中积分记为

$$I_z = \int_A y^2 \,dA \tag{6-5}$$

式中，I_z 为横截面对中性轴的惯性矩。

由式（f）和式（6-5）得

$$\frac{1}{\rho} = \frac{M}{EI_z} \tag{6-6}$$

式中，$1/\rho$ 为中性层的曲率（曲率代表梁的弯曲变形）。式（6-6）表明，弯矩相同时，EI_z 越大，梁的曲率（弯曲变形）越小，EI_z 称为梁的**抗弯刚度**。纯弯曲时各横截面上的弯矩 M 均相等，可见等截面直梁的中性层曲率半径为常数。最后，将式（6-6）代入式（6-2），导出横截面上的弯曲正应力公式为

$$\sigma = \frac{My}{I_z} \tag{6-7}$$

式中，M 为横截面上的弯矩；y 为横截面上待求应力点的 y 轴坐标。应用式（6-7）时，也可将 M、y 均代入绝对值。σ 为拉应力还是压应力可根据梁的变形情况直接判断，以中性轴为界，梁的凸出一侧为拉应力，凹入一侧为压应力。

以上分析中，虽然把梁的横截面画成矩形，但在导出公式的过程中，并没有使用矩形的几何性质。所以，只要梁横截面有一个对称轴，而且载荷作用于对称轴所在的纵向对称面内，式（6-6）和式（6-7）就适用。

由式（6-7）可见，横截面上的最大弯曲正应力发生在距中性轴最远的点上。用 $y_{\max}$ 表示最远点至中性轴的距离，则最大弯曲正应力为

$$\sigma_{\max} = \frac{My_{\max}}{I_z} \tag{6-8}$$

式（6-8）可改写为

$$\sigma_{\max} = \frac{M}{W_z} \tag{6-9}$$

式中，$W_z = \dfrac{I_z}{y_{\max}}$，$W_z$ 称为抗弯截面系数，仅与截面形状及尺寸有关的几何量，单位为 m^3；$y_{\max}$ 为截面上离中性轴最远点的距离。

高度为 h、宽度为 b 的矩形截面梁，可计算出其对中性轴的惯性矩

$$I_z = \frac{bh^3}{12} \tag{6-10}$$

抗弯截面系数为

$$W_z = \frac{bh^3/12}{h/2} = \frac{bh^2}{6} \tag{6-11}$$

直径为 D 的圆形截面梁对中性轴的惯性矩为

$$I_z = \frac{\pi D^4}{64} \tag{6-12}$$

抗弯截面系数为

$$W_z = \frac{\pi D^4 / 64}{D/2} = \frac{\pi D^3}{32} \tag{6-13}$$

外径为 D，内径为 d 的空心圆截面，对中性轴的惯性矩为

$$I_z = \frac{\pi(D^4 - d^4)}{64} = \frac{\pi D^4 (1 - \alpha^4)}{64} \tag{6-14}$$

抗弯截面系数为

$$W_z = \frac{I_z}{D/2} = \frac{\pi D^3 (1 - \alpha^4)}{32D} \tag{6-15}$$

式中，$\alpha = d/D$ 为空心圆截面内外径比值。

工程中常用的各种型钢，其抗弯截面系数可从附录的型钢表中查得。当横截面对中性轴不对称时，其最大拉应力及最大压应力将不相等。用式（6-8）计算最大拉应力时，可取 y_{max} 等于受拉侧最远点至中性轴的距离；计算最大压应力时，应取 y_{max} 为受压侧最远点至中性轴的距离。

【例 6-1】 受纯弯曲的空心圆截面梁如图 6-6a 所示。已知：弯矩 $M = 1\mathrm{kN \cdot m}$，外径 $D = 50\mathrm{mm}$，内径 $d = 25\mathrm{mm}$。试求横截面上 a、b、c 及 d 四点的应力，并绘过 a、b 两点的直径线及过 c、d 两点弦线上各点的应力分布图。

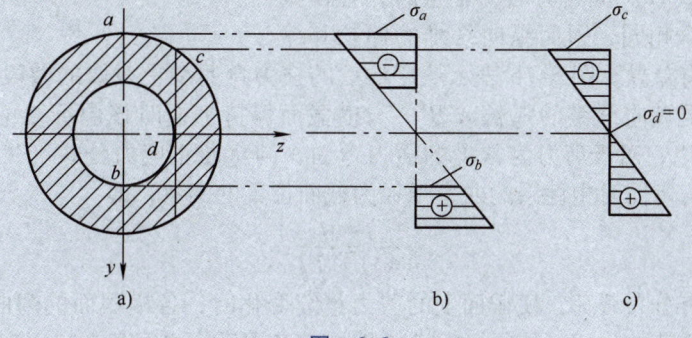

图 6-6

解：计算截面对中性轴的惯性矩 I_z

$$I_z = \frac{\pi(D^4 - d^4)}{64} = \frac{\pi \times (50^4 - 25^4)}{64} \times (10^{-3})^4 \mathrm{m^4} = 2.88 \times 10^{-7} \mathrm{m^4}$$

a 点：

$$y_a = \frac{D}{2} = 25\mathrm{mm}$$

$$\sigma_a = \frac{M}{I_z} y_a = \frac{1 \times 10^3}{2.88 \times 10^{-7}} \times 25 \times 10^{-3} \mathrm{Pa} = 86.8\mathrm{MPa}（压应力）$$

b 点：

$$y_b = \frac{d}{2} = 12.5\mathrm{mm}$$

$$\sigma_b = \frac{M}{I_z} y_b = \frac{1 \times 10^3}{2.88 \times 10^{-7}} \times 12.5 \times 10^{-3} \mathrm{Pa} = 43.4\mathrm{MPa}（拉应力）$$

c 点：
$$y_c = \left(\frac{D^2}{4} - \frac{d^2}{4}\right)^{\frac{1}{2}} = \left(\frac{50^2}{4} - \frac{25^2}{4}\right)^{\frac{1}{2}} = 21.7\text{mm}$$

$$\sigma_c = \frac{M}{I_z}y_c = \frac{1 \times 10^3}{2.88 \times 10^{-7}} \times 21.7 \times 10^{-3}\text{Pa} = 75.3\text{MPa}（压应力）$$

d 点：
$$y_d = 0$$
$$\sigma_d = \frac{M}{I_z}y_d = 0$$

给定的弯矩为正值，梁凹向上，故 a 及 c 点是压应力，而 b 点是拉应力。过 a、b 的直径线及过 c、d 的弦线上的应力分布如图 6-6b、c 所示。

6.1.2 横力弯曲梁的正应力

式（6-7）是在纯弯曲情况下以 6.1.1 节提出的两个假设为基础导出的。工程上最常见的弯曲问题是横力弯曲。在此情况下，梁的横截面上不仅有弯矩，而且有剪力。由于剪力的影响，弯曲变形后，梁的横截面将不再保持为平面，即发生所谓的"翘曲"现象，如图 6-7a。但当剪力为常量时，各横截面的翘曲情况完全相同，因而纵向纤维的伸长和缩

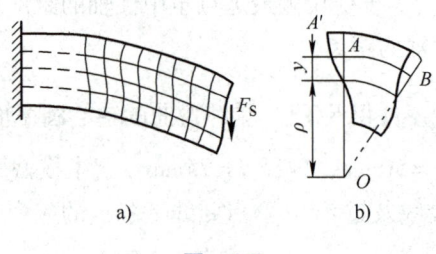

图 6-7

短与纯弯曲时没有差异。图 6-7b 表示从变形后的横力弯曲梁上截取的微段，由图可见，截面翘曲后，任一层纵向纤维的弧长 $A'B'$，与横截面保持平面时该层纤维的弧长完全相等，即 $A'B' = AB$。所以，对于剪力为常量的横力弯曲，纯弯曲正应力公式（见式 6-2）仍然适用，不同的是横力弯曲时中性层的曲率半径为截面位置的函数，即

$$\frac{1}{\rho(x)} = \frac{M(x)}{EI_z}$$

当梁上作用有分布载荷，横截面上的剪力连续变化时，各横截面的翘曲情况有所不同。此外，由于分布载荷的作用，使得平行于中性层的各层纤维之间存在挤压应力。但弹性理论的分析结果表明，对于横力弯曲梁，当跨度与截面高度之比 l/h 大于 5 时，纯弯曲正应力计算式（6-7）仍然是适用的，其结果能够满足工程上对精度的要求。

【例 6-2】 承受均布荷载的简支梁如图 6-8a 所示。已知：梁的截面为矩形，矩形的宽度 $b = 20\text{mm}$，高度 $h = 30\text{mm}$；均布载荷集度 $q = 10\text{kN/m}$；梁的长度 $l = 450\text{mm}$。求梁的最大弯矩截面 C 上的 1、2 两点处的正应力。

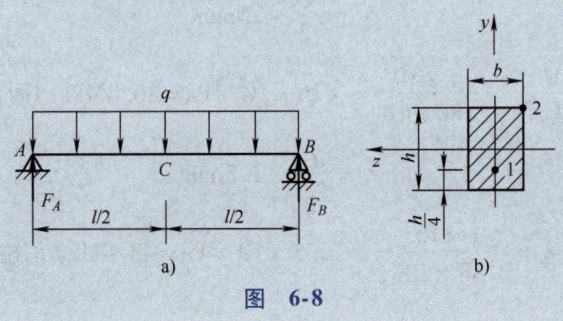

图 6-8

解：(1) 确定弯矩最大截面以及最大弯矩数值

根据静力学平衡方程 $\sum M_A = 0$ 和 $\sum M_B = 0$，可以求得支座 A 和 B 处的约束力分别为

$$F_A = F_B = \frac{ql}{2} = \frac{10\text{kN/m} \times 450\text{mm} \times 10^{-3}}{2} = 2.25 \times 10^3 \text{N}$$

梁的中点 C 处横截面上弯矩最大，数值为

$$M_{\max} = \frac{ql^2}{8} = \frac{10 \times 10^3 \times (450\text{mm} \times 0.001)^2}{8} \text{N} \cdot \text{m} = 0.253 \times 10^3 \text{N} \cdot \text{m}$$

(2) 计算惯性矩

根据矩形截面惯性矩的公式，梁横截面对 z 轴的惯性矩

$$I_z = \frac{bh^3}{12} = \frac{20 \times 10^{-3} \times (30 \times 10^{-3})^3}{12} \text{m}^4 = 4.5 \times 10^{-8} \text{m}^4$$

(3) 求弯矩最大截面上 1、2 两点的正应力

根据弯矩的方向，可以判断 1 点受拉应力、2 点受压应力。1、2 两点到中性轴的距离分别为 $y_1 = h/4 = 7.5 \times 10^{-3}$ m、$y_2 = h/2 = 15 \times 10^{-3}$ m，于是弯矩最大截面上，1、2 两点的正应力分别为

$$\sigma(1) = \frac{M_{\max} y_1}{I_z} = \frac{0.253 \times 10^3 \times 7.5 \times 10^{-3}}{4.5 \times 10^{-8}} \text{Pa} = 0.422 \times 10^8 \text{Pa} = 42.2 \text{MPa}$$

$$\sigma(2) = \frac{M_{\max} y_2}{I_z} = \frac{0.253 \times 10^3 \times 15 \times 10^{-3}}{4.5 \times 10^{-8}} \text{Pa} = 0.844 \times 10^8 \text{Pa} = 84.4 \text{MPa}$$

6.2 弯曲切应力

横力弯曲时，梁横截面上的内力除弯矩外还有剪力，因而在横截面上除正应力外还有切应力。本节按梁截面的形状，分几种情况讨论弯曲切应力。

6.2.1 矩形截面梁的切应力

图 6-9a 所示为一矩形截面梁受横向荷载作用，现用 m—m、n—n 两截面假想地从梁中任意位置取出长为 $\text{d}x$ 的微段（见图 6-9b、d）。一般情况下，该两横截面上的弯矩并不相等，因而两截面上同一 y 坐标处的正应力也不相等（见图 6-9c），两截面的正应力可以由式 (6-7) 求得。在对称弯曲的情况下，剪力 F_S 与截面的对称轴 y 重合，如图 6-9b 所示。现分析横截面内距中性轴为 y 处的某一横线 BB' 上的切应力分布情况，用平行于中性层的纵截面 $ABB'A'$ 假想地从微段上截取体积元素 $mnBA$—$A'B'n'm'$（见图 6-9e、f）。根据对称性，对称轴 y 处的切应力方向必与剪力 F_S 方向一致。由于梁的侧面上无切应力，故横截面上侧边各点处的切应力必与侧边平行，即与剪力 F_S 方向一致，且狭长矩形截面上切应力沿截面宽度方向变化不可能大。所以，对切应力的分布规律可做以下两点假设：

(1) 横截面上各点切应力的方向均与剪力 F_S 的方向平行。

(2) 切应力沿截面宽度均匀分布。

根据切应力互等定理，截出部分顶面 $BB'A'A$ 上也作用有切应力 τ'，其值与横截面上距

第6章 弯曲应力

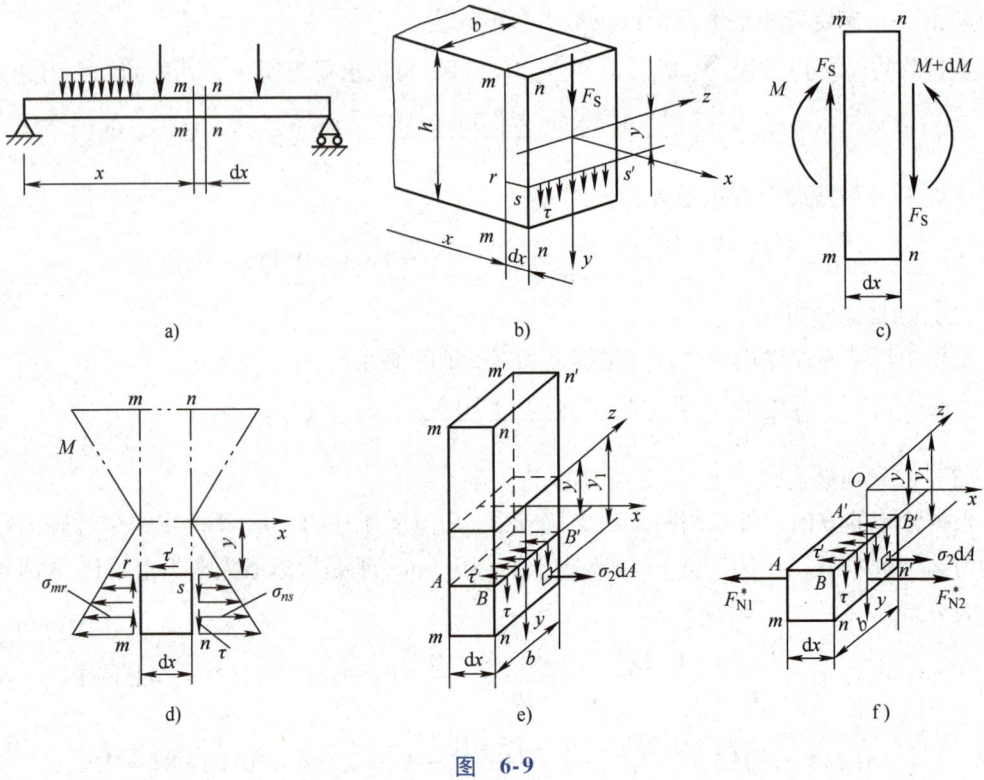

图 6-9

中性层为 y 处点的切应力 τ 数值相等,见图 6-9e、f。设截出部分 $mnBAm'n'B'A'$ 的两个侧面 $mAm'A'$ 和 $nBn'B'$ 上的法向微内力 $\sigma_1 dA$ 和 $\sigma_2 dA$ 合成的在 x 轴方向的法向内力分别为 F_{N1}^* 及 F_{N2}^*,则 F_{N1}^* 可表示为

$$F_{N1}^* = \int_{A_1} \sigma_1 dA = \int_{A_1} \frac{M}{I_z} y_1 dA = \frac{M}{I_z} \int_{A_1} y_1 dA = \frac{M}{I_z} S_z^* \tag{a}$$

同理

$$F_{N2}^* = \int_{A_2} \sigma_2 dA = \int_{A_2} \frac{M+dM}{I_z} y_1 dA = \frac{M+dM}{I_z} \int_{A_2} y_1 dA = \frac{M+dM}{I_z} S_z^* \tag{b}$$

式中,A_1 和 A_2 为截出部分侧面 $mAA'm'$ 和 $nBB'n'$ 的面积,二者相等,以下简称为部分面积。S_z^* 为 A_1 和 A_2 对中性轴的静矩,即横截面上过要求切应力的点所作平行于中性轴的直线以下部分面积对中性轴的静矩。

考虑截出部分 $mnBAm'n'B'A'$ 的平衡,见图6-9(f)。由 $\sum F_x = 0$,得

$$F_{N2}^* - F_{N1}^* - \tau' b dx = 0 \tag{c}$$

将式(a)、式(b)代入式(c),化简后得

$$\tau' = \frac{dM}{dx} \cdot \frac{S_z^*}{I_z b} \tag{d}$$

注意到式(d)中 $\dfrac{dM}{dx} = F_S$,并注意到 τ' 与 τ 数值相等,于是矩形截面梁横截面上的切应力计算公式为

$$\tau = \frac{F_S S_z^*}{I_z b} \tag{6-16}$$

式中，F_S 为横截面上的剪力；b 为截面在所求应力点处的宽度；I_z 为横截面对中性轴的惯性矩；S_z^* 为横截面上通过所求应力点作中性轴的平行线以下或以上部分面积对中性轴的静矩。

对于给定的高为 h 宽为 b 的矩形截面（见图 6-10），计算出部分面积对中性轴的静矩如下

$$S_z^* = \int_{A_1} y_1 dA = \int_y^{h/2} b y_1 dy_1 = \frac{b}{2}\left(\frac{h^2}{4} - y^2\right)$$

将上式代入式（6-16），得

$$\tau = \frac{F_S}{2I_z}\left(\frac{h^2}{4} - y^2\right) \tag{6-17}$$

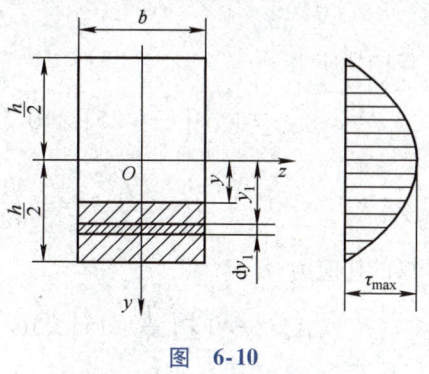

图 6-10

由式（6-17）可见，切应力沿截面高度按抛物线规律变化。当 $y = \pm h/2$ 时，$\tau = 0$，即截面的上、下边缘线上各点的切应力为零。当 $y = 0$ 时，切应力 τ 有极大值，这表明最大切应力发生在中性轴上，其值为

$$\tau_{max} = \frac{F_S h^2}{8 I_z} \tag{e}$$

将 $I_z = bh^3/12$ 代入式（e），得

$$\tau_{max} = \frac{3 F_S}{2bh} \tag{6-18}$$

可见，矩形截面梁横截面上的最大切应力为平均切应力 F_S/bh 的 1.5 倍。

根据剪切胡克定律，由式（6-17）可知切应变

$$\gamma = \frac{\tau}{G} = \frac{F_S}{2GI_z}\left(\frac{h^2}{4} - y^2\right) \tag{6-19}$$

式（6-19）表明，横截面上的切应变沿截面高度按抛物线规律变化。沿截面高度各点具有按非线性规律变化的切应变，这就说明横截面将发生翘曲。由式（6-19）可见，当剪力 F_S 为常量时，横力弯曲梁各横截面上 y 坐标相同的对应点的切应变相等，因而各横截面翘曲情况相同。

【例 6-3】 矩形截面梁的横截面尺寸如图 6-11b 所示。集中力 $F = 88kN$，试求 1—1 截面上的最大切应力，以及 a、b 两点的切应力。

解：支反力 F_A、F_B 分别为 $F_A = 40kN$、$F_B = 48kN$，1—1 截面上的剪力

$$F_{S1} = F_A = 40kN$$

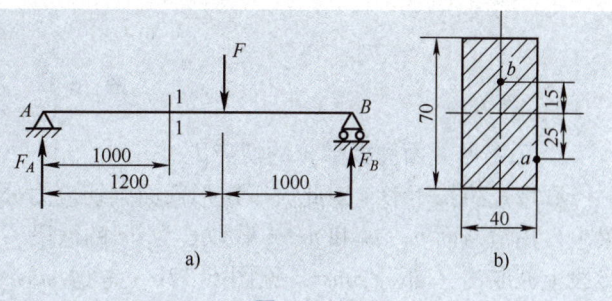

图 6-11

截面对中性轴的惯性矩

$$I_z = \frac{40 \times 70^3}{12} \times (10^{-3})^4 \text{m}^4 = 1.143 \times 10^{-6} \text{m}^4$$

截面上的最大切应力

$$\tau_{\max} = \frac{3}{2} \frac{F_{S1}}{A} = \frac{3 \times 40 \times 10^3}{2 \times 40 \times 70 \times 10^{-6}} \text{Pa} = 21.4 \text{MPa}$$

a 点的切应力

$$S_z^* = A_a y_a = 40 \times \left(\frac{70}{2} - 25\right) \times 10^{-6} \times \left[25 + \frac{1}{2} \times \left(\frac{70}{2} - 25\right)\right] \times 10^{-3} \text{m}^3 = 1.2 \times 10^{-5} \text{m}^3$$

$$\tau_a = \frac{F_{S1} S_z^*}{I_z b} = \frac{40 \times 10^3 \times 1.2 \times 10^{-5}}{1.143 \times 10^{-6} \times 40 \times 10^{-3}} \text{Pa} = 10.5 \text{MPa}$$

b 点的切应力

$$S_z^* = A_b y_b = 40 \times \left(\frac{70}{2} - 15\right) \times 10^{-6} \times \left[15 + \frac{1}{2} \times \left(\frac{70}{2} - 15\right)\right] \times 10^{-3} \text{m}^3 = 2 \times 10^{-5} \text{m}^3$$

$$\tau_b = \frac{F_{S1} S_z^*}{I_z b} = \frac{40 \times 10^3 \times 2 \times 10^{-5}}{1.143 \times 10^{-6} \times 40 \times 10^{-3}} \text{Pa} = 17.5 \text{MPa}$$

▶ 6.2.2 工字形截面梁的切应力

工字形截面由上、下翼缘及腹板构成，见图 6-12a，现分别研究腹板及翼缘上的切应力。

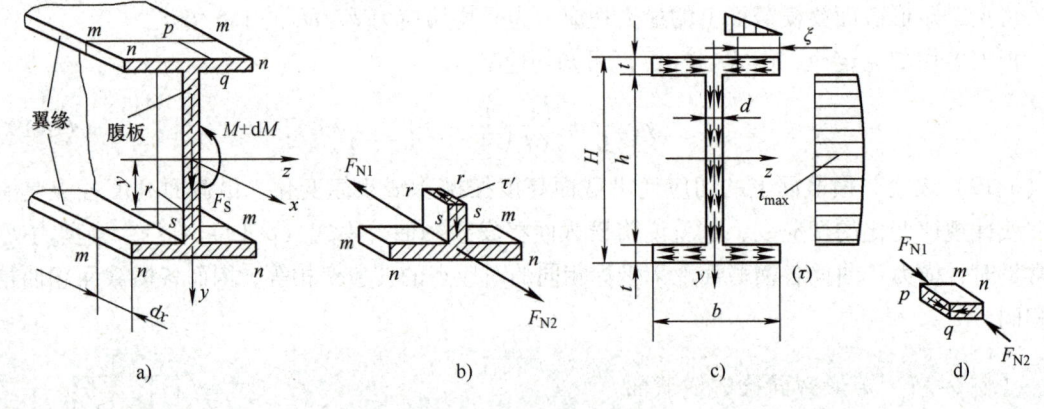

图 6-12

1. 工字形截面腹板部分的切应力

腹板是狭长矩形，因此关于矩形截面梁切应力分布的两个假设完全适用。在工字形截面梁上，用横截面 m—m 和 n—n 截取长为 dx 的微段，并在腹板上用距中性层为 y 的 rs 平面在微段上截取出一部分 $mnsr$，见图 6-12b，考虑 $mnsr$ 部分的平衡，可得腹板的切应力计算公式

$$\tau = \frac{F_S S_z^*}{I_z d} \tag{6-20}$$

式（6-20）与式（6-16）形式完全相同，d 为腹板厚度。

计算出横截面上 s—s 线以下部分面积 A_1 对中性轴的静矩

$$S_z^* = \frac{1}{2}\left(\frac{H}{2} + \frac{h}{2}\right)b\left(\frac{H}{2} - \frac{h}{2}\right) + \frac{1}{2}\left(\frac{h}{2} + y\right)d\left(\frac{h}{2} - y\right)$$

代入式（6-20），整理得

$$\tau = \frac{F_S}{8I_z d}\left[b(H^2 - h^2) + 4d\left(\frac{h^2}{4} - y^2\right)\right] \tag{6-21}$$

式中，H、h 分别为截面总高度和腹板的高度。由式（6-21）可见，工字形截面梁腹板上的切应力 τ 沿高度按抛物线规律分布，见图 6-12c。将 $y = 0$ 及 $y = \pm h/2$ 分别代入式（6-10）得中性层处的最大切应力及腹板与翼缘交界处的最小切应力分别为

$$\tau_{\max} = \frac{F_S}{8I_z d}[bH^2 - (b-d)h^2] \tag{6-22}$$

$$\tau_{\min} = \frac{F_S}{8I_z d}(bH^2 - bh^2) \tag{6-23}$$

由于工字形截面的翼缘宽度 b 远大于腹板厚度 d，即 $b \gg d$，所以由式（6-22）和式（6-23）可以看出，$\tau_{\max}$ 与 $\tau_{\min}$ 实际上相差不大。因而，可以认为腹板上切应力大致是均匀分布的。若以图 6-12c 中应力分布图的面积乘以腹板厚度 d，可得腹板上的剪力 F_{S1}。计算结果表明，F_{S1} 为 $(0.95 \sim 0.97)F_S$。可见，横截面上的剪力 F_S 绝大部分由腹板承受。比较式（6-22）与式（6-23）可以看出，当腹板厚度 d 远小于翼缘宽度 b 时，最大与最小应力差值甚小。因此，工程上通常将腹板上的切应力近似看作均匀分布，用剪力 F_S 除以腹板面积近似得出工字形截面梁腹板上的切应力为

$$\tau = \frac{F_S}{hd} \tag{6-24}$$

2. 工字形截面翼缘部分的切应力

现进一步讨论翼缘上的切应力分布问题。在翼缘上有两个方向的切应力：平行于剪力 F_S 方向的切应力和平行于翼缘边缘线的切应力。平行于剪力 F_S 的切应力数值极小，无实际意义，通常忽略不计。在计算与翼缘边缘平行的切应力时，可假设切应力沿翼缘厚度大小相等，方向与翼缘边缘线相平行，根据在翼缘上截出部分的平衡，由图 6-12d 可以得出与式（6-20）形式相同的翼缘切应力计算公式

$$\tau = \frac{F_S S_z^*}{I_z t} \tag{6-25a}$$

将计算出的静矩代入式（6-25a），可得

$$\tau = \frac{F_S(h+t)\xi}{2I_z} \tag{6-25b}$$

式中，t 为翼缘厚度。图 6-12c 中绘有翼缘上的切应力分布图。当 $\xi = b/2$ 时，工字形截面梁翼缘上的切应力最大，但其一般均小于腹板上的最大切应力。

从图 6-12c 可以看出，当剪力 F_S 的方向向下时，横截面上切应力的方向，由上边缘的外侧向里，通过腹板，最后指向下边缘的外侧，好像水流一样，故称为"切应力流"。所以在根据剪力 F_S 的方向确定了腹板的切应力方向后，就可由"切应力流"确定翼缘上切应力的方向。对于其他的 L 形、T 形和 Z 形等薄壁截面，也可利用"切应力流"来确定截面上切

应力方向。

6.2.3 圆形截面梁的切应力

在圆形截面梁的横截面上，除中性轴处切应力与剪力平行外，其他点的切应力并不平行于剪力。考虑距中性轴为 y 处长为 b 的弦线 AB 上各点的切应力（见图 6-13a），根据切应力互等定理，弦线两个端点处的切应力必与圆周相切，且切应力作用线交于 y 轴的某点 p。弦线中点处切应力作用线由对称性可知也通过 p 点。因而可以假设 AB 线上各点切应力作用线都通过同一点 p，并假设各点沿 y 方向的切应力分量 τ_y 相等，则可沿用前述方法计算圆截面梁的切应力分量 τ_y，求得 τ_y 后，根据所在点处切应力与 y 轴的夹角，求出该点切应力 τ。

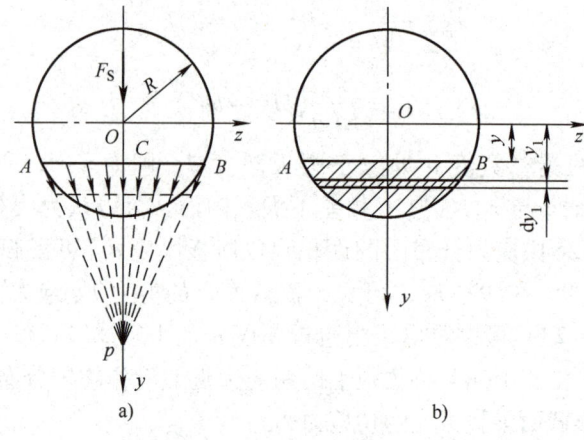

图 6-13

圆形截面梁切应力分量 τ_y 的计算公式与矩形截面梁切应力计算公式形式相同，为

$$\tau_y = \frac{F_S S_z^*}{I_z b} \tag{6-26}$$

式中，b 为弦线长度，$b = 2\sqrt{R^2 - y^2}$；S_z^* 为弦线以下部分面积 A_1 对中性轴的静矩，见图 6-13b。

圆形截面梁的最大切应力发生在中性轴上，且中性轴上各点的切应力分量 τ_y 就是该点切应力 τ，即中性轴上各点切应力大小相等、方向相同，垂直于中性轴，其值为

$$\tau_{max} = \frac{4}{3} \frac{F_S}{\pi R^2} \tag{6-27}$$

由式（6-27）可见，圆截面的最大切应力 τ_{max} 为平均应力 $\dfrac{F_S}{\pi R^2}$ 的 4/3 倍。

6.2.4 环形截面梁的切应力

图 6-14 所示为一环形截面梁，已知壁厚 t 远小于平均半径 R，现讨论其横截面上的切应力。环形截面内、外圆周线上各点的切应力与圆周线相切。由于壁厚很小，可以认为沿圆环厚度方向切应力均匀分布并与圆周切线相平行。据此即可用研究矩形截面梁切应力的方法分析环形截面梁的切应力。在环形截面上截取 dx 长的微段，并用与纵向对称平面夹角 θ 相同

的两个径向平面在微段中截取出一部分（见图 6-14b），由于对称性，两个 rs 面上的切应力 τ' 相等。考虑截出部分的平衡，如图 6-14b 所示，可得环形截面梁切应力的计算公式

$$\tau = \frac{F_S S_z^*}{2t I_z} \tag{6-28}$$

式中，t 为环形截面的厚度；S_z^* 为相应环形截面对中性轴的静矩。

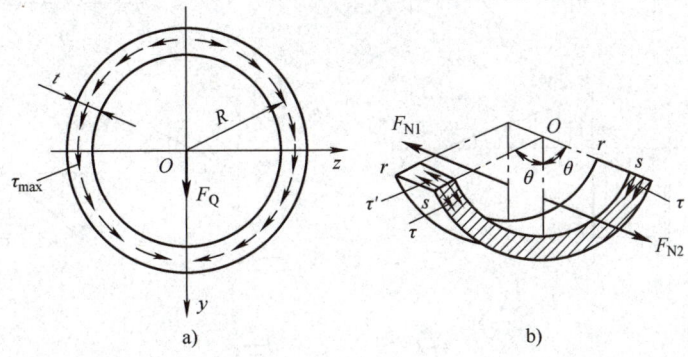

图 6-14

环形截面的最大切应力发生在中性轴处。计算半圆环对中性轴的静矩

$$S_z^* = \int_{A_1} y \, dA \approx 2 \int_0^{\pi/2} R\cos\theta \, t R \, d\theta = 2R^2 t$$

环形截面对中性轴的惯性矩

$$I_z = \int_A y^2 \, dA \approx 2 \int_0^{\pi} R^2 \cos^2\theta \, t R \, d\theta = \pi R^3 t$$

将 S_z^*、I_z 计算公式代入式（6-28）得环形截面最大切应力

$$\tau_{\max} = \frac{F_S (2R^2 t)}{2t \pi R^3 t} = \frac{F_S}{\pi R t} \tag{6-29a}$$

注意式（6-29a）等号右端分母 $\pi R t$ 为环形横截面面积的 $1/2$，因此

$$\tau_{\max} = \frac{2 F_S}{A} \tag{6-29b}$$

由此可见环形截面梁的最大切应力为平均切应力的 2 倍。

【例 6-4】 外伸梁受力如图 6-15a 所示。梁由钢板焊接而成，截面尺寸如图 6-15b 所示。已知 $[\sigma] = 120\text{MPa}$，$[\tau] = 60\text{MPa}$，试校核梁的强度，并求焊缝 ab 处的剪应力。

解：（1）求支座约束力并画内力图

由平衡条件求得 $F_A = 25\text{kN}$，$F_B = 105\text{kN}$

梁的剪力图和弯矩图分别如图 6-15c、d 所示。

$|M|_{\max} = 40\text{kN} \cdot \text{m}$，发生在 B 截面处；$|F_S|_{\max} = 65\text{kN}$，发生在 B 左截面处。

（2）计算截面的几何性质

图 6-15b 中 y 为对称轴。选择参考坐标轴 z_1，确定形心 C 的位置

$$z_C = \frac{100 \times 20 \times 10 + 2 \times 200 \times 20 \times 100}{100 \times 20 + 2 \times 200 \times 20} \text{mm} = 82\text{mm}$$

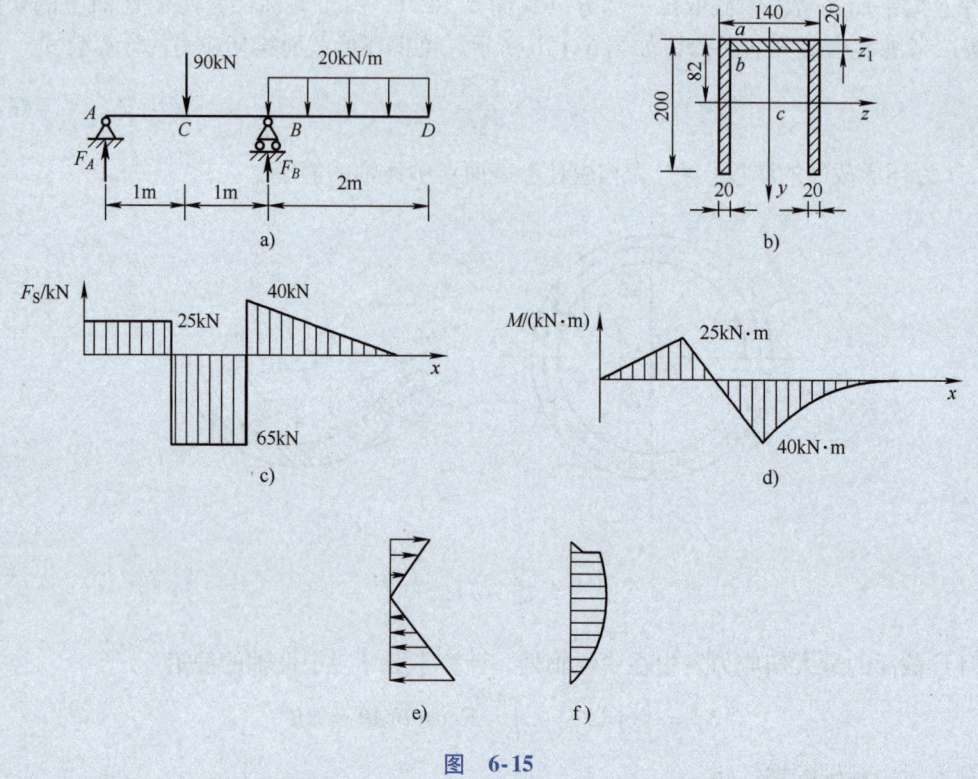

图 6-15

通过形心 C 的 y、z 轴为形心主轴,z 为中性轴,求出形心主惯性矩 I_z

$$I_z = \left[\left(\frac{1}{12}\times 100\times 20^3 + 100\times 20\times 72^2\right) + 2\times \left(\frac{1}{12}\times 20\times 200^3 + 200\times 20\times 18^2\right)\right]\text{mm}^4 = 3.97\times 10^7\,\text{mm}^4$$

(3)强度校核

沿 B 截面的高度正应力分布如图 6-15e 所示,最大正应力发生在截面的下边缘处,为

$$\sigma_{\max} = \frac{|M|_{\max} y_{\max}}{I_z} = \frac{40\times 10^6\times 118}{3.97\times 10^7}\text{MPa} = 118.9\,\text{MPa} < [\sigma] = 120\,\text{MPa}$$

沿 B 截面的高度剪应力分布如图 6-15f 所示,最大剪应力发生在中性轴处,有

$$S_{z\max}^* = 2\times 20\times 118\times \frac{1}{2}\times 118\,\text{mm}^3 = 2.75\times 10^5\,\text{mm}^3$$

$$\tau_{\max} = \frac{|F_S|_{\max}(S_z^*)_{\max}}{bI_z} = \frac{65\times 10^3\times 2.75\times 10^5}{2\times 20\times 3.97\times 10^7}\text{MPa} = 11.4\,\text{MPa} < [\tau] = 60\,\text{MPa}$$

该梁安全。

(4)焊缝 ab 处的剪应力

在焊缝 ab 处将截面截为两部分,求出其中任一部分(例如左部分)对中性轴 z 的静矩

$$S_z^* = 200\times 20\times 18\,\text{mm}^3 = 7.2\times 10^4\,\text{mm}^3$$

由此可得焊缝 ab 处的剪应力为

$$\tau_{ab} = \frac{F_S S_z^*}{bI_z} = \frac{65 \times 10^3 \times 7.2 \times 10^4}{20 \times 3.97 \times 10^7}\text{MPa} = 5.9\text{MPa}$$

6.3 弯曲强度计算

梁在受横力弯曲时，横截面上既存在正应力又存在切应力，下面分别讨论与这两种应力相应的强度条件。

6.3.1 弯曲正应力强度条件

横截面上最大的正应力位于横截面边缘线上，一般说来，该处切应力为零。有些情况下，该处即使有切应力其数值也较小，可以忽略不计。所以，梁弯曲时，最大正应力作用点可视为处于单向应力状态。因此，梁的弯曲正应力强度条件为

$$\sigma_{\max} = \left(\frac{M}{W_z}\right)_{\max} \leqslant [\sigma] \tag{6-30}$$

对等截面梁，最大弯曲正应力发生在最大弯矩所在截面上，这时弯曲正应力强度条件为

$$\sigma_{\max} = \frac{M_{\max}}{W_z} \leqslant [\sigma] \tag{6-31}$$

在式（6-30）和式（6-31）中，$[\sigma]$ 为许用弯曲正应力，可近似地用简单拉伸（压缩）时的许用应力来代替，但二者略有不同，前者略高于后者，具体数值可从有关设计规范或手册中查得。对于抗拉、压性能不同的材料，例如铸铁等脆性材料，则要求最大拉应力和最大压应力都不超过各自的许用值，具体的强度条件为

$$\sigma_{t,\max} \leqslant [\sigma_t], \quad \sigma_{c,\max} \leqslant [\sigma_c] \tag{6-32}$$

【例6-5】 一热轧普通工字形截面简支梁，如图6-16a所示，已知 $l=6\text{m}$，$F_1 = 15\text{kN}$，$F_2 = 21\text{kN}$，钢材的许用应力 $[\sigma] = 170\text{MPa}$，试选择工字钢的型号。

解： 求支座约束力

由平衡方程 $\sum M_B = 0$，求得 $F_A = 17\text{kN}$（↑）

由 $\sum M_A = 0$，求得 $F_B = 19\text{kN}$（↑）

绘 M 图，如图6-16b所示，最大弯矩发生在 F_2 作用截面上，其值为

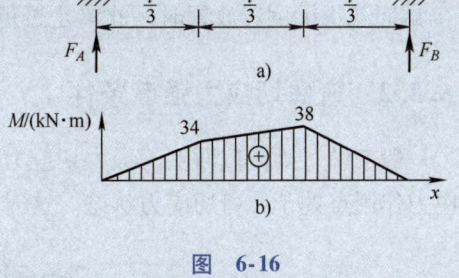

图 6-16

$$M_{\max} = 38\text{kN} \cdot \text{m}$$

计算工字钢梁所需的抗弯截面系数为

$$W_{z1} \geqslant \frac{M_{\max}}{[\sigma]} = \frac{38 \times 10^6}{170}\text{mm}^3 = 2.235 \times 10^5 \text{mm}^3 = 223.5\text{cm}^3$$

选择工字钢型号

查附录型钢表得 20a 号工字钢的 W_z 值为 237cm³，略大于所需的 W_{z1}，故采用 20a 号工字钢。

【例 6-6】 一铸铁梁的受力如图 6-17a 所示，其截面尺寸如图 6-17b 所示。铸铁材料的拉、压许用应力分别为 $[\sigma_t]=40\text{MPa}$ 及 $[\sigma_c]=80\text{MPa}$。试校核此梁是否安全。

解：绘梁的内力图

梁的弯矩图如图 6-17c 所示。

确定截面的形心位置和惯性矩

求得形心 C 距上、下边缘的距离为 52、88mm，形心主惯性矩 $I_z = 7.64 \times 10^6 \text{mm}^4$。

强度校核

因剪力在梁中引起的剪应力较小，故只对正应力进行校核。由于梁的截面上、下不对称于中性轴，而材料的拉、压许用应力又不相等，所以最大正弯矩的作用截面 C 和最大负弯矩的作用截面 B 均可能是危险面。最大压应力发生在 B 截面下边缘的各点处，其值为

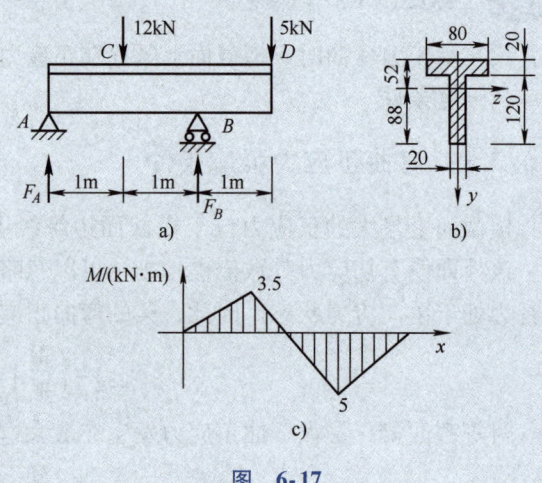

图 6-17

$$\sigma_{c\max} = \frac{M_B z_{\max}}{I_y} = \frac{5 \times 10^6 \times 88}{7.64 \times 10^6}\text{MPa} = 57.6\text{MPa} < [\sigma_c]$$

最大拉应力发生在 C 截面下边缘的各点处，其值为

$$\sigma_{t\max} = \frac{M_C z_{\max}}{I_y} = \frac{3.5 \times 10^6 \times 88}{7.64 \times 10^6}\text{MPa} = 40.3\text{MPa} < [\sigma_t] \times 1.05 = 42\text{MPa}$$

$[\sigma_{t\max}]$ 虽然大于 $[\sigma_t]$，但没超过 $1.05[\sigma_t]$，故仍然认为是安全的。

试问若将梁倒着放置时，此梁是否仍然安全？

6.3.2 弯曲切应力强度条件

一般来说，梁横截面上的最大切应力发生在中性轴处，而该处的正应力为零。因此最大切应力作用点处于纯剪切应力状态。这时弯曲切应力强度条件为

$$\tau_{\max} = \left(\frac{F_S S_z^*}{I_z b}\right)_{\max} \leq [\tau] \tag{6-33}$$

对等截面梁，最大切应力发生在最大剪力所在的截面上。弯曲切应力强度条件为

$$\tau_{\max} = \frac{F_{S\max} S_{z\max}^*}{I_z b} \leq [\tau] \tag{6-34}$$

许用切应力 $[\tau]$ 通常取纯剪切时的许用切应力。

对于梁来说，要满足抗弯强度要求，必须同时满足弯曲正应力强度条件和弯曲切应力强

度条件。也就是说，影响梁的强度的因素有两个：一个为弯曲正应力，另一个为弯曲切应力。对于细长的实心截面梁或非薄壁截面的梁来说，横截面上的正应力往往是主要的，切应力通常只占次要地位。例如图6-18所示的受均布载荷作用的矩形截面梁，其最大弯曲正应力为

$$\sigma_{\max} = \frac{M_{\max}}{W_z} = \frac{\frac{ql^2}{8}}{\frac{bh^2}{6}} = \frac{3ql^2}{4bh^2}$$

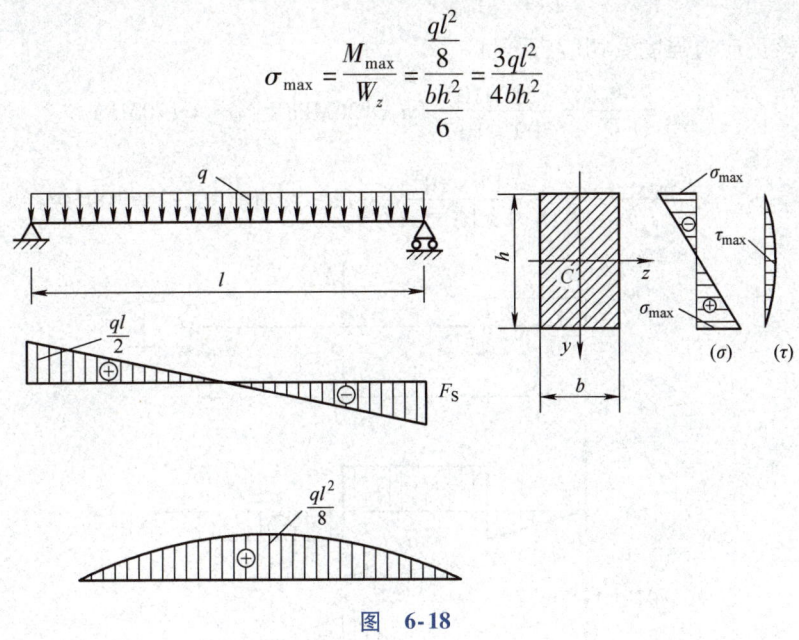

图 6-18

而最大弯曲切应力为

$$\tau_{\max} = \frac{3}{2} \frac{F_{S\max}}{A} = \frac{3}{2} \frac{\frac{ql}{2}}{bh} = \frac{3ql}{4bh}$$

二者比值为

$$\frac{\sigma_{\max}}{\tau_{\max}} = \frac{\frac{3ql^2}{4bh^2}}{\frac{3ql}{4bh}} = \frac{l}{h}$$

即该梁横截面上的最大弯曲正应力与最大弯曲切应力之比等于梁的跨度 l 与截面高度 h 的比。当 $l \gg h$ 时，最大弯曲正应力将远大于最大弯曲切应力。因此，一般对于细长的实心截面梁或非薄壁截面梁，只要满足了正应力强度条件，无须再进行切应力强度计算。但是，对于薄壁截面梁或梁的弯矩较小而剪力却很大时，在进行正应力强度计算的同时，还需要检查切应力强度条件是否满足。

另外，对某些薄壁截面（如工字形、T形等）梁，在其腹板与翼缘连接处，同时存在相当大的正应力和切应力。这样的点也需进行强度校核，将在第10章进行讨论。

【例6-7】 一外伸工字型钢梁，工字钢的型号为22a号，梁上荷载如图6-19a所示。已知 $l = 6\text{m}$，$F = 30\text{kN}$，$q = 6\text{kN/m}$，$[\sigma] = 170\text{MPa}$，$[\tau] = 100\text{MPa}$，检查此梁是否安全。

解：(1) 绘剪力图、弯矩图如图 6-19b、c 所示，$M_{\max} = 39 \text{kN} \cdot \text{m}$，$F_{S\max} = 17 \text{kN} \cdot \text{m}$。

(2) 由型钢表查得有关数据

$$b = 0.75 \text{cm}, \quad \frac{I_z}{S^*_{\max}} = 18.9 \text{cm}, \quad W_z = 309 \text{cm}^3$$

(3) 校核正应力强度及切应力强度

$$\sigma_{\max} = \frac{M_{\max}}{W_z} = \frac{39 \times 10^3}{309 \times 10^{-6}} \text{Pa} = 126 \text{MPa} < [\sigma] = 170 \text{MPa}$$

$$\tau_{\max} = \frac{F_{S\max} S^*_{\max}}{I_z b} = \frac{17 \times 10^3}{18.9 \times 10^{-4} \times 7.5} \text{Pa} = 12 \text{MPa} < [\tau] = 100 \text{MPa}$$

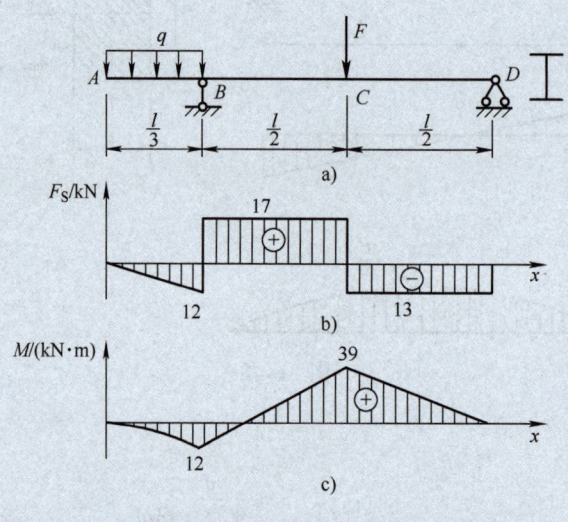

图 6-19

【例 6-8】 T 形截面铸铁梁的载荷和截面尺寸如图 6-20a 所示，铸铁抗拉许用应力为 $[\sigma_t] = 30 \text{MPa}$，抗压许用应力为 $[\sigma_c] = 140 \text{MPa}$。已知截面对形心轴 z 的惯性矩为 $I_z = 763 \text{cm}^4$，且 $|y_1| = 52 \text{mm}$，试校核梁的强度。

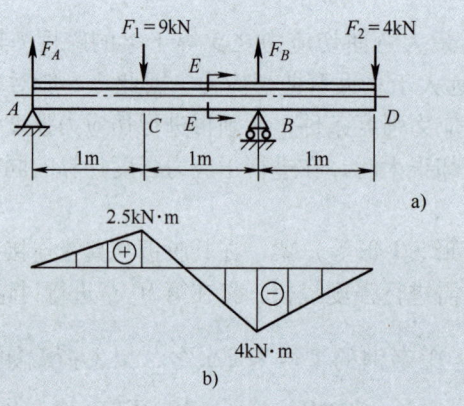

图 6-20

解：由静力平衡方程求出梁的支座约束力

$$F_A = 2.5\text{kN}, \quad F_B = 10.5\text{kN}$$

作弯矩图如图 6-20b 所示。

最大正弯矩在截面 C 上，$M_C = 2.5\text{kN}\cdot\text{m}$，最大负弯矩在截面 B 上，$M_B = -4\text{kN}\cdot\text{m}$。T 形截面对中性轴不对称，同一截面上的最大拉应力和压应力并不相等。在截面 B 上，弯矩是负的，最大拉应力发生于上边缘各点，且

$$\sigma_t = \frac{M_B y_1}{I_z} = \frac{4\times 10^3 \times 52 \times 10^{-3}}{763\times(10^{-2})^4}\text{Pa} = 27.2\text{MPa}$$

最大压应力发生于下边缘各点，且

$$\sigma_c = \frac{M_B y_2}{I_z} = \frac{40\times 10^3 \times (120+20-52)\times 10^{-3}}{763\times(10^{-2})^4}\text{Pa} = 46.2\text{MPa}$$

在截面 C 上，虽然弯矩 M_C 的绝对值小于 M_B，但 M_C 为正弯矩，最大拉应力发生于截面的下边缘各点，而这些点到中性轴的距离却比较远，因而就有可能发生比截面 B 还要大的拉应力，其值为

$$\sigma_t = \frac{M_C y_2}{I_z} = \frac{2.5\times 10^3 \times (120+20-52)\times 10^{-3}}{763\times(10^{-2})^4}\text{Pa} = 28.8\text{MPa}$$

所以，最大拉应力发生在截面 C 的下边缘各点处，但从所得结果看出，无论是最大拉应力或最大压应力都未超过许用应力，强度条件是满足的。

由例 6-8 可见，当截面上的中性轴为非对称轴，且材料的抗拉、抗压许用应力数值不等时，最大正弯矩、最大负弯矩所在的两个截面均可能为危险截面，因而均应进行强度校核。

【例 6-9】 如图 6-21a 所示起重机下的梁由两根工字钢组成，起重机自重 $Q = 50\text{kN}$，起重量 $P = 10\text{kN}$。许用应力 $[\sigma] = 160\text{MPa}$，$[\tau] = 100\text{MPa}$。若不考虑梁的自重，试按正应力强度条件选定工字钢型号，然后再按剪应力强度条件进行校核。

解：(1) 分析起重机的受力

由平衡方程求得 C 和 D 的约束反力

$$F_C = 10\text{kN}, \quad F_D = 50\text{kN}$$

(2) 分析梁的受力，如图 6-21b 所示

由平衡方程求得 A 和 B 的约束反力

$$F_A = 50 - 6x, \quad F_B = 10 + 6x$$

(3) 确定梁内发生最大弯矩时，起重机的位置及最大弯矩值（见图 6-21c）

C 截面

$$M_C(x) = (50 - 6x)x$$

$$\frac{\text{d}M_C(x)}{\text{d}x} = 50 - 12x = 0$$

$$x = 4.17\text{m}$$

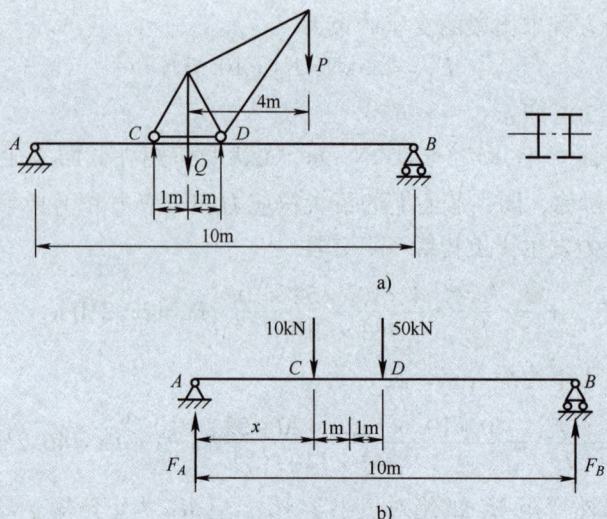

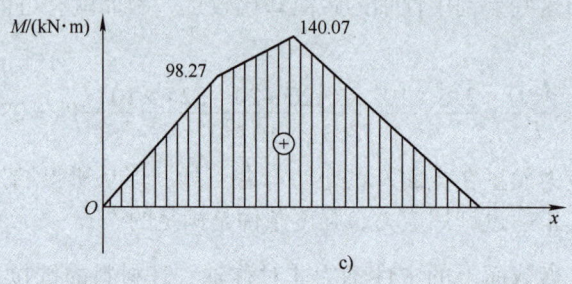

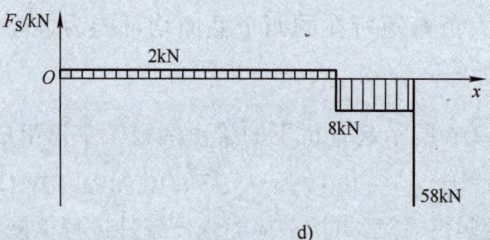

图 6-21

此时 C 和 D 截面的弯矩为

$$M_C = 104.25 \text{kN} \cdot \text{m}, \quad M_D = 134.05 \text{kN} \cdot \text{m}$$

D 截面

$$M_D(x) = (10 + 6x)(8 - x)$$

$$\frac{\mathrm{d}M_D(x)}{\mathrm{d}x} = 38 - 12x = 0$$

$$x = 3.17 \text{m}$$

此时 C 和 D 截面的弯矩

$$M_C = 98.27 \text{kN} \cdot \text{m}, \quad M_D = 140.07 \text{kN} \cdot \text{m}$$

由此,求得最大弯矩值为

$$M_{\max} = 140.07 \text{kN} \cdot \text{m}$$

(4) 按最大正应力强度条件设计

由

$$\sigma_{\max} = \frac{M_{\max}}{2W} \leqslant [\sigma]$$

求得

$$W \geqslant \frac{M_{\max}}{2[\sigma]} = \frac{140.07 \times 10^3}{2 \times 160 \times 10^6} \mathrm{m}^3 = 438 \mathrm{cm}^3$$

查附录型钢表得 25b 号工字钢的 $W = 423 \mathrm{cm}^3$，并查得

$$b = 10 \mathrm{mm}, \frac{I_z}{S^*_{z\max}} = 21.3 \mathrm{cm}$$

(5) 按剪应力强度校核

当起重机行进到最右边（$x = 8\mathrm{m}$）时，梁内剪力最大，其值为

$$F_{S\max} = 58 \mathrm{kN}$$

剪应力强度计算

$$\tau_{\max} = \frac{F_{S\max} S^*_{z\max}}{2 b I_z} = \frac{58 \times 10^3}{2 \times 0.01 \times 0.213} \mathrm{Pa} = 13.6 \mathrm{MPa} < [\tau]$$

因此，剪应力强度足够（见图 6-21d）。

6.4 提高弯曲强度的一些措施

前面曾经指出，弯曲正应力是控制抗弯强度的主要因素。因此，讨论提高梁抗弯强度的措施，应以弯曲正应力强度条件为主要依据。由正应力强度条件式（6-30）和式（6-31）可以看出，为了提高梁的强度，可以从以下三方面考虑。

6.4.1 合理安排梁的支座和载荷

从正应力强度条件可以看出，在抗弯截面系数 W_z 不变的情况下，$M_{\max}$ 越小，梁的最大工作应力越小，梁的承载能力越高。因此，应合理地安排梁的支承及加载方式，以减小最大弯矩值。例如图 6-22a 所示简支梁，受均布载荷 q 作用，梁的最大弯矩为 $M_{\max} = \frac{1}{8} q l^2$，如图 6-22b 所示。

如果将梁两端的铰支座各向内移动 $0.2l$，如图 6-22c 所示，则最大弯矩变为 $M_{\max} = \frac{1}{40} q l^2$，如图 6-22d 所示，仅为前者的 1/5。

由此可见，在可能的条件下，适当地调整梁的支座位置可以降低最大弯矩值，提高梁的承载能力。例如，门式起重机的大梁图 6-23a、锅炉筒体图 6-23b 等，就是采用上述措施，以达到提高强度，节省材料的目的。

再如，如图 6-24a 所示的简支梁 AB，在集中力 F 作用下梁的最大弯矩为

$$M_{\max} = \frac{1}{4} F l$$

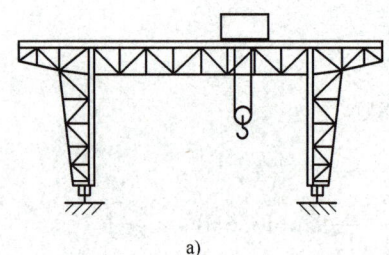
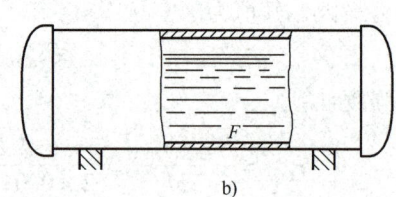

图 6-22

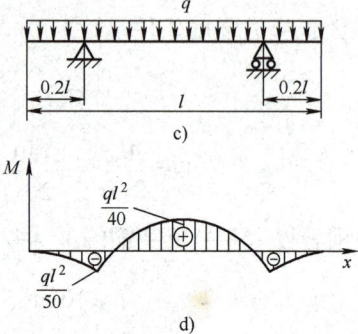

图 6-23

如果在梁的中部安置一长为 $l/2$ 的辅助梁 CD（见图 6-24b），使集中载荷 F 分散成两个 $F/2$ 的集中载荷作用在 AB 梁上，此时梁 AB 内的最大弯矩为

$$M_{max} = \frac{1}{8}Fl$$

如果将集中载荷 F 靠近支座，如图（见图 6-24c）所示，则梁 AB 上的最大弯矩为

$$M_{max} = \frac{5}{36}Fl$$

由上例可见，使集中载荷适当分散和使集中载荷尽可能靠近支座均能达到降低最大弯矩的目的。

6.4.2 采用合理的截面形状

由正应力强度条件可知，梁的抗弯能力还取决于抗弯截面系数 W_z。为提高梁的抗弯强度，应找到一个合理的截面以达到既提高强度又节省材料的目的。在截面积一定的情况下，抗弯截面系数越大，梁的承载能力越强，因此比值 $\dfrac{W_z}{A}$ 可作为衡量截面是否合理的依据，$\dfrac{W_z}{A}$ 越

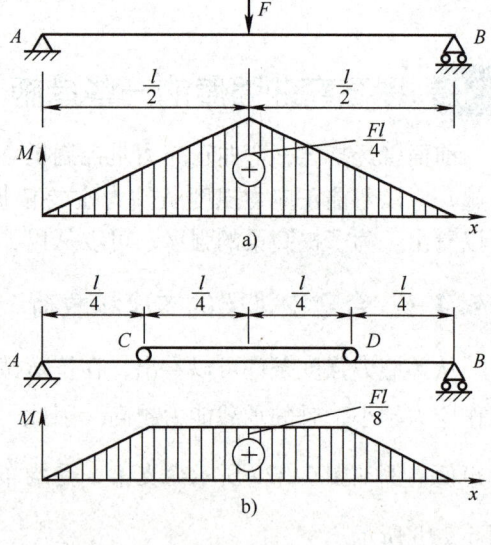
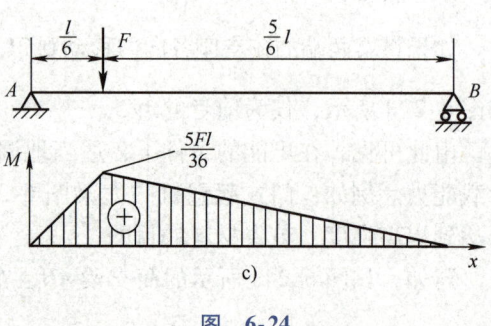

图 6-24

大，截面越趋于合理。例如，图 6-25 中所示的尺寸及材料完全相同的两个矩形截面悬臂梁，由于安放方式不同，抗弯能力也不同。竖放时

$$\frac{W_z}{A} = \frac{\frac{bh^2}{6}}{bh} = \frac{h}{6}$$

平放时

$$\frac{W_z}{A} = \frac{\frac{b^2 h}{6}}{bh} = \frac{b}{6}$$

当 $h > b$ 时，竖放时的 $\frac{W_z}{A}$ 大于平放时的 $\frac{W_z}{A}$，故矩形截面梁竖放比平放更为合理。在房屋建筑中，矩形截面梁几乎均是竖放的，道理就在于此。

表 6-1 列出了几种常用截面形状的 $\frac{W_z}{A}$ 值，由此看出，工字形截面和槽形截面最为合理，而圆形截面是其中最差的一种，从弯曲正应力的分布规律来看，也容易理解这一事实。以图 6-26 所示截面面积、高度均相等的矩形截面及工字形截面梁为例进行说明：梁横截面上的正应力是按线性规律分布的，离中性轴越远，正应力越大。工字形截面有较多面积分布在距中性轴较远处，有较大的应力，而矩形截面有较多面积分布在中性轴附近，有较小的应力。因此，当两种截面上的最大应力相同时，工字形截面上的应力所形成的弯矩将大于矩形截面上的弯矩。即在许用应力相同的条件下，工字形截面抗弯能力较大。同理，圆形截面由于大部分面积分布在中性轴附近，其抗弯能力则更差。

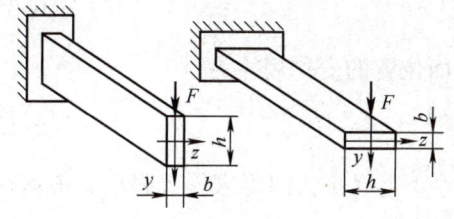

图 6-25

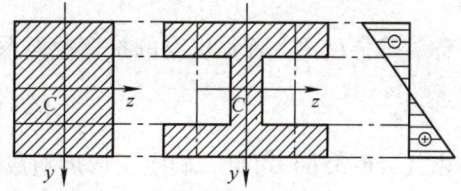

图 6-26

表 6-1 几种常用截面形状的 W_z/A 值

截面形状	矩形	圆形	槽形	工字形
W_z/A	$0.167h$	$0.125d$	$(0.27 \sim 0.31)h$	$(0.27 \sim 0.31)h$

以上是从抗弯强度的角度讨论问题。工程实际中选用梁的合理截面，还必须综合考虑刚度、稳定性，以及结构、工艺等方面的要求，才能最后确定。

在讨论截面的合理形状时，还应考虑材料的特性。对于抗拉和抗压强度相等的材料，如各种钢材，宜采用对称于中性轴的截面，如圆形、矩形和工字形等。这种横截面上、下边缘最大拉应力和最大压应力数值相同，可同时达到许用应力值。对抗拉和抗压强度不相等的材料，如铸铁，则宜采用非对称于中性轴的截面，如图 6-27 所示。我们知道铸铁之类的脆性材料，其抗拉能力低于抗压能力，所以在设计梁的截面时，应使中性轴偏于受拉应力一侧，通过调整截面尺寸，如能使受拉最远点离中性轴的距离 y_1 和受压最远点距离 y_2 之比接近下列关系：

$$\frac{\sigma_{\text{tmax}}}{\sigma_{\text{cmax}}} = \frac{M_{\max} y_1}{I_z} \bigg/ \frac{M_{\max} y_2}{I_z} = \frac{y_1}{y_2} = \frac{[\sigma_t]}{[\sigma_c]}$$

则最大拉应力和最大压应力可同时接近许用应力，梁的承载能力得到充分利用。式中，$[\sigma_t]$、$[\sigma_c]$ 分别为拉伸和压缩许用应力。

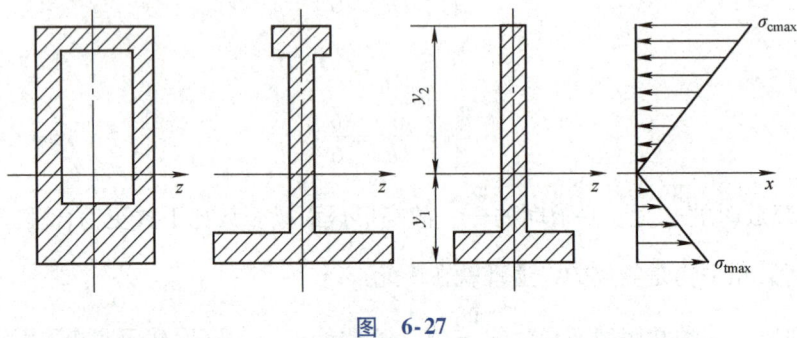

图 6-27

6.4.3 采用等强度梁

横力弯曲时，梁的弯矩是随截面位置而变化的，若按式（6-31）设计成等截面的梁，则除最大弯矩所在截面外，其他各截面上的正应力均未达到许用应力值，材料强度得不到充分发挥。为了减少材料消耗、减轻重量，可把梁制成变截面梁。若截面变化比较平缓，前述弯曲应力计算公式仍可近似使用。当变截面梁各横截面上的最大弯曲正应力相同，并与许用应力相等时，即满足

$$\sigma_{\max} = \frac{M(x)}{W(x)} = [\sigma] \tag{6-35a}$$

时，称为等强度梁。等强度梁的抗弯截面系数随截面位置的变化规律为

$$W_z(x) = \frac{M(x)}{[\sigma]} \tag{6-35b}$$

由式（6-35b）可见，确定了弯矩随截面位置的变化规律，即可求得等强度梁横截面的变化规律，下面举例说明。

设图 6-28a 所示受集中力 F 作用的简支梁为矩形截面的等强度梁，若截面高度 h = 常量，则宽度 b 为截面位置 x 的函数，$b = b(x)$，矩形截面的抗弯截面系数为

$$W_z(x) = \frac{b(x)h^2}{6}$$

弯矩方程式为

$$M(x) = \frac{F}{2}x \qquad \left(0 \leqslant x \leqslant \frac{L}{2}\right)$$

将以上两式代入式（6-35b），化简可得

$$b(x) = \frac{3F}{h^2[\sigma]} x \tag{a}$$

可见，截面宽度 $b(x)$ 为 x 的线性函数。由于约束与载荷均对称于跨度中点，因而截面沿轴向的变化情况也对跨度

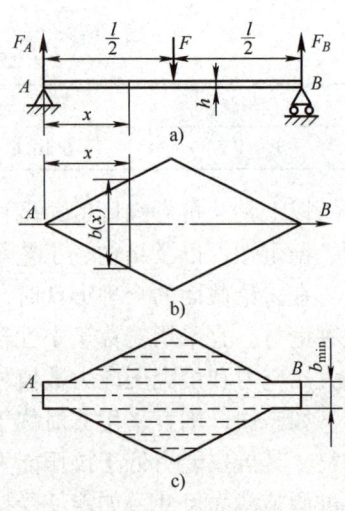

图 6-28

中点对称（见图 6-28b）。在左、右两个端点处截面宽度 $b(x)=0$，这显然不能满足抗剪强度要求。为了能够承受切应力，梁两端的截面应不小于某一最小宽度 b_{min}，见图 6-28c。由弯曲切应力强度条件

$$\tau_{max} = \frac{3}{2}\frac{F_{Smax}}{A} = \frac{3}{2}\frac{\frac{F}{2}}{b_{min}h} \leq [\tau]$$

得

$$b_{min} = \frac{3F}{4h[\tau]} \quad (b)$$

若设想把这一等强度梁分成若干狭条，然后叠置起来，并使其略微拱起，这就是汽车以及其他车辆上经常使用的叠板弹簧，如图 6-29 所示。

若上述矩形截面等强度梁的截面宽度 b 为常数，而高度 h 为 x 的函数，即 $h=h(x)$，用相同的方法可以求得

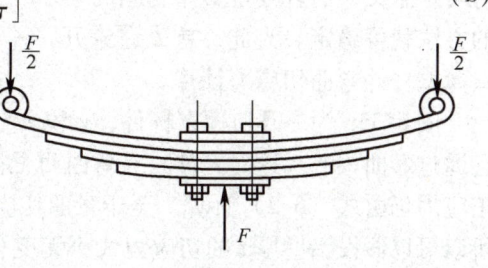

图 6-29

$$h(x) = \sqrt{\frac{3Fx}{b[\sigma]}} \quad (c)$$

$$h_{min} = \frac{3F}{4b[\tau]} \quad (d)$$

按式（c）和式（d）确定的梁形状如图 6-30a 所示。如把梁制作成图 6-30b 所示的形式，就是厂房建筑中广泛使用的"鱼腹梁"。

使用式（6-17），也可求得圆截面等强度梁的截面直径沿轴线的变化规律。但考虑到加工的方便及结构上的要求，常用阶梯形状的变截面梁（阶梯轴）来代替理论上的等强度梁，如图 6-31 所示。

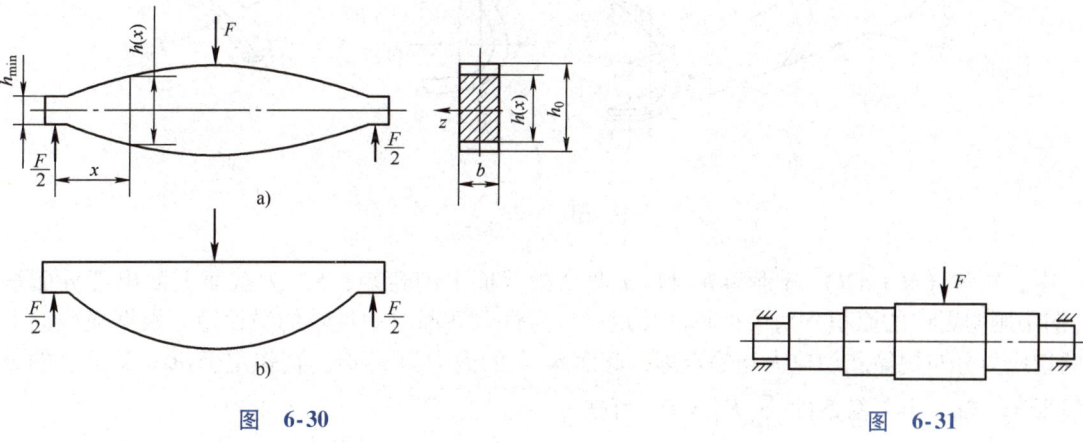

图 6-30

图 6-31

6.5 开口薄壁杆件的弯曲中心

在前面讨论中指出，当杆件有纵向对称面，且载荷也作用于对称面内时，杆件的变形是平面弯曲。对横截面非对称的杆件来说，即使横向力作用于形心主惯性平面内，杆件除弯

曲变形外，还将发生扭转变形，如图 6-32a 所示。只有当横向力的作用线平行于形心主惯性平面，且通过某一特定点 A 时，杆件才只有弯曲而无扭转图 6-32b，这一特定点 A 称为**弯曲中心**。

开口薄壁杆件的弯曲中心有较大的实际意义，而且其位置用材料力学的方法就可确定。为此，首先讨论开口薄壁杆件弯曲切应力计算。

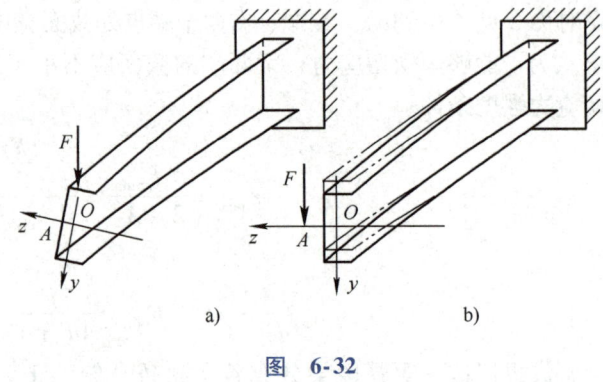

图 6-32

图 6-33a 为一开口薄壁杆件，y 和 z 为横截面的形心主惯性轴，设载荷 F 平行于 y 轴，且通过弯曲中心。这时杆件只有弯曲而无扭转，z 轴为弯曲变形的中性轴。横截面上的弯曲正应力仍由式（6-2）计算。至于弯曲切应力，由于杆件的壁厚 t 远小于横截面的其他尺寸，所以可以假设沿壁厚 t 的切应力大小无变化。又因杆件的内侧表面和外侧表面都为自由面，未作用任何与表面相切的载荷，所以横截面上的切应力应与截面的周边相切。以相距为 dx 的两个横截面和沿薄壁厚度 t 的纵向面，从杆中截出一部分 $abcd$，如图 6-33b、c。在这一部分的 ad 和 bc 面上作用着弯曲正应力，在底面 dc 上作用着切应力。这些应力的方向都平行于 x 轴。由 6.2 节所述方法，求得 bc 和 ad 面上的合力 F_{N1} 和 F_{N2} 分别为

$$F_{N1} = \frac{M}{I_z} S_z^*, \quad F_{N2} = \frac{M + dM}{I_z} S_z^*$$

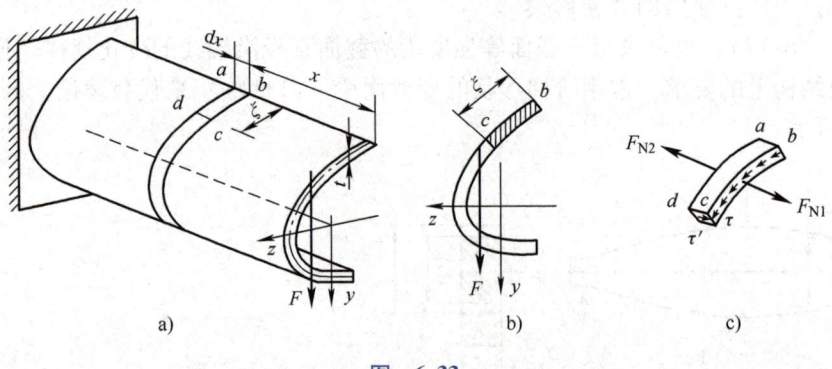

图 6-33

式中，M 和 $(M + dM)$ 分别为 bc 和 ad 两个横截面上的弯矩；S_z^* 为截面上截出部分面积（图中画阴影线的面积）对中性轴的静矩；I_z 为整个截面对中性轴的惯性矩。根据横截面上的切应力分布规律和切应力互等定理，底面 dc 上的内力为 $\tau' t dx$。把作用于 $abcd$ 部分上的力投影于 x 轴。由平衡条件 $\sum F_x = 0$，可知

$$F_{N2} - F_{N1} - \tau' t dx = 0$$

即

$$\frac{M + dM}{I_z} S_z^* - \frac{M}{I_z} S_z^* - \tau' t dx = 0$$

由此求得

$$\tau' = \frac{dM}{dx} \frac{S_z^*}{I_z t} = \frac{F_S S_z^*}{I_z t}$$

由切应力互等定理可知，τ' 等于横截面上距自由边缘为 ξ 处的切应力 τ，即

$$\tau = \frac{F_S S_z^*}{I_z t} \tag{6-36}$$

式 (6-36) 即为开口薄壁杆件弯曲切应力的计算公式。

求得开口薄壁杆件横截面上弯曲切应力后，就可以确定弯曲中心的位置。现以槽形截面为例，说明确定弯曲中心的方法。设槽形截面尺寸如图 6-34a 所示，且外力平行于 y 轴。当计算上翼缘距右边为 ξ 处的切应力 τ_1 时，有

$$S_z^* = \frac{\xi t h}{2}$$

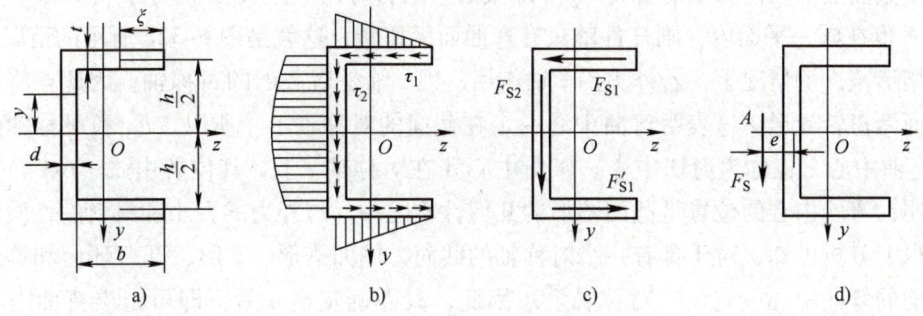

图 6-34

代入式 (6-36)，得

$$\tau_1 = \frac{F_S \xi h}{2 I_z} \tag{6-37}$$

可见，上翼缘上的切应力 τ_1，沿翼缘宽度按直线规律变化，见图 6-34b。

以 F_{S1} 代表上翼缘上切向内力系的合力，则

$$F_{S1} = \int_{A_1} \tau_1 dA = \int_0^b \frac{F_S \xi h}{2 I_z} t d\xi = \frac{F_S b^2 h t}{4 I_z} \tag{a}$$

用同样的方法可以求得下翼缘上的内力 F'_{S1}。F'_{S1} 与 F_{S1} 大小相等，但方向相反。计算腹板上距中性轴为 y 处的切应力 τ_2 时

$$S_z^* = \frac{b t h}{2} + \frac{d}{2}\left(\frac{h^2}{4} - y^2\right)$$

代入式 (6-36)，得

$$\tau_2 = \frac{F_S}{I_z d}\left[\frac{b t h}{2} + \frac{d}{2}\left(\frac{h^2}{4} - y^2\right)\right]$$

可见腹板上切应力 τ_2 沿高度按抛物线规律变化。以 F_{S2} 代表腹板上切向内力系的合力，则

$$F_{S2} = \int_{-\frac{h}{2}}^{\frac{h}{2}} \frac{F_S}{I_z d}\left[\frac{b t h}{2} + \frac{d}{2}\left(\frac{h^2}{4} - y^2\right)\right] d d y = \frac{F_S}{I_z}\left(\frac{b t h^2}{2} + \frac{d h^3}{12}\right)$$

槽形截面对中性轴 z 的惯性矩 I_z 约为

$$I_z \approx \frac{b t h^2}{2} + \frac{d h^3}{12}$$

以 I_z 代入上式，得

$$F_{S2} = F_S \qquad (b)$$

至此，我们已经求得了截面上的三个切向内力 F_{S1}、F'_{S1} 和 F_{S2}，见图 6-34c。F_{S1} 和 F'_{S1} 组成力偶矩 $F_{S1}h$，将 F_{S1}、F'_{S1} 与 F_{S2} 合并，得到内力系的最终合力。这一合力仍等于 F_{S2}（$F_{S2} = F_S$），只是作用线向左平移了一个距离 e。如对腹板中线与 z 轴的交点取矩，由合力矩定理知

$$F_{S1}h = F_S e$$

以式（a）代入上式，得

$$e = \frac{F_{S1}h}{F_S} = \frac{b^2 h^2 t}{4I_z} \qquad (6\text{-}38)$$

由于截面上切向内力系的合力 F_S（即截面上的剪力）在距腹板中线为 e 的纵向平面内，如外力 F 也在同一平面内，则杆件就只有弯曲而无扭转，这就是图 6-32b 所示的情况。

在槽形截面的情况下，若外力沿 z 轴作用，因 z 轴是横截面的对称轴，因此杆将产生平面弯曲而无扭转变形。这表明弯曲中心一定在截面的对称轴上。所以，F_S 和对称轴的交点 A 即为弯曲中心，也称为剪切中心。弯曲中心 A 在对称轴 z 上，其位置由式（6-24）确定。该式表明，弯曲中心的位置是截面图形的几何性质之一，与外力的大小和材料的性质无关。

由以上分析可知，对于具有一个对称轴的截面，例如槽形、T 形、开口环形和等边角钢等，截面的弯曲中心一定位于对称轴上。因此，只要确定出 e 后，即可定出弯曲中心的位置。对于具有两个对称轴的截面，如矩形、圆形和工字形等，弯曲中心必在两对称轴的交点上，即截面形心和弯曲中心重合。若截面为反对称，如 Z 形截面，则弯曲中心必在反对称的中点，也与形心重合。表 6-2 给出了几种常见开口薄壁截面梁弯曲中心的位置。

表 6-2 开口薄壁截面梁弯曲中心的位置

截面形状	工字形	不对称工字形	槽形
弯曲中心	与截面形心重合	$e = \dfrac{t_2 b_2^3 h}{t_1 b_1^3 + t_2 b_2^3}$	$e = \dfrac{t^2 h^2}{4I_z}$
截面形状	Z 形		圆弧形
弯曲中心	与截面形心重合		$e = 2R\dfrac{\sin\alpha - \alpha\cos\alpha}{\alpha - \sin\alpha\cos\alpha}$

综上所述，当外力通过弯曲中心时，无论是平行于 y 轴或沿着 z 轴，外力和横截面上的剪力在同一纵向平面内，杆件只有弯曲变形。反之，若外力 F 不通过弯曲中心，这时把外

力向弯曲中心简化，将得到一个通过弯曲中心的力 F 和一个扭转力偶矩。通过弯曲中心的横向力 F 仍引起上述弯曲变形，而扭转力偶矩却将引起杆件的扭转变形，这就是图 6-32a 所表示的情况。

对实体截面或闭口薄壁截面杆件，因其弯曲中心和形心重合或靠近形心，且切应力数值通常又较小，所以不必考虑弯曲中心的位置。但对于开口薄壁截面杆件，因其承受扭转变形的能力很差，所以外力的作用线应尽可能通过弯曲中心，以避免产生扭转变形。因此，确定开口薄壁杆件弯曲中心的位置，具有较重要的实际意义。

【例 6-10】 试确定图 6-35a 所示开口薄壁截面的弯曲中心，设截面中线为圆周的一部分。

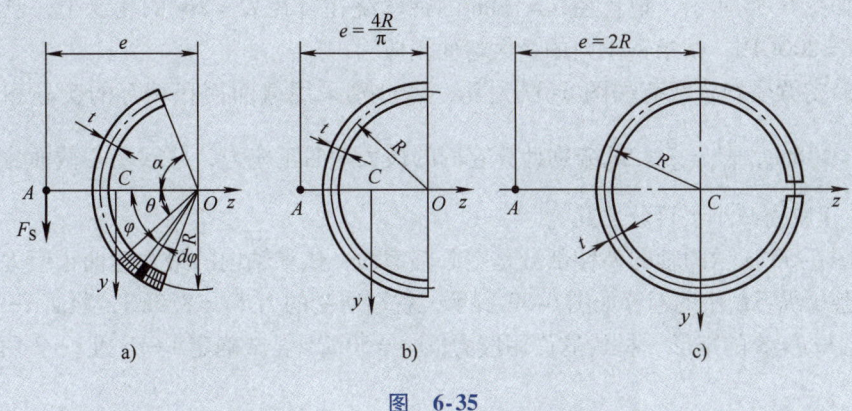

图 6-35

解：以截面的对称轴为 z 轴，y、z 轴为形心主惯性轴，因而弯曲中心 A 必在 z 轴上。设剪力 F_S 过弯曲中心 A，且平行于 y 轴。用与 z 轴夹角为 θ 的半径截取部分面积 A_1，其对 z 轴的静矩为

$$S_z^* = \int_{A_1} y \mathrm{d}A = 2\int_\theta^\alpha R\sin(\varphi t) R \mathrm{d}\varphi = tR^2(\cos\theta - \cos\alpha)$$

整个截面对 z 轴的惯性矩为

$$I_z = \int_A y^2 \mathrm{d}A = 2\int_{-\alpha}^\alpha (R\sin\varphi)^2 tR\mathrm{d}\varphi = tR^3(\alpha - \sin\alpha\cos\alpha)$$

代入式 (6-23)，得

$$\tau = \frac{F_S(\cos\theta - \cos\alpha)}{tR(\alpha - \sin\alpha\cos\alpha)}$$

以圆心为力矩中心，由合力矩定理

$$F_S e = \int_A R\tau \mathrm{d}A = \int_{-\alpha}^\alpha R \frac{F_S(\cos\theta - \cos\alpha)}{tR(\alpha - \sin\alpha\cos\alpha)} tR\mathrm{d}\theta$$

积分后求得

$$e = 2R\frac{\sin\alpha - \alpha\cos\alpha}{\alpha - \sin\alpha\cos\alpha} \tag{a}$$

当 $\alpha = \dfrac{\pi}{2}$ 时，得到半圆形开口薄壁截面如图 6-35b 所示，此时由式（a）得

$$e = \dfrac{4R}{\pi}$$

当 $\alpha = \pi$ 时，得到圆形开口薄壁截面如图 6-35c 所示，此时由式（a）得
$$e = 2R$$

习 题

6-1 如图 6-36 所示，把直径 $d = 1\text{mm}$ 的钢丝绕在直径 $D = 2\text{m}$ 的轮缘上，已知材料的弹性模量 $E = 200\text{GPa}$，试求钢丝内的最大弯曲正应力。

6-2 简支梁受均布载荷如图 6-37 所示。若分别采用截面面积相等的实心和空心圆截面，且 $D_1 = 40\text{mm}$，$\dfrac{d_2}{D_2} = \dfrac{3}{5}$。试分别计算它们的最大弯曲正应力，并问空心截面比实心截面的最大弯曲正应力减小了百分之几？

6-3 图 6-38 所示圆轴的外伸部分是空心圆截面，试求轴内的最大弯曲正应力。

6-4 某操纵系统中的摇臂如图 6-39 所示，右端所受的力 $F_1 = 8.5\text{kN}$，截面 1—1 和 2—2 均为高度比 $h/b = 3$ 的矩形，材料的许用应力 $[\sigma] = 50\text{MPa}$。试确定 1—1 和 2—2 两个横截面的尺寸。

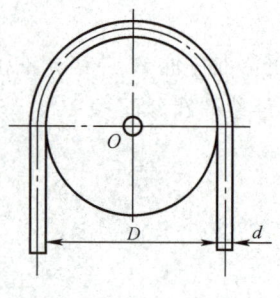

图 6-36　习题 6-1 图

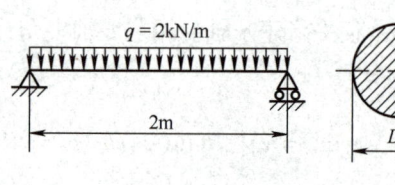

图 6-37　习题 6-2 图

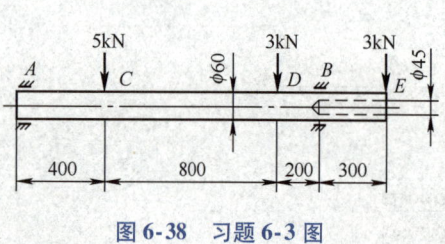

图 6-38　习题 6-3 图

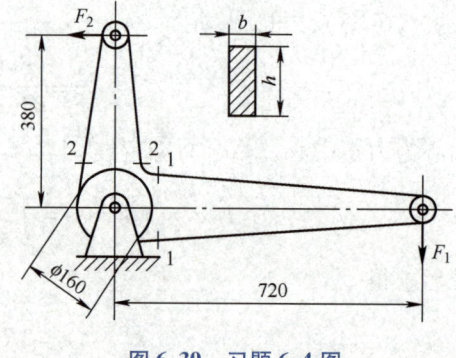

图 6-39　习题 6-4 图

6-5 如图 6-40 所示，桥式起重机大梁 AB 的跨长 $l=16\text{m}$，原设计最大起重量为 100kN。若在大梁上距 B 端为 x 的 C 点悬挂一根钢索，绕过装在重物上的滑轮，将另一端再挂在吊车的吊钩上。使吊车驶到 C 的对称位置 D。这样就可吊运 150kN 的重物。试问 x 的最大值等于多少，设只考虑大梁的正应力强度。

6-6 图 6-41 所示轧辊轴直径 $D=280\text{mm}$，$L=1000\text{mm}$，$l=450\text{mm}$，$b=100\text{mm}$，轧辊材料的弯曲许用应力 $[\sigma]=100\text{MP}$。试求轧辊能承受的最大轧制力 $F(F=qb)$。

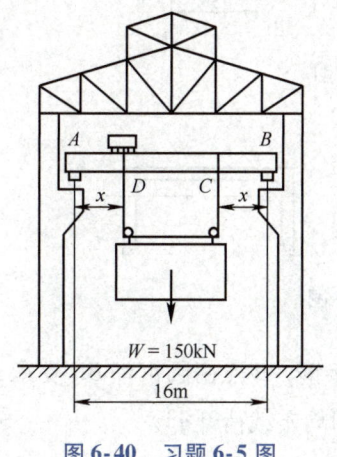

图 6-40 习题 6-5 图

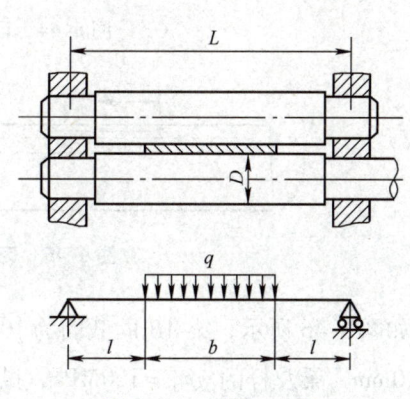

图 6-41 习题 6-6 图

6-7 割刀在切割工件时，受到 $F=1\text{kN}$ 的切削力作用。割刀尺寸如图 6-42 所示。试求割刀内的最大弯曲正应力。

6-8 图 6-43 所示为一承受纯弯曲的铸铁梁，其截面为⊥形，材料的拉伸和压缩许用应力之比 $\dfrac{[\sigma_t]}{[\sigma_c]}=1/4$。求水平翼板的合理宽度。

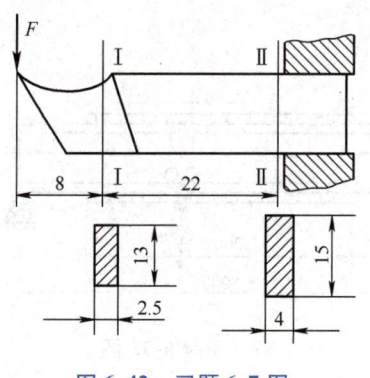

图 6-42 习题 6-7 图

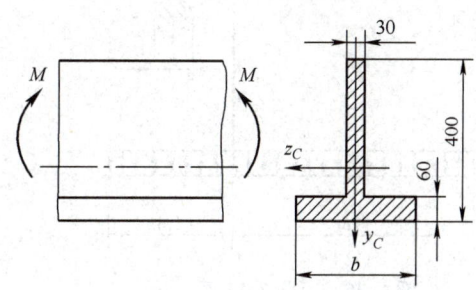

图 6-43 习题 6-8 图

6-9 ⊥形截面铸铁悬臂梁，尺寸及载荷如图 6-44 所示。若材料的拉伸许用应力 $[\sigma_t]=40\text{MPa}$，压缩许用应力 $[\sigma_c]=160\text{MPa}$，截面对形心轴 z_C 的惯性矩 $I_{zC}=10180\text{cm}^4$，$h_1=9.64\text{cm}$，试计算该梁的许可载荷 F。

6-10 如图 6-45 所示，当 20 号槽钢受纯弯曲变形时，测出 A、D 两点间长度的改变 $\Delta l=27\times10^{-3}\text{mm}$ 材料的 $E=200\text{GPa}$，试求梁截面上的弯矩 M。

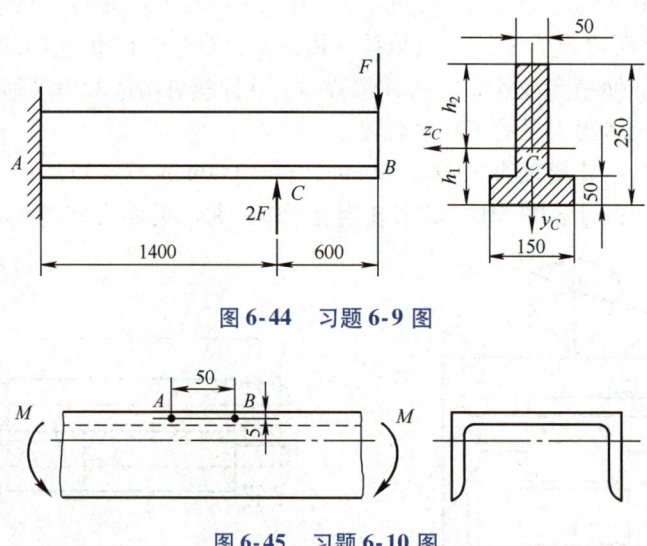

图 6-44 习题 6-9 图

图 6-45 习题 6-10 图

6-11 如图 6-46 所示,梁 AB 的截面为 10 号工字钢,B 点由圆钢杆 BC 支承,已知圆杆的直径 $d=20$mm,梁及杆的 $[\sigma]=160$MPa,试求许用均布载荷 $[q]$。

6-12 某吊车用 28b 号工字钢制成,其上、下各焊有 75mm×6mm×5200mm 的钢板,如图 6-47 所示。已知 $[\sigma]=100$MPa,试求吊车的许用载荷 F。

6-13 如图 6-48 所示,设梁的横截面为矩形,高为 300mm,宽为 50mm,截面上正弯矩的数值为 240kN·m。材料的抗拉弹性模量 E_t 为抗压弹性模量 E_c 的 1.5 倍。若应力未超过材料的比例极限,试求最大拉应力与最大压应力。

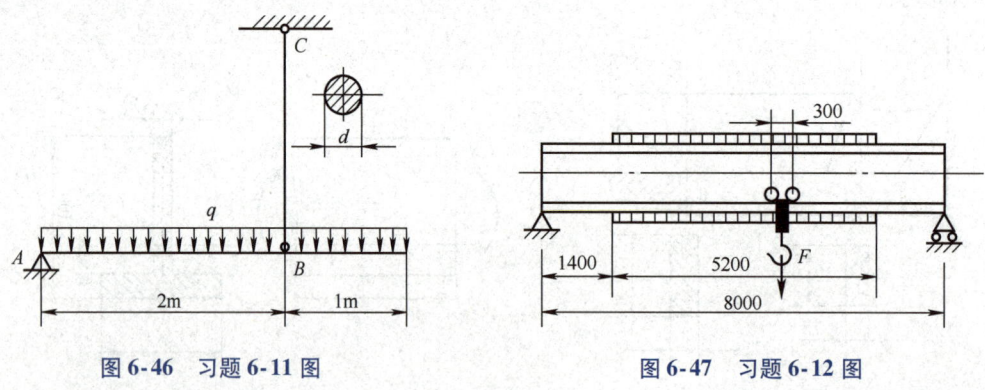

图 6-46 习题 6-11 图

图 6-47 习题 6-12 图

6-14 铸铁梁的载荷及横截面尺寸如图 6-49 所示。许用拉应力 $[\sigma_t]=40$MPa,许用压应力 $[\sigma_c]=160$MPa。试按正应力强度条件校核梁的强度。若载荷不变,但将 T 形横截面倒置,即成为⊥形,是否合理?为什么?

6-15 图 6-50 所示为一用钢板加固的木梁。已知木材的弹性模量 $E_1=10$GPa,钢的弹性模量 $E_2=210$GPa,若木梁与钢板之间不能相互滑动,试求木材及钢板中的最大正应力。

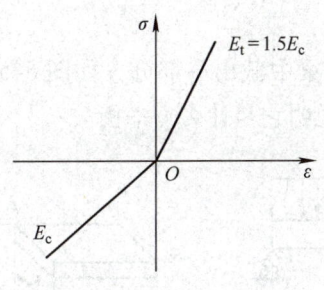
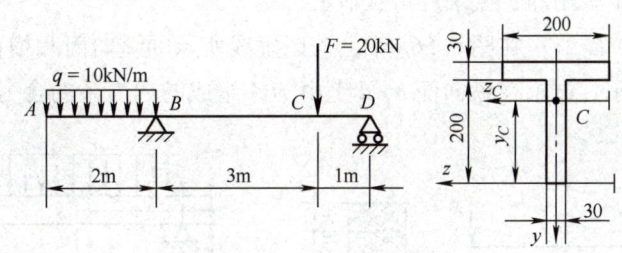

图 6-48　习题 6-13 图　　　　　　　图 6-49　习题 6-14 图

6-16　图 6-51 所示为用两根尺寸、材料均相同的矩形截面直杆组成的悬臂梁，试求下列两种情况下梁所能承受的均布载荷集度的比值：

（1）两杆固结成整体。

（2）两杆叠置在一起，交界面上摩擦可忽略不计。

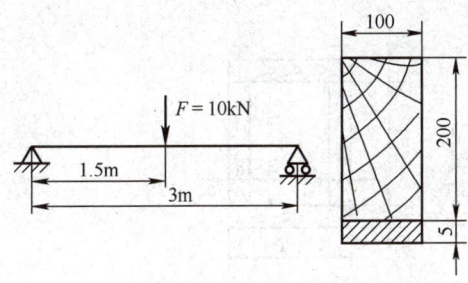
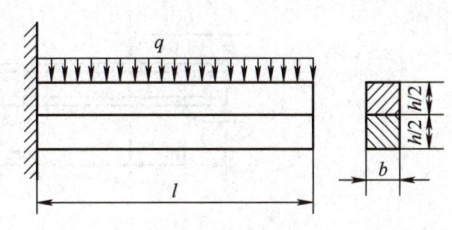

图 6-50　习题 6-15 图　　　　　　　图 6-51　习题 6-16 图

6-17　试计算图 6-52 所示矩形截面简支梁的 1—1 截面上 a、b 点的正应力和切应力。

6-18　图 6-53 所示圆形截面简支梁，受均布载荷作用。试计算梁内的最大弯曲正应力和最大弯曲切应力，并指出它们发生于何处。

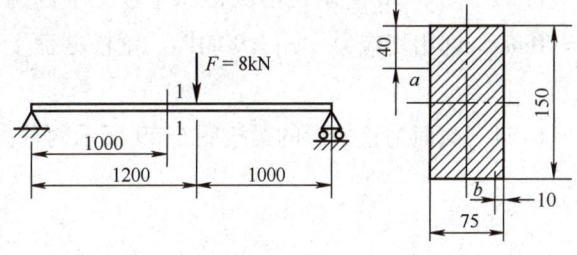

图 6-52　习题 6-17 图

6-19　试计算图 6-54 所示工字形截面梁内的最大正应力和最大切应力。

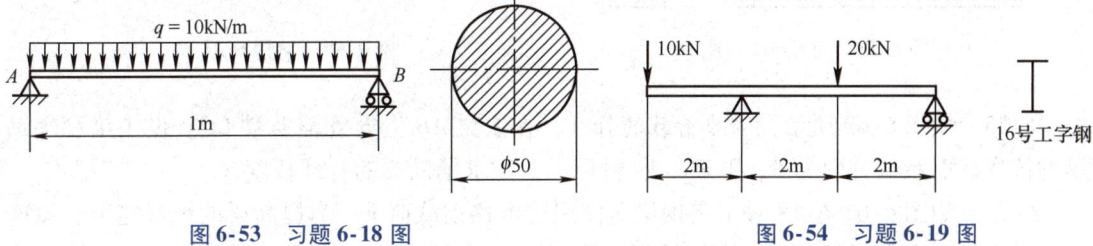

图 6-53　习题 6-18 图　　　　　　　图 6-54　习题 6-19 图

6-20　由三根木条胶合而成的悬臂梁截面尺寸如图 6-55 所示。跨度 $l = 1\text{m}$。若胶合面上的许用切应力为 $[\tau] = 0.34\text{MPa}$，木材的许用弯曲正应力 $[\sigma] = 10\text{MPa}$，许用切应力为

$[\tau] = 1\text{MPa}$,试求许可载荷 F。

6-21 在图 6-56a 中,若以虚线所示的纵向面和横向面从梁中截出一部分,如图 6-56b 所示,试求在纵向面 $abcd$ 上由 τdA 组成的内力系的合力,并说明它与什么力平衡。

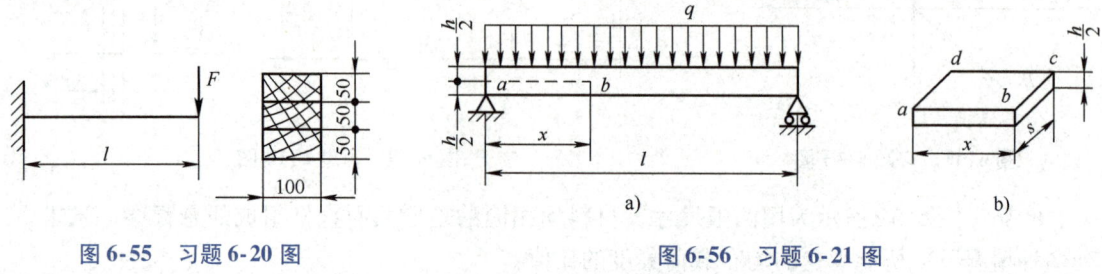

图 6-55 习题 6-20 图 图 6-56 习题 6-21 图

6-22 设 $F = 5.5\text{kN}$,用螺钉将四块木板连接而成的箱形梁如图 6-57 所示。每块木板的横截面都为 $150\text{mm} \times 25\text{mm}$。若每一螺钉的许可剪力为 11kN,试确定螺钉的间距 t。

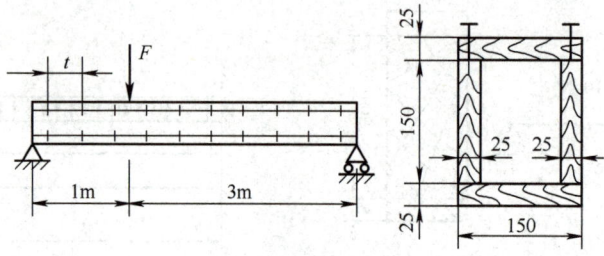

图 6-57 习题 6-22 图

6-23 图 6-58 所示梁由两根 36a 号工字钢铆接而成。铆钉的间距为 $s = 150\text{mm}$,直径 $d = 20\text{mm}$,许用切应力 $[\tau] = 90\text{MPa}$。梁横截面上的剪力 $F_S = 40\text{kN}$,试校核该铆钉的剪切强度。

6-24 截面为正方形的梁按图 6-59 所示两种方式放置。试问按哪种方式比较合理?

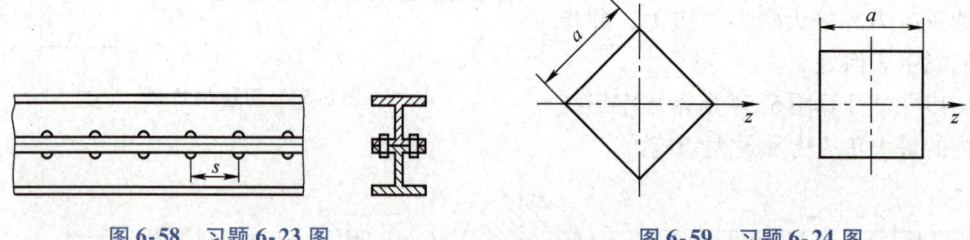

图 6-58 习题 6-23 图 图 6-59 习题 6-24 图

6-25 如图 6-60 所示,为改善载荷分布,在主梁 AB 上安置辅助梁 CD。设主梁和辅助梁的抗弯截面系数分别为 W_1 和 W_2,材料相同,试求辅助梁的合理长度 a。

6-26 如图 6-61 在 18 号工字钢梁上作用着可移动载荷 F。为提高梁的承载能力,试确定 a 和 b 的合理数值及相应的许可载荷。已知 $[\sigma] = 160\text{MPa}$。

6-27 我国制造规范中,对矩形截面梁给出的尺寸比例为 $h:b = 3:2$,如图 6-62 所示。试用弯曲正应力强度证明:从圆木锯出的矩形截面梁,上述尺寸比例接近最佳比值。

习 题

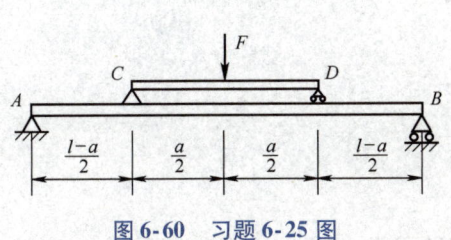

图 6-60 习题 6-25 图

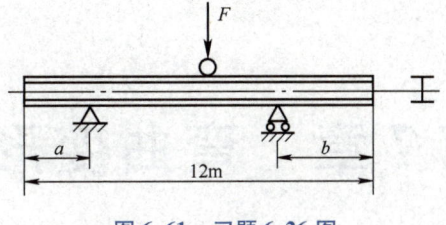

图 6-61 习题 6-26 图

6-28 均布载荷作用下的简支梁由圆管及实心圆杆套合而成，如图 6-63 所示。变形后两杆仍密切接触。两杆材料的弹性模量分别为 E_1 和 E_2，且 $E_1 = 2E_2$。试求两杆各自承担的弯矩。

6-29 如图 6-64 所示，以 F 力将置放于地面的钢筋提起。若钢筋单位长度的重量为 Q，当 $b = 2a$ 时，试求所需的力 F。

6-30 试判断图 6-65 所示各截面的切应力流的方向和弯曲中心的大致位置。设剪力 F_S 铅垂向下。

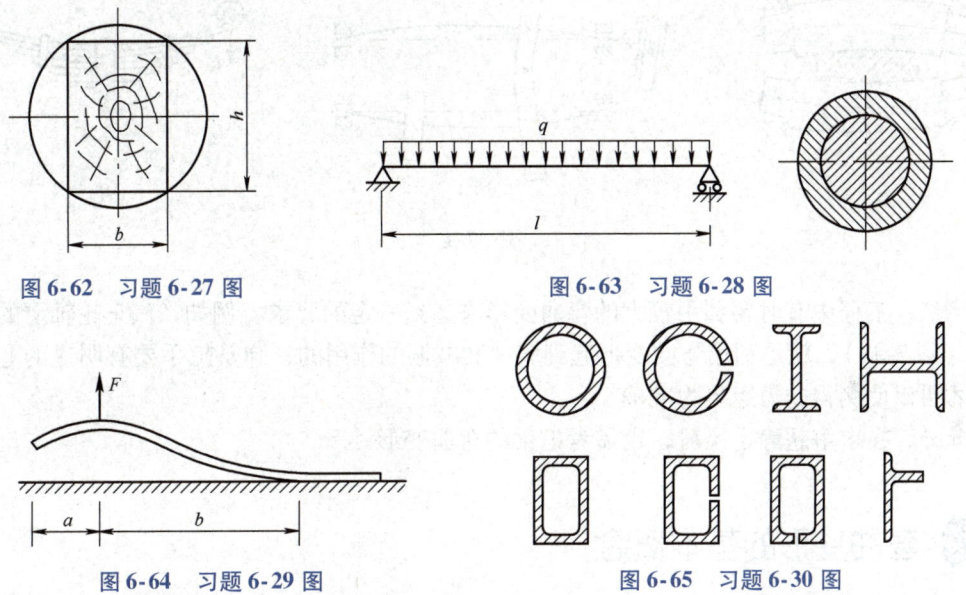

图 6-62 习题 6-27 图

图 6-63 习题 6-28 图

图 6-64 习题 6-29 图

图 6-65 习题 6-30 图

6-31 试确定图 6-66 所示箱形开口薄壁截面梁弯曲中心 A 的位置。设截面的壁厚 t 为常量，且壁厚及开口切缝都很小。

6-32 试确定图 6-67 所示薄壁截面梁弯曲中心 A 的位置，设壁厚 t 为常量。

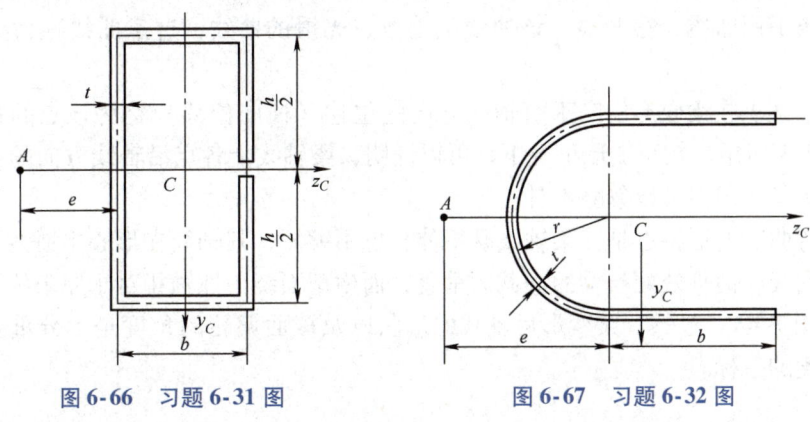

图 6-66 习题 6-31 图

图 6-67 习题 6-32 图

第 7 章 弯曲变形

在工程实际中,为保证受弯构件的正常工作,除了要求构件有足够的强度外,在某些情况下,还要求其弯曲变形不能过大,即具有足够的刚度。例如,轧钢机在轧制钢板时,轧辊的弯曲变形将造成钢板沿宽度方向的厚度不均匀(见图 7-1a);齿轮轴若弯曲变形过大,将使齿轮啮合状况变差,引起偏磨和噪声(见图 7-1b)。吊车大梁变形过大时,将使梁上小车行走困难,出现爬坡现象。所以若构件变形超过允许值,即使仍在弹性范围内,也会影响构件正常工作,被认作已经失效。

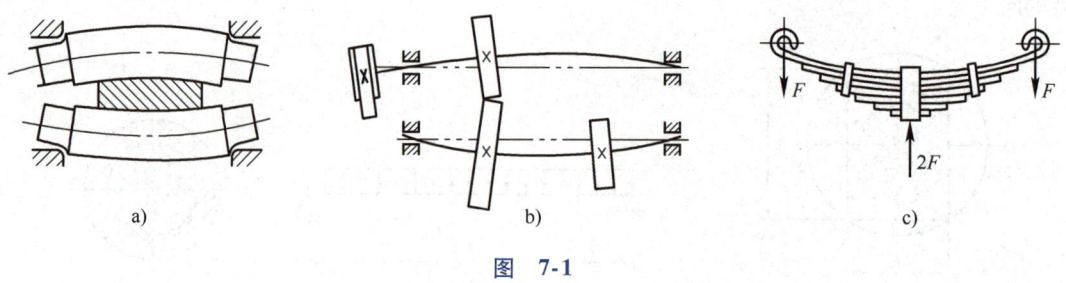

图 7-1

当然,工程中有时要利用较大的弯曲变形来达到一定的要求。例如,汽车轮轴上的叠板弹簧(图 7-1c),就是利用弯曲变形起到缓冲和减振的作用的,弹簧扳手要有明显的弯曲变形,才可以使测得的力矩更为准确。

此外,在求解超静定梁时,也需考虑梁的弯曲变形。

7.1 弯曲变形的基本概念

7.1.1 挠度

在线弹性小变形条件下,梁在横力作用下产生平面弯曲时,梁轴线由原来的直线变为纵向面内的一条平面曲线,很明显,该曲线是连续、光滑的曲线,这条曲线称为梁的挠曲线(见图 7-2)。

梁轴线上某点在梁变形后沿垂直轴线方向的位移(横向位移)称为该点的挠度,表示为 w,如图 7-3 所示。在小变形情况下,可以证明,梁轴线上各点沿轴线方向的位移是横向位移的高阶小量,因而可以忽略不计。

梁平面弯曲时变形特点是:梁轴线既不伸长也不缩短,其轴线在形心主惯性平面内弯曲成一条平面曲线,而且处处与梁的横截面垂直,而横截面绕中性轴相对于原来位置转动了一个角度(见图 7-4)。显然,梁变形后轴线的形状以及截面偏转的角度是十分重要的,它们是衡量梁刚度的指标。

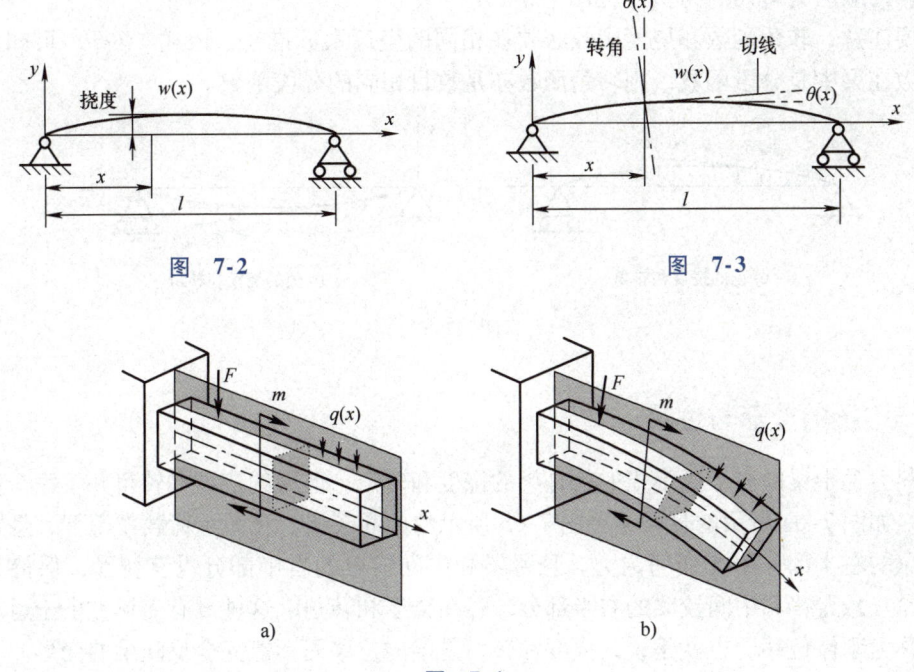

图 7-2 图 7-3

图 7-4

梁弯曲时，各截面变形一般是不同的，各点的挠度是截面位置的函数。如果以 x 表示梁横截面的位置，挠度和截面位置间的函数为

$$w = w(x) \tag{7-1}$$

称为**挠曲线方程**或**挠度函数**。一般情况下规定：**挠度向上为正，向下为负**（见图 7-5）。

必须注意，坐标系的选取可以是任意的，即坐标原点可以放在梁轴线的任意地方。另外，由于梁的挠度函数往往在梁中是分段函数，因此，梁的坐标系可采用整体坐标也可采用局部坐标。

▶ 7.1.2 转角

梁变形后其横截面相对于原有位置转动的角度称为**转角**（见图 7-3 或图 7-4）。梁变形时，其转角随梁截面位置变化的函数

$$\theta = \theta(x) \tag{7-2}$$

称为**转角方程**或**转角函数**。

由图 7-3 可以看出，转角也是挠曲线的切线与梁变形前的轴线 x 轴之间的夹角。所以有

$$\tan\theta = \frac{dw(x)}{dx}$$

由于梁的变形是小变形，梁的挠度和转角都很小，所以 θ 和 $\tan\theta$ 都是很小的量，即 $\theta \approx \tan\theta$，于是有

$$\theta(x) = \frac{dw(x)}{dx} \tag{7-3}$$

即**转角函数等于挠度函数对截面位置 x 的一阶导数**。一般情况下规定：**转角逆时针转动**

时为正，而顺时针转动时为负（见图 7-5）。

需要注意，转角函数和挠度函数必须在相同的坐标系下描述，由式（7-3）可知，如果挠度函数在梁中是分段函数，则转角函数亦是数目相同的分段函数。

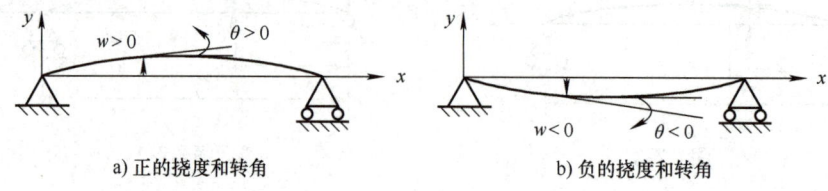

a) 正的挠度和转角　　　　　b) 负的挠度和转角

图　7-5

▶ 7.1.3　梁的变形与位移

材料力学中梁的变形通常指的就是梁的挠度和转角，但梁的挠度和转角并不完全反映梁的变形。如图 7-6a 所示的悬臂梁和图 7-6b 所示的中间铰梁，在图示荷载作用下，悬臂梁和中间铰梁的右半部分中无任何内力。悬臂梁和中间铰梁的右半部分没有变形，保持直线状态，但是，悬臂梁和中间铰梁的右半部分却存在挠度和转角，这种没有变形、由于运动引起的位移称为刚体位移。也就是说，挠度和转角是梁的位移而不能完全反映梁的变形。

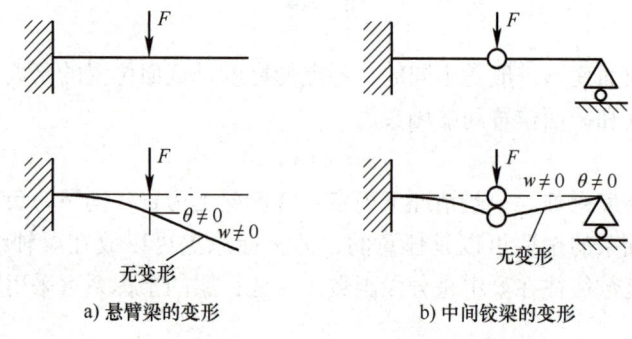

a) 悬臂梁的变形　　　　　b) 中间铰梁的变形

图　7-6

实际上，图 7-6 所示悬臂梁和中间铰梁右半部分的挠度和转角是由于梁左半部分的变形引起的，因此可得如下结论：如果存在变形，则梁（或梁段）必然存在挠度和转角；但存在挠度和转角，梁（或梁段）不一定存在变形，因为有可能是刚体位移。

7.2　挠曲线的近似微分方程

梁变形后轴线的曲率方程为

$$\frac{1}{\rho(x)} = \frac{M(x)}{EI_z}$$

高等数学中，曲线 $w = w(x)$ 的曲率公式为

$$\frac{1}{\rho(x)} = \pm \frac{w''(x)}{[1 + w'(x)^2]^{\frac{3}{2}}}$$

由于梁的变形是小变形，即挠曲线 $w = w(x)$ 仅处于微弯状态，则其转角 $\theta(x) = w'(x) \ll 1$，所以，挠曲线的曲率公式可近似为

$$\frac{1}{\rho(x)} = \pm w''(x)$$

根据弯矩的正负号规定、挠曲线二阶导数与曲率中心方位的关系可知，在图 7-7 所示坐标系下，弯矩 M 的正负始终与 $\dfrac{d^2w}{dx^2}$ 的正负一致，因此

$$\frac{d^2w}{dx^2} = \frac{M(x)}{EI_z} \tag{7-4}$$

式（7-4）称为**挠曲线的近似微分方程**。式中，EI_z 为梁的抗弯刚度。

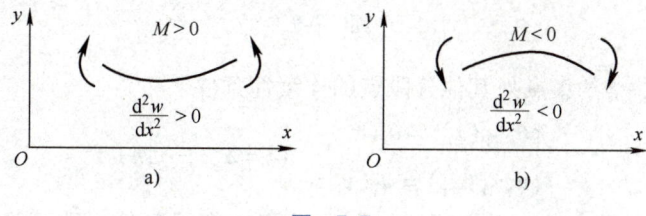

图 7-7

根据式（7-4），只要知道梁中的弯矩函数，直接进行积分即可得到梁的转角函数 $\theta(x) = w'(x)$ 及挠度函数 $w(x)$，从而可求出梁在任意位置处的挠度及截面的转角。

7.3 积分法计算梁的变形

由梁的挠曲线近似微分方程式（7-4）进行积分可求梁的变形，即求梁的转角函数 $\theta(x)$ 和挠度函数 $w(x)$。对挠曲线近似微分方程式（7-4）积分一次得到转角函数 $\theta(x)$，然后再积分一次得到挠度函数 $w(x)$，注意每次积分均出现一待定常数。所以有：

$$\begin{cases} \theta(x) = \int \dfrac{M(x)}{EI} dx + C \\ w(x) = \int \left(\int \dfrac{M(x)}{EI} dx \right) dx + Cx + D \end{cases} \tag{7-5}$$

式中，C、D 为待定常数，可由梁的**支承条件**（又称为**约束条件**或**边界条件**）确定。常见的梁的支承条件如图 7-8 所示。

固定铰支座：$w(A)=0$；可动铰支座：$w(A)=0$
固定端支座：$w(A)=0$，$\theta(A)=0$
弹簧支承：$w(A)=-\dfrac{F}{k}$，k 为弹簧刚度；F 为弹簧所受的力。
拉杆支承：Δl 为拉杆伸长量

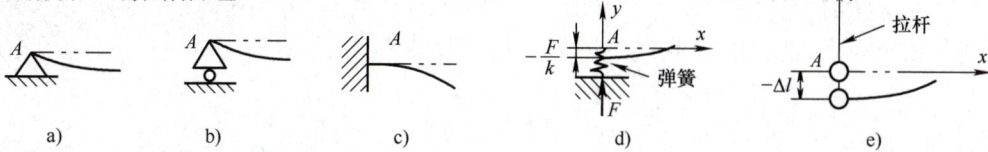

图 7-8

一般情况下，梁的支承条件有两个，正好可以确定积分常数 C 和 D。

假设梁的弯矩方程分为 n 段，$x_0, x_1, \cdots, x_{i-1}, x_i, \cdots, x_n$ 称为梁的分段点，则共有 $2n$ 个积分常数 $C_i, D_i (i=1,2,\cdots,n)$，梁的支承条件只有两个，需要用到连续条件：**梁变形后挠曲线是光滑连续的曲线**，这就要求梁的转角函数及挠度函数在梁中是连续函数，其对应的函数曲线不可能出现如图 7-9a 所示不连续和图 7-9b 所示不光滑的情况。

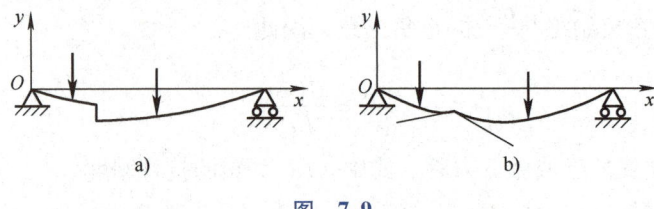

图 7-9

因此，可列出除梁约束点外其他分段点的连续性条件

$$\begin{cases} \theta_{i-1}(x_i) = \theta_i(x_i) \\ w_{i-1}(x_i) = w_i(x_i) \end{cases} \quad (i=2,3,\cdots,n) \tag{7-6}$$

式 (7-6) 共有 $(2n-2)$ 个方程，加上梁的两个支承条件，则可确定 $2n$ 个积分常数 $C_i, D_i (i=1,2,\cdots,n)$，从而即可求得各段梁的转角函数 $\theta_i(x)$ 及挠度函数 $w_i(x)$。

注意：积分法求分段梁的变形时，可以采用局部坐标系进行求解，相应的弯矩函数 $M(x)$、支承条件和连续性条件都必须在相同的坐标系下写出。

一些常见梁的转角函数、挠度函数，以及转角、挠度在特殊点的值见附录 C。

【例 7-1】 如图 7-10 所示，悬臂梁下有一刚性的圆柱，当 F 至少为多大时，才可能使梁的根部与圆柱表面产生贴合？当 F 足够大且已知时，试确定梁与圆柱面贴合的长度。

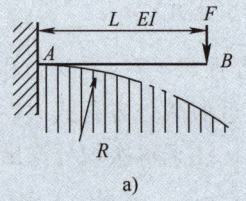 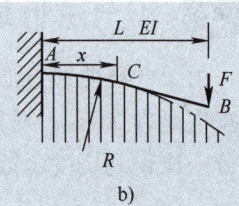

图 7-10

解：欲使梁的根部与圆柱面贴合，则梁根部的曲率半径应等于圆柱面的半径（见图 7-10a），所以有

$$\frac{1}{R} = \frac{M_A}{EI} = \frac{FL}{EI}$$

得

$$F = \frac{EI}{LR}$$

这就是梁根部与圆柱面贴合的最小荷载。

如果 $F > \dfrac{EI}{LR}$ 则梁有一段是与圆柱面贴合的，假设贴合的长度为 x，那么贴合点 C 处的曲率半径也应等于圆柱面的半径（见图 7-10b），所以有

$$\frac{1}{R} = \frac{M_C}{EI} = \frac{F(L-x)}{EI}$$

$$x = L - \frac{EI}{FR}$$

【例 7-2】 梁 AB 以拉杆 BD 支承，荷载及尺寸如图 7-11a 所示。已知梁的抗弯刚度为 EI，拉杆的抗拉刚度为 EA，试求梁中点的挠度以及支座处的转角。

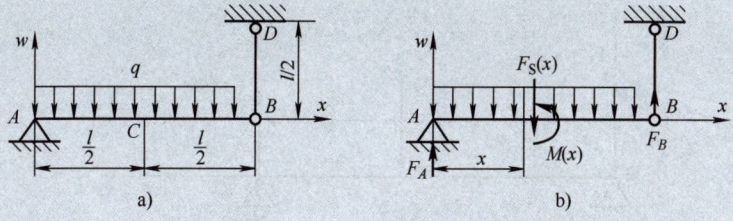

图 7-11

解：（1）求约束力和弯矩函数

由于梁荷载对称，所以 A 处的约束力和 B 处拉杆的拉力是相等的，即

$$F_A = F_B = \frac{ql}{2}$$

建立图 7-11a 所示的坐标系，则梁中的弯矩方程为

$$M(x) = \frac{qx(l-x)}{2} \quad (0 \leqslant x \leqslant l) \tag{a}$$

（2）求转角方程和挠度方程

将式（a）代入式（7-5），积分可得

$$\theta(x) = \int \frac{M(x)}{EI}dx + C = \frac{qx^2}{2EI}\left(\frac{l}{2} - \frac{x}{3}\right) + C$$

$$w(x) = \int \theta(x)dx + D = \frac{qx^3}{12EI}\left(l - \frac{x}{2}\right) + Cx + D$$

（3）确定积分常数

约束条件为 $w(0) = 0$，$w(l) = -\Delta l = -\left(\frac{ql}{2} \cdot \frac{l}{2}\right)/EA = -\frac{ql^2}{4EA}$

代入挠度方程表达式得 $D = 0$，$C = -\left(\frac{ql^3}{24EI} + \frac{ql}{4EA}\right)$

于是得到转角方程和挠度方程

$$\theta(x) = \frac{qx^2}{2EI}\left(\frac{l}{2} - \frac{x}{3}\right) - \frac{ql}{4EI}\left(\frac{l^2}{6} + \frac{I}{A}\right)$$

$$w(x) = \frac{qx^3}{12EI}\left(l - \frac{x}{2}\right) - \frac{qlx}{4EI}\left(\frac{l^2}{6} + \frac{I}{A}\right)$$

（4）求梁中点的挠度以及支座处的转角

梁中点的挠度

$$w_C = w\left(\frac{l}{2}\right) = \frac{q(l/2)^3}{12EI}\left(l - \frac{l}{4}\right) - \frac{ql^2}{8EI}\left(\frac{l^2}{6} + \frac{I}{A}\right) = -\left(\frac{5ql^4}{384EI} + \frac{ql^2}{8EA}\right)(\downarrow)$$

支座处的转角

$$\theta_A = \theta(0) = -\frac{ql}{4EI}\left(\frac{l^2}{6} + \frac{I}{A}\right) = -\left(\frac{ql^3}{24EI} + \frac{ql}{4EA}\right)(\downarrow)$$

【例 7-3】 简支梁如图 7-12 所示，在 C 点处受一集中力 F 作用。试求此梁的转角方程和挠度方程，并确定最大转角 $|\theta|_{max}$ 和最大挠度 $|w|_{max}$。

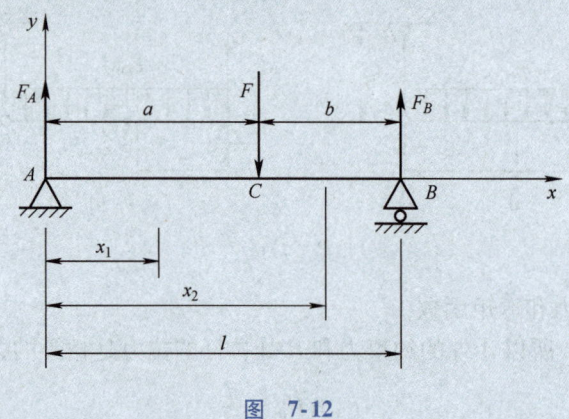

图 7-12

解：（1）求支座约束力，列弯矩方程。与上两例不同，此梁上的外力将梁分为两段，故需要分别列出左右两段的弯矩方程。先求支座约束力

由
$$\sum M_B(F) = 0, \quad \sum M_A(F) = 0$$

得
$$F_A = \frac{Fb}{l}, \quad F_B = \frac{Fa}{l}$$

建立坐标系，如图 7-12 所示。再列出两段梁的弯矩方程为

AC 段：$M_1(x) = \dfrac{Fb}{l}x_1, \quad (0 \leqslant x_1 \leqslant a)$

CB 段：$M_2(x) = \dfrac{Fb}{l}x_2 - F(x_2 - a) \quad (a \leqslant x_2 \leqslant l)$

（2）列挠曲线近似微分方程并进行积分。因两段的弯矩方程不同，故梁的挠曲线近似微分方程也须分别列出。两段梁的挠曲线近似微分方程及其积分列入表 7-1 中。

表 7-1 两段梁的挠曲线近似微分方程及积分

分段	AC 段 ($0 \leqslant x_1 \leqslant a$)	CB 段 ($a \leqslant x_2 \leqslant l$)
近似微分方程	$EIw''_1 = \dfrac{Fb}{l}x_1$ (b$_1$)	$EIw''_2 = \dfrac{Fb}{l}x_2 - F(x_2 - a)$ (b$_2$)
一次积分	$EIw'_1 = \dfrac{Fb}{2l}x_1^2 + C_1$ (c$_1$)	$EIw'_2 = \dfrac{Fb}{2l}x_2^2 - \dfrac{F}{2}(x_2 - a)^2 + C_2$ (c$_2$)
二次积分	$EIw_1 = \dfrac{Fb}{6l}x_1^3 + C_1 x_1 + D_1$ (d$_1$)	$EIw_2 = \dfrac{Fb}{6l}x_2^3 - \dfrac{F}{6}(x_2 - a)^3 + C_2 x_2 + D_2$ (d$_2$)

（3）确定积分常数。表 7-1 所示积分结果出现了 4 个积分常数，需要 4 个已知的变形条件才能确定。由于梁变形后其挠曲线是一条光滑连续的曲线，在 AC 和 CB 两段梁交接处 C 的横截面，既属于 AC 段，又属于 CB 段，故其转角或挠度必须相等，否则挠曲线就会出现不光滑或不连续的现象。因此，在两段梁交接处（$x_1 = x_2 = a$）的变形应满足条件

$$\theta_1 = \theta_2 \qquad (a)$$

$$w_1 = w_2 \qquad (b)$$

该条件称为连续条件。式（a）表示挠曲线在 C 处应光滑，式（b）表示挠曲线在该处应连续。利用上述的两个连续条件，连同梁的两个边界条件，即可确定 4 个积分常数。

以 $x = a$ 代入表 7-1 中的式（c_1）、式（c_2），并按上列条件，令两式相等，即

$$\frac{Fb}{2l}a^2 + C_1 = \frac{Fb}{2l}a^2 - \frac{F}{2}(a-a)^2 + C_2$$

由此得

$$C_1 = C_2$$

再以 $x_1 = x_2 = a$ 代入表 7-1 中的式（d_1）、式（d_2），并令两式相等，即

$$\frac{Fb}{6l}a^3 + C_1 a + D_1 = \frac{Fb}{6l}a^3 - \frac{F}{2}(a-a)^3 + C_2 a + D_2$$

由此又得

$$D_1 = D_2$$

又由于梁在 A、B 两端支座处应满足边界条件

在 $x = 0$ 处：$w_1 = w_A = 0$ \qquad (c)

在 $x = l$ 处：$w_2 = w_B = 0$ \qquad (d)

以式（c）代入表 7-1 中的式（d_1）得

$$D_1 = D_2 = 0$$

以式（d）代入表 7-1 中的式（d_2）得

$$C_1 = C_2 = -\frac{Fb}{6l}(l^2 - b^2)$$

（4）确定转角方程和挠度方程。将所求得的积分常数代回表 7-1 中的式（c_1）、式（c_2）、式（d_1）和式（d_2），即得两段梁的转角方程和挠度方程如表 7-2 所示。

表 7-2 两段梁的转角方程和挠度方程

分段	AC 段 ($0 \leq x_1 \leq a$)		CB 段 ($a \leq x_2 \leq l$)	
转角方程	$EIw_1' = \frac{Fb}{6l}(l^2 - 3x_1^2 - b^2)$	(c_1)	$EIw_2' = -\frac{Fb}{6l}\left[(l^2 - b^2) - 3x_2^2 + \frac{3l}{b}(x_2 - a)^2\right]$	(c_2)
挠度方程	$EIw_1 = -\frac{Fbx}{6l}(l^2 - x_1^2 - b^2)$	(d_1)	$EIw_2 = \frac{Fb}{6l}\left[(l^2 - b^2)x_2 - x_2^3 + \frac{l}{b}(x_2 - a)^3\right]$	(d_2)

（5）求最大转角和最大挠度。由图可见梁 A 端或 B 端的转角可能最大。以 $x = 0$ 代入表 7-2 中的式（c_1），得梁 A 端截面的转角为

$$\theta_A = -\frac{Fb(l^2 - b^2)}{6EIl} \qquad (e)$$

以 $x = l$ 代入表 7-2 中的式（c_2），得梁 B 端截面的转角为

$$\theta_B = \frac{Fab(l + a)}{6EIl} \qquad (f)$$

比较两式的绝对值可知，当 $a > b$ 时，θ_B 为最大转角。也可由数学上求函数最大最小值的方法，分别求式（c_1）、式（c_2）的极值，将函数极值与边界点函数值进行比较，从而得到最大最小值，读者可以自己分析。

最大挠度：在 $\theta = w' = 0$ 处，w 为极值，此处的挠度绝对值最大。故应先确定转角 θ 为零的截面位置，然后再求最大挠度。先研究 AC 段，设在 x_0 处截面的转角为零，以 x_0 代入表 7-2 中的式（c_1）并令 $w' = 0$，即

$$-\frac{Fb}{6l}(l^2 - 3x_0^2 - b^2) = 0$$

由此解得

$$x_0 = \sqrt{\frac{l^2 - b^2}{3}} \tag{g}$$

由式（g）可以看出，当 $a > b$ 时，$x_0 < a$，故知转角 θ 为零的截面必在 AC 段内，将式（g）代入表 7-2 中的式（d_1）并整理，即可求得绝对值最大的挠度为

$$|w|_{\max} = \frac{Fb}{9\sqrt{3}EIl}\sqrt{(l^2 - b^2)^3} \tag{h}$$

（6）讨论

由式（g）可以看出，当载荷 F 无限接近 B 端支座，即 $b \to 0$ 时，有

$$x_0 \to \frac{l}{\sqrt{3}} = 0.577l$$

$$w_{\max} = -\frac{Fbl^2}{9\sqrt{3}EI}$$

这说明即使在这种极限情况下，梁最大挠度的所在位置仍与梁的中点非常接近，也就是说挠度为最大值的截面总是靠近跨度的中点，因此可以近似地用梁中点的挠度来代替梁的实际最大挠度。将 $x = \frac{l}{2}$ 代入表 7-2 中的式（d_1），即可算出梁中点处的挠度为

$$|w|_{\frac{l}{2}} = \frac{Fb}{48EI}(3l^2 - 4b^2) \tag{i}$$

在上述极端情况下，集中力 F 无限靠近支座 B，有

$$w_{\frac{l}{2}} = -\frac{Fb}{48EI} \cdot 3l^2 = -\frac{Fbl^2}{16EI}$$

这时用 $w_{\frac{l}{2}}$ 代替 $w_{\max}$ 所引起的误差为

$$\frac{w_{\max} - w_{\frac{l}{2}}}{w_{\max}} = 2.65\%$$

可见在简支梁中，只要挠曲线上无拐点，总可用跨度中点的挠度代替最大挠度，并且不会引起很大的误差。

当载荷 F 位于梁的中点，即 $a = b = \frac{l}{2}$ 时，由式（e）、式（f）和式（h）得梁的最大转角和最大挠度分别为

$$|\theta|_{\max} = -\theta_A = \theta_B = \frac{Fl^2}{16EI}$$

$$|w|_{\max} = |w_{\frac{l}{2}}| = \frac{Fl^3}{48EI}$$

由例 7-3 可看出，若梁上载荷复杂，列弯矩方程时，分段越多，积分常数就越多，确定积分常数就十分冗繁。

积分法的优点是可以求得转角和挠度的普遍方程，但当只需确定某些特定截面的转角和挠度，而并不需求出转角和挠度的普遍方程时，积分法就显得过于累赘。为此利用积分法将梁在某些简单载荷作用下的变形列入表 7-1 中以便直接查用。利用表 7-1，运用叠加法，就可比较方便地计算一些弯曲变形问题。

7.4 叠加法计算梁的变形

积分法的优势在于可以由转角方程和挠度方程计算任意截面的转角和挠度，但在梁上荷载较多的情况下，需要分段写出各段梁的弯矩方程，分段积分后确定出各段梁的积分常数，计算相当烦琐。因此，有必要寻求更简单的方法计算梁的变形。在工程中，很多时候并不需要求出整个梁的转角方程和挠度方程，而是只需要求出某些指定截面处的转角和挠度，例如求出梁中最大的转角和挠度，也就可以进行梁的刚度计算了。下面介绍的叠加法就是一种计算梁某些特殊截面处的转角和挠度的简便方法。

在线弹性小变形条件下，内力、应力、应变及位移等都可以叠加，一组荷载引起的梁的变形是每一个荷载引起的变形的叠加。这一原理称为线弹性体的叠加原理。

即：

$$(\theta, w) = \left(\sum_i \theta^{(i)}, \sum_i w^{(i)} \right) \tag{7-7}$$

本书对叠加原理不予证明，读者可参阅相关书籍。叠加法是计算结构指定截面处转角和挠度的简便方法，其应用条件是必须预先知道单跨静定梁在简单荷载作用下的转角和挠度，这可以由积分法得到。附录 C 给出的就是由积分法得到的一些常见、简单梁的转角和挠度计算公式。

▶ 叠加法的应用

叠加法的主要技巧是将梁或荷载分解或简化为若干简单梁和荷载的叠加。

1. 多个荷载作用在梁上的情况

此种情况下只需将每个荷载引起的梁的变形进行叠加即可。

【例 7-4】 求图 7-13a 所示梁中点 C 的挠度 w_C，已知梁的抗弯刚度为 EI。

解：原梁荷载可分解为图 7-13b、c、d 所示三个简单荷载的叠加，每根梁只有单一的荷载作用。下面分别计算各梁在中点 C 处的挠度。

图 7-13b 所示梁在中点的挠度就是跨度为 l 的简支梁受均布荷载的情况，由附录 B 可查得

$$w_{C1} = -\frac{5ql^4}{384EI} \quad (\uparrow)$$

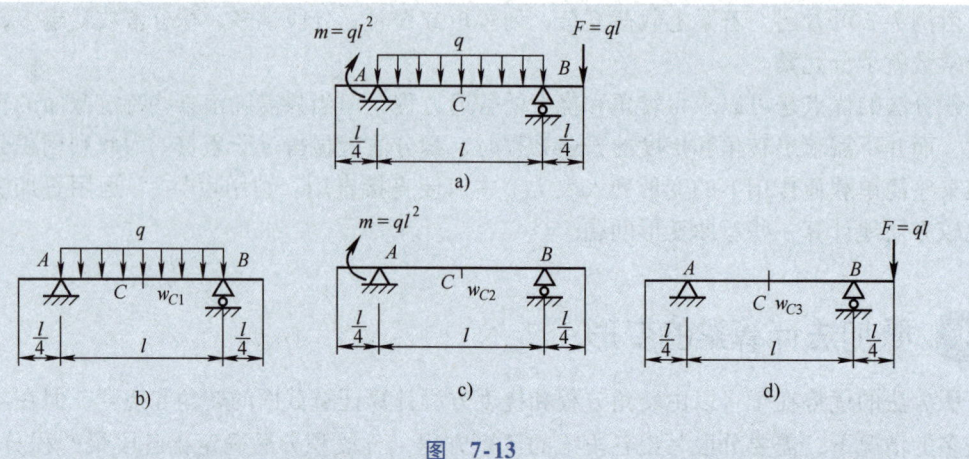

图 7-13

图 7-13c 所示梁，无论集中力偶作用在外伸段的什么地方，其在梁中点产生的挠度都是相同的。所以图 7-13c 所示梁在中点的挠度等于简支梁在支座处受集中力偶作用中点的挠度，由附录 C 可查得

$$w_{C2} = -\frac{ml^2}{16EI} = -\frac{ql^4}{16EI} \quad (\downarrow)$$

图 7-13d 所示梁，计算梁中点的挠度时，可将外伸端的集中力等效移动到支座处，附加一个力偶矩为 $M = \frac{ql^2}{4}$ 的顺时针方向的力偶。作用在支座处的集中力不会引起梁的变形，所以图 7-13d 所示 C 点的挠度就是跨度为 l 的简支梁在 B 端受集中力偶作用时中点处挠度，由附录 C 可查得

$$w_{C3} = \frac{Ml^2}{16EI} = \frac{ql^4}{64EI} \quad (\uparrow)$$

由叠加法，原梁在中点的挠度为：

$$w_C = w_{C1} + w_{C2} + w_{C3} = -\frac{5ql^4}{384EI} - \frac{ql^4}{16EI} + \frac{ql^4}{64EI} = -\frac{23ql^4}{384EI} \quad (\downarrow)$$

【例 7-5】 如图 7-14a 所示简支梁受均布荷载 q 作用，梁与其下面的刚性平台间的间隙为 δ，梁的抗弯刚度为 EI，求梁与刚性平台的接触长度以及梁支座处约束力。

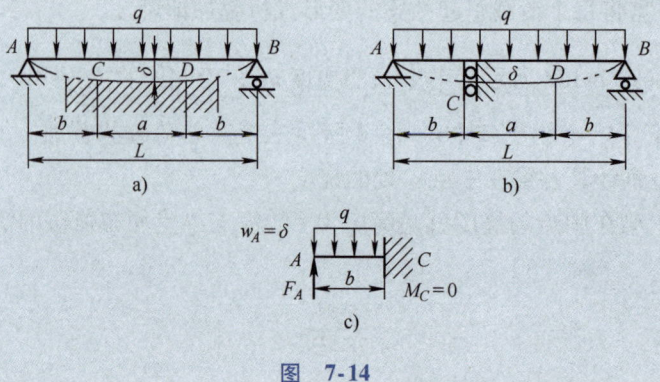

图 7-14

解：由附录C，简支梁受均布荷载作用时，梁中点的挠度最大且为 $w_0 = \dfrac{5ql^4}{384EI}$。所以，当 $\delta \geqslant \dfrac{5ql^4}{384EI}$，也即荷载 $q \leqslant \dfrac{384EI\delta}{5l^4}$ 时，梁最多只有中点与刚性平台接触，此时梁与刚性平台的接触长度为 0，而支座处的约束力为 $F_A = F_B = ql/2$。

当 $\delta < \dfrac{5ql^4}{384EI}$ 也即 $q > \dfrac{384EI\delta}{5l^4}$ 时，梁将有一段与刚性平台接触，假设接触点为 C、D 点，接触长度为 a，根据对称性，C、D 到左右支座的距离均为 b。

考虑 AC 段梁，由于截面 C 转角为 0，如果解除支座 A 的约束代以约束力 F_A，其相当于 C 端固定的悬臂梁受均布荷载和 A 端集中力作用的情况，如图 7-14b、c 所示，且有条件：$M_C = 0$，$w_A = \delta$（↑）

因
$$M_C = \frac{qb^2}{2} - F_A b = 0$$

得
$$F_A = \frac{qb}{2}$$

由附录C，悬臂梁受均布荷载和自由端集中力作用时，自由端的挠度可由叠加法得
$$w_A = \frac{F_A b^3}{3EI} - \frac{qb^4}{8EI} = \delta$$

所以有 $w_A = \dfrac{qb^4}{6EI} - \dfrac{qb^4}{8EI} = \delta$，$b = \sqrt[4]{\dfrac{24EI\delta}{q}}$

于是，梁与刚性平台的接触长度为
$$a = L - 2b = L - 2\sqrt[4]{\frac{24EI\delta}{q}}$$

梁支座处的约束力为
$$F_A = F_B = \frac{qb}{2} = \frac{1}{2}\sqrt[4]{24EI\delta q^3} = \sqrt[4]{\frac{3EI\delta q^3}{2}}$$

2. 梁为弹性支承的情况

当梁为弹性支承时，梁在支承点将存在位移。此种情况下应将弹性支座移动引起的梁的转角和挠度与荷载所引起的梁的转角和挠度进行叠加。

【**例 7-6**】 求图 7-15a 所示梁中点的挠度和支座处的转角，梁的抗弯刚度为 EI，弹簧刚度为 k。

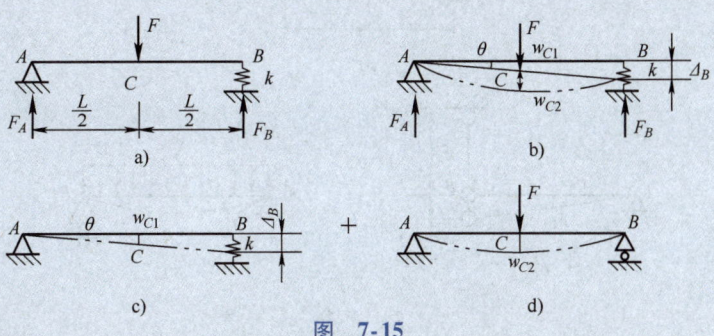

图 7-15

解：梁的变形可认为是两种情况引起变形的叠加（见图7-15b），一是支座 B 由于弹簧的变形产生竖向位移 Δ_B，从而引起了梁中点的挠度 w_{C1}（↓），同时还引起了梁的刚体转动，所有截面转动一个角度 θ（↓）（见图7-15c）；二是荷载 F 引起梁中点的挠度为 w_{C2}，梁支座 A、B 处的转角分别为 θ_{A2}、θ_{B2}（见图7-15d）。

因此，原梁变形可以看作如图7-15c、d 所示两种情况的叠加，即支座 B 存在竖向位移 Δ_B 的无荷载空梁和在中点受集中力 F 作用的简支梁的叠加。

梁的约束力为 $\qquad F_A = F_B = \dfrac{F}{2}$

空梁：支座 B 的竖向位移 $\qquad \Delta_B = -\dfrac{F_B}{k} = -\dfrac{F}{2k}$（↓）

梁中点的挠度为 $\qquad w_{C1} = -\dfrac{\Delta_B}{2} = -\dfrac{F}{4k}$（↓）

梁支座 A、B 处的转角为 $\qquad \theta_{A1} = \theta_{B1} = -\theta = -\dfrac{\Delta_B}{L} = -\dfrac{F}{2kL}$（↓）

跨度中点受集中力 F 的简支梁，梁中点的挠度为 $\qquad w_{C2} = -\dfrac{FL^3}{48EI}$（↓）

梁支座 A、B 处的转角为 $\qquad \theta_{A2} = -\dfrac{FL^2}{16EI}$（↓），$\theta_{B2} = \dfrac{FL^2}{16EI}$（↑）

由叠加法，原梁中点的挠度 $\qquad w_C = w_{C1} + w_{C2} = -\left(\dfrac{F}{4k} + \dfrac{FL^3}{48EI}\right)$（↓）

梁支座 A 处的转角 $\qquad \theta_A = \theta_{A1} + \theta_{A2} = -\left(\dfrac{F}{2kL} + \dfrac{FL^2}{16EI}\right)$（↓）

梁支座 B 处的转角 $\qquad \theta_B = \theta_{B1} + \theta_{B2} = -\dfrac{F}{2kL} + \dfrac{FL^2}{16EI}$（↑）

【例7-7】 用叠加法计算例7-2。

解：根据与上例相同的分析，例7-2 中的梁（见图7-16a）相当于图7-16b、c 两梁的叠加。

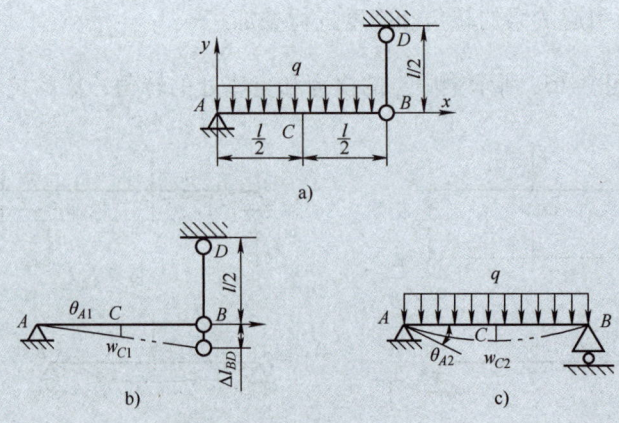

图 7-16

梁的约束力　　$F_A = F_B = \dfrac{ql}{2}$

BD 杆中的轴力　　$F_N = F_B = \dfrac{ql}{2}$,　　$\Delta l_{BD} = \dfrac{F_N l_{BD}}{EA} = \dfrac{(ql/2)(l/2)}{EA} = \dfrac{ql^2}{4EA}$

所以　　$w_{C1} = -\dfrac{\Delta l}{2} = -\dfrac{ql^2}{8EA}(\downarrow)$,　　$\theta_{A1} = -\dfrac{\Delta l_{BD}}{l} = -\dfrac{ql}{4EA}(\downarrow)$

查附录 C 可得　　$w_{C2} = -\dfrac{5ql^4}{384EI}(\downarrow)$,　　$\theta_{A2} = -\dfrac{ql^3}{24EI}(\downarrow)$

故由叠加法，原梁中点的挠度　　$w_C = w_{C1} + w_{C2} = -\left(\dfrac{5ql^4}{384EI} + \dfrac{ql^2}{8EA}\right)(\downarrow)$

原梁支座 A 处截面的转角　　$\theta_A = \theta_{A1} + \theta_{A2} = -\left(\dfrac{ql^3}{24EI} + \dfrac{ql}{4EA}\right)(\downarrow)$

与例 7-2 中的结果完全一样，可见，求梁在某些特殊点处的挠度和转角采用叠加法比采用积分法要简单方便得多。

3. 逐段刚化法

欲求梁某截面的挠度和转角，可将梁分为若干段，分别考虑各段梁的变形引起截面的挠度和转角，然后进行叠加，这种方法称为**逐段刚化法**。如图 7-17a 所示，欲求梁自由端 B 点的挠度，可先将梁分为 AC 和 CB 两段，B 点的挠度是由 AC 和 CB 两段梁的变形引起的。所以，计算 CB 段梁变形引起的 B 点的挠度时，可将 AC 段梁刚化（见图 7-17b），而计算 AC 段梁变形引起的 B 点的挠度时，可将 CB 段梁刚化（见图 7-17c），注意计算 AC 段梁变形时，要考虑作用于其上的所有荷载的影响（见图 7-17d），然后将两种情况下梁 B 点的挠度叠加即可。逐段刚化法实质上就是考虑梁的逐段变形然后进行叠加，是计算梁变形的常用的方法。它可以处理阶梯状梁、复杂的外伸梁及刚架等问题。

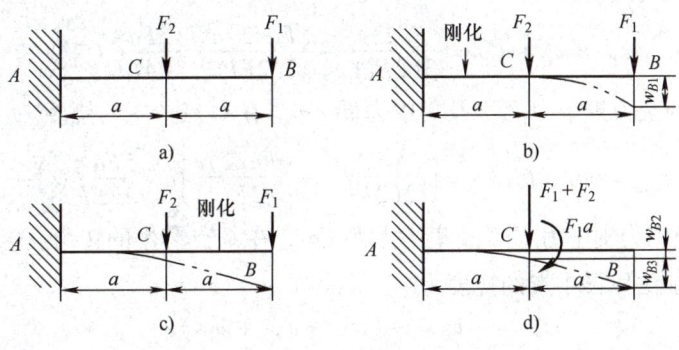

图 7-17

【例 7-8】 求图 7-18a 所示阶梯状简支梁中点的挠度和支座处的转角。中间段梁的抗弯刚度为 $2EI$，两边段梁的抗弯刚度为 EI。

解：根据对称性，只考虑右半部分梁。由前面的分析（见图 7-18b），原梁中点处转角为 0，可简化为图 7-18c 所示的梁，等价于图 7-18d 所示的悬臂梁，图中 B 点向上的挠度也就是原梁中点 A 向下的挠度。即：

$$w_A = w_B$$

采用逐段刚化法求解，先刚化 AC 段梁（见图 7-18e），则

$$w_{B1} = \frac{(F/2)a^3}{3EI} = \frac{Fa^3}{6EI}(\uparrow)$$

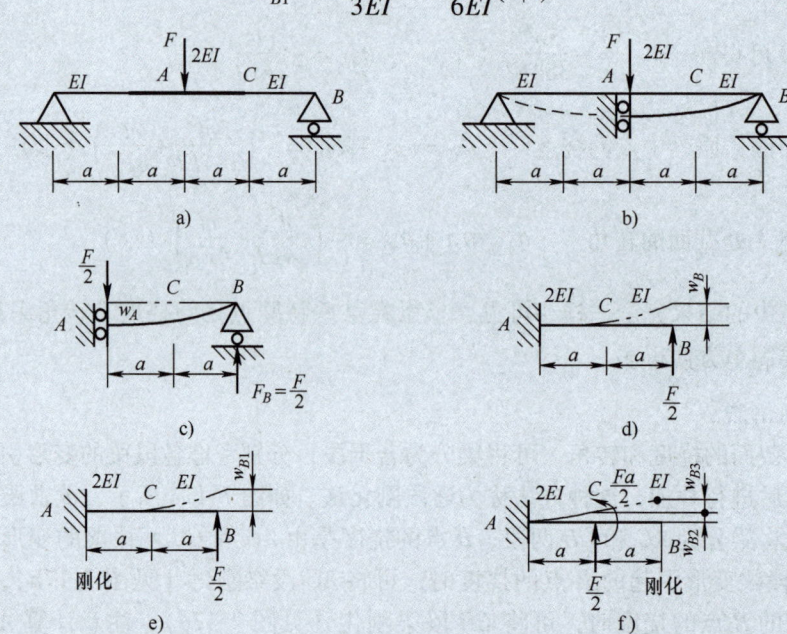

图 7-18

再刚化 CB 段梁（见图 7-18f），AC 段梁的受力情况是在 C 点受集中力 F/2 及集中力偶 Fa/2 的作用。则由叠加法，有

$$w_{B2} = w'_C + w''_C = \frac{(F/2)a^3}{3(2EI)} + \frac{(Fa/2)a^2}{2(2EI)} = \frac{5Fa^3}{24EI}(\uparrow)$$

式中，w'_C、w''_C 分别为集中力 F/2 及集中力偶 Fa/2 在 C 点产生的挠度。

$$w_{B3} = (\theta'_C + \theta''_C)a = \left[\frac{(F/2)a^2}{2(2EI)} + \frac{(Fa/2)a}{2EI}\right]a = \frac{5Fa^3}{12EI}(\uparrow)$$

式中，θ'_C、θ''_C 分别为集中力 F/2 及集中力偶 Fa/2 在 C 点产生的转角。

所以，由叠加法原梁中点的挠度为

$$w_A = -w_B = -(w_{B1} + w_{B2} + w_{B3})$$

$$= -\left(\frac{1}{6} + \frac{5}{24} + \frac{5}{12}\right)\frac{Fa^3}{EI} = -\frac{19Fa^3}{24EI}(\downarrow)$$

上式即为梁中的最大挠度。如果梁是抗弯刚度为 EI 的等截面梁，由附录 C，其中点的挠度也即梁中的最大挠度为

$$w'_{\max} = \frac{F(4a)^3}{48EI} = \frac{4Fa^3}{3EI}$$

则

$$\frac{w_{\max}}{w'_{\max}} = \frac{w_A}{w'_{\max}} = \frac{19}{24} \times \frac{3}{4} = \frac{19}{32} = 0.595$$

可见，采用图 7-18a 所示阶梯状形式的梁可以将梁中的最大挠度降低约 40%。

4. 荷载的分解与重组

当梁上荷载形式不能由附录 C 直接查到，可以将梁上荷载进行分解或重组，转化为可以从附录 C 查到结果的几个荷载的叠加，从而将原梁变形化为几个荷载作用下变形的叠加。

【例 7-9】 求图 7-19a 所示悬臂梁自由端的挠度，梁的抗弯刚度为 EI。

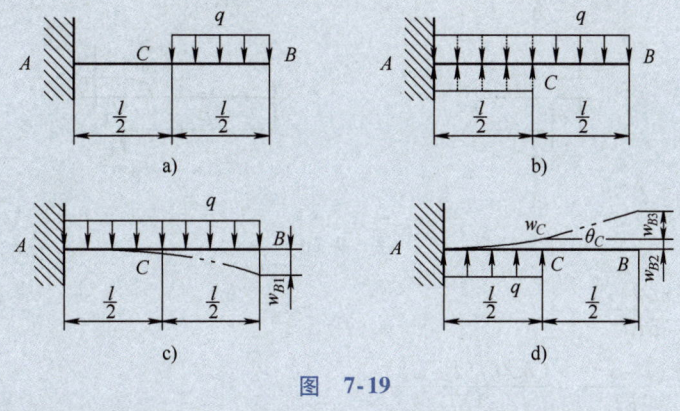

图 7-19

解：原梁的荷载等价于图 7-19b 所示梁的两组荷载的叠加，其一为梁上向下的满跨分布荷载 q，其二为左半边梁上反向分布荷载 q。所以原梁变形可分解为图 7-19c、d 所示两梁变形的叠加。图 7-19c 中，B 点挠度

$$w_{B1} = -\frac{ql^4}{8EI} \;(\downarrow)$$

图 7-19d 中，B 点的挠度是这样两种情况下的叠加，其一为跨度 $l/2$ 的悬臂梁受满跨均布荷载作用时 C 点的挠度，其二为由于荷载引起截面 C 的转角 θ_C，从而引起端面 B 的挠度。第一种情况下的挠度和第二种情况下的转角可由附录 C 查到，两者分别为

$$w_{B2} = w_C = \frac{q(l/2)^4}{8EI} = \frac{ql^4}{128EI} \;(\uparrow),\; \theta_C = \frac{q(l/2)^3}{6EI}$$

由于截面 C 的转角 θ_C 引起端面 B 的挠度

$$w_{B3} = \theta_C \cdot \frac{l}{2} = \frac{q(l/2)^3}{6EI} \cdot \frac{l}{2} = \frac{ql^4}{96EI} \;(\uparrow)$$

所以 $w_B = -w_{B1} + w_{B2} + w_{B3} = \left(-\frac{1}{8} + \frac{1}{128} + \frac{1}{96}\right)\frac{ql^4}{EI} = -\frac{41ql^4}{384EI} \;(\downarrow)$

5. 其他简化方法

梁的简化并不局限于前述的各种方法，有时应视情况根据具体条件采用较灵活且合理的简化方法。

【例 7-10】 求图 7-20a 所示简支梁的最大挠度及其位置,梁的抗弯刚度为 EI。

解: 首先求出梁的约束力 $F_A = F_B = \dfrac{m}{l}$

假设梁的最大挠度位置在离左端支座距离 x 的 C 点,因 $w_A = w_B = 0$,则梁变形后轴线上 C 点一定是极值点,既该处截面的转角一定为 0,如图 7-20b 所示。将梁从 C 点截开,则左边的梁可简化为图 7-20c 所示的悬臂梁,而右边梁可简化为图 7-20d 所示的悬臂梁,它们的自由端的挠度就是原梁 C 点的挠度,也就是原梁的最大挠度。所以有

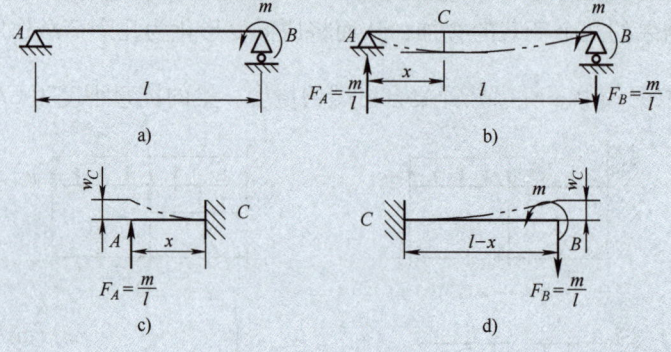

图 7-20

左梁:$w_C = \dfrac{(m/l)x^3}{3EI}$

右梁:$w_C = \dfrac{m(l-x)^2}{2EI} - \dfrac{(m/l)(l-x)^3}{3EI}$

所以有 $x^3 = \dfrac{3}{2}l(l-x)^2 - (l-x)^3$

整理得 $l[x^2 - x(l-x) + (l-x)^2] = \dfrac{3}{2}l(l-x)^2 \quad 3x^2 = l^2$

即在 $x = \dfrac{l}{\sqrt{3}}$ 处梁的挠度最大,且最大挠度为

$$w_{\max} = \dfrac{(m/l)x^3}{3EI}\bigg|_{x=\frac{l}{\sqrt{3}}} = \dfrac{ml^2}{9\sqrt{3}EI}(\downarrow)$$

由例 7-10 可见,叠加法的关键点在于如何将实际情况下的梁或荷载简化或分解为一些简单梁或荷载的叠加。

7.5 刚度条件及其应用

7.5.1 梁的刚度条件

工程实际中的梁,除了要满足强度条件外,大多数梁在变形方面也是有限制的。计算梁的变形的主要目的是为了判别梁的刚度是否足够梁的设计及超静定问题的计算需要。工程中梁的刚度主要由梁的最大挠度和最大转角来限定,因此,梁的刚度条件可写为

7.5 刚度条件及其应用

$$w_{\max} \leqslant [w] \qquad (7\text{-}8)$$
$$\theta_{\max} \leqslant [\theta] \qquad (7\text{-}9)$$

式中，$w_{\max} = |w(x)|_{\max}$，$\theta_{\max} = |\theta(x)|_{\max}$ 分别为梁中的最大挠度和最大转角；$[w]$、$[\theta]$ 分别为**许可挠度**和**许可转角**，它们由工程实际情况确定。工程中 $[\theta]$ 通常以弧度（rad）或度（°）表示，而许可挠度通常表示为

$$[w] = \frac{l}{m} \qquad (l \text{ 是梁长}, m \text{ 是大的自然数})$$

上述两个刚度条件中，挠度的刚度条件是主要的刚度条件，而转角的刚度条件是次要的刚度条件。

与拉伸压缩及扭转类似，梁的刚度条件有下面三个方面的应用。

1. 校核刚度

给定了梁的荷载、约束、材料、长度及截面的几何尺寸等，还给定了梁的许可挠度和许可转角。计算梁的最大挠度和最大转角，判断其是否满足梁的刚度条件式（7-8）和式（7-9），满足则梁在刚度方面是安全的，不满足则不安全。

很多时候工程中的梁只要求满足挠度刚度条件式（7-8）即可，而梁的最大转角由于很小，一般情况下不需要校核。

2. 计算许可荷载

给定了梁的约束、材料、长度及截面的几何尺寸等，根据梁的挠度刚度条件式（7-8）可确定梁的荷载的上限值。如果还要求满足转角刚度条件的话，可由式（7-9）确定出梁的另一个荷载的上限值，两个荷载上限值中最小的那个就是梁的许可荷载。

3. 计算许可截面尺寸

给定了梁的荷载、约束、材料及长度等，根据梁的挠度刚度条件式（7-8）可确定梁的截面尺寸的下限值。如果还要求转角刚度条件满足的话，可由式（7-9）确定出梁的另一个截面尺寸的下限值，两个截面尺寸下限值中最大的那个就是梁的许可截面尺寸。

【例 7-11】 如图 7-21a 所示的梁，其长度为 $L = 1\text{m}$，抗弯刚度为 $EI = 4.9 \times 10^5 \text{N} \cdot \text{m}^2$，当梁的最大挠度不超过梁长的 1/300 时，试确定梁的许可荷载。

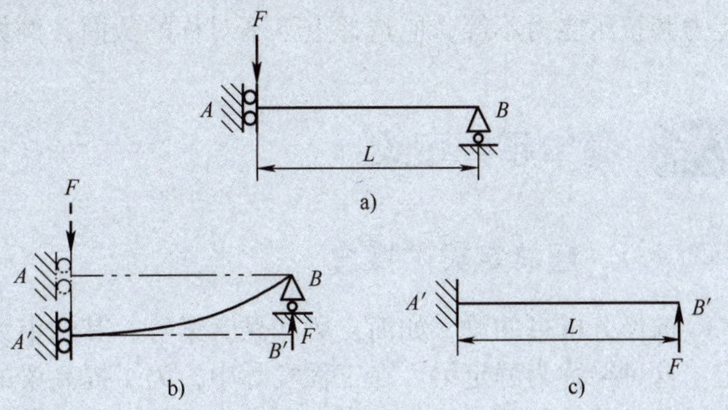

解： 原梁根据图 7-21b 所示的变形过程，等价于图 7-21c 所示的悬臂梁。梁的最大挠度在自由端 B' 处，也就是原梁的最大挠度在 A 点，为

$$w_{\max} = \frac{FL^3}{3EI}$$

图 7-21

根据刚度条件，有 $w_{\max} = \dfrac{FL^3}{3EI} \leqslant [w] = \dfrac{L}{300}$

所以得 $F \leqslant \dfrac{EI}{100L^2} = \dfrac{4.9 \times 10^5 \text{N} \cdot \text{m}^2}{100 \times 1^2 \text{m}^2} = 4.9 \times 10^3 \text{N} = 4.9\text{kN}$

故梁的许可荷载为 $[F] = 4.9\text{kN}$

▶ 7.5.2 提高弯曲刚度的一些措施

如前所述，梁的变形与梁的弯矩及抗弯刚度有关，而且与梁的支承形式及跨度有关。所以，在梁的设计中，当一些因素确定后，可根据情况调整其他一些因素以达到提高梁的刚度的目的，具体方法如下：

1. 合理布置荷载，调整荷载的位置和形式

例如将集中力改为静力等效的分布荷载，可以降低梁的最大弯矩，这与提高梁强度的方法相同。

2. 合理安排支承，调整约束位置，加强约束或增加约束

梁的变形通常与梁的跨度的高次方成正比，因此，减小梁的跨度是降低变形的有效途径。工程中常采用调整梁的约束位置或增加约束来减小梁的跨度（见图7-22a~c），还可以加强梁的约束来减小梁的最大挠度，如图7-22d所示。

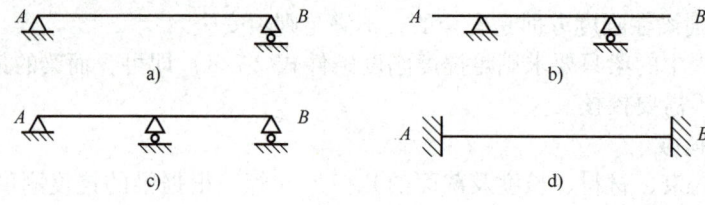

图 7-22

3. 选择合理的截面形状，提高梁的抗弯刚度

选用弹性模量大的材料可提高梁的刚度，但因为弹性模量大的材料价格较高，采用此种方法往往是不经济的。

截面积一定的情况下，选择合理的截面形状可提高梁的刚度，如采用工字形、箱形或空心截面等，增加截面对中性轴的惯性矩，既提高梁的强度也增加梁的刚度。脆性材料的抗拉能力和抗压能力不等，应选择上下不对称的截面，例如T形截面。

7.6 简单超静定梁

▶ 7.6.1 超静定梁的概念

前面分析过的梁，如简支梁和悬臂梁等，其约束力和内力仅用静力平衡条件就可全部确定，这种梁称为静定梁。在工程实际中，为了提高梁的强度和刚度，往往在静定梁上增加一个或几个约束，此时梁的约束力和内力用静力平衡条件不能全部确定，这种梁称为超静定梁或静不定梁。例如，在图7-23a所示静定悬臂梁的自由端B加一支座，未知约束力增加一个，该梁由静定梁变为了超静定梁，如图7-23b所示。

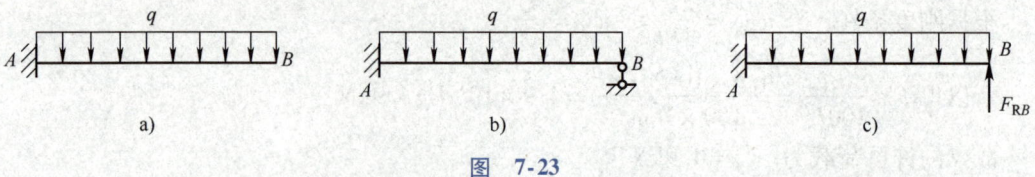

图 7-23

7.6.2 变形比较法求解简单超静定梁

静定梁具有维持梁平衡所需要的最小数目的约束。在超静定梁中，超过维持梁几何不变所必要的约束称为多余约束，对应的约束力称为多余约束力。由于多余约束的存在，使得未知力的数目多于独立平衡方程的数目，两者之差称为超静定次数。为确定超静定梁的全部约束力，必须根据梁的变形情况建立补充方程式。解除超静定梁上的多余约束，使之成为一个静定梁，称这个静定梁为原超静定梁的基本静定梁，它们应具有相同的受力和变形。

为了使基本静定梁的受力和变形与原超静定梁完全相同，作用在基本静定梁上的外力除了原来的荷载外，还应加上多余约束力；同时还要求基本静定梁在多余约束处的挠度或转角满足该约束的限制条件。例如，在图 7-23b 中，若将 B 端的可动铰支座作为多余约束，则可得到图 7-23c 所示的基本静定梁，且该梁应满足

$$w_B = w_{Bq} + w_{BF_B} = 0$$

该式即为梁应满足的变形协调条件。

根据变形协调条件和力与变形间的物理关系可以建立补充方程。由此可以求出多余约束力，进而求解梁的内力、应力和变形。这种通过比较多余约束处的变形，建立变形协调关系，求解超静定梁的方法称为变形比较法。

变形比较法解超静定梁步骤：第一，去掉多余约束，使超静定梁变成基本静定梁，并施加与多余约束对应的约束力；第二，比较原超静定梁和基本静定梁多余约束处与多余约束力作用处的变形情况，它们应该是一致的，建立变形协调关系；第三，将力与变形之间的物理关系代入变形条件，得到补充方程，求出多余约束力。

解超静定梁时，虽然超静定的次数是确定的，但选择哪个约束为多余约束并不是固定的，可以根据方便求解的原则确定。选取的多余约束不同，得到的基本静定梁的形式和变形协调条件也不同。例如，图 7-23b 所示超静定梁也可选阻止 A 端转动的约束为多余约束，相应的多余约束力为力偶矩 M_A。解除这一多余约束后，固定端将变为固定铰支座；相应的基本静定梁为简支梁，如图 7-24 所示。该梁应满足的变形关系为 A 端的转角为 0，即

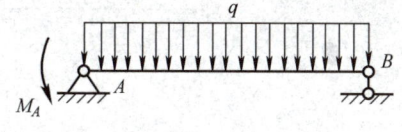

图 7-24

$$\theta_A = \theta_{Aq} + \theta_{AM_A} = 0$$

最后利用物理关系得到补充方程，求解可以得到与前面相同的结果。

【例7-12】 房屋建筑中某一等截面梁简化为均布荷载作用下的双跨梁，如图 7-25a 所示。试求梁的全部约束力。

解：（1）确定基本静定梁

解除 C 点的约束，加上相应的约束力 F_{RC}，得到基本静定梁如图 7-25b 所示。

（2）变形协调条件

由于支座的约束，C 点挠度为 0，即

$$w_C = w_{Cq} + w_{CF_{RC}} = 0$$

（3）建立补充方程　查附录 C，可得

$$w_{CF_{RC}} = \frac{F_{RC}(2l)^3}{48EI} = \frac{F_{RC}l^3}{6EI}, \quad w_{Cq} = -\frac{5q(2l)^4}{384EI} = -\frac{5ql^4}{24EI}$$

代入变形关系可得补充方程为

$$-\frac{5ql^4}{24EI} + \frac{F_{RC}l^3}{6EI} = 0$$

解得

$$F_{RC} = \frac{5}{4}ql$$

（4）列平衡方程，求解其他约束力

$$\sum M_A = 0, \quad 2ql \cdot l - F_{RC} \cdot l - F_{RB} \cdot 2l = 0$$

$$\sum F_y = 0, \quad F_{RA} + F_{RB} + F_{RC} - 2ql = 0$$

解得

$$F_{RA} = F_{RB} = \frac{3}{8}ql$$

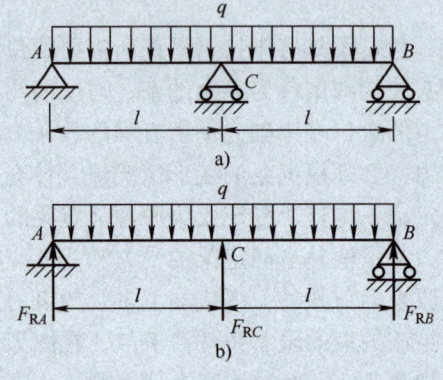

图 7-25

在求出梁上作用的全部外力后，就可以进一步分析梁的内力、应力、强度和变形了。

【例 7-13】　如图 7-26a 所示中间铰梁，AC 段梁的抗弯刚度为 $2EI$，BC 梁的抗弯刚度为 EI，求梁在中间铰处的挠度。

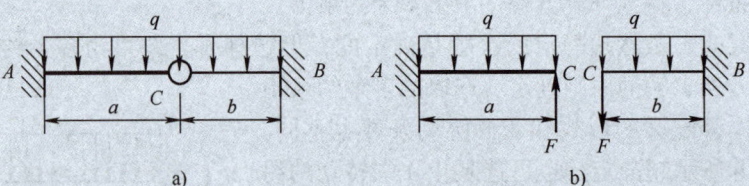

图 7-26

解：将梁从中间铰处拆开，易知铰无水平方向约束力，假设左梁和右梁间的作用力为 F，如图 7-26b 所示。

根据叠加法，左梁在中间铰处的挠度为

$$w_1 = \frac{qa^4}{8(2EI)} - \frac{Fa^3}{3(2EI)} = \frac{qa^4}{16EI} - \frac{Fa^3}{6EI} \quad (\downarrow)$$

右梁在中间铰处的挠度

$$w_2 = \frac{qa^4}{8EI} + \frac{Fb^3}{3EI} \quad (\downarrow)$$

两梁的变形协调条件

$$w_1 = w_2$$

所以有

$$\frac{qa^4}{16EI} - \frac{Fa^3}{6EI} = \frac{qa^4}{8EI} + \frac{Fb^3}{3EI}$$

得

$$F = \frac{1-2\xi^4}{1+2\xi^3} \cdot \frac{3qa}{8}$$

其中
$$\xi = \frac{b}{a}$$
梁中点的挠度为
$$w_C = w_1 = w_2 = \frac{qa^4}{8EI} + \frac{Fb^3}{3EI} = \frac{qa^4}{8EI}\left[1 + \frac{(1-2\xi^4)\xi^3}{1+2\xi^3}\right](\downarrow)$$

特别地，当 $a = b$ 时，$\xi = 1$，有
$$F = -\frac{3qa}{8}$$
$$w_C = \frac{qa^4}{12EI}(\downarrow)$$

F 中的负号表示与图 7-26 中假设的方向相反。

习 题

7-1　如图 7-27 所示，求梁的转角方程和挠度方程，并求最大转角和最大挠度，梁的 EI 已知。

7-2　如图 7-28 所示，求梁的转角方程和挠度方程，并求最大转角和最大挠度，梁的 EI 已知，$l = a + b$，$a > b$。

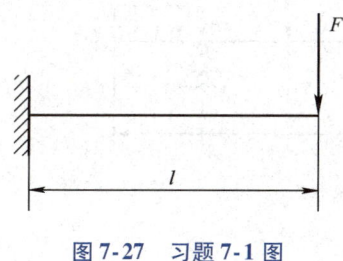

图 7-27　习题 7-1 图

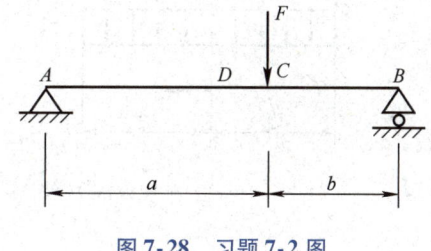

图 7-28　习题 7-2 图

7-3　已知悬臂梁受力如图 7-29 所示，q、l、EI 均为已知。求 A 截面的挠度 w_A 和转角 θ_A。

7-4　试列出图 7-30 所示结构中 AB 梁的挠曲线近似微分方程，并写出确定积分常数的边界条件，EI 为常数。

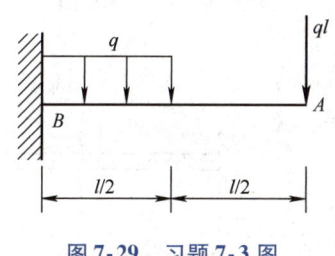

图 7-29　习题 7-3 图

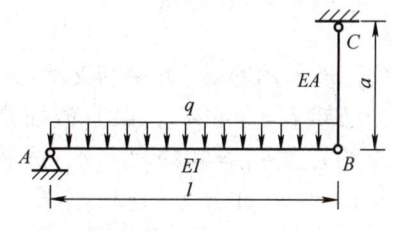

图 7-30　习题 7-4 图

7-5　用叠加法求图 7-31 所示各梁指定截面处的挠度与转角，EI 为常数。（1）求 w_C、θ_C；（2）求 w_C、θ_A、θ_B。

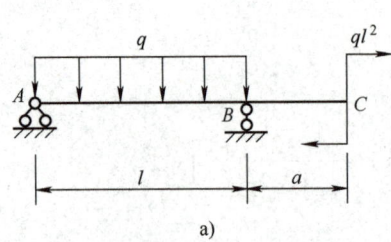
a)
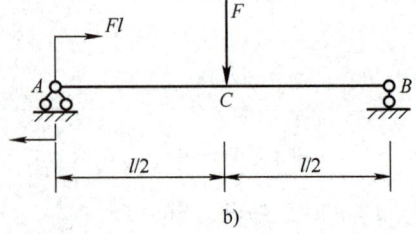
b)

图 7-31　习题 7-5 图

7-6　用叠加法求图 7-32 所示梁截面 C 的挠度与转角。已知梁的 EI 为常量。

7-7　试用叠加法求下列各梁中截面 A 的挠度和截面 B 的转角，如图 7-33 所示。q、l、EI 等为已知。

7-8　试求图 7-34 所示梁的约束力，并画出剪力图和弯矩图，EI 为常数。

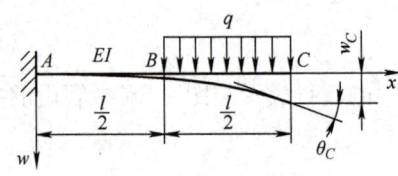

图 7-32　习题 7-6 图

7-9　一悬臂梁 AB 在自由端受横力 F 作用，因其刚度不足，用一短梁加固如图 7-35 所示，试计算梁 AB 的最大挠度的减少量。设二梁的弯曲刚度均为 EI。(提示：如将二梁分开，则二梁在 C 点的挠度相等。)

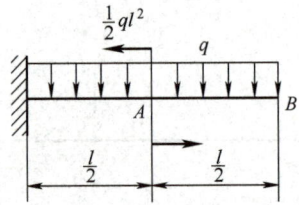
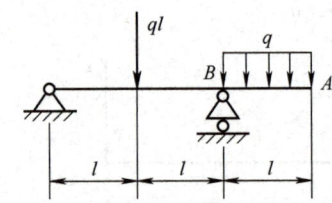

图 7-33　习题 7-7 图

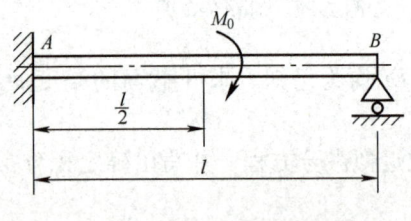

图 7-34　习题 7-8 图

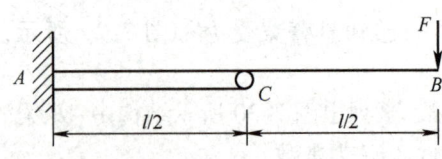

图 7-35　习题 7-9 图

7-10　图 7-36 所示的梁，B 端与支承之间在加载前存在一间隙 δ_0，已知 $E=200\text{GPa}$，梁有截面高 100mm、宽 50mm。若要求约束力 $F_{By}=10\text{kN}$（↑），试求 δ_0。

7-11　梁 AB 和 BC 在 B 处用铰链连接，A、C 两端固定，两梁的弯曲刚度均为 EI，受力及各部分尺寸均示于图 7-37 中。$F_P=40\text{kN}$，$q=20\text{kN/m}$。试画出梁的剪力图和弯矩图。

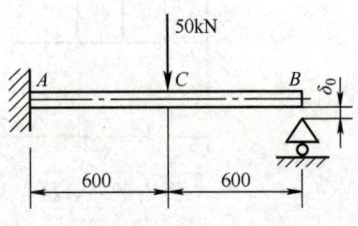

图 7-36　习题 7-10 图

7-12 图 7-38 所示梁 AB 和 CD 横截面尺寸相同，梁在加载之前，B 与 C 之间存在间隙 $\delta_0 = 1.2$mm。两梁的材料相同，弹性模量 $E = 105$GPa，$q = 30$kN/m。试求 A、D 端的约束力。

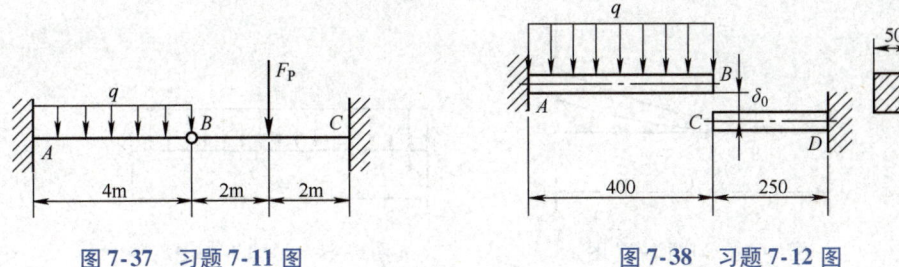

图 7-37 习题 7-11 图　　　图 7-38 习题 7-12 图

7-13 作图 7-39 所示外伸梁的弯矩图及其挠曲线的大致形状。

7-14 如图 7-40 所示等截面悬臂梁弯曲刚度 EI 为已知，梁下有一曲面，方程为 $w = -Ax^3$。欲使梁变形后与该曲面密合（曲面不受力），试求梁的自由端处应施加的荷载。

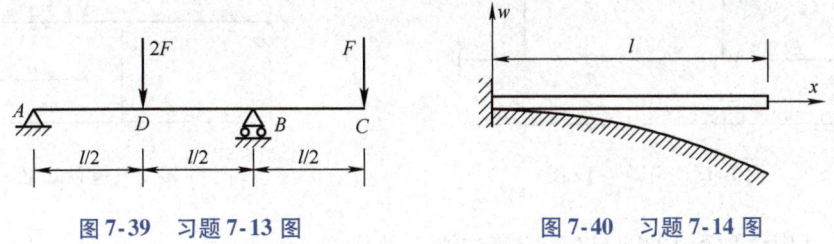

图 7-39 习题 7-13 图　　　图 7-40 习题 7-14 图

7-15 如图 7-41 所示，在刚性圆柱上放置一长 $2R$、宽 b、厚 h 的钢板，已知钢板的弹性模量为 E。试确定在铅垂荷载 q 作用下，钢板不与圆柱接触部分的长度 l 及其中之最大应力。

7-16 如图 7-42 所示，简支梁上自 A 至 B 的分布荷载 $q(x) = kx^2$，k 为常数。试求挠曲线方程。

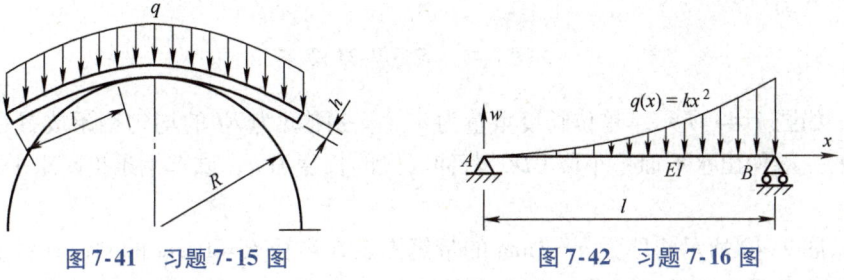

图 7-41 习题 7-15 图　　　图 7-42 习题 7-16 图

7-17 弯曲刚度为 EI 的悬臂梁原有微小初曲率，其方程为 $y = Kx^3$。现在梁 B 端作用一集中力，如图 7-43 所示。当 F 逐渐增大时，梁缓慢向下变形，靠近固定端的一段梁将与刚性水平面接触。若作用力为 F，试求：

（1）梁与水平面的接触长度。

（2）梁 B 端与水平面的垂直距离。

7-18 图 7-44 所示弯曲刚度为 EI 的两端固定梁，其挠度方程为

$$EIw = -\frac{qx^4}{24} + Ax^3 + Bx^2 + Cx + D$$

式中，A、B、C、D 为积分常数。试根据边界条件确定常数 A、B、C、D，并绘制梁的剪力 F_S、弯矩 M 图。

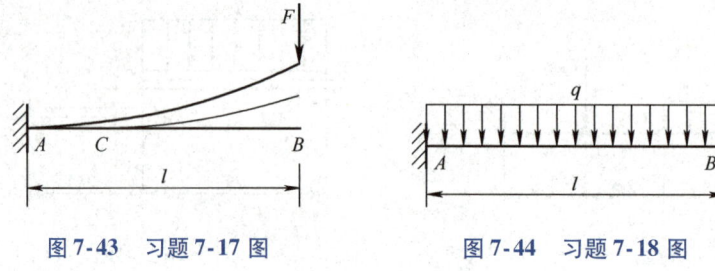

图 7-43　习题 7-17 图　　　　图 7-44　习题 7-18 图

7-19　试用叠加法计算图 7-45 所示梁 A 点的挠度 w_A。

7-20　已知梁的弯曲刚度 EI。试用叠加法求图 7-46 所示梁截面 C 的挠度 w_C。

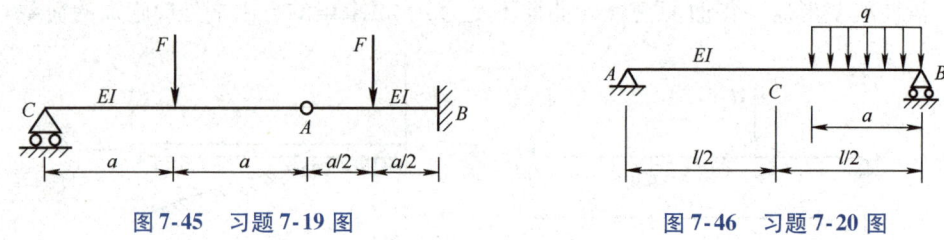

图 7-45　习题 7-19 图　　　　图 7-46　习题 7-20 图

7-21　试用叠加法求图 7-47 所示简支梁 C 的挠度。

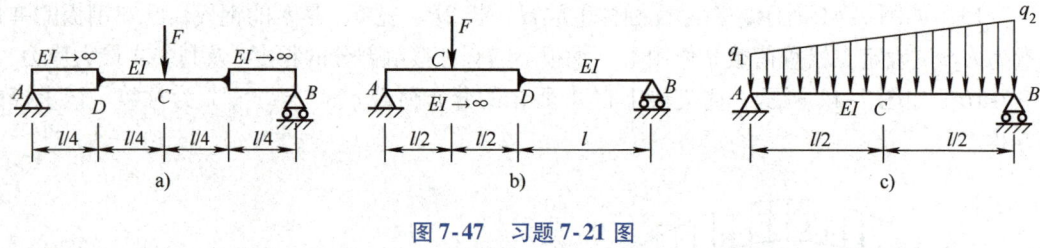

图 7-47　习题 7-21 图

7-22　如图 7-48 所示，单位长度重量为 q，弯曲刚度为 EI 的均匀钢条放置在刚性平面上，钢条的一端伸出水平面一小段 CD，若伸出段的长度为 a，试求钢条抬高水平面 BC 段的长度 b。

7-23　图 7-49 所示将厚为 $h=3\text{mm}$ 的带钢围卷在半径 $R=1.2\text{m}$ 的刚性圆弧上，试求此时带钢所产生的最大弯曲正应力。已知钢的弹性模量 $E=210\text{GPa}$，屈服极限 $\sigma_s=280\text{MPa}$，为避免带钢产生塑性变形，圆弧面的半径 R 应不小于多少？

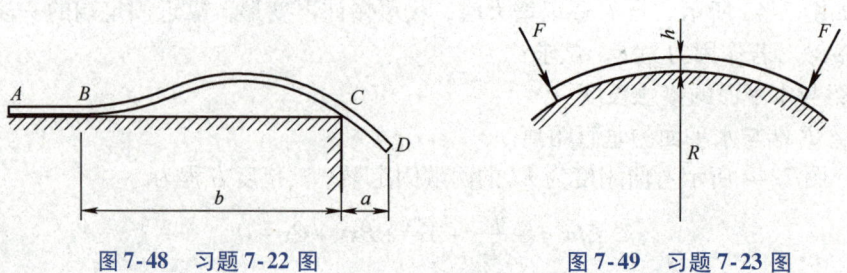

图 7-48　习题 7-22 图　　　　图 7-49　习题 7-23 图

7-24 试求图 7-50 所示超静定梁截面 C 的挠度 w_C，梁弯曲刚度 EI 为常量。

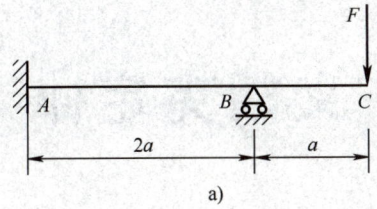
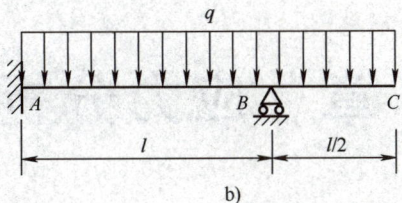

图 7-50 习题 7-24 图

7-25 试求图 7-51 所示超静定梁支座约束力值，梁弯曲刚度 EI 为常量。

7-26 图 7-52 所示悬臂梁自由端 B 处与 45°光滑斜面接触，设梁材料弹性模量 E、横截面积 A、惯性矩 I 及线膨胀系数 α_l 已知，当温度升高 ΔT，试求梁内最大弯矩 $M_{\max}$。

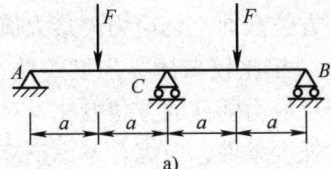
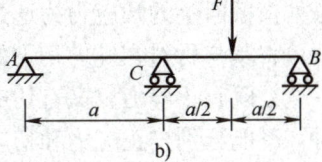

图 7-51 习题 7-25 图

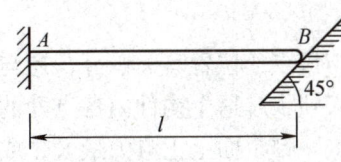

图 7-52 习题 7-26 图

第 8 章　应力分析及广义胡克定律

8.1　应力状态概述

前几章已经介绍了杆件在基本变形时横截面上的应力的计算及相应的强度条件的建立。对于轴向拉压和纯弯曲中的正应力，由于杆件危险点处横截面上的正应力是通过该点各方位截面上正应力的最大值，且处于单轴应力状态，故可将其与材料在单向拉伸（压缩）时的许用应力相比较来建立强度条件。同样，对于圆轴扭转和平面弯曲中的中性轴上的切应力，由于杆件危险点处横截面上的切应力为通过该点各方位截面上切应力的最大值，且处于纯剪切应力状态，故可将其与材料在纯剪切下的许用应力相比较来建立强度条件。一般情况下，受力构件内的一点处既有正应力，又有切应力，而且应力随截面方位变化，对这类点的应力进行强度计算时，不能分别按正应力和切应力建立强度条件，应综合考虑正应力和切应力的影响。这时，要研究通过该点各不同方位截面上应力的变化规律，从而确定该点处的最大正应力和最大切应力及其所在截面的方位。受力构件内一点处所有不同方位截面上应力的总体情况，称为**一点处的应力状态**。

实际上，某点的应力情况除与该点的位置有关以外，还与通过该点所截取的截面方位有关。判断一个受力构件的强度，必须了解这个构件内各点处的应力状态，即了解各点处不同截面的应力情况，从而找出哪个点、哪个面上正应力最大，或切应力最大。据此建立构件的强度条件，这就是研究应力状态的目的。

8.1.1　应力状态单元体

应力随点的位置和截面方位不同而改变，可通过该点取棱边长度均为无穷小的立方体——单元体，来分析一点的应力状态。图 8-1 所示为在受力构件中某点 M 取出的反映该点应力状态的单元体。可以认为：单元体每个面上的应力都是均匀的，事实上，它们都是该点在这一方位截面上的应力。在忽略微量的情况下，单元体相互平行的面上的应力是相等的。将单元体每个面上的应力分解为一个正应力和两个切应力，分别与三个坐标轴平行。可以用单元体六个面的应力分量来表示 M 点的应力状态。

每个面上应力分量的下标约定如下：正应力方向垂直于表面，与坐标轴方向平行，只要用一个下标。例如，σ_x 表示以 x 轴为法线的面上的正应力，该正应力的方向与 x 轴平行。切应力的两个下标，其中第一个下标表示切应力作用面的法线方向，第二个下标表示应力平行的坐标轴的方向。例如，τ_{xy} 中的第一个下标 x 表示以 x 轴为法线的面上的切应力，即垂直于 x 轴的面上的切应力，第二个下标 y 表示切应力平行 y 轴。单元体一对平行面上应力相同，6 个面分为三组，三组面上共有 9 个应力分量，如图 8-1 所示，根据切应力互等定理

$$\tau_{xy}=\tau_{yx},\tau_{yz}=\tau_{zy},\tau_{zx}=\tau_{xz}$$

因此，独立的应力分量只有 6 个，3 个正应力分量，3 个切应力分量，如果知道了一点

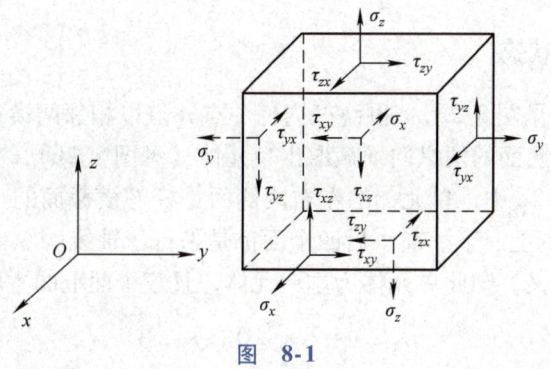

图 8-1

处的这 6 个应力分量，就了解了这点的应力状态。

8.1.2 主应力及应力状态的分类

当受力构件某点的截面方位变化时，截面上的应力发生变化。如图 8-2a 所示，通过拉杆中 A 点作不同的斜截面，当截面方位变化时（见图 8-2d），截面上的正应力和切应力都会发生变化。如果某一方位截面上的切应力为零，则这个方位的平面称为该点的主平面（如图 8-2c 中过 A 点的横截面），该平面上的正应力称为主应力，主平面法线方向就是主应力的方向。若单元体的三组正交的面都是主平面，则这个单元体称为该点的主应力状态单元体，简称主单元体（见图 8-2b）。

在受力构件内的某点所截取出的单元体，一般来说，各个面上既有正应力，又有切应力（见图 8-1）。可以证明：从受力构件任一点处，至少存在相互正交的三个面都为主平面，即以不同方位截取的所有可能的单元体中，至少有一个单元体为主单元体，其三个面上的主应力按代数值的大小排列，分别用 σ_1、σ_2、σ_3 表示，即 $\sigma_1 \geqslant \sigma_2 \geqslant \sigma_3$。

若在一个点的三个主应力中，只有一个主应力不等于零，则这样的应力状态称为单向应力状态；若三个主应力中有两个不等于零，则称为二向应力状态或平面应力状态；若三个主应力皆不为零，则称为三向应力状态或空间应力状态。单向应力状态也称为简单应力状态，二向和三向应力状态统称为复杂应力状态。

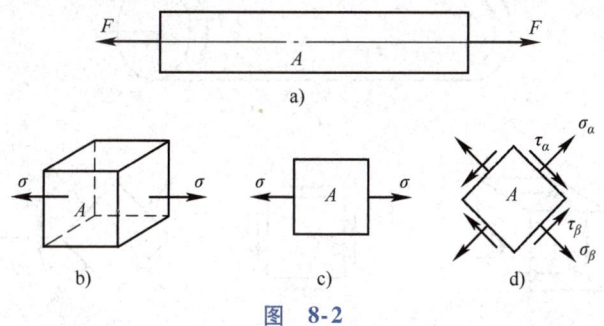

图 8-2

8.2 应力状态的实例

为了更好地理解一点处的应力状态的概念，下面举出一些单向、二向、三向应力状态的实例。

8.2.1 单向应力状态

直杆轴向拉伸时（见图8-2a），围绕杆内任一点 A 点以相邻两横截面，即平行于杆侧面的两纵向面及平行于杆底面的两纵向面截取出单元体（见图8-2b），其平面图（单元体投影到纸面）则表示在图8-2c 中，单元体的左右两侧面是杆件横截面的一部分，其面上的应力皆为 $\sigma = P/A$。单元体的上、下、前、后四个面都是平行于轴线的纵向面，面上皆无任何应力。根据主单元体的定义，知此单元体为主单元体，且三个面上的主应力分别为

$$\sigma_1 = \frac{P}{A},\ \sigma_2 = 0,\ \sigma_3 = 0$$

围绕 A 点也可用两对正交的斜截面和平行于侧面的纵向面截取单元体（图8-2d），前、后面为平行于杆侧面的纵向面，面上无任何应力，而在单元体的外法线与杆轴线斜交的斜面上既有正应力又有切应力（见第2章）。因此，这样截取的单元体不是主单元体。

由此可见，按不同方位截取的单元体，单元体各面上的应力也就不同，但它们均可表示同一点的应力状态，这两个应力状态单元体的应力分量之间必然满足一定的联系，研究它们之间的关系也是应力分析的内容。

8.2.2 纯剪切应力状态

围绕受扭圆轴表面上 A 点（见图8-3a）以纵横6个截面截取单元体（左右两个面为横截面，上下两个面为包含轴线的纵向面，前后两个面为圆柱表面及与其无限临近的另一圆柱面，见图8-3b）。单元体的左、右两侧面为横截面的一部分，正应力为零，而切应力为

$$\tau = \frac{T}{W_t}$$

由切应力互等定理，知在单元体的上、下两面上（A 点的纵向面），有 $\tau' = \tau$。因为单元体的前面为圆轴的自由面，故单元体的前、后面上无任何应力。单元体面上应力如图8-3c 所示。由此可见，圆轴受扭时，A 点的应力状态为纯剪切应力状态。

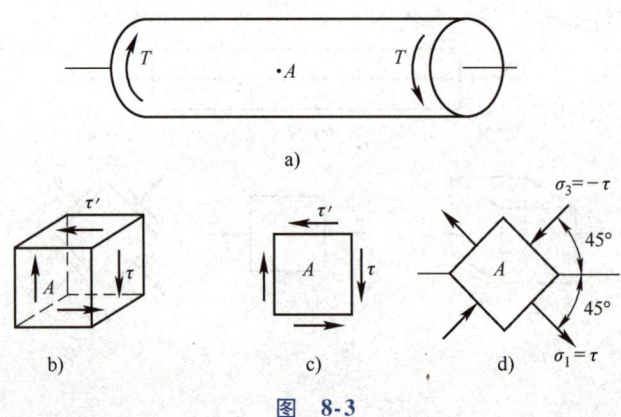

图 8-3

进一步分析（见本章例8-1）表明，若围绕着 A 点沿与轴线成 $\pm 45°$ 的截面截取一单元体（见图8-3d），则其 $\pm 45°$ 斜截面上的切应力皆为0。在外法线与轴线成 $45°$ 的截面上有压应力，其值为 $-\tau$。在外法线与轴线成 $-45°$ 的截面上有拉应力，其值为 $+\tau$。考虑到前、后

面两侧面无任何应力,故图 8-3d 所示单元体为该点的主单元体。其主应力分别为

$$\sigma_1 = \tau, \ \sigma_2 = 0, \ \sigma_3 = -\tau$$

可见,纯剪切应力状态为二向应力状态。

8.2.3 其他二向应力状态

当圆筒形容器(见图 8-4a)的壁厚 t 远小于其直径 D 时(例如 $t < D/20$),称为薄壁圆筒。若封闭的薄壁圆筒承受的内压力为 p,则沿圆筒轴线方向作用于筒底的总压力为 P(见图 8-4b),且

$$P = p\frac{\pi D^2}{4}$$

薄壁圆筒的横截面积为 πDt,因此圆筒横截面上的正应力 σ' 为

$$\sigma' = \frac{P}{A} = \frac{p\dfrac{\pi D^2}{4}}{\pi Dt} = \frac{pD}{4t} \tag{8-1}$$

用相距为 l 的两个横截面和通过直径的纵向平面,从圆筒中截取一部分(见图 8-4c)。设圆筒纵向截面上的内力为 F_N、正应力为 σ'',则

$$\sigma'' = \frac{F_N}{A} = \frac{F_N}{tl}$$

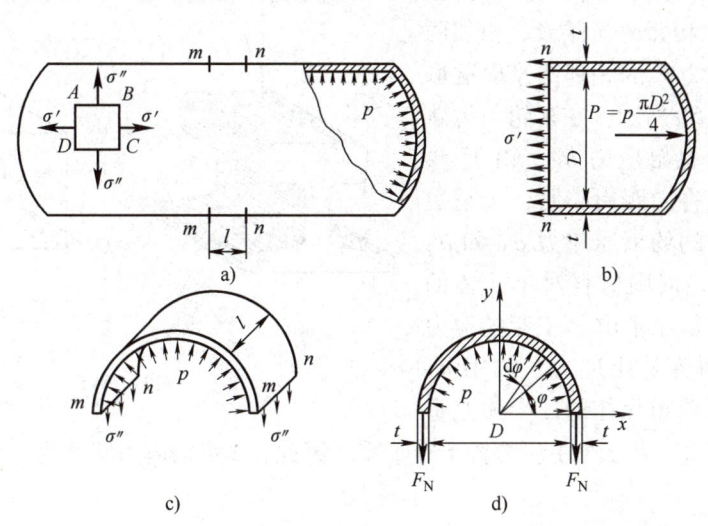

图 8-4

取圆筒内壁上的微面积 $\mathrm{d}A = l D \mathrm{d}\varphi/2$,内压 p 在微面积上的压力为 $plD\mathrm{d}\varphi/2$,其在 y 方向的投影为 $plD\sin\varphi\mathrm{d}\varphi/2$。通过积分求出上述投影的总和为

$$\int_0^\pi plD\sin\varphi\mathrm{d}\varphi/2 = plD$$

积分结果表明:截取部分在纵向平面上的投影面积 lD 与 p 的乘积,就等于内压力在 y 方向投影的合力。考虑截取部分在 y 方向的平衡(见图 8-4d)

$$\sum F_y = 0, \ 2F_N - plD = 0$$

$$F_N = \frac{plD}{2}$$

将 F_N 代入 σ'' 表达式中，得

$$\sigma'' = \frac{F_N}{tl} = \frac{pD}{2t} \qquad (8\text{-}2)$$

从式（8-1）和式（8-2）可以看出，纵向截面上的应力 σ'' 是横截面上应力 σ' 的两倍。

由于内压力是轴对称载荷，所以在纵向截面上没有切应力。又由切应力互等定理可知，在横截面上也没有切应力。围绕薄壁圆筒任一点 A，沿相邻两横截面，包含轴线的相邻两纵向面及圆柱表面以及与之平行的相邻柱面，截取的单元体为主单元体。

此外，如果该点在圆筒外表面，则在单元体 $ABCD$ 面上，有作用于外壁的大气压力；如果该点在圆筒内壁，则有内压力 p，但它们都远小于 σ' 和 σ''，可以认为等于 0，见式（8-1）和式（8-2），考虑到 $t \ll D$，易得上述结论。由此可见，A 点的应力状态为二向应力状态，其三个主应力分别为

$$\sigma_3 = \frac{pD}{2t}, \quad \sigma_2 = \frac{pD}{4t}, \quad \sigma_3 = 0$$

8.2.4 三向应力状态

钢轨受到火车轮的压力，分析钢轨上与车轮接触点的应力状态。围绕车轮与钢轨接触点（见图 8-5a），以相邻两横截面、相邻两纵向面及垂直压力 P 的相邻两平面截取单元体，如图 8-5b 所示。在车轮与钢轨的接触面上，有接触应力 σ_3。由于 σ_3 的作用，单元体将向四周膨胀，于是引起周围材料对它的约束压应力 σ_1 和 σ_2（理论计算表明，周围材料对单元体的约束应力的绝对值小于由 P 引起的应力绝对值 $|\sigma_3|$，因为是压应力，故用 σ_1 和 σ_2 表示）。所取单元体的三个相互垂

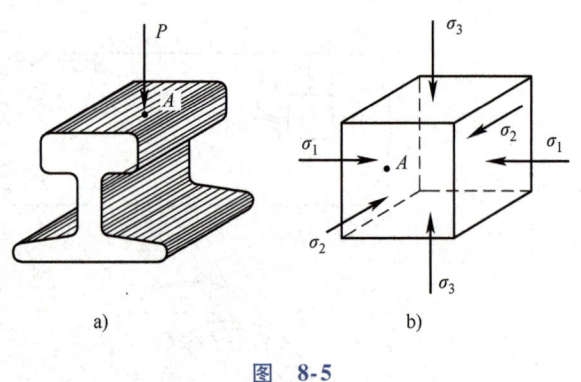

图 8-5

直的面皆为主平面，且三个主应力皆不等于零。因此，A 点的应力状态为三向应力状态。

8.3 二向应力状态分析——解析法

8.3.1 单元体斜截面上的应力

二向应力状态分析，就是通过一点的单元体各面上的应力，确定通过这一点的其他方位截面上的应力，从而进一步确定该点的主平面、主应力和最大切应力。

从构件内某点截取的单元体如图 8-6a 所示。单元体前、后两个面上无任何应力，故前、后两个面为主平面，且这个面上的主应力为 0，所以，它是二向应力状态。为简化起见，可将其投影到纸面，用图 8-6b 的矩形的四条边代表四个面，表示二向应力状态单元体。

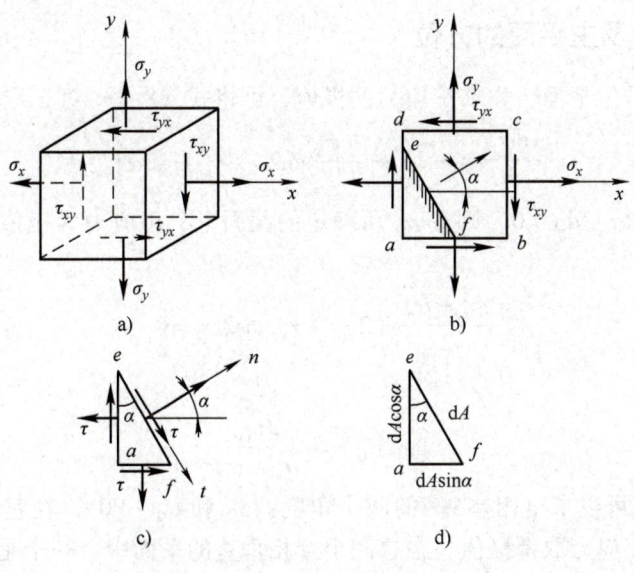

图 8-6

在如图 8-6b 所示的单元体的各面上，设应力分量 σ_x、σ_y 和 τ_{xy} 皆为已知，现研究单元体平行于 z 轴（xyz 为正交坐标系）的任意斜截面 ef 上的应力（见图 8-6b）。关于应力的符号规定为：正应力以拉应力为正，而以压应力为负；切应力以该面外法线转动到相应面上切应力方向为顺时针转动时为正，反之为负。该截面外法线 n 与 x 轴的夹角为 α，且规定：由斜截面外法线按小于 180°转角转到单元体外法线，转动为顺时针时，α 为正；转动为逆时针时，则 α 为负。以斜截面 ef 将单元体假想截开，考虑截面以左部分的平衡，如图 8-6c 所示。设斜截面 ef 面积为 dA，则左面和下面面积分别为 $dA\cos\alpha$、$dA\sin\alpha$，根据平衡方程

$$\sum F_n = 0, \qquad \sigma_\alpha dA + \tau_{xy}dA\cos\alpha\sin\alpha - \sigma_x dA\cos\alpha\cos\alpha +$$
$$\tau_{yx}dA\sin\alpha\cos\alpha - \sigma_y dA\sin\alpha\sin\alpha = 0$$

$$\sum F_\tau = 0, \qquad \tau_\alpha dA - \tau_{xy}dA\cos\alpha\cos\alpha - \sigma_x dA\cos\alpha\sin\alpha +$$
$$\sigma_y dA\sin\alpha\cos\alpha + \tau_{yx}dA\sin\alpha\sin\alpha = 0$$

考虑到切应力互等定理，τ_{xy} 与 τ_{yx} 在数值上相等，以 τ_{xy} 代替 τ_{yx}，以三角公式简化以上平衡方程最后得出

$$\sigma_\alpha = \frac{\sigma_x + \sigma_y}{2} + \frac{\sigma_x - \sigma_y}{2}\cos 2\alpha - \tau_{xy}\sin 2\alpha \tag{8-3}$$

$$\tau_\alpha = \frac{\sigma_x - \sigma_y}{2}\sin 2\alpha + \tau_{xy}\cos 2\alpha \tag{8-4}$$

式（8-3）和式（8-4）表明，σ_α 和 τ_α 均为 α 的函数，即任意斜截面上的正应力 σ_α 和切应力 τ_α 随截面方位的改变而变化。由式（8-3）可得

$$\sigma_\alpha + \sigma_{\alpha \pm \pi/2} = \sigma_x + \sigma_y \tag{8-5}$$

式（8-5）表明，二向应力状态下，一点处任意两个正交方向的正应力之和与 α 无关，是一个常数。

8.3.2 主应力及主平面的方位

为分析主应力及主平面，先求正应力的极值，可将式（8-3）对 α 取导数，得

$$\frac{d\sigma_\alpha}{d\alpha} = -2\left(\frac{\sigma_x - \sigma_y}{2}\sin2\alpha + \tau_{xy}\cos2\alpha\right)$$

若 $\alpha = \alpha_0$ 时，导数 $d\sigma_\alpha/d\alpha = 0$，则在 α_0 所确定的截面上，正应力为极值。以 α_0 代入上式，并令其等于 0，即

$$\frac{\sigma_x - \sigma_y}{2}\sin2\alpha_0 + \tau_{xy}\cos2\alpha_0 = 0$$

得

$$\tan2\alpha_0 = -\frac{2\tau_{xy}}{\sigma_x - \sigma_y} \tag{8-6}$$

因此，由式（8-6）可以求出相差 90° 的两个角度：α_0 和 $\alpha_0 + 90°$，在它们所确定的两个互相垂直的平面上，正应力取得极值。在这两个互相垂直的平面中，一个是极大正应力所在的平面，另一个是极小正应力所在的平面。从式（8-6）求出 $\sin2\alpha_0$ 和 $\cos2\alpha_0$，代入式（8-3），求得极大或极小正应力为

$$\left.\begin{array}{r}\sigma_{\max}\\ \sigma_{\min}\end{array}\right\} = \frac{\sigma_x + \sigma_y}{2} \pm \sqrt{\left(\frac{\sigma_x - \sigma_y}{2}\right)^2 + \tau_{xy}^2} \tag{8-7}$$

至于 α_0 确定的两个平面中哪一个对应着极大正应力，可按下述方法判断。

若 $\sigma_x \geq \sigma_y$，则式（8-6）确定的两个角度 α_0 和 $\alpha_0 + 90°$，绝对值较小的一个对应着极大正应力 $\sigma_{\max}$ 所在的平面，绝对值较大的一个对应着极小正应力 $\sigma_{\min}$ 所在的平面。若 $\sigma_x < \sigma_y$，则与上述结论相反。此结论可由二向应力状态分析的图解法得到验证。

进一步讨论在正应力取得极值的两个互相垂直的平面上切应力的情况。为此，将 α_0 代入式（8-4），并与 $d\sigma_\alpha/d\alpha = 0$ 的表达式进行比较，求出该面上的切应力 $\tau_{\alpha_0} = 0$。这表明，正应力为极大或极小的平面就是主平面，极值的正应力就是主应力。因此，式（8-7）是计算主应力的公式，式（8-6）确定的两个角度就是主平面的外法线与单元体外法线之间的夹角。

8.3.3 切应力的极值及其所在平面

为了求得切应力的极值及其所在平面的方位，将式（8-4）对 α 求导

$$\frac{d\tau_\alpha}{d\alpha} = (\sigma_x - \sigma_y)\cos2\alpha - 2\tau_{xy}\sin2\alpha$$

若 $\alpha = \alpha_1$ 时，导数 $d\tau_\alpha/d\alpha = 0$，则在 α_1 所确定的截面上，切应力取得极值。将 α_1 代入上式且令其等于 0，得

$$(\sigma_x - \sigma_y)\cos2\alpha_1 - 2\tau_{xy}\sin2\alpha_1 = 0$$

由此求得

$$\tan2\alpha_1 = \frac{\sigma_x - \sigma_y}{2\tau_{xy}} \tag{8-8}$$

由式（8-8）也可以解出两个解：α_1 和 $\alpha_1 + 90°$，它们相差也为 90°，从而可以确定在两个

相互垂直的平面上分别作用着极大或极小切应力。由式 (8-8) 解出 $\sin2\alpha_1$ 和 $\cos2\alpha_1$，代入式 (8-4) 中，求得切应力的极大值和极小值

$$\left.\begin{array}{r}\tau_{\max}\\ \tau_{\min}\end{array}\right\} = \pm\sqrt{\left(\frac{\sigma_x - \sigma_y}{2}\right)^2 + \tau_{xy}^2} \qquad (8\text{-}9)$$

由式 (8-9)，极大与极小切应力的绝对值是相等的，但符号相反，也称为主切应力。它们是平行于 z 轴的斜截面上的极值切应力。与正应力的极值所在两个平面方位的判断关系对应相似，切应力的极值所在两个平面方位的对应关系是：若 $\tau_{xy} > 0$，则绝对值较小的 α_1 对应最大切应力所在的平面。

比较式 (8-6) 和式 (8-8)，可以得到

$$\tan2\alpha_0 \tan2\alpha_1 = -1 \qquad (8\text{-}10)$$

所以有

$$2\alpha_1 = 2\alpha_0 + \frac{\pi}{2}, \quad \alpha_1 = \alpha_0 + \frac{\pi}{4}$$

即极大和极小切应力所在的平面的外法线与主平面的外法线之间的夹角为 45°。

【例 8-1】 圆轴受扭如图 8-7a 所示，试分析轴表面任一点的应力状态，并讨论试件受扭时的破坏现象。

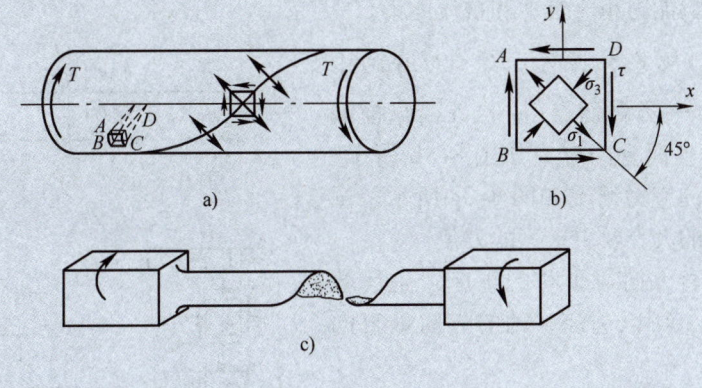

图 8-7

解： 根据 8.2 节的讨论，沿纵横截面截取的单元体为纯切应力状态（见图 8-7b），单元体各面上的应力为

$$\sigma_x = \sigma_y = 0, \quad \tau_{xy} = -\tau_{yx} = \tau = \frac{T}{W_t}$$

代入式 (8-3) 和式 (8-4)，即可得到纯剪切应力状态任意斜截面上的应力

$$\sigma_\alpha = -\tau_{xy}\sin2\alpha = -\tau\sin2\alpha$$
$$\tau_\alpha = \tau_{xy}\cos2\alpha = \tau\cos2\alpha$$

将 $\sigma_x = \sigma_y = 0$、$\tau_{xy} = \tau$ 代入式 (8-5) 和式 (8-4)，即可得到主应力的大小及主平面的方位

$$\left.\begin{array}{l}\sigma_{\max}\\ \sigma_{\min}\end{array}\right\} = \frac{\sigma_x + \sigma_y}{2} \pm \sqrt{\left(\frac{\sigma_x - \sigma_y}{2}\right)^2 + \tau_{xy}^2} = \pm\tau$$

$$\tan2\alpha_0 = -\frac{2\tau_{xy}}{\sigma_x - \sigma_y} = -\infty$$

由此可得，$2\alpha_0 = -90°$ 或 $-270°$，即 $\alpha_0 = -45°$ 或 $-135°$。以上结果表明，由 $\alpha_0 = -45°$ 所确定的主平面上的主应力为 $\sigma_{\max} = \tau$，而 $\alpha_0 = -135°$（或 $\alpha_0 = +45°$）所确定的主平面上的主应力为 $\sigma_{\min} = -\tau$，如图 8-7b 所示，考虑到前后面为主平面，且该平面上的主应力为 0。故有

$$\sigma_1 = \tau, \quad \sigma_2 = 0, \quad \sigma_3 = -\tau$$

即纯剪切状态单元体的两个主应力相等，都等于切应力 τ，但一个为拉应力，一个为压应力。

上述讨论即可说明材料在扭转试验中出现的现象。低碳钢试件扭转时的屈服现象是材料沿横截面产生滑移的结果，最后沿横截面断开，扭转时横截面上切应力最大，这说明低碳钢扭转破坏是横截面上最大切应力作用的结果。即对于低碳钢这种塑性材料来说，其抗剪能力小于抗拉或抗压能力。铸铁试件扭转时，大约沿与轴线成 45°螺旋面断裂（见图 8-7c），该方向具有最大拉应力，说明扭断是最大拉应力作用的结果。即对于铸铁这种脆性材料，其抗拉能力小于抗剪和抗压能力。

【例 8-2】 如图 8-8a 所示，简支梁在跨中受集中力作用，m—m 截面点 1～点 5 沿纵横截面截取的单元体各面上的应力如图 8-8b 所示，若已知点 2 各面的应力情况如图 8-8c 所示。试求点 2 的主应力的大小及主平面的方位。

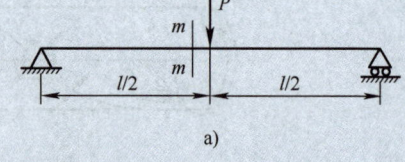

解：由于垂直方向等于 0 的正应力是代数值较大的正应力，所以选定 x 轴的方向垂直向上。此时

$$\sigma_x = 0, \quad \sigma_y = -70\text{MPa}, \quad \tau_{xy} = -50\text{MPa}$$

由式（8-6）得

$$\tan2\alpha_0 = -\frac{2\tau_{xy}}{\sigma_x - \sigma_y} = -\frac{2\times(-50)}{0-(-70)} = 1.429$$

求得 $\alpha_0 = 27.5°$ 或 $117.5°$ 由于 $\sigma_x > \sigma_y$，所以绝对值较小的角度 $\alpha_0 = 27.5°$ 的主平面上有极大的主应力，而 $\alpha_0 = 117.5°$ 的主平面上有极小的主应力，它们可由式（8-5）求得：

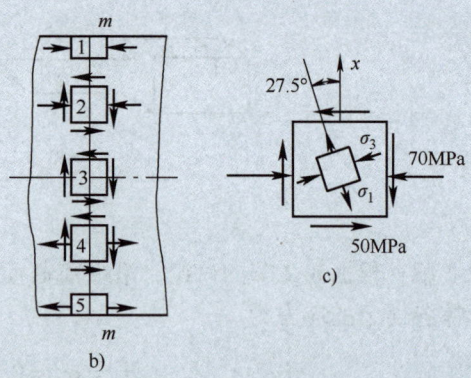

图 8-8

$$\left.\begin{array}{l}\sigma_{\max}\\ \sigma_{\min}\end{array}\right\} = \left[\frac{0+(-70)}{2} \pm \sqrt{\left(\frac{0+70}{2}\right)^2 + (-50)^2}\right]\text{MPa} = \begin{cases}26\text{MPa}\\ -96\text{MPa}\end{cases}$$

所以

$$\sigma_1 = 26\text{MPa}, \quad \sigma_2 = 0, \quad \sigma_3 = -96\text{MPa}$$

主应力及主平面位置如图 8-8c 所示。

在求出梁截面上一点主应力的方向后,把其中一个主应力的方向延长与相邻横截面相交。求出交点的主应力方向,再将其延长与下一个相邻横截面相交。以此类推,将得到一条折线,它的极限将是一条曲线。在这条曲线上,任一点的切线方向即代表该点主应力的方向,这条曲线称为主应力迹线。经过每一点有两条相互正交的主应力迹线。图 8-9 所示为梁的两组主应力迹线,实线为主拉应力迹线,虚线为主压应力迹线。在钢筋混凝土梁中,钢筋的作用是抵抗拉伸,所以应使钢筋尽可能沿主拉应力迹线的方向布置。

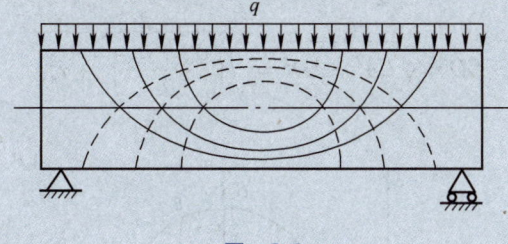

图 8-9

8.4 二向应力状态分析——图解法

8.4.1 应力圆方程及其作法

由二向应力状态分析的解析法可知,二向应力状态下,斜截面上的应力由式 (8-3) 和式 (8-4) 来确定。它们皆为 α 的函数,把 α 看作参数,为消去 α,将两式改写成

$$\sigma_\alpha - \frac{\sigma_x + \sigma_y}{2} = \frac{\sigma_x - \sigma_y}{2}\cos 2\alpha - \tau_{xy}\sin 2\alpha$$

$$\tau_\alpha = \frac{\sigma_x - \sigma_y}{2}\sin 2\alpha + \tau_{xy}\cos 2\alpha$$

将两式等号两边平方,然后相加,得

$$\left(\sigma_\alpha - \frac{\sigma_x + \sigma_y}{2}\right)^2 + \tau_\alpha^2 = \left(\frac{\sigma_x - \sigma_y}{2}\right)^2 + \tau_{xy}^2 \tag{8-11}$$

式 (8-11) 中,σ_x、σ_y 和 τ_{xy} 皆为已知量。若建立平面直角坐标系:横坐标为 σ 轴,纵坐标为 τ 轴,平面上点的横、纵坐标与任意斜截面上应力 (σ_α, τ_α) 对应,则式 (8-11) 是一个以 σ_α、τ_α 为变量的圆的方程。圆心的横坐标为 $(\sigma_x + \sigma_y)/2$,纵坐标为 0,圆周的半径为 $\sqrt{\left(\dfrac{\sigma_x - \sigma_y}{2}\right)^2 + \tau_{xy}^2}$。这个圆称作应力圆,亦称莫尔应力 (Mohr) 圆。

因为应力圆方程是从式 (8-3) 和式 (8-4) 导出的,所以单元体某斜截面上的应力 σ_α 和 τ_α 对应着应力圆周上的一个点。反之,应力圆周上的任一点也对应着单元体某一斜截面的应力 σ_α 和 τ_α,即它们之间有着一一对应的关系,但从应力圆方程中并不能直接找出这种对应关系。以下介绍的应力圆作法，可以解决这一问题。

以图 8-10a 所示的二向应力状态为例来说明应力圆的作法。单元体各面上应力正负号的规定与解析法一致。按一定的比例尺量取横坐标 $\overline{OA} = \sigma_x$、纵坐标 $\overline{AD} = \tau_{xy}$，确定 D 点。D 点的坐标代表单元体以 x 为法线的面上的应力。量取 $\overline{OB} = \sigma_y$，$\overline{BD} = \tau_{yx}$，确定 D' 点。这里因 τ_{yx} 为负，故 D' 点在横坐标轴 σ 轴的下方。D' 点的坐标代表以 y 为法线的面上的应力。连接 DD'，与横坐标轴交于 C 点。由于 $\tau_{xy} = \tau_{yx}$，所以 $\triangle CAD \cong \triangle CBD'$，从而 $\overline{CD} = \overline{CD'}$。以 C 点为圆心，以 $\overline{CD}$（或 $\overline{CD'}$）为半径作圆，如图 8-10b 所示。此圆的圆心横坐标和半径分别为

$$\overline{OC} = \frac{1}{2}(\overline{OA} + \overline{OB}) = \frac{1}{2}(\sigma_x + \sigma_y) \tag{a}$$

$$\overline{CD} = \sqrt{\overline{CA}^2 + \overline{AD}^2} = \sqrt{\left(\frac{\sigma_x - \sigma_y}{2}\right)^2 + \tau_{xy}^2} \tag{b}$$

所以，这一圆即为应力圆。

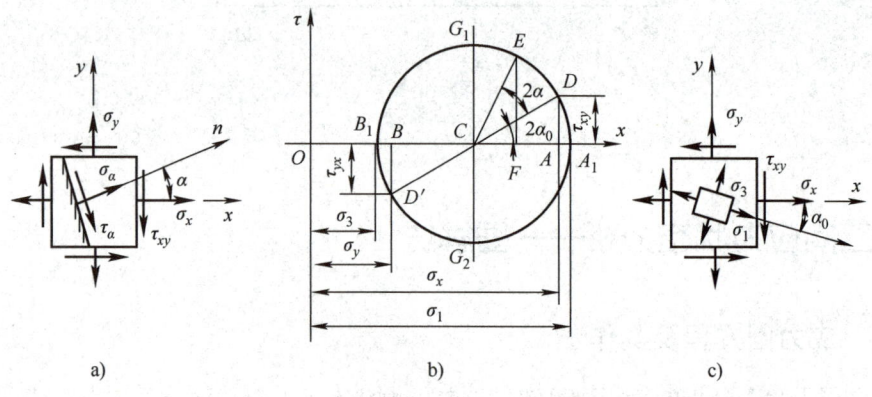

图 8-10

若确定图 8-10a 所示法线 n 与 x 轴成 α 角的斜截面上的应力，则在应力圆上，从 D 点（代表以 x 轴为法线的面上的应力）也按逆时针方向沿应力圆周移到 E 点，且使 DE 弧所对的圆心角为实际单元体斜截面 α 角的 2 倍，则 E 点的坐标就代表了以 n 为法线的斜截面上的应力（见图 8-10b）。现证明如下：E 点的横、纵坐标分别为

$$\overline{OF} = \overline{OC} + \overline{CE}\cos(2\alpha_0 + 2\alpha) = \overline{OC} + \overline{CE}\cos 2\alpha_0 \cos 2\alpha - \overline{CE}\sin 2\alpha_0 \sin 2\alpha$$

$$\overline{FE} = \overline{CE}\sin(2\alpha_0 + 2\alpha) = \overline{CE}\sin 2\alpha_0 \cos 2\alpha + \overline{CE}\cos 2\alpha_0 \sin 2\alpha$$

因为 $\overline{CE}$ 和 $\overline{CD}$ 同为圆周的半径，可以互相代替，故有

$$\overline{CE}\cos 2\alpha_0 = \overline{CD}\cos 2\alpha_0 = \overline{CA} = \frac{\sigma_x - \sigma_y}{2} \tag{c}$$

$$\overline{CE}\sin 2\alpha_0 = \overline{CD}\sin 2\alpha_0 = \overline{AD} = \tau_{xy} \tag{d}$$

将式 (a) 和式 (b) 代入 $\overline{OF}$ 和 $\overline{FE}$ 的表达式中，并注意到 $\overline{OC} = \frac{1}{2}(\sigma_x + \sigma_y)$，得

$$\overline{OF} = \frac{\sigma_x + \sigma_y}{2} + \frac{\sigma_x - \sigma_y}{2}\cos 2\alpha - \tau_{xy}\sin 2\alpha \tag{e}$$

$$\overline{FE} = \frac{\sigma_x - \sigma_y}{2}\cos 2\alpha + \tau_{xy}\sin 2\alpha \tag{f}$$

与式 (8-3) 和式 (8-4) 比较,可见 $\overline{OF} = \sigma_\alpha$, $\overline{FE} = \tau_\alpha$。即 E 点的坐标表示法线倾角为 α 的斜截面上的应力。

8.4.2 求主应力、主平面和主切应力

在应力圆中,正应力的极值点为 A_1、B_1 两点(见图 8-10b),而 A_1、B_1 点的纵坐标皆为 0,表示这两点对应面上切应力为 0,这两个面为主平面,面上正应力即为主应力。$\widehat{A_1B_1}$ 对应的圆心角为 180°,因此,与它们所对应的单元体的两个主平面互相垂直。从应力圆上不难看出

$$\sigma_1 = \overline{OA_1} = \overline{OC} + \overline{CA_1}, \quad \sigma_2 = \overline{OB_1} = \overline{OC} - \overline{CB_1}$$

因为 OC 为圆心至原点的距离,而 CA_1 和 CB_1 皆为应力圆半径,故由式 (a)、式 (b) 有⊖

$$\left.\begin{matrix}\sigma_1\\\sigma_2\end{matrix}\right\} = \frac{\sigma_x + \sigma_y}{2} \pm \sqrt{\left(\frac{\sigma_x - \sigma_y}{2}\right)^2 + \tau_{xy}^2} \tag{g}$$

从 D 点顺时针转 $2\alpha_0$ 至 A_1 点,故 α_0 就是单元体从 x 轴向主平面转过的角度。因为 D 点向 A_1 点是顺时针转动,因此 $\tan 2\alpha_0$ 为负值

$$\tan 2\alpha_0 = -\frac{\overline{AD}}{\overline{CA}} = -\frac{2\tau_{xy}}{\sigma_x - \sigma_y} \tag{h}$$

式 (g) 和式 (h) 即为式 (8-7) 和式 (8-6)。

从应力圆不难看出,若 $\sigma_x > \sigma_y$,则 D 点(对应以 x 轴为法线的面上的应力)在应力圆的右半个圆周上,所以和 A_1 点构成的圆心角的绝对值小于 D 点和 B_1 点构成的圆心角的绝对值。因此,式 (8-8) 中,绝对值较小的 α_0 对应着极大的主应力。

应力圆上 G_1、G_2 两点的纵坐标分别为极大值和极小值,它们分别代表单元体与 z 轴平行的一组斜截面中的极大和极小切应力。因为 $\overline{CG_1}$ 和 $\overline{CG_2}$ 均为应力圆的半径,故有

$$\left.\begin{matrix}\tau_{\max}\\\tau_{\min}\end{matrix}\right\} = \pm\sqrt{\left(\frac{\sigma_x - \sigma_y}{2}\right)^2 + \tau_{xy}^2} \tag{i}$$

式 (i) 即为式 (8-9),又因为应力圆的半径也等于 $\frac{1}{2}(\sigma_1 - \sigma_2)$,故主切应力又可表示为

$$\left.\begin{matrix}\tau_{\max}\\\tau_{\min}\end{matrix}\right\} = \pm\frac{\sigma_1 - \sigma_2}{2} \tag{8-12}$$

在应力圆周上,由 A_1 到 G_1 所对的圆心角为逆时针的 90°。因此,在单元体内,由 σ_1 所在的主平面的法线逆时针旋转 45° 即为极大切应力所在截面的外法线。

又若 $\tau_{xy} > 0$,则 D 点(对应以 x 轴为法线的面上的应力)在 σ 轴上方的应力圆周上,所以,D 点到 G_1 点所对圆心角的绝对值小于 D 点到 G_2 点所对圆心角的绝对值。因此,若 $\tau_{xy} > 0$,则式 (8-8) 所确定的两个角度值中,绝对值较小的 α_1 所确定的平面对应着极大切应力。

【例 8-3】 已知单元体的应力状态如图 8-11a 所示。$\sigma_x = 40\text{MPa}$, $\sigma_y = -60\text{MPa}$, $\tau_{xy} = -50\text{MPa}$。试用图解法求主应力,并确定主平面的位置。

解:(1)作应力圆 按选定的比例尺,以 $\sigma_x = 40\text{MPa}$、$\tau_{xy} = -50\text{MPa}$ 为坐标,确定 D 点。以 $\sigma_y = -60\text{MPa}$、$\tau_{yx} = 50\text{MPa}$ 为坐标,确定 D' 点。连接 D 点和 D' 点,与横坐标轴交

⊖ 这里不考虑两个主应力和零主应力之间的大小关系,其中较大的记为 σ_1,较小的记为 σ_2。

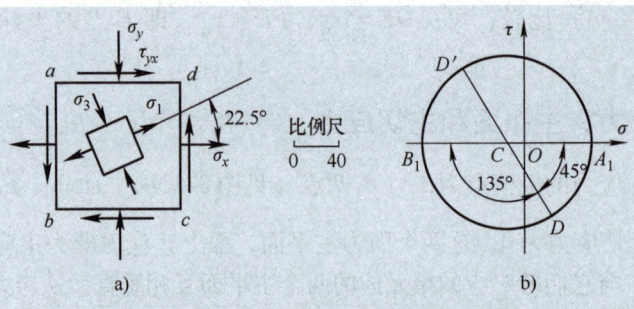

图 8-11

于 C 点。以 C 点为圆心、以 CD 为半径作应力圆，如图 8-11b 所示。

（2）求主应力及主平面的位置　在图 8-11b 所示的应力圆上，A_1 点和 B_1 点的横坐标即为主应力值，按所用比例尺量出

$$\sigma_1 = \overline{OA_1} = 60.7\text{MPa},\quad \sigma_3 = \overline{OB_1} = -80.7\text{MPa}$$

这里另一个主应力 $\sigma_2 = 0$。

在应力圆上，由 D 点至 A_1 点为逆时针方向，且 $\angle DCA_1 = 2\alpha_0 = 45°$，所以，在单元体中，从 x 轴以逆时针方向量取 $\alpha_0 = 22.5°$，确定了 σ_1 所在主平面的法线。而 D 点至 B_1 点为顺时针方向，$\angle DCB_1 = 135°$，所以，在单元体中从 x 轴以顺时针方向量取 $\alpha_0 = 67.5°$，从而确定了 σ_3 所在主平面的法线方向。

【例8-4】　用图解法定性讨论图 8-8b 所示 3、4、5 点的应力状态。

解：图 8-8b 的 3、4、5 点应力状态单元体如图 8-12a 所示。点 3 的应力状态为纯剪切应力状态。根据单元体以 x 为法线的截面上的应力情况 $\sigma_x = 0$，$\tau_{xy} = \tau$。在坐标系中确定的 D 点在 τ 轴上，而根据以 y 轴为法线的截面上应力 $\sigma_y = 0$、$\tau_{yx} = -\tau$ 确定的 D' 点也在 τ 轴上，但其为负值。D 点与 D' 点的连线与 σ 轴交于原点 O，以 O 为圆心点，以 $\overline{OD}$（或 $\overline{OD'}$）为半径，作出应力圆如图 8-12b 所示。由此可见，该应力圆的特点是应力圆圆心与坐标原点重合。

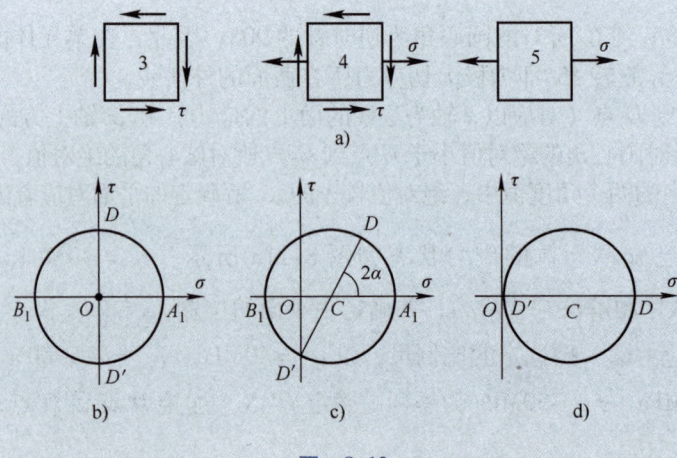

图 8-12

从图 8-12b 看出：

$$\sigma_1 = \tau, \ \sigma_2 = 0, \ \sigma_3 = -\tau, \ \tau_{\max} = \tau$$

对于 4 点的应力状态，同样根据 $\sigma_x = \sigma$、$\tau_{xy} = \tau$，在坐标系中确定 D 点，而根据 $\sigma_y = 0$、$\tau_{yx} = -\tau$ 确定的 D' 点在 τ 轴上，连接 D 点与 D' 点的连线与 σ 轴交于 C 点，以 C 为圆心、以 $\overline{CD}$ 为半径，作出应力圆如图 8-12c 所示。可见，该应力圆的特点是应力圆总与 τ 轴相割，故必然有 $\sigma_1 > 0$，$\sigma_2 = 0$，$\sigma_3 < 0$。根据解析法，求得三个主应力分别为：

$$\left.\begin{array}{c}\sigma_1 \\ \sigma_3\end{array}\right\} = \frac{\sigma}{2} \pm \sqrt{\left(\frac{\sigma}{2}\right)^2 + \tau^2}, \ \sigma_2 = 0$$

5 点的应力状态，$\sigma_x = \sigma$，$\sigma_y = 0$，$\tau_{xy} = \tau_{yx} = 0$，作出应力圆如图 8-12d 所示。其特点是该应力圆与 τ 轴相切，是单向应力状态，$\sigma_1 = \sigma_x$，$\sigma_2 = \sigma_3 = 0$。

8.5 三向应力状态

8.5.1 三向应力状态的应力圆

在已知主应力 σ_1、σ_2、σ_3 的条件下，讨论三向主应力状态单元体斜截面的极值正应力和极值切应力。

如图 8-13a 所示主应力状态单元体，设斜截面与 σ_3 平行，考虑截出部分三棱柱体的平衡，如图 8-13b 所示。显然，沿 σ_3 方向自然满足平衡条件，故平行于 σ_3 诸斜面上的应力不受 σ_3 的影响，只与 σ_1、σ_2 有关。由 σ_1、σ_2 确定的应力圆周上的任意一点的纵、横坐标表示平行于 σ_3 的某个斜面上的切应力和正应力。同理，由 σ_1、σ_3 确定的应力圆表示平行于 σ_2 诸斜截面上的应力情况，如图 8-14b 所示。由 σ_3、σ_2 确定的应力圆表示平行于 σ_1 诸斜截面上的应力情况，如图 8-14c 所示。这样作出的三个应力圆，如图 8-15a 所示，称作三向应力状态的应力圆。

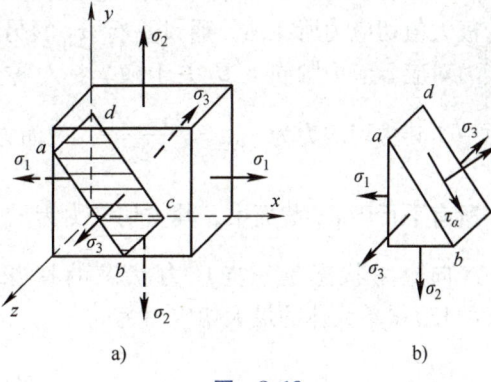

图 8-13

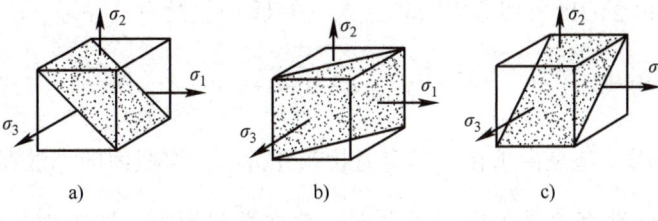

图 8-14

可以证明，对于三向应力状态任意斜截面上的正应力和切应力，必然对应着图 8-15a 所示三向应力圆之间阴影线部分的点。例如，对于应力圆阴影部分中的某一点 D 点来说，该点的纵、横坐标为任意斜面上的切应力和正应力的大小，如图 8-15b 的截面 EFG。

8.5.2 三向应力状态切应力的最大、最小值

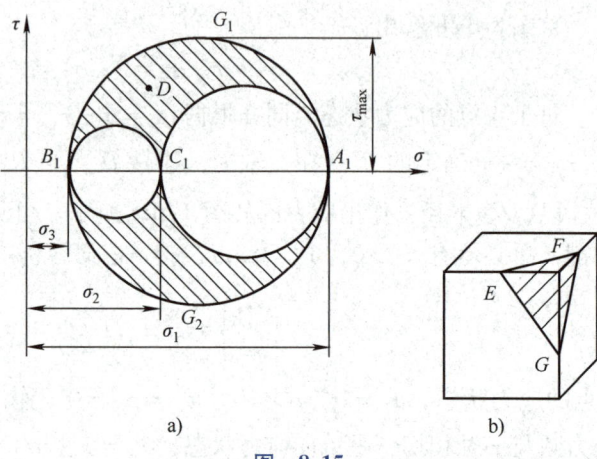

图 8-15

由图 8-13a 可看出，画阴影线的部分内，横坐标的极大值为 A_1 点，而极小值为 B_1 点，因此，单元体正应力的极值为

$$\sigma_{\max} = \sigma_1, \quad \sigma_{\min} = \sigma_3$$

它们即为最大与最小的主应力。G_1 点为纵坐标的极值，所以最大切应力为由 σ_1、σ_3 所确定的应力圆半径表示，即

$$\tau_{\max} = \frac{\sigma_1 - \sigma_3}{2} \tag{8-13}$$

由于 G_1 点在由 σ_1、σ_3 所确定的圆周上，此圆周上各点的纵、横坐标就是与 σ_2 轴平行的一组斜截面上的应力，所以单元体的最大切应力所在的平面与 σ_2 轴平行，且外法线与 σ_1 轴及 σ_3 轴的夹角为 45°。若单元体为立方体，则图 8-14b 所示通过单元体两条棱边的截面即为极大值切应力所在面，通过平行 σ_2 的另外两条棱边的截面为 $-\tau_{\max}$ 所在的截面，该截面应力对应于应力圆周上 G_1 关于横坐标对称点 G_2 点的应力。另外，可求出所有平行于 σ_3 截面中，其主切应力为 $\tau_{\max} = \dfrac{\sigma_1 - \sigma_2}{2}$，截面方位如图 8-14a 所示。

所有平行于 σ_1 截面中，其主切应力为 $\tau_{\max} = \dfrac{\sigma_2 - \sigma_3}{2}$，截面方位如图 8-14c 所示。

二向应力状态是三向应力状态的特殊情况，当 $\sigma_1 > \sigma_2 > 0$，而 $\sigma_3 = 0$ 时，按照式 (8-13) 得单元体的最大切应力为

$$\tau_{\max} = \frac{\sigma_1 - \sigma_3}{2} = \frac{\sigma_1}{2}$$

但是若按二向应力状态的极大切应力公式 [式 (8-12)]，则有

$$\tau_{\max} = \frac{\sigma_1 - \sigma_2}{2}$$

此结果显然小于 $\sigma_1/2$，这是由于在二向应力状态分析中，斜截面的外法线仅限于在 σ_1、σ_2 所在的平面内，截面垂直于零主应力所在面。在这类截面中，切应力的最大值为 $\dfrac{\sigma_1 - \sigma_2}{2}$，但若截面外法线方向是任意的，则单元体最大切应力所在的平面外法线总与 σ_2 垂直，与 σ_1

及 σ_3 夹角为 45°，或者说最大切应力所在面垂直于中间主应力 σ_2 所在面，与另外两个主平面夹角为 45°，其值是 $\dfrac{\sigma_1 - \sigma_3}{2}$。

8.6 广义胡克定律

8.6.1 广义胡克定律的定义

在讨论轴向拉伸或压缩时，根据实验结果，曾得到当 $\sigma \leqslant \sigma_p$ 时，应力与应变成正比关系，即

$$\sigma = E\varepsilon \text{ 或 } \varepsilon = \frac{1}{E}\sigma$$

此即单向应力状态的胡克定律。此外，由于轴向变形还将引起横向变形，根据第 2 章的分析，横向应变 ε' 可表示为

$$\varepsilon' = -\mu\varepsilon = -\mu\frac{\sigma}{E}$$

在纯剪切时，根据实验结果，曾得到当 $\tau \leqslant \tau_p$，切应力与切应变成正比，即

$$\tau = G\gamma \text{ 或 } \gamma = \frac{1}{G}\tau$$

此即剪切胡克定律。

一般情况下，描述一点处的应力状态需要六个独立的应力分量，如图 8-1 所示。对于这样一般情况的应力状态，可以看作是三组单向应力状态和三组纯剪切状态的组合。可以证明，对于各向同性材料，在小变形及线弹性范围内，线应变只与正应力有关，而与切应力无关；切应变只与切应力有关，而与正应力无关，满足应用叠加原理的条件。所以，我们利用单向应力状态和纯剪切应力状态的胡克定律，分别求出各应力分量相对应的应变，然后再进行叠加。正应力分量分别在 x、y 和 z 方向对应的应变见表 8-1。

表 8-1 正应力分量在不同方向对应的应变

应变	σ_x	σ_y	σ_z
ε_x	$\dfrac{1}{E}\sigma_x$	$-\dfrac{\mu}{E}\sigma_y$	$-\dfrac{\mu}{E}\sigma_z$
ε_y	$-\dfrac{\mu}{E}\sigma_x$	$\dfrac{1}{E}\sigma_y$	$-\dfrac{\mu}{E}\sigma_z$
ε_z	$-\dfrac{\mu}{E}\sigma_x$	$-\dfrac{\mu}{E}\sigma_y$	$\dfrac{1}{E}\sigma_z$

根据表 8-1，得出 x、y 和 z 方向的线应变表达式为

$$\left.\begin{aligned}\varepsilon_x &= \frac{1}{E}[\sigma_x - \mu(\sigma_y + \sigma_z)] \\ \varepsilon_y &= \frac{1}{E}[\sigma_y - \mu(\sigma_z + \sigma_x)] \\ \varepsilon_z &= \frac{1}{E}[\sigma_z - \mu(\sigma_x + \sigma_y)]\end{aligned}\right\} \quad (8\text{-}14)$$

根据剪切胡克定律,在 xy、yz、zx 三个面内的切应变分别为

$$\left.\begin{array}{l}\gamma_{xy}=\dfrac{1}{G}\tau_{xy}\\[4pt]\gamma_{yz}=\dfrac{1}{G}\tau_{yz}\\[4pt]\gamma_{zx}=\dfrac{1}{G}\tau_{zx}\end{array}\right\} \tag{8-15}$$

式(8-14)和式(8-15)称作广义胡克定律。

当单元体为主单元体时,且使坐标轴 x、y 和 z 的方向分别与三个主应力 σ_1、σ_2 和 σ_3 的方向一致。这时

$$\sigma_x=\sigma_1,\ \sigma_y=\sigma_2,\ \sigma_z=\sigma_3,\ \tau_{xy}=0,\ \tau_{yz}=0,\ \tau_{zx}=0$$

代入式(8-14)和式(8-15),广义胡克定律化为

$$\begin{aligned}\varepsilon_1&=\dfrac{1}{E}[\sigma_1-\mu(\sigma_2+\sigma_3)]\\[4pt]\varepsilon_2&=\dfrac{1}{E}[\sigma_2-\mu(\sigma_3+\sigma_1)]\\[4pt]\varepsilon_3&=\dfrac{1}{E}[\sigma_3-\mu(\sigma_1+\sigma_2)]\end{aligned} \tag{8-16}$$

$$\gamma_{xy}=0,\ \gamma_{yz}=0,\ \gamma_{zx}=0$$

式(8-16)表明,在三个坐标平面内的切应变皆等于零,ε_1、ε_2 和 ε_3 就是三个主应变,即主应力的方向与主应变的方向重合。主应变是一点不同方向应变的极值,一般按大小排列 $\varepsilon_1 \geqslant \varepsilon_2 \geqslant \varepsilon_3$。因为广义胡克定律建立在材料为各向同性、小变形且在线弹性范围的基础上,所以,以上关于主应力的方向与主应变的方向重合的结论,同样也建立在此基础上。

8.6.2 体积应变及体积胡克定律

如图 8-16 所示的主单元体,边长分别是 dx、dy 和 dz。在三个互相垂直的面上有主应力 σ_1、σ_2 和 σ_3,相应的主应变为 ε_1、ε_2 和 ε_3。变形前单元体的体积为

$$V=dxdydz$$

变形后,三条棱边的长度变为

$$\begin{aligned}dx+\varepsilon_1 dx&=(1+\varepsilon_1)dx\\ dy+\varepsilon_2 dx&=(1+\varepsilon_2)dy\\ dz+\varepsilon_3 dx&=(1+\varepsilon_3)dz\end{aligned}$$

由于是主单元体,单元体各面上切应变为 0,变形后三条棱边仍互相垂直。所以,变形后的体积为

$$V_1=(1+\varepsilon_1)(1+\varepsilon_2)(1+\varepsilon_3)dxdydz$$

将上式展开,略去含二阶以上微量的各项,得

$$V_1=(1+\varepsilon_1+\varepsilon_2+\varepsilon_3)dxdydz$$

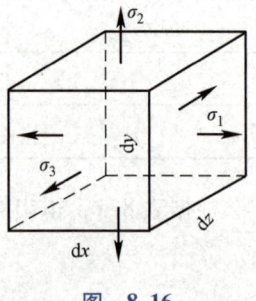

图 8-16

于是,单元体单位体积的改变为

$$\theta=\dfrac{V_1-V}{V}=\varepsilon_1+\varepsilon_2+\varepsilon_3 \tag{8-17}$$

式中，θ 为体积应变，是一无量纲量。

将广义胡克定律式（8-16）代入式（8-17），得到以应力表示的体积应变

$$\theta = \varepsilon_1 + \varepsilon_2 + \varepsilon_3 = \frac{1-2\mu}{E}(\sigma_1 + \sigma_2 + \sigma_3) \tag{8-18}$$

式（8-18）可以改写为

$$\theta = \frac{3(1-2\mu)}{E} \frac{(\sigma_1 + \sigma_2 + \sigma_3)}{3} = \frac{\sigma_m}{K} \tag{8-19}$$

式中

$$K = \frac{E}{3(1-2\mu)} \tag{8-20}$$

$$\sigma_m = \frac{1}{3}(\sigma_1 + \sigma_2 + \sigma_3) \tag{8-21}$$

式中，K 称为体积弹性模量，显然，其值仅与材料的力学性质有关；σ_m 为三个主应力的平均值，称为一点的平均应力，由于主应力是与坐标无关的量，因此平均应力也是与坐标无关的不变量，即一点的平均应力只与点的位置有关。弹性力学分析结果表明，一点任意三个正交方向的正应力之和是坐标的不变量，等于三个主应力之和，即

$$\sigma_1 + \sigma_2 + \sigma_3 = \sigma_x + \sigma_y + \sigma_z \tag{8-22}$$

由式（8-19）可看出，体积应变 θ 只与平均应力 σ_m 有关，或者说只与三个主应力之和有关，而与三个主应力之间的比值无关。式（8-19）还表明，**体积应变 θ 与平均应力 σ_m 成正比**，这一关系称为**体积胡克定律**。固体中一点的体积应变一般不为 0，表明固体变形体积是可以改变的；除非材料的泊松比 $\mu = 0.5$，材料的体积弹性模量 K 为无穷大，这类材料变形时任一点的体积应变为 0，体积是不变的。如果弹性体中任一点的体积应变可以表示为坐标的函数 $\theta = \theta(x, y, z)$，则可以计算弹性体变形后体积的改变量

$$\Delta V = \int_V \theta(x, y, z) \mathrm{d}V \tag{8-23}$$

【例 8-5】 在一体积较大的钢块上开一个贯穿的槽，其宽度和深度均为 10mm。在槽内紧密无隙地嵌入一铝质立方块，尺寸为 10mm × 10mm × 10mm。假设钢块不变形，铝的弹性模量 $E = 70\mathrm{GPa}$、$\mu = 0.33$。当铝块受到压力 $P = 6\mathrm{kN}$ 时（见图 8-17a），试求铝块的三个主应力及相应的应变。

解：（1）铝块的受力分析　为分析方便，建立如图 8-17b 所示坐标系，在 P 的作用下，铝块内水平面上的应力为

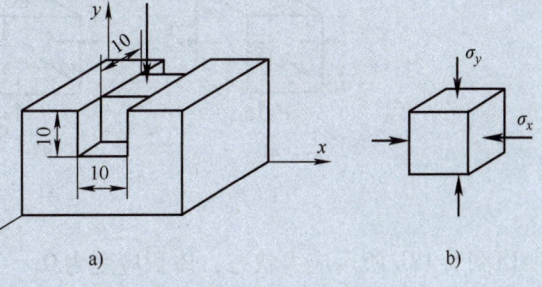

图 8-17

$$\sigma_y = -\frac{P}{A} = -\frac{6 \times 10^3}{10 \times 10 \times 10^{-6}}\mathrm{Pa} = -60 \times 10^6 \mathrm{Pa} = -60\mathrm{MPa}$$

由于钢块不变形，它阻止了铝块在 x 方向的膨胀，所以 $\varepsilon_x = 0$。铝块外法线为 z 的平面是自由表面，所以 $\sigma_z = 0$。若不考虑钢槽与铝块之间的摩擦，从铝块中沿平行于三个坐标平面截取的单元体，各面上没有切应力。所以，这样截取的单元体是主单元体（见图 8-17b）。

(2) 求主应力及主应变 根据上述分析，图 8-17b 所示单元体的已知条件为

$$\sigma_y = -60\text{MPa}, \quad \sigma_z = 0, \quad \varepsilon_x = 0$$

将上述结果及 $E = 70\text{GPa}$、$\mu = 0.33$ 代入式（8-16），有

$$0 = \frac{1}{E}[\sigma_x - \mu(-60 + 0)]$$

$$\varepsilon_x = \frac{1}{E}[-60 - \mu(\sigma_x + 0)]$$

$$\varepsilon_z = \frac{1}{E}[0 - \mu(\sigma_x - 60)]$$

联解上述三个方程得

$$\sigma_x = -19.8\text{MPa}, \quad \varepsilon_x = -17.65 \times 10^{-4}, \quad \varepsilon_z = 3.76 \times 10^{-4}$$

即

$$\sigma_1 = \sigma_z = 0, \quad \sigma_2 = \sigma_x = -19.8\text{MPa}, \quad \sigma_3 = \sigma_y = -60\text{MPa}$$

$$\varepsilon_1 = \varepsilon_z = 3.76 \times 10^{-4}, \quad \varepsilon_2 = \varepsilon_x = 0, \quad \varepsilon_3 = \varepsilon_y = -7.65 \times 10^{-3}$$

【例 8-6】 将图 8-18a 所示的应力状态分解成图 8-18b、c 两种应力状态。图中 $\sigma_1 = \sigma_1' + \sigma_m$，$\sigma_2 = \sigma_2' + \sigma_m$，$\sigma_3 = \sigma_3' + \sigma_m$，$\sigma_m = \frac{1}{3}(\sigma_1 + \sigma_2 + \sigma_3)$。试分别计算图 8-18b、c 两种应力状态的体积应变。

解：(1) 图 8-18b 所示应力状态的体积应变，$\sigma_1' = \sigma_1 - \sigma_m$、$\sigma_2' = \sigma_2 - \sigma_m$、$\sigma_3' = \sigma_3 - \sigma_m$ 将其代入式（8-18），得

$$\theta = \frac{1-2\mu}{E}[(\sigma_1 - \sigma_m) + (\sigma_2 - \sigma_m) + (\sigma_3 - \sigma_m)]$$

$$= \frac{1-2\mu}{E}(\sigma_1 + \sigma_2 + \sigma_3 - 3\sigma_m) = 0$$

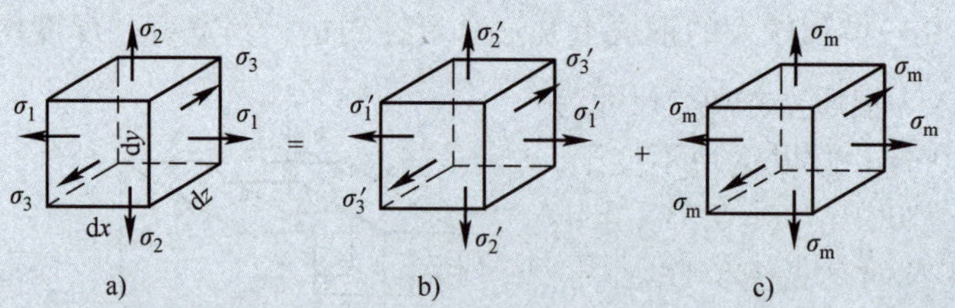

图 8-18

所以图 8-18b 所示应力状态，体积应变为 0。一般情况下，$\sigma_1' \neq \sigma_2' \neq \sigma_3'$，所以单元体三个互相垂直方向的线应变也互不相等。这说明此种应力状态的单元体，体积没有发生变化，但单元体的形状发生了变化。

(2) 图 8-18c 所示应力状态的体积应变三个主应力皆为 σ_m，将其代入式（8-18）有

$$\theta = \frac{1-2\mu}{E}(\sigma_m + \sigma_m + \sigma_m) = \frac{3(1-2\mu)}{E}\sigma_m = \frac{\sigma_m}{K}$$

上式结果即为式（8-19），即图 8-18c 所示的体积应变等于图 8-18a 所示的体积应变。现再

考虑图 8-18c 所示单元体的三个主应变

$$\varepsilon_1 = \varepsilon_2 = \varepsilon_3 = \frac{1}{E}[\sigma_m - \mu(\sigma_m + \sigma_m)] = \frac{1-2\mu}{E}\sigma_m$$

设变形前，单元体的三个棱边长度之比为 $dx: dy: dz$，由于三个方向的应变相同，则变形后三个棱边的长度之比保持不变。所以，单元体变形前后的形状不变，只是体积发生改变。

8.7 复杂应力状态下的比能

8.7.1 拉压和纯剪切应力状态下的比能

固体变形时，作用在固体上的外力会做功，外力功转化为变形能储存在固体中。固体中单位体积储存的变形能称为应变比能或应变能密度，简称为比能。在轴向拉伸或压缩的单向应力状态下，当应力 σ 与应变 ε 满足线性关系时，不难得到外力功和应变能在数值上相等的关系，导出比能的计算公式为

$$u = \frac{1}{2}\sigma\varepsilon = \frac{\sigma^2}{2E} \tag{8-24}$$

对于纯剪切应力状态，可以导出以切应力表示的比能为

$$u_1 = \frac{\tau^2}{2G} \tag{8-25}$$

体积为 dV 的单元体的应变能

$$dU = udV \tag{8-26}$$

讨论在复杂应力状态下，已知三个主应力 σ_1、σ_2 和 σ_3 时的比能。在此情况下，弹性体储存的应变能仍与外力所做的功相等。但在计算应变能时，需要注意以下两点：

（1）应变能的大小只决定于外力和变形的最终数值，而与加力次序无关。这是因为若应变能与加力次序有关，那么按一个储存能量较多的次序加载，而按另一个释放能量较小的次序卸载，完成一个循环后，弹性体内将增加能量，显然这与能量守恒原理相矛盾。

（2）应变能的计算不能采用叠加原理。这是因为应变能与载荷不是线性关系，而是载荷的二次函数。从而不满足叠加原理的应用条件。

鉴于以上两点，对复杂应力状态的比能计算，我们选择一个便于计算比能的加力次序。为此，假定应力按 $\sigma_1:\sigma_2:\sigma_3$ 的比例同时从 0 增加到最终值，在线弹性情况下，每一主应力与相应的主应变之间仍保持线性关系，因而与每一主应力相应的比能仍可按 $u = \sigma\varepsilon/2$ 计算，于是复杂应力状态下的比能为

$$u = \frac{1}{2}\sigma_1\varepsilon_1 + \frac{1}{2}\sigma_2\varepsilon_2 + \frac{1}{2}\sigma_3\varepsilon_3 \tag{8-27}$$

式中，ε_1（或 ε_2、ε_3）为在主应力 σ_1、σ_2 和 σ_3 共同作用下产生的应变。将广义胡克定律式 (8-16) 代入式 (8-27)，经过整理后得出

$$u = \frac{1}{2E}[\sigma_1^2 + \sigma_2^2 + \sigma_3^2 - 2\mu(\sigma_1\sigma_2 + \sigma_2\sigma_3 + \sigma_3\sigma_1)] \tag{8-28}$$

8.7.2 体积改变比能和形状改变比能

根据例8-6可知,单元体的变形一方面表现为体积的改变(见图8-18c),另一方面表现为形状的改变(见图8-18b)。对于单元体的应变比能也可以认为是由以下两部分组成:①因单位体积改变而储存的比能 u_v,称作体积改变比能。②体积不变,只因形状改变而储存的比能 u_f。u_f 称作形状改变比能。因此

$$u = u_v + u_f \tag{8-29}$$

对于图8-18c所示的应力状态(只发生体积改变),将平均应力 σ_m 代入式(8-28),得到单元体的体积改变比能为

$$u_v = \frac{1}{2E}[3\sigma_m^2 - 2\mu(3\sigma_m^2)] = \frac{1-2\mu}{2E}3\sigma_m^2 \tag{8-30}$$

将 $\sigma_m = \frac{1}{3}(\sigma_1 + \sigma_2 + \sigma_3)$ 代入式(8-30),得

$$u_v = \frac{1-2\mu}{6E}(\sigma_1 + \sigma_2 + \sigma_3)^2 \tag{8-31}$$

对于图8-18b所示应力状态(只发生形状改变),根据 $u = u_v + u_f$,有

$$u_f = u - u_v$$

将式(8-28)和式(8-31)代入上式,得

$$u_f = \frac{1+\mu}{3E}(\sigma_1^2 + \sigma_2^2 + \sigma_3^2 - \sigma_1\sigma_2 - \sigma_2\sigma_3 - \sigma_3\sigma_1)$$

$$= \frac{1+\mu}{6E}[(\sigma_1-\sigma_2)^2 + (\sigma_2-\sigma_3)^2 + (\sigma_3-\sigma_1)^2] \tag{8-32}$$

考虑特殊情况,在单向应力状态下(如 $\sigma_1 \neq 0$,$\sigma_2 = \sigma_3 = 0$),单元体的形状改变比能为

$$u_f = \frac{1+\mu}{6E}(\sigma_1^2 + 0 + \sigma_1^2) = \frac{1+\mu}{3E}\sigma_1^2 \tag{8-33}$$

【例8-7】 导出各向同性材料在线弹性范围内时的弹性常数 E、G、μ 之间的关系。

解:对于纯剪切应力状态,前面已经得出以切应力表示的比能为

$$u_1 = \frac{\tau^2}{2G}$$

此外,对于纯剪切应力状态,单元体的三个主应力分别为 $\sigma_1 = \tau$,$\sigma_2 = 0$,$\sigma_3 = -\tau$。把主应力代入式(8-28),可算出比能为

$$u_2 = \frac{1}{2E}[\tau^2 + 0 + \tau^2 - 2\mu(0 + 0 - \tau^2)] = \frac{1+\mu}{E}\tau^2$$

按两种方式算出的比能同为纯剪切应力状态的比能。所以 $u_1 = u_2$,即

$$G = \frac{E}{2(1+\mu)}$$

习 题

8-1 木制构件中的微元受力如图 8-19 所示，其中所示的角度为木纹方向与铅垂方向的夹角。试求：（1）面内平行于木纹方向的切应力。（2）垂直于木纹方向的正应力。

8-2 从构件中取出的微元受力如图 8-20 所示，其中 AC 为自由表面（无外力作用）。试求 σ_x 和 τ_{xy}。

8-3 试确定图 8-21 所示应力状态中的最大正应力和最大切应力。图中应力的单位为 MPa。

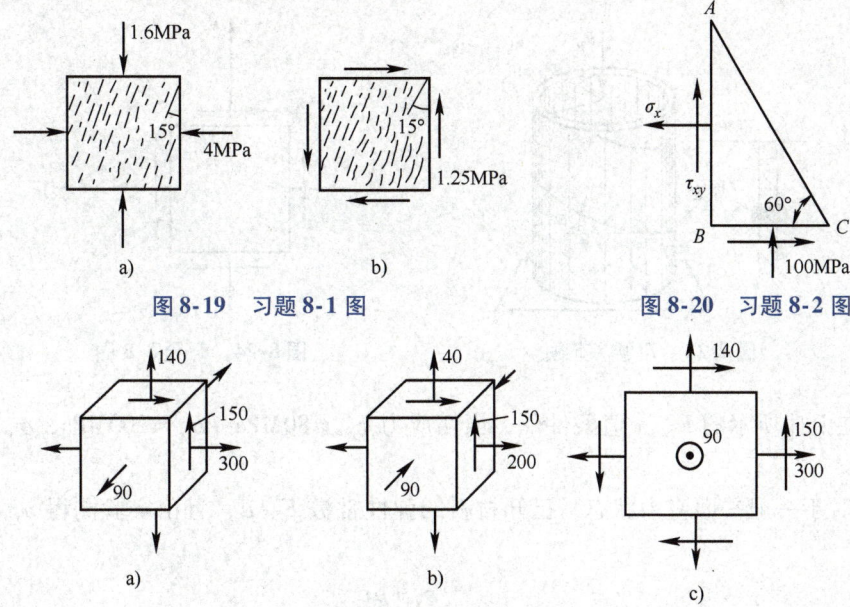

图 8-19　习题 8-1 图　　　　　图 8-20　习题 8-2 图

图 8-21　习题 8-3 图

8-4 试从图 8-22 所示各构件中 A 点和 B 点处取出单元体，并表明单元体各面上的应力。

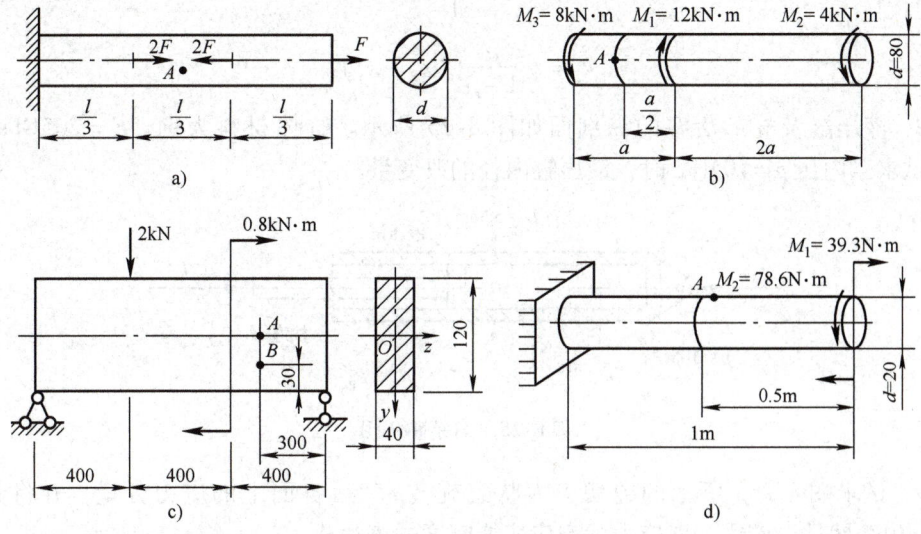

图 8-22　习题 8-4 图

第8章 应力分析及广义胡克定律

8-5 如图 8-23 所示外径为 300mm 的钢管由厚度为 8mm 的钢带沿 20°角的螺旋线卷曲焊接而成。试求下列情形下，焊缝上沿焊缝方向的切应力和垂直于焊缝方向的正应力。

（1）只承受轴向载荷 $F_P = 250$kN。

（2）只承受内压 $p = 5.0$MPa（两端封闭）。

（3）同时承受轴向载荷 $F_P = 250$kN 和内压 $p = 5.0$MPa（两端封闭）。

8-6 结构中某一点处的应力状态如图 8-24 所示。

（1）当 $\tau_{xy} = 0$，$\sigma_x = 200$MPa，$\sigma_y = 100$MPa 时，测得由 σ_x、σ_y 引起的 x、y 方向的正应变分别为 $\varepsilon_x = 2.42 \times 10^{-3}$，$\varepsilon_y = 0.49 \times 10^{-3}$。求结构材料的弹性模量 E 和泊松比 μ 的数值。

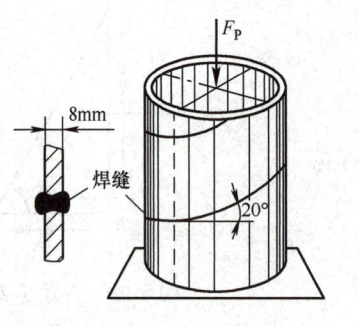

图 8-23 习题 8-5 图

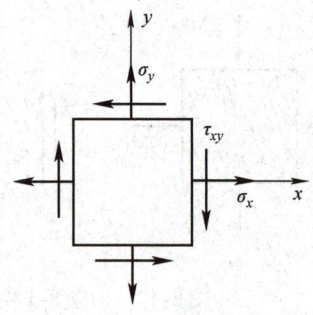

图 8-24 习题 8-6 图

（2）在上述所示的 E、μ 值条件下，当切应力 $\tau_{xy} = 80$MPa，$\sigma_x = 200$MPa，$\sigma_y = 100$MPa 时，求 γ_{xy}。

8-7 对于一般平面应力状态，已知材料的弹性常数 E、μ，且由实验测得 ε_x 和 ε_y。试证明：

$$\sigma_x = E \frac{\varepsilon_x + \mu \varepsilon_y}{1 - \mu^2}$$

$$\sigma_y = E \frac{\varepsilon_y + \mu \varepsilon_x}{1 - \mu^2}$$

$$\varepsilon_z = -\frac{\mu}{1 - \mu}(\varepsilon_x + \varepsilon_y)$$

8-8 液压缸及柱形活塞的纵剖面如图 8-25 所示。缸体材料为钢，$E = 205$GPa，$\mu = 0.30$。试求当内压 $p = 10$MPa 时，液压缸内径的改变量。

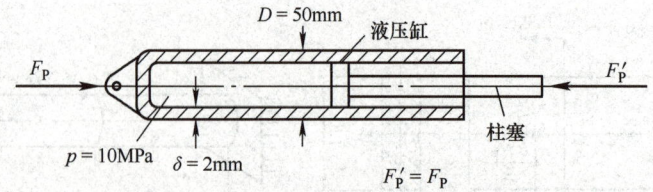

图 8-25 习题 8-8 图

8-9 试求图 8-26a 所示的纯切应力状态旋转 45°后各面上的应力分量，并将其标于图 8-26b 中。然后，应用一般应力状态应变能密度的表达式：

$$\mu_\varepsilon = \frac{1}{2E}\left[\sigma_x^2 + \sigma_y^2 + \sigma_z^2 - 2\mu(\sigma_x\sigma_y + \sigma_y\sigma_z + \sigma_z\sigma_x)\right] + \frac{1}{2G}(\tau_{xy}^2 + \tau_{yz}^2 + \tau_{zx}^2)$$

分别计算图 8-26a、b 两种情形下的应变比能，并令二者相等，从而证明：$G = \dfrac{E}{2(1+\mu)}$。

8-10 有一拉伸试样，横截面为 40mm × 5mm 的矩形。在与轴线成 $\alpha = 45°$ 角的面上切应力 $\tau = 150\text{MPa}$ 时，试样上将出现滑移线。试求试样所受的轴向拉力 F。

8-11 一拉杆由两段沿 m—n 面胶合而成。由于实用的原因，图 8-27 中的 α 角限于 $0 \sim 60°$ 范围内。作为"假定计算"，对胶合缝进行强度计算时，可以把其上的正应力和切应力分别与相应的许用应力比较。现设胶合缝的许用切应力 $[\tau]$ 为许用拉应力 $[\sigma]$ 的 3/4，且这一拉杆的强度由胶合缝强度控制。为了使杆能承受最大的荷载 F，试问 α 角的值应取多大？

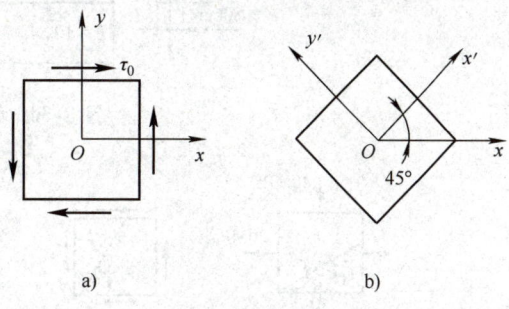

图 8-26 习题 8-9 图

8-12 若上题中拉杆胶合缝的许用应力 $[\tau] = 0.5[\sigma]$，而 $[\tau] = 7\text{MPa}$，$[\sigma] = 14\text{MPa}$，则 α 值应取多大？若杆的横截面面积为 1000mm^2，试确定其最大许可荷载。

8-13 试根据相应的应力圆上的关系，写出图 8-28 示单元体任一斜面 m—n 上正应力及切应力的计算公式。设截面 m—n 的法线与 x 轴成 α 角（作图时可设 $|\sigma_y| > |\sigma_x|$）。

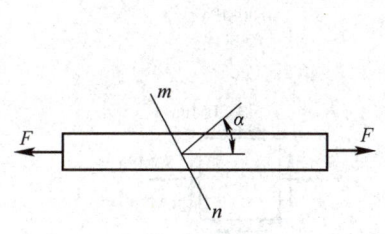

图 8-27 习题 8-11 图

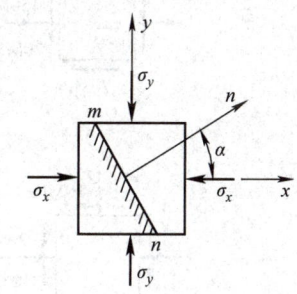

图 8-28 习题 8-13 图

8-14 某建筑物地基中的一单元体如图 8-29 所示，$\sigma_y = -0.2\text{MPa}$（压应力），$\sigma_x = -0.05\text{MPa}$（压应力）。试用应力圆求法线与 x 轴成顺时针 60°夹角且垂直于纸面的斜面上的正应力及切应力。

8-15 试用应力圆的几何关系求图 8-30 示悬臂梁距离自由端为 0.72m 的截面上，在顶面以下 40mm 的一点处的最大及最小主应力，并求最大主应力与 x 轴之间的夹角。

8-16 各单元体面上的应力如图 8-31 所示。试利用应力圆的几何关系求：

（1）指定截面上的应力。

（2）主应力的数值。

（3）在单元体上绘出主平面的位置及主应力的方向。

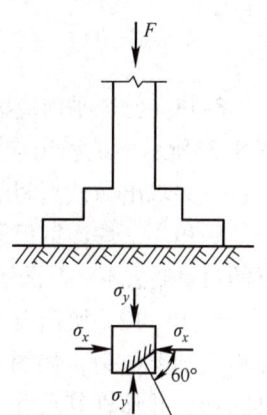

图 8-29 习题 8-14 图

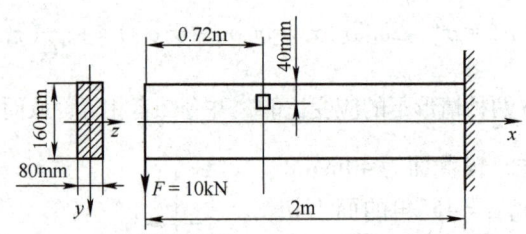

图 8-30 习题 8-15 图

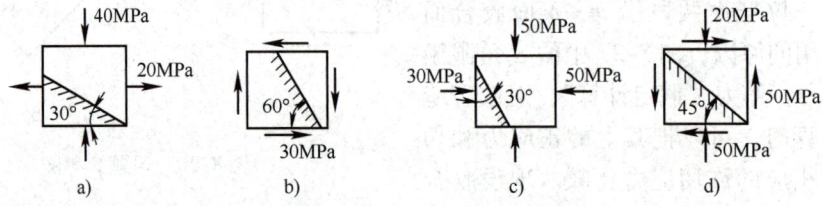

图 8-31 习题 8-16 图

8-17 各单元体如图 8-32 所示。试利用应力圆的几何关系求：
（1）主应力的数值。
（2）在单元体上绘出主平面的位置及主应力的方向。

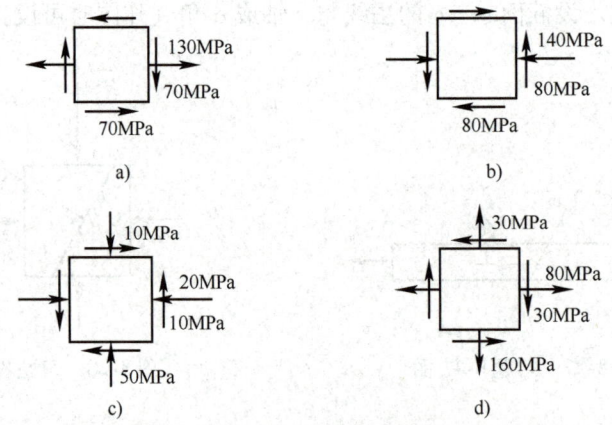

图 8-32 习题 8-17 图

8-18 已知平面应力状态下某点处的两个截面的应力如图 8-33 所示。试利用应力圆求该点处的主应力值和主平面方位，并求出两截面间的夹角 α。

8-19 一焊接钢板梁的尺寸及受力情况如图 8-34 所示，梁的自重略去不计。试示 m—m 上 a、b、c 三点处的主应力。

8-20 在一块钢板上先画上直径 $d = 300$mm 的圆，然后在板上加上应力，如图 8-35 所示。试问所画的圆将变成何种图形？并计算其尺寸。已知钢板的弹性模量 $E = 206$GPa，$\mu = 0.28$。

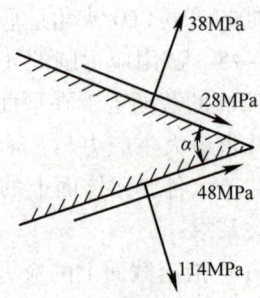

图 8-33 习题 8-18 图

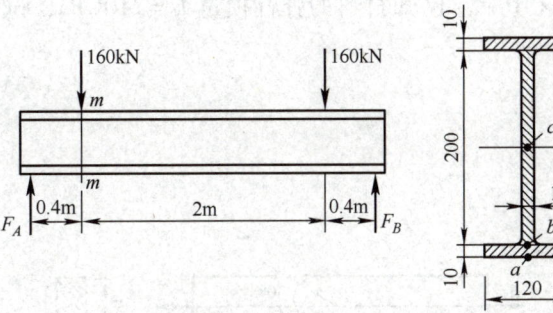
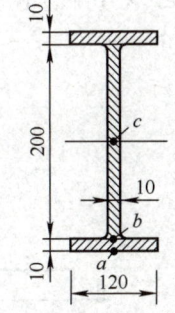
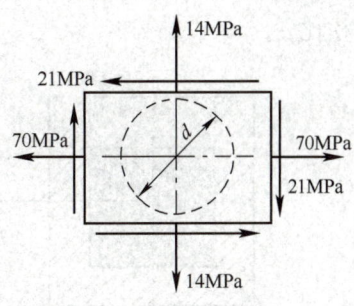

图 8-34 习题 8-19 图　　　　　　　　　　　图 8-35 习题 8-20 图

8-21 已知一受力构件表面上某点处的 $\sigma_x = 80\text{MPa}$，$\sigma_y = -160\text{MPa}$，$\sigma_z = 0$，单元体的三个面上都没有切应力。试求该点处的最大正应力和最大切应力。

8-22 单元体各面上的应力如图 8-36 所示。试用应力圆的几何关系求主应力及最大切应力。

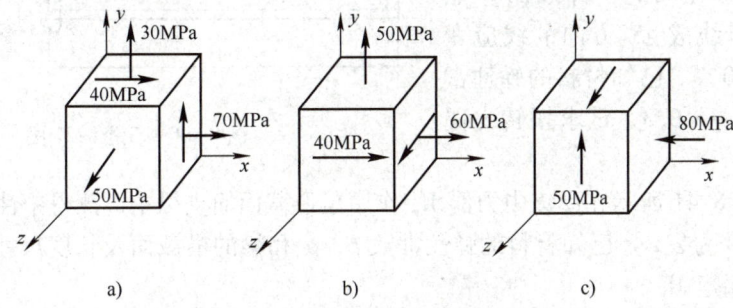

图 8-36 习题 8-22 图

8-23 已知一点处应力状态的应力圆如图 8-37 所示。试用单元体表示该点处的应力状态，并在该单元体上绘出应力圆上 A 点所代表的截面。

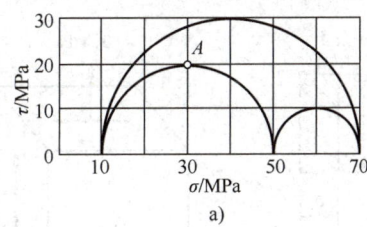
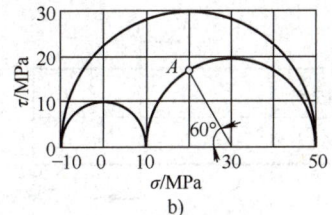

图 8-37 习题 8-23 图

8-24 有一厚度为 6mm 的钢板，在两个垂直方向受拉，拉应力分别为 150MPa 及 55MPa。钢材的弹性常数为 $E = 210\text{GPa}$，$\mu = 0.25$。试求钢板厚度的减小值。

8-25 如图 8-38 所示，边长为 20mm 的钢立方体置于钢模中，在顶面上均匀地受力 $F = 14\text{kN}$ 作用。已知 $\mu = 0.3$，假设钢模的变形以及立方体与钢模之间的摩擦力可略去不计。试求立方体各个面上的正应力。

8-26 如图 8-39 在矩形截面钢拉伸试样的轴向拉力 $F = 20\text{kN}$ 时，测得试样中段 B 点处与其轴线成 30°方向的线应变为 $\varepsilon_{30°} = 3.25 \times 10^{-4}$。已知材料的弹性模量 $E = 210\text{GPa}$，试求泊松比 μ。

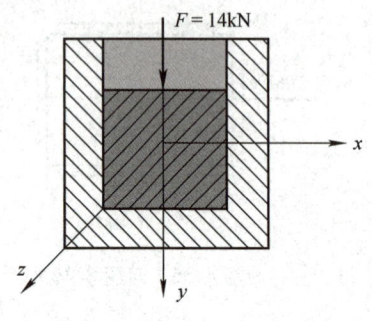

图 8-38 习题 8-25 图

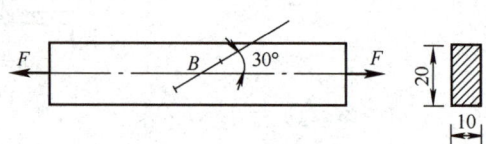

图 8-39 习题 8-26 图

8-27 $D = 120\text{mm}$，$d = 80\text{mm}$ 的空心圆轴，两端承受一对扭转力偶矩 M_e，如图 8-40 所示。在轴的中部表面 A 点处，测得与其母线成 45°方向的线应变为 $\varepsilon_{45°} = 2.6 \times 10^{-4}$。已知材料的弹性常数 $E = 200\text{GPa}$，$\mu = 0.3$，试求扭转力偶矩 M_e。

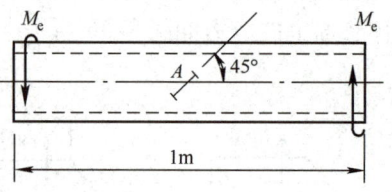 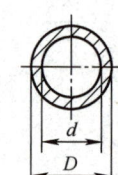

图 8-40 习题 8-27 图

8-28 如图 8-41 所示在受集中力偶 M_e 作用矩形截面简支梁中，测得中性层上 k 点处沿 45°方向的线应变为 $\varepsilon_{45°}$。已知材料的弹性常数 E、μ 和梁的横截面及长度尺寸 b、h、a、d、l。试求集中力偶矩 M_e。

8-29 一直径为 25mm 的实心钢球承受静水压力，压强为 14MPa。设钢球的 $E = 210\text{GPa}$，$\mu = 0.3$。试问其体积减小多少？

8-30 已知图 8-42 所示单元体材料的弹性常数 $E = 200\text{GPa}$，$\mu = 0.3$。试求该单元体的形状改变能密度。

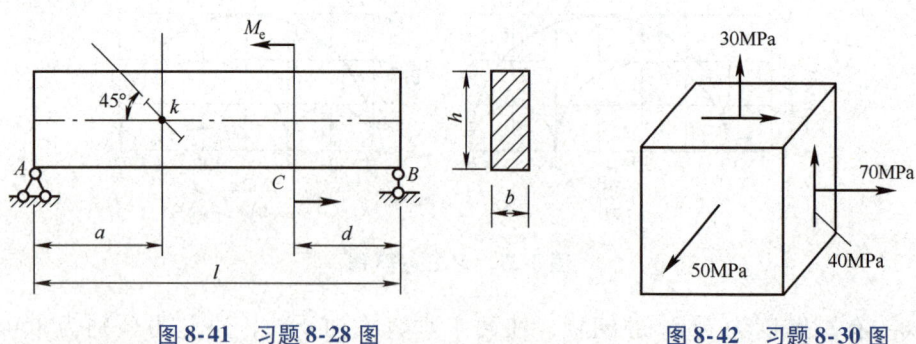

图 8-41 习题 8-28 图   图 8-42 习题 8-30 图

8-31 内径 $D = 60\text{mm}$、壁厚 $\delta = 1.5\text{mm}$、两端封闭的薄壁圆筒，用来进行内压力和扭转联合作用的试验。要求内压力引起的最大正应力值等于扭转力偶矩所引起的横截面切应力值的 2 倍。当内压力 $p = 10\text{MPa}$ 时，筒壁的材料出现屈服现象，试求筒壁中的最大切应力及形状改变能密度。已知材料的 $E = 210\text{GPa}$，$\mu = 0.3$。

第 9 章 强度理论

9.1 基本变形时构件的强度条件

前面几章中正应力与切应力强度条件均建立在试验的基础上,其许用应力都可以通过简单试验测量出来。例如,杆件轴向拉、压时,危险点处于单向应力状态,其强度条件为

$$\sigma_{\max} = \frac{F_N}{A} \leqslant [\sigma]$$

式中,材料的许用应力 $[\sigma]$ 是直接通过拉伸试验测出材料的失效应力再除以安全系数 n 获得的。圆轴扭转时,危险点处于纯剪切应力状态,其强度条件为

$$\tau_{\max} = \frac{T_{\max}}{W_t} \leqslant [\tau]$$

式中,材料的许用应力 $[\tau]$ 也是直接通过扭转试验测出材料的失效应力再除以安全系数 n 获得的。

至于横力弯曲,弯曲正应力和弯曲切应力的强度条件之所以可以分别表示为

$$\sigma_{\max} = \frac{M_{\max}}{W} \leqslant [\sigma], \tau_{\max} = \frac{F_{S\max} S_{z\max}^*}{I_z b} \leqslant [\tau]$$

由于弯曲正应力和弯曲切应力的危险点分别处于单向应力状态和纯剪切应力状态,故横力弯曲时的强度条件仍以试验为基础。

9.2 复杂应力状态下强度条件的提出

复杂应力状态下材料的许用应力测定,需要进行复杂应力状态的试验,要比单向拉伸、压缩或纯扭转试验困难得多。常用的方法是把材料加工成薄壁圆筒加上封头(见图 9-1),在内压力 p 作用下,筒壁为二向应力状态。如再配以轴向拉力 F,可使两个主应力之比等于各种预定的数值。除此之外,有时还在筒壁两端作用扭转力偶矩,这样可以得到更普遍的情况。尽管如此,也不能说,利用这种方法可以获得任意的二向应力状态(例如周向应力为压应力的情况)。此外,虽还有一些实现复杂应力状态的其他试验方法,但完全实现实际中遇到的各种复杂应力状态,并不容易。

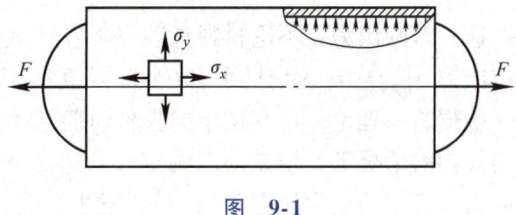

图 9-1

复杂应力状态下单元体的三个主应力可以具有任意的比值 $\sigma_1 : \sigma_2 : \sigma_3$。在某一种比值下得出的强度试验结果对于其他比值的情况并不适用。因此,由试验来确定失效状态,建立强

度条件，则必须对各种应力比值一一进行试验，测定各种应力状态下的许用应力，然后建立强度条件。显然，这种方法是行不通的。

如上所述，不能直接由试验的方法来建立复杂应力状态下的强度条件。因此，解决这类问题，就出现了以失效的形式分析，提出材料失效原因的假说，而建立强度条件的理论。

不同材料的失效形式是不同的。对于塑性材料，如低碳钢，以发生屈服、出现塑性变形为失效的标志，相应的失效应力为 σ_s（轴向拉、压）或 τ_s（扭转）。对于脆性材料，则是以断裂为标志，相应的失效应力为 σ_b（轴向拉、压）或 τ_b（扭转）。对于复杂应力状态，材料的失效现象虽然比较复杂，但是，因强度不足引起的失效现象仍然可以分为两类，一是屈服，二是断裂。同时，衡量危险点受力和变形的量又有应力（σ_1、σ_2、σ_3 和 τ_{max}），应变（ε_1、ε_2、ε_3 和 γ_{max}）和应变比能（u_v、u_f）。因此，材料以某种形式失效（屈服或断裂）可能与以上提到的应力、应变和应变比能这些因素中的一个或几个因素有关。

人们在长期的生产实践中，综合分析材料的失效现象，提出了关于失效的各种不同的假说。各种假说尽管各有差异，但普遍认为：材料之所以按某种方式失效（屈服或断裂），是由于应力、应变或应变比能等诸因素中的某一因素引起的。按照这类假说，无论单向或复杂应力状态，造成某种材料失效的原因是相同的，且数值是相等的。通常也就把这类假说称为强度理论。

由于轴向拉、压试验最容易实现，且又能获得失效时的应力、应变和应变比能等数值，所以，利用强度理论便可由简单应力状态的试验结果来建立复杂应力状态的强度条件。

9.3 常用的四种强度理论

强度失效的形式主要有两种，即屈服与断裂。故强度理论相应也分成两类：一类是解释断裂失效的，其中有最大拉应力理论和最大伸长线应变理论；另一类是解释屈服失效的，其中有最大切应力理论和形状改变比能理论。本节介绍常用的四种强度理论和莫尔强度理论，这些理论适用于常温静载下的均匀、连续、各向同性材料。

9.3.1 最大拉应力理论——第一强度理论

这一理论认为：不论材料危险点处在什么应力状态，引起材料发生脆性断裂的原因是最大拉应力 $\sigma_{max} = \sigma_1 > 0$ 达到了某个极限值 σ_u。

根据这一理论，可利用单向拉伸试验结果建立复杂应力状态下的强度计算准则。如果在单向拉伸的情况下，横截面上的拉应力达到 σ_u 时（单向拉伸时，横截面上的拉应力即为单向应力状态中的最大拉应力），材料发生断裂，那么，根据上述理论即可预测：在复杂应力状态下，当单元体内的最大拉应力 $\sigma_{max} = \sigma_1$ 增大到同样的 σ_u 时，也会发生脆性断裂。即断裂准则为

$$\sigma_1 = \sigma_u = \sigma_b$$

脆性材料轴向拉伸断裂时，$\sigma_u = \sigma_b$，同时考虑到一定的安全储备，根据这一强度理论建立的强度条件为

$$\sigma_1 \leqslant \frac{\sigma_u}{n} = \frac{\sigma_b}{n} = [\sigma] \tag{9-1}$$

式中，σ_1 为第一主应力，且必须是拉应力。

利用第一强度理论可以很好地解释铸铁等脆性材料在轴向拉伸和扭转时的破坏情况。铸铁在单向拉伸下，沿最大拉应力所在的横截面发生断裂，在扭转时，沿最大拉应力所在的斜截面（与轴线成45°角）发生断裂。这些都与最大拉应力理论一致。但是，这一理论没有考虑其他两个主应力对强度的影响，且对于没有拉应力的应力状态（如单向压缩、三向压缩等）也无法解释。

9.3.2 最大伸长线应变理论——第二强度理论

这一理论认为，不论材料危险点处在什么应力状态，引起材料发生脆性断裂的原因是最大伸长线应变 $\varepsilon_{\max} = \varepsilon_1 > 0$ 达到了某个极限值 ε_u。

根据这一理论，便可利用单向拉伸时的试验结果来建立复杂应力状态下的强度计算准则。在单向拉伸时，最大伸长线应变的方向为轴线方向。材料发生脆性断裂时，失效应力为强度极限 σ_b，则在断裂时轴线方向的线应变为 $\varepsilon_u = \sigma_b/E$。那么，根据这一强度理论可以预测：在复杂应力状态下，当单元体的最大伸长线应变 $\varepsilon_{\max} = \varepsilon_1$ 增大到 ε_u 时，材料就发生脆性断裂。若材料直到发生脆性断裂都可近似看作线弹性，即服从胡克定律，则这一理论的断裂准则为

$$\varepsilon_1 = \varepsilon_u = \sigma_b/E$$

对于复杂应力状态，可由广义胡克定律式（8-16）求得

$$\varepsilon_1 = \frac{1}{E}[\sigma_1 - \mu(\sigma_2 + \sigma_3)]$$

于是，这一理论的断裂准则为

$$\sigma_1 - \mu(\sigma_2 + \sigma_3) = \sigma_b \tag{9-2a}$$

强度条件为

$$\sigma_1 - \mu(\sigma_2 + \sigma_3) \leqslant [\sigma] \tag{9-2b}$$

必须注意，式（9-2b）中所用的 $[\sigma]$ 是材料在单轴拉伸时发生脆性断裂的许用拉应力，而低碳钢一类的塑性材料，不可能通过单轴拉伸试验得到材料在脆断时的极限值 ε_u。所以，对低碳钢等塑性材料在三轴拉伸应力状态下发生脆断时，式（9-2b）右边的 $[\sigma]$ 不能选用材料在单周拉伸时的许用应力。

这一强度理论与石、混凝土等脆性材料的轴向压缩实验结果相符合。这些材料在轴向压缩时，如在试验机与试块的接触面上添加润滑剂，以减小摩擦力的影响，试块将沿垂直于压力的方向裂开。如图 9-2 所示，裂开的方向就是主应变 ε_1 的方向。铸铁在拉、压二向应力，且压应力较大的情况下，试验结果也与这一理论接近。但是，对于二向受压状态（试块压力垂直的方向上再加压力），这时的 ε_1 与单向受力时不同，强度也应不同。但混凝土、石料的试验结果却表明，两种受力情况的强度并无明显的差别。与此相似，按照这一理论，铸铁在二向或三向拉伸时应比单向拉伸时不易断裂，但这一结论与试验结果并不完全符合。一般来说，最大拉应力理论适用于脆性材料以拉应力为主的情况，而最大伸

图 9-2

长线应变理论适用于以压应力为主的情况。

上述两个强度理论都是解释材料的脆性断裂的，可归结为一类强度理论。下面两个强度理论是解释材料的塑性屈服的，归结为另一类强度理论。

9.3.3 最大切应力理论——第三强度理论

这一理论认为：不论材料危险点处在什么应力状态，材料发生屈服的原因是由于最大的切应力 $\tau_{\max}$ 达到了某个极限值 τ_u。

在单向拉伸时引起材料屈服的原因是 45°斜截面上的最大切应力 $\tau_{\max} = \sigma/2$ 达到了极限数值 $\tau_u = \sigma_s/2$，即此时 $\tau_{\max} = \sigma_s/2$。根据这一理论，当复杂应力状态下的最大切应力达到此极限值时，也发生屈服，即

$$\tau_{\max} = \tau_u = \sigma_s/2$$

三向应力状态下的最大切应力为 $\tau_{\max} = (\sigma_1 - \sigma_3)/2$，代入上式，得到这一理论的屈服准则为

$$\sigma_1 - \sigma_3 = \sigma_s$$

强度条件为

$$\sigma_1 - \sigma_3 \leqslant [\sigma] \tag{9-3}$$

应该指出，式 (9-3) 右边采用了材料在单轴拉伸时的许用拉应力，这只对于在单轴拉伸时发生屈服的材料才适用。像铸铁、大理石一类脆性材料，不可能通过单轴拉伸试验得到材料屈服时的极限值 τ_u，因此，对于这类材料在三轴不等值压缩应力状态下发生塑性变形时，式 (9-3) 中的 $[\sigma]$ 就不能选用材料在单轴拉伸时的许用应力。

最大切应力屈服准则可用几何的方式表达。二向应力状态下，如以 σ_1 和 σ_2 表示两个主应力，且设 σ_1 和 σ_2 都可以表示最大或最小应力，当 σ_1 和 σ_2 符号相同时，最大切应力为 $\dfrac{|\sigma_1|}{2}$ 或 $\dfrac{|\sigma_2|}{2}$。于是最大切应力屈服准则为

$$|\sigma_1| = \sigma_s \text{ 或 } |\sigma_2| = \sigma_s$$

在以 σ_1 和 σ_2 为坐标轴的平面坐标系中（见图 9-3），σ_1 和 σ_2 符号相同时应在第一和第三象限。$|\sigma_1| = \sigma_s$ 或 $|\sigma_2| = \sigma_s$ 就是与坐标轴平行的直线。当 σ_1 和 σ_2 符号不同时，最大切应力是 $\dfrac{|\sigma_1 - \sigma_2|}{2}$，屈服准则化为

$$|\sigma_1 - \sigma_2| = \sigma_s$$

该式所示为第二、第四象限的两条斜直线，所以在 $\sigma_1 - \sigma_2$ 平面中，最大切应力屈服准则是一个六边形。若代表某个二向应力状态的 M 点在六边形区域之内，则这一应力状态不会引起屈服，材料处于弹性状态。若 M 点在区域的边界上，则它所代表的应力状态恰足以使材料开始屈服。

最大切应力理论较好地解释了塑性材料的屈服现象。低碳钢拉伸时在与轴线成 45°的斜截面上切应力最大，也正是沿这些平面的方向出现滑移线，表明这是材料内部沿这一方向滑移的痕迹，沿这一方向斜面上的切应力也恰为最大值。二向应力状态下，几种塑性材料的薄壁圆筒试验结果见图 9-4，图中以 $\dfrac{\sigma_1}{\sigma_s}$ 和 $\dfrac{\sigma_2}{\sigma_s}$ 为坐标。可以看出，最大切应力屈服准则与试验结

果比较吻合。这一理论既解释了材料出现塑性变形的现象，且又形式简单、概念明确，在机械工程中得到了广泛的应用。但是，这一理论忽略了中间主应力 σ_2 的影响，且计算的结果与实验相比，偏于保守。

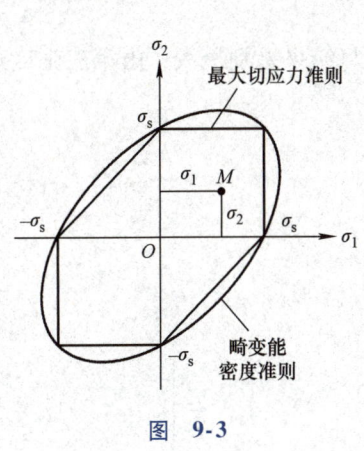

图 9-3

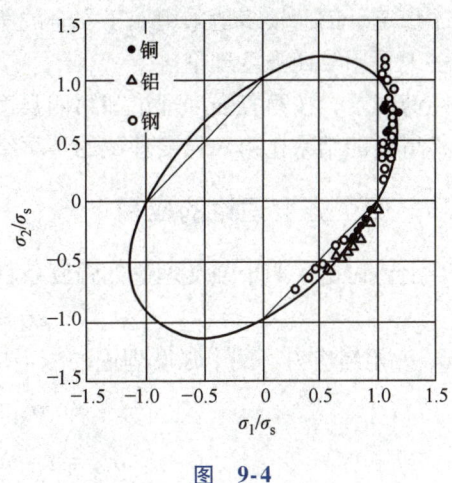

图 9-4

9.3.4 形状改变比能理论——第四强度理论

第四强度理论认为：不论材料危险点处在什么应力状态，材料发生屈服的原因是形状改变比能（u_f）达到了某个极限值（u_f^0）。

根据式（8-33）知，单向拉伸时形状改变比能为

$$u_f = \frac{1+\mu}{3E}\sigma_1^2$$

当应力 σ_1 达到 σ_s 时，材料发生屈服，此时的形状改变比能为

$$u_f^0 = \frac{1+\mu}{3E}\sigma_s^2$$

那么，按照这一理论，复杂应力状态的形状改变比能 u_f 达到这一极限值，材料发生屈服。根据式（8-32），复杂应力状态的形状改变比能为

$$u_f = \frac{1+\mu}{6E}[(\sigma_1-\sigma_2)^2 + (\sigma_2-\sigma_3)^2 + (\sigma_3-\sigma_1)^2]$$

将此结果代入单向拉伸时形状改变比能公式，得到这一理论的屈服准则为

$$\frac{1+\mu}{6E}[(\sigma_1-\sigma_2)^2 + (\sigma_2-\sigma_3)^2 + (\sigma_3-\sigma_1)^2] = \frac{1+\mu}{3E}\sigma_s^2$$

化简后有

$$\sqrt{\frac{1}{2}[(\sigma_1-\sigma_2)^2 + (\sigma_2-\sigma_3)^2 + (\sigma_3-\sigma_1)^2]} = \sigma_s$$

因此，这一理论的强度条件为

$$\sqrt{\frac{1}{2}[(\sigma_1-\sigma_2)^2 + (\sigma_2-\sigma_3)^2 + (\sigma_3-\sigma_1)^2]} \leq [\sigma] \tag{9-4}$$

考虑到式（9-4）中 $\sigma_1-\sigma_2$、$\sigma_2-\sigma_3$ 和 $\sigma_3-\sigma_1$ 分别为三个主切应力的两倍，因此第

四强度理论既突出了最大主切应力对塑性屈服的作用，又适当考虑了其他两个主切应力的影响。根据几种塑性材料（钢、铜、铝）的薄管试验资料，第四强度理论比第三强度理论更符合试验结果，此准则也称为米泽斯（Mises）屈服准则。由于机械、动力行业遇到的载荷往往较不稳定，因而较多地采用偏于安全的第三强度理论；土建行业的载荷往往较为稳定，因而较多地采用第四强度理论。

在纯剪切下，按第三强度理论和第四强度理论的计算结果差别最大，由第三强度理论的屈服条件得出的结果比第四强度理论的计算结果大15%。

9.3.5 四个强度理论的应用

综合上述讨论，四个强度理论的强度条件可统一写为

$$\sigma_r \leq [\sigma] \tag{9-5}$$

式中，σ_r 为相当应力。四个强度理论的相当应力分别为

$$\left.\begin{aligned}\sigma_{r1} &= \sigma_1 \\ \sigma_{r2} &= \sigma_1 - \mu(\sigma_2 + \sigma_3) \\ \sigma_{r3} &= \sigma_1 - \sigma_3 \\ \sigma_{r4} &= \sqrt{\frac{1}{2}[(\sigma_1-\sigma_2)^2 + (\sigma_2-\sigma_3)^2 + (\sigma_3-\sigma_1)^2]}\end{aligned}\right\} \tag{9-6}$$

相当应力是危险点的三个主应力按一定形式组合的折算应力，并非是真实的应力。

第一强度理论和第二强度理论是解释断裂失效的强度理论，第三强度理论和第四强度理论是解释屈服失效的强度理论。一般情况下，脆性材料常发生断裂失效，故常用第一、第二强度理论，而塑性材料常发生屈服失效，所以常采用第三强度理论和第四强度理论。应当指出的是，材料强度失效的形式虽然与材料本身性质有关，但同时又与应力状态有关。即同一种材料，在不同的应力状态下，失效的形式有可能不同，由此在选择强度理论时也应不同对待。例如，三向拉伸且三个主应力数值接近时，则不论是脆性材料还是塑性材料，均以断裂的形式失效，故这时宜采用第一强度理论或第二强度理论。当三向压缩且三个主应力数值接近时，则不论是脆性材料还是塑性材料，均以屈服的形式失效，故宜采用第三强度理论或第四强度理论。对于危险点处于复杂应力状态的构件进行强度校核时，一方面，要保证所用强度理论与在这种应力状态下发生的失效形式相对应；另一方面，要求用以确定许用应力 $[\sigma]$ 的极限应力，也必须与该失效形式相对应。

【例9-1】 试按第三强度理论和第四强度理论建立图9-5所示应力状态的强度条件。

解：(1) 求主应力
图9-5所示应力状态的主应力已在例8-4中求出，即

$$\left.\begin{aligned}\sigma_1 \\ \sigma_3\end{aligned}\right\} = \frac{\sigma}{2} \pm \sqrt{\left(\frac{\sigma}{2}\right)^2 + \tau^2},\ \sigma_2 = 0$$

(2) 求相当应力 σ_r
将以上主应力分别代入式 (9-6) 中 σ_{r3}、σ_{r4} 的表达式

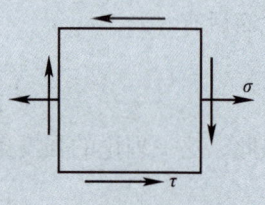

图 9-5

$$\sigma_{r3} = \sigma_1 - \sigma_3 = \frac{\sigma}{2} + \sqrt{\left(\frac{\sigma}{2}\right)^2 + \tau^2} - \left[\frac{\sigma}{2} - \sqrt{\left(\frac{\sigma}{2}\right)^2 + \tau^2}\right]$$

$$= \sqrt{\sigma^2 + 4\tau^2}$$

$$\sigma_{r4} = \sqrt{\frac{1}{2}[(\sigma_1-\sigma_2)^2 + (\sigma_2-\sigma_3)^2 + (\sigma_3-\sigma_1)^2]} = \sqrt{\sigma^2 + 3\tau^2}$$

（3）强度条件

该应力状态的第三强度理论和第四强度理论的强度条件为

$$\sigma_{r3} = \sqrt{\sigma^2 + 4\tau^2} \leqslant [\sigma], \ \sigma_{r4} = \sqrt{\sigma^2 + 3\tau^2} \leqslant [\sigma]$$

在横力弯曲、弯扭组合变形及拉（压）扭组合变形中，危险点就是此种应力状态，经常会用本例的结果。

【例 9-2】 对于图 9-6 所示单元体，试分别按第一、二、三、四强度理论求相当应力。设 $\mu = 0.3$。

解：图 9-6 所示应力状态单元体，$\sigma_x = 15\text{MPa}$ 为一个主应力，其他两个主应力则可由纯剪切应力状态 $\tau = 20\text{MPa}$（参见例 8-1）确定（见图 9-6b）。其主应力为

$$\sigma_1 = 20\text{MPa}, \ \sigma_3 = -20\text{MPa}$$

四个强度理论的相当应力为

$$\sigma_{r1} = \sigma_1 = 20\text{MPa}$$

$$\sigma_{r2} = \sigma_1 - \mu(\sigma_2 + \sigma_3) = 18.5\text{MPa}$$

$$\sigma_{r3} = \sigma_1 - \sigma_3 = 40\text{MPa}$$

$$\sigma_{r4} = \sqrt{\frac{1}{2}[(\sigma_1-\sigma_2)^2 + (\sigma_2-\sigma_3)^2 + (\sigma_3-\sigma_1)^2]} = 37.75\text{MPa}$$

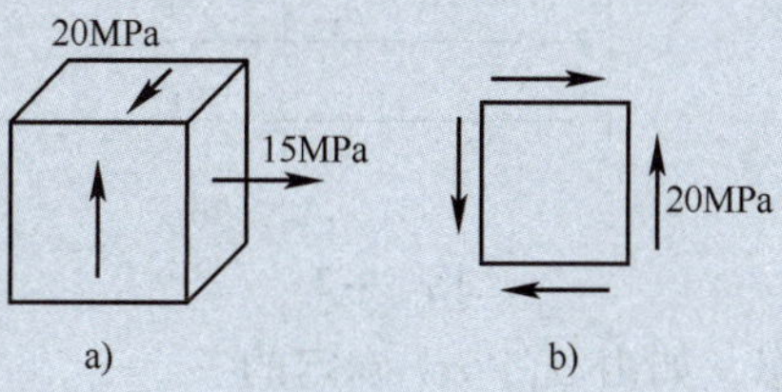

图 9-6

9.4* 莫尔强度理论

9.4.1 莫尔强度理论简介

第三强度理论认为，引起材料屈服的主要因素是最大切应力。而莫尔强度理论认为，引起材料失效的主要因素是最大切应力，但同时还应考虑这个切应力所在截面上的正应力的影响。

图 9-7a 所示的主单元体，各面上主应力为 σ_1、σ_2 和 σ_3。根据主应力作出单元体的三

向应力圆（见图9-7b）。单元体任一斜面上的应力由阴影范围内的某一点坐标来代表。作垂直于 $O\sigma$ 轴的直线 DEF，在直线 EF 上的点，正应力相同，而 F 点的纵坐标（切应力）为最大值。所以，在直线 EF 诸点对应的截面中，F 点对应的截面最为危险。由于 F 点在由 σ_1、σ_3 确定的应力圆上，因此可以推论，若发生强度失效，则发生滑移或断裂的面将是由 σ_1、σ_3 确定的应力圆所对应的诸面中的某个截面，即这个截面的法线与 σ_2 轴垂直，该截面上的应力与 σ_2 无关。莫尔理论认为，材料是否失效取决于三向应力圆中的最大与最小应力圆，即假设中间主应力 σ_2 不影响材料的强度。莫尔强度理论的建立，以试验为基础。对于某一种材料中一点的应力状态单元体，作用不同比值的主应力 σ_1、σ_2 和 σ_3。先指定三个主应力的某一种比值，然后按这种比值使主应力增长，直到材料强度失效，以失效时的主应力 σ_1、σ_3 作应力圆1，如图9-8所示。这种失效时的应力圆称作极限应力圆。然后再给定三个主应力另一种比值，并维持这种比值给单元体加载，直至材料强度失效，这样又得到极限应力圆2。依此，不断改变主应力的比值，得到这种材料一系列的极限应力圆1、2、3、…。然后画出这些极限应力圆的包络线 MLG。莫尔强度理论认为，不同的材料，包络线是不同的。但对同一种材料而言，则包络线是唯一的。

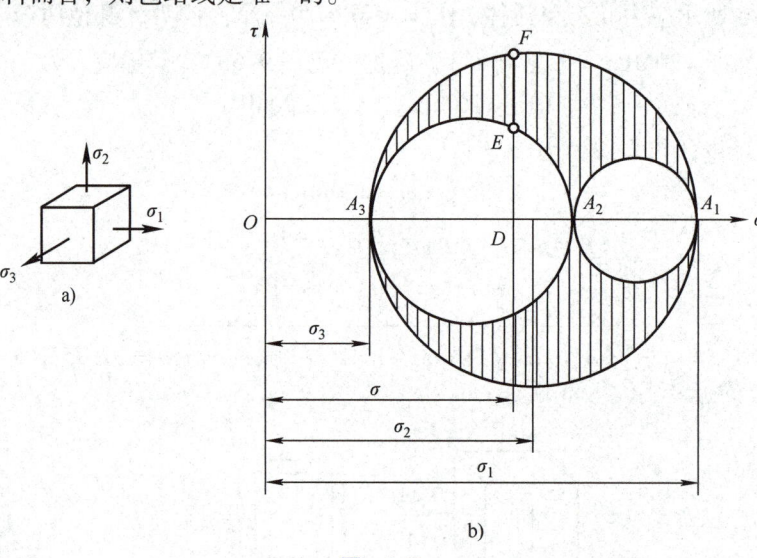

图 9-7

对于一个已知的应力状态，如由 σ_1、σ_3 确定的应力圆在上述包络线之内，则这一应力不会引起失效。若恰与包络线相切，就表明这一应力已达到失效状态，且该切点应力对应的单元体的面即为失效面。

9.4.2 莫尔强度理论的强度条件

在莫尔强度理论的实际应用中，为了简化起见，只画出单向拉伸和压缩的极限应力圆，并以此两圆的公切线来代替包络线。同时，考虑到强度计算，还应当引入适当的安全系数 n，这就相当于将单向

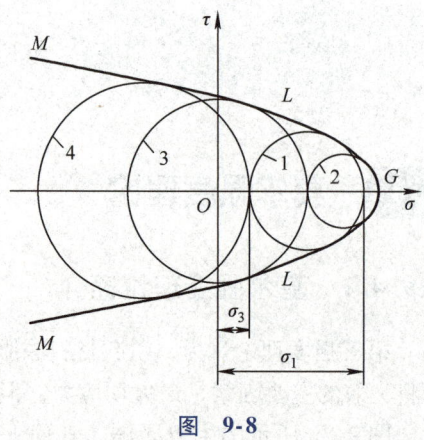

图 9-8

拉、压的极限应力圆缩小 n 倍。根据缩小后的应力圆的公切线即可建立莫尔强度理论的强度条件。

设某种材料的许用拉应力和许用压应力分别为 $[\sigma_t]$ 和 $[\sigma_c]$，作出两应力圆及两圆的公切线，如图 9-9 中的应力圆 1、2 所示。假如某一单元体考虑了安全系数 n 以后的极限应力圆与公切线 $\overline{ML}$ 相切于 K 点，C 为该极限应力圆圆心。这时，$\overline{O_1L}$、$\overline{O_2M}$ 和 $\overline{CK}$ 均与公切线 $\overline{ML}$ 垂直，作 $\overline{O_1P}$ 垂直于 $\overline{O_2M}$。根据 $\triangle O_1NC$ 与 $\triangle O_1PO_2$ 相似，得

$$\frac{\overline{NC}}{\overline{PO_2}} = \frac{\overline{CO_1}}{\overline{O_2O_1}} \tag{9-7}$$

式中

$$\overline{NC} = \overline{KC} - \overline{KN} = \frac{\sigma_1 - \sigma_3}{2} - \frac{[\sigma_t]}{2}$$

$$\overline{PO_2} = \overline{MO_2} - \overline{MP} = \frac{[\sigma_c]}{2} - \frac{[\sigma_t]}{2}$$

$$\overline{CO_1} = \overline{OO_1} - \overline{OC} = \frac{[\sigma_t]}{2} - \frac{\sigma_1 + \sigma_3}{2}$$

$$\overline{O_2O_1} = \overline{OO_1} + \overline{OO_2} = \frac{[\sigma_t]}{2} + \frac{[\sigma_c]}{2}$$

将上式代入式 (9-7)，化简得

$$\sigma_1 - \frac{[\sigma_t]}{[\sigma_c]}\sigma_3 = [\sigma_t]$$

对实际的应力状态来说，由 σ_1 和 σ_3 确定的应力圆应该在公切线之内。设想 σ_1 和 σ_3 加大到 k 倍后（$k \geq 1$），应力圆才与公切线相切，方能满足上式，于是有

$$[\sigma_t] = k\left(\sigma_1 - \frac{[\sigma_t]}{[\sigma_c]}\sigma_3\right) \tag{9-8}$$

因为 $k \geq 1$，所以莫尔强度理论的强度条件为

$$\sigma_1 - \frac{[\sigma_t]}{[\sigma_c]}\sigma_3 \leq [\sigma_t] \tag{9-9}$$

莫尔强度理论的相当应力

$$\sigma_{rM} = \sigma_1 - \frac{[\sigma_t]}{[\sigma_c]}\sigma_3 \tag{9-10}$$

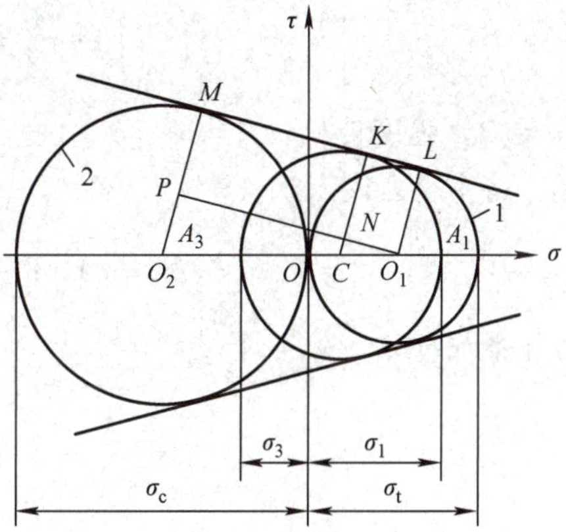

图 9-9

当材料在单轴拉伸和压缩时的许用拉、压应力相等时，式 (9-10) 右边成为 $(\sigma_1 - \sigma_3)$，而与第三强度理论的相当应力一致。由此可见，莫尔强度理论可看作第三强度理论的发展，考虑了材料在单轴拉伸和压缩时强度不等的因素。

9.4.3 莫尔强度条件的讨论

对于一般塑性材料，其抗拉和抗压性能相等（例如低碳钢），即 $[\sigma_c] = [\sigma_t]$。这时，

包络线$\overline{ML}$变成与横坐标轴$o\sigma$平行的直线，式（9-9）改为
$$\sigma_1 - \sigma_3 \leqslant [\sigma]$$
此即第三强度理论的强度条件。故莫尔理论用于一般塑性材料时与第三强度理论相同。但是，对于某些塑性较低的金属（例如 30CrMnSi 合金钢），它的拉伸极限和压缩屈服极限不相等，这时，采用莫尔强度条件就比第三强度条件更合理。一般来说，这一理论可用于脆性材料和低塑性材料。例如，某种灰铸铁，它的$[\sigma_c] = 4[\sigma_t]$，以这种铸铁作纯剪切实验，$\sigma_1 = \tau$，$\sigma_3 = -\tau$，代入式（9-9）得出断裂条件为
$$\tau - \frac{[\sigma_t]}{[\sigma_c]}(-\tau) = [\sigma_t]$$
即当$\tau = \frac{4}{5}\sigma_t$时，发生断裂，与试验结果相符。

莫尔强度理论很好地解释了三向等值拉伸时（应力圆为点圆）容易破坏（点圆超出图 9-8 所示包络线的顶点 G），而在三向等值压缩时不易破坏（点圆在包络线之内）的现象。莫尔强度理论的缺点是它未顾及中间主应力对失效的影响。

【例 9-3】 有一铸铁零件，其危险点处单元体的应力情况如图 9-10 所示。已知铸铁的许用拉应力$[\sigma_t] = 50\text{MPa}$，许用压应力$[\sigma_c] = 150\text{MPa}$，试用莫尔理论强度校核其强度。

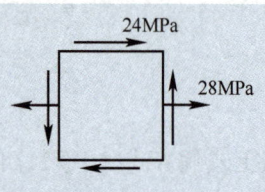

图 9-10

解：（1）求主应力

将$\sigma_x = 28\text{MPa}$，$\tau_{xy} = -24\text{MPa}$，$\sigma_y = 0$代入主应力公式得

$$\begin{Bmatrix}\sigma_1\\\sigma_2\end{Bmatrix} = \frac{\sigma_x}{2} \pm \sqrt{\left(\frac{\sigma_x}{2}\right)^2 + \tau_{xy}^2} = \left(\frac{28}{2} \pm \sqrt{\left(\frac{28}{2}\right)^2 + 24^2}\right)\text{MPa} = \begin{cases}41.8\text{MPa}\\-13.8\text{MPa}\end{cases}$$

（2）强度校核

将主应力代入式（9-9），有

$$\sigma_1 - \frac{[\sigma_t]}{[\sigma_c]}\sigma_2 = \left[41.8 - \frac{50}{150}(-13.8)\right]\text{MPa} = 46.4\text{MPa} < [\sigma_t]$$

故此零件是安全的。

习　题

9-1 从某铸铁构件内的危险点取出的单元体，各面上的应力分量如图 9-11 所示。已知铸铁材料的泊松比$\mu = 0.25$，许用拉应力$[\sigma_t] = 30\text{MPa}$，许用压应力$[\sigma_c] = 90\text{MPa}$。试按第一、第二和莫尔强度理论校核其强度。

9-2 一简支钢板梁承受荷载如图 9-12a 所示，其截面尺寸见图 9-12b。已知钢材的许用应力为$[\sigma] = 170\text{MPa}$，$[\tau] = 100\text{MPa}$。试校核梁内的最大正应力和最大切应力。并按第四强度理论校核危险截面上的 a 点处的强度。（注：通常在计算 a

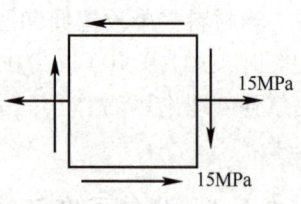

图 9-11　习题 9-1 图

点处的应力时，近似地按 a' 点的位置计算。）

9-3 已知钢轨与火车车轮接触点处的正应力 $\sigma_1 = -650\text{MPa}$，$\sigma_2 = -700\text{MPa}$，$\sigma_3 = -900\text{MPa}$。若钢轨的许用应力 $[\sigma] = 250\text{MPa}$。试按第三强度理论与第四强度理论校核其强度。

9-4 受内压力作用的容器，其圆筒部分任意一点 A（图 9-13a）处的应力状态如图 9-13b 所示。当容器承受最大的内压力时，用应变计测得 $\varepsilon_x = 1.88 \times 10^{-4}$，$\varepsilon_y = 7.37 \times 10^{-4}$。已知钢材的弹性模量 $E = 210\text{GPa}$，泊松比 $\mu = 0.3$，许用应力 $[\sigma] = 170\text{MPa}$。试按第三强度理论校核 A 点的强度。

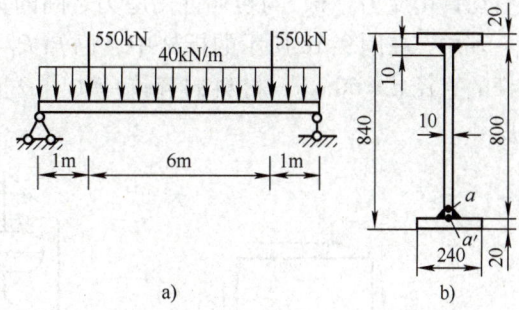

图 9-12 习题 9-2 图

9-5 设有单元体如图 9-14 所示，已知材料的许用拉应力为 $[\sigma_t] = 60\text{MPa}$，许用压应力为 $[\sigma_c] = 180\text{MPa}$。试按莫尔强度理论校核其强度。

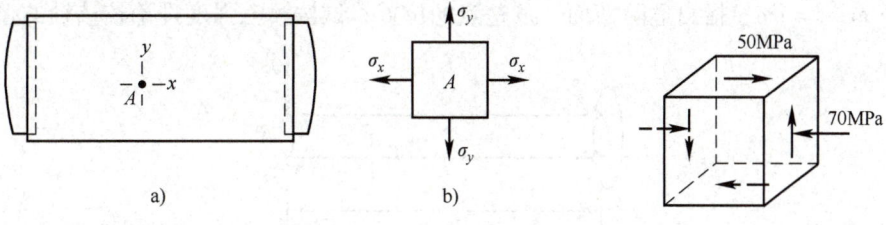

图 9-13 习题 9-4 图　　　　　　　　　　　图 9-14 习题 9-5 图

9-6 图 9-15 所示两端封闭的铸铁薄壁圆筒，其内径 $D = 100\text{mm}$，壁厚 $\delta = 10\text{mm}$，承受内压力 $p = 5\text{MPa}$，且两端受轴向压力 $F = 100\text{kN}$ 作用。材料的许用拉应力 $[\sigma_t] = 40\text{MPa}$，泊松比 $\mu = 0.25$。试按第二强度理论校核其强度。

9-7 在题 9-6 中试按莫尔强度理论进行强度校核。材料的拉伸与压压缩许用应力分别为 $[\sigma_t] = 40\text{MPa}$ 以及 $[\sigma_c] = 160\text{MPa}$。

9-8 用 Q235 钢制成的实心圆截面杆，受轴向拉力 F 及扭转力偶矩 M_e 共同作用，且 $M_e = \dfrac{1}{10}Fd$。今测得圆杆表面 k 点处沿图 9-16 所示方向的线应变 $\varepsilon_{30°} = 14.33 \times 10^{-5}$。已知杆直径 $d = 10\text{mm}$，材料的弹性常数 $E = 200\text{GPa}$，$\mu = 0.3$。试求荷载 F 和 M_e。若其许用应力 $[\sigma] = 160\text{MPa}$，试按第四强度理论校核杆的强度。

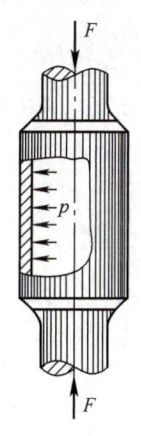

图 9-15 习题 9-6 图

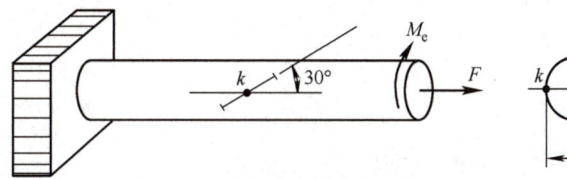

图 9-16 习题 9-8 图

9-9 如图 9-17 所示，试按第一和第二强度理论建立纯剪切应力状态的强度条件，并寻求剪切许用应力 $[\tau]$ 与拉伸许用应力之间的关系。

9-10 在图 9-18 所示的折杆中，已知 $P_1 = 10\text{kN}$，$P_2 = 11\text{kN}$，$l = 1.2\text{m}$，$a = 1\text{m}$，圆截面杆的直径 $d = 50\text{mm}$，材料的容许应力 $[\sigma] = 160\text{MPa}$，试按第三强度理论校核 AB 杆的强度。

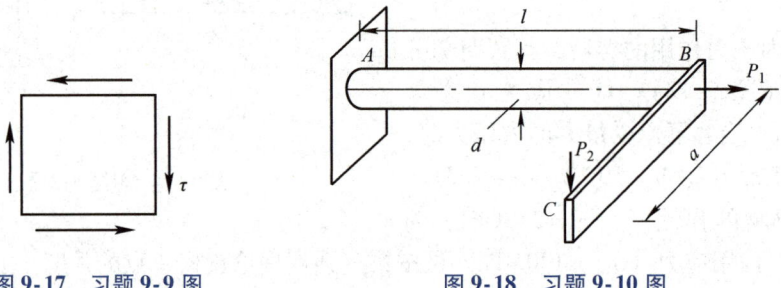

图 9-17 习题 9-9 图   图 9-18 习题 9-10 图

9-11 图 9-19 所示圆轴 AB 的直径 $d = 80\text{mm}$，材料的 $[\sigma] = 160\text{MPa}$。已知 $P = 5\text{kN}$，$M = 3\text{kN} \cdot \text{m}$，$l = 1\text{m}$。指出危险截面、危险点的位置；试按第三强度理论校核轴的强度。

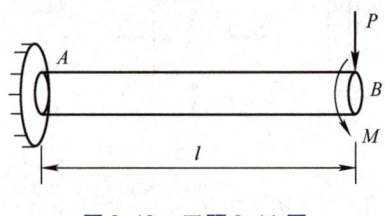

图 9-19 习题 9-11 图

第 10 章 组合变形

10.1 组合变形的概念

在前面几章中,研究了构件在发生轴向拉伸(压缩)、剪切、扭转、弯曲等基本变形时的强度和刚度问题。在工程实际中,有很多构件在荷载作用下往往发生两种或两种以上的基本变形。若其中一种变形是主要的,其余变形所引起的应力(或变形)很小,则构件可按主要的基本变形进行计算。若几种变形所对应的应力(或变形)属于同一数量级,则构件的变形为**组合变形**。例如,如图 10-1a 所示吊钩的 AB 段,在力 P 作用下,将同时产生拉伸与弯曲两种基本变形;机械中的齿轮传动轴(如图 10-1b 所示)在外力作用下,将同时发生扭转变形及在水平面和铅垂面内的弯曲变形;斜屋架上的工字钢檩条(如图 10-2a 所示),可以作为简支梁来计算(如图 10-2b 所示),因为 q 的作用线并不通过工字形截面的任一根形心主惯性轴(如图 10-2c 所示),则引起沿两个方向的平面弯曲,这种情况称为斜弯曲。

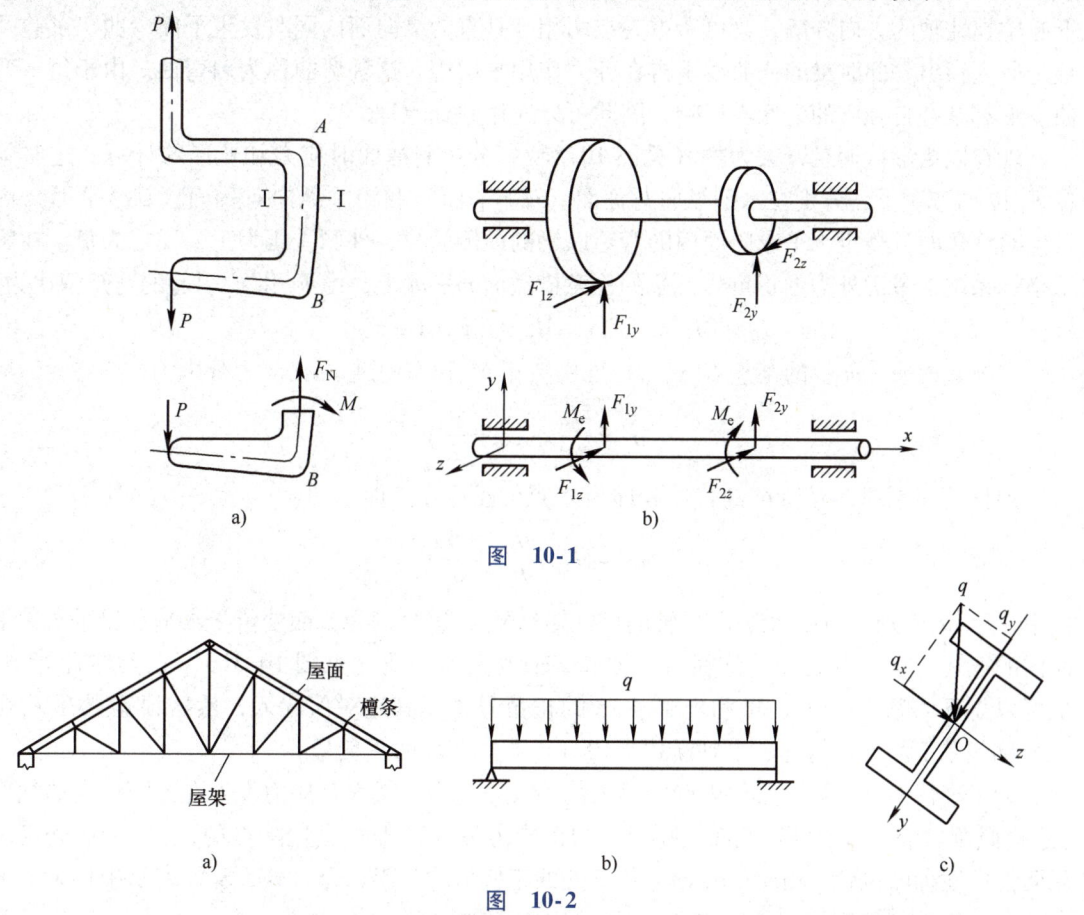

图 10-1

图 10-2

第10章 组合变形

求解组合变形问题的基本方法是叠加法，即首先将组合变形分解为几个基本变形，然后分别考虑构件在每一种基本变形情况下的应力和变形。最后利用叠加原理，综合考虑各基本变形的组合情况，以确定构件的危险截面、危险点的位置及危险点的应力状态，并据此进行强度计算。试验证明，只要构件的刚度足够大，材料又服从虎克定律，则由上述叠加法所得的计算结果是足够精确的。反之，对于小刚度、大变形的构件，必须要考虑各基本变形之间的相互影响，如对于大挠度的压弯杆，叠加原理就不能适用。

下面分别讨论在工程中经常遇到的几种组合变形。

10.2 斜弯曲

10.2.1 斜弯曲的应力

前面已经讨论了梁在平面弯曲时的应力和变形计算。在平面弯曲问题中，外力作用在截面的形心主轴与梁的轴线组成的纵向面内，梁的轴线变形后将变为一条平面曲线，且仍在外力作用面内。在工程实际中，有时会遇到外力不作用在形心主轴所在的纵向面内，如 10.1 节提到的屋面檩条的受力情况（见图 10-2）。在这种情况下，一般是将横向力向截面的两个形心主惯性轴的方向分解，梁可考虑为在两相互垂直的纵向面内同时发生平面弯曲。试验及理论研究指出，此时梁的挠曲线不再在外力作用平面内，这种弯曲称为**斜弯曲**。由于每一弯曲变形都是各自独立的，互不影响，因此可以应用叠加原理。

现在以矩形截面悬臂梁为例（见图 10-3a），分析斜弯曲时应力和变形的计算。这时梁在 F_1 和 F_2 作用下，分别在水平纵向对称面（Oxz 平面）和铅垂纵向对称面（Oxy 平面）内发生对称弯曲，规定水平纵向面内的弯矩以梁的内侧受拉，外侧受压为正，反之为负。在图示坐标系中，考虑外力的正负号，梁的任意横截面 $m—m$ 上，由 F_1 和 F_2 引起的弯矩依次为

$$M_y = -F_1 x, \quad M_z = -F_2(x-a)$$

在横截面 $m—m$ 上的某点 $C(y, z)$ 处由弯矩 M_y 和 M_z 引起的正应力分别为

$$\sigma' = \frac{M_y}{I_y}z, \quad \sigma'' = \frac{M_z}{I_z}y$$

根据叠加原理，σ' 和 σ'' 的代数和即为 C 点的正应力，即

$$\sigma' + \sigma'' = \frac{M_y}{I_y}z + \frac{M_z}{I_z}y \tag{10-1}$$

式中，I_y、I_z 分别为横截面对 y、z 轴的惯性矩；M_y、M_z 分别为截面处位于水平和铅垂对称平面内的弯矩，且其力矩矢量分别与 y 轴和 z 轴的正向一致（见图 10-3b）。在具体计算中，也可以先不考虑弯矩 M_y、M_z 和坐标 y、z 的正负号，以其绝对值代入，然后根据梁在 F_1 和 F_2 分别作用下的变形情况，来判断式（10-1）右边两项的正负号。

为了进行强度计算，必须先确定梁内的最大正应力。最大正应力发生在弯矩最大的截面（危险截面）上，但要确定截面上哪一点的正应力最大（即找出危险点的位置），应先确定截面上中性轴的位置。由于中性轴上各点处的正应力均为零，令（y_0，z_0）表示中性轴上的任一点，将其坐标值代入式（10-1），即可得中性轴方程

$$\frac{M_y}{I_y}z_0 + \frac{M_z}{I_z}y_0 = 0 \tag{10-2}$$

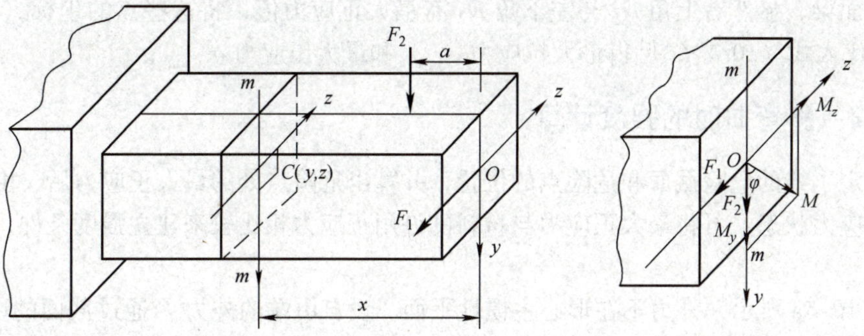

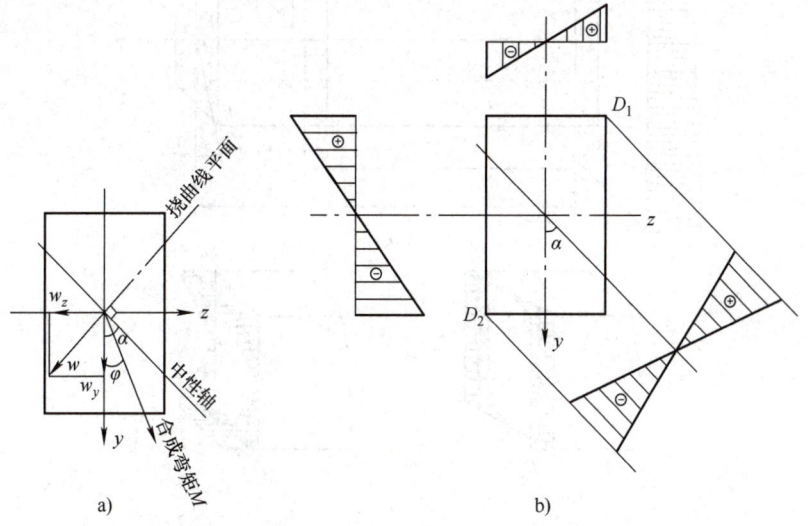

图 10-3

从式（10-2）可知，中性轴是一条通过坐标原点（横截面形心）的直线，令中性轴与 y 轴的夹角为 α，则

$$\tan\alpha = \left|\frac{z_0}{y_0}\right| = \frac{M_z}{M_y}\frac{I_y}{I_z} = \frac{I_y}{I_z}\tan\varphi$$

式中，φ 为横截面上合成弯矩 $M = \sqrt{M_y^2 + M_z^2}$ 的矢量与 y 轴的夹角（如图 10-3b 所示）。一般情况下，由于截面的 $I_y \neq I_z$，因而中性轴与合成弯矩 M 所在的平面并不垂直。而截面的挠度垂直于中性轴（如图 10-4a 所示），所以挠曲线将不在合成弯矩所在的平面内，这与平面弯曲不同。对于正方形、圆形等截面以及某些特殊组合截面，其中 $I_y = I_z$，则 $\alpha = \varphi$，因而，正应力可用合成弯矩 M 进行计算。但是，梁各横截面上的合成弯矩 M 所在平面的方位一般并不相同，所以，虽然每一截面的挠度都发生在该截面的合成弯矩所在平面内，梁的挠曲线一般仍是一条空间曲线，但梁的挠曲线方程仍应分别按两垂直平面内的弯曲来计算，不能直接用合成弯矩进行计算。

图 10-4

确定中性轴的位置后，就可看出截面上离中性轴最远的点是正应力 σ 最大的点。一般只要作与中性轴平行且与横截面周边相切的线，切点就是最大正应力的点。如图 10-4b 所示的矩形截面梁，显然右上角 D_1 与左下角 D_2 有最大正应力值，将这些点的坐标（y_1, z_1）或（y_2, z_2）代入式（10-1），可得最大拉应力 $\sigma_{t,\max}$ 和最大压应力 $\sigma_{c,\max}$。

10.2.2 斜弯曲时的强度计算

在确定了梁的危险截面和危险点的位置，并算出危险点处的最大正应力后，由于危险点处于单轴应力状态，可将最大正应力与材料的许用正应力相比较来建立强度条件，进行强度计算。

如图 10-5a 所示，外力不在形心主惯性平面。设自由端的外力 F 通过截面的中心且与 y 轴正向夹角为 φ，可以将力分解为沿主轴 y、z 的两个分量

$$F_y = F\cos\varphi, \quad F_z = F\sin\varphi$$

梁在 F_y、F_z 作用下将分别以 z、y 轴为中性轴发生平面弯曲，在离固定端为 x 的截面上，对 z、y 轴的弯矩分别为

$$M_z = -F_y(l-x) = -F\cos\varphi(l-x) = -M\cos\varphi$$
$$M_y = F_z(l-x) = F\sin\varphi(l-x) = M\sin\varphi$$

式中，$M = F(l-x)$ 为集中力 F 在横截面 $m\text{—}n$ 上所引起的弯矩，在计算中可取绝对值。任意截面 $m\text{—}n$ 上任意点 C（y, z）处的应力可采用叠加法计算。在 xy 平面内的平面弯曲（由于 M_z 的作用）产生的正应力（见图 10-5b）为

$$\sigma' = \frac{M_z y}{I_z} = \frac{-M\cos\varphi}{I_z} y$$

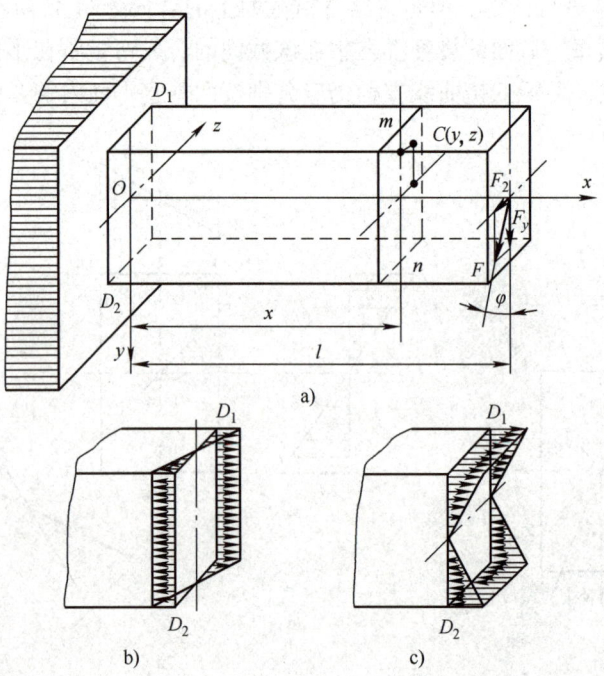

图 10-5

由于在 xz 平面内的平面弯曲（由于 M_y 的作用）产生的正应力（见图 10-5c）为

$$\sigma'' = \frac{M_y z}{I_y} = \frac{M\sin\varphi}{I_y}z$$

C 点处的正应力，即

$$\sigma = \sigma' + \sigma'' = \frac{M_z y}{I_z} + \frac{M_y z}{I_y} = M\left(\frac{\cos\varphi}{I_z}y + \frac{\sin\varphi}{I_y}z\right)$$

强度条件为

$$\sigma_{\max} = \left| M\left(\frac{-\cos\varphi}{I_z}y_1 + \frac{\sin\varphi}{I_y}z_1\right) \right| \leqslant [\sigma] \quad (10\text{-}3)$$

式中，y_1、z_1 分别为截面边界距 z、y 轴的最大距离。

对于有棱角的矩形截面，根据图 10-5 所示的应力分布，式（10-3）还可写为

$$\sigma_{\max} = \frac{|M_{y\max}|}{W_y} + \frac{|M_{z\max}|}{W_z} \leqslant [\sigma] \quad (10\text{-}4)$$

若材料的抗拉强度与抗压强度不同，则应分别对 D_1、D_2 点进行强度计算。根据中性轴的定义，其上任一点的正应力为

$$\sigma = M\left(\frac{\cos\varphi}{I_z}y_0 + \frac{\sin\varphi}{I_y}z_0\right) = 0$$

因为 $M \neq 0$，所以有

$$\frac{\cos\varphi}{I_z}y_0 - \frac{\sin\varphi}{I_y}z_0 = 0 \quad (10\text{-}5)$$

此即斜弯曲时的中性轴方程。设中性轴与 z 轴的夹角为 α，根据式（10-5）有

$$\tan\alpha = \left|\frac{z_0}{y_0}\right| = \frac{I_z}{I_y}\tan\varphi \quad (10\text{-}6)$$

由式（10-6）可得出以下两点结论：

（1）对于 $I_y \neq I_z$ 的截面，则 $\alpha \neq \varphi$。

表明此种梁在发生斜弯曲时，其中性轴与外力 F 所在的纵向平面不垂直（见图 10-6）。

（2）对于圆形、正方形及其他正多边形截面，由于 $I_y = I_z$，故可由式（10-6）得 $\alpha = -\varphi$，说明中性轴总是与载荷所在的纵向面垂直，即此类截面的梁不会产生斜弯曲。

▶ 10.2.3 斜弯曲的变形计算

分别计算梁在 xz 平面和 xy 平面内的挠度及合成挠度

$$w_y = \frac{F_y l^3}{3EI_z} = \frac{Fl^3}{3EI_z}\cos\varphi$$

$$w_z = \frac{F_z l^3}{3EI_y} = \frac{Fl^3}{3EI_y}\sin\varphi \quad (10\text{-}7)$$

$$w = \sqrt{w_y^2 + w_z^2}$$

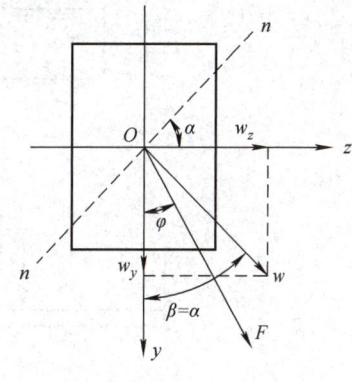

图 10-6

设总挠度 w 与 y 轴的夹角为 β（见图 10-6），则有

$$\tan\beta = \frac{w_z}{w_y} = \frac{I_z}{I_y}\frac{\sin\varphi}{\cos\varphi} = \frac{I_z}{I_y}\tan\varphi \tag{10-8}$$

进一步讨论挠度、中性轴及外力 F 的位置之间的关系：

(1) 由式（10-8）知，若梁的横截面 $I_y \neq I_z$，则 $\beta \neq \varphi$。这说明梁在变形后的挠曲线与外力 F 所在的纵向面不共面，因此，称为斜弯曲。

(2) 对于 $I_y = I_z$ 的横截面（如圆形、正方形），则 $\beta = \varphi$，即挠曲线与外力在同一纵向平面内。这种情况仍是平面弯曲。实际上，对于 $I_y = I_z$ 的横截面，过截面形心的任何一个轴都是形心主惯性轴。因此，外力作用将总能满足平面弯曲的条件。

这就说明，梁在斜弯曲时其总挠度的方向是与中性轴垂直的，即梁的弯曲一般不发生在外力作用平面内，而发生在垂直于中性轴 n—n 的平面内，如图 10-6 所示。

从式（10-8）可以看出，当 $\dfrac{I_z}{I_y}$ 很大时（例如梁横截面为狭长矩形时），即使荷载作用线与 y 轴间的夹角 φ 非常微小，也会使总挠度 w 对 y 轴发生很大的偏离，这是非常不利的。因此，在较难估计外力作用平面与主轴平面是否能相当准确地重合的情况下，应尽量避免采用 I_z 和 I_y 相差很大的截面，否则就应采用一些结构上的辅助措施，以防止梁在斜弯曲时所发生的侧向变形。

【例 10-1】 一长 2m 的矩形截面木制悬臂梁，弹性模量 $E = 1.0 \times 10^4 \text{MPa}$，梁上作用有两个集中荷载 $F_1 = 1.3\text{kN}$ 和 $F_2 = 2.5\text{kN}$，如图 10-7a 所示，设截面 $b = 0.6h$，$[\sigma] = 10\text{MPa}$。试选择梁的截面尺寸，并计算自由端的挠度。

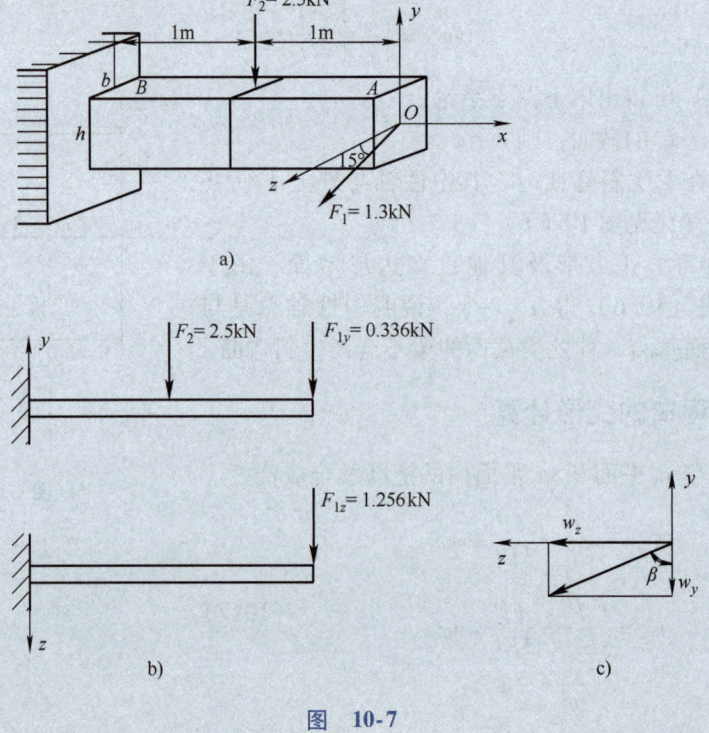

图 10-7

解：(1) 选择梁的截面尺寸

将自由端的作用荷载 F_1 分解

$$F_{1y} = F_1 \sin15° = 0.336\text{kN}$$

$$F_{1z} = F_1 \cos15° = 1.256\text{kN}$$

此梁的斜弯曲可分解为在 xy 平面内及在 xz 平面内的两个平面弯曲，如图 10-7c 所示。由图 10-7b 可知，M_z 和 M_y 在固定端的截面上达到最大值，故危险截面上的弯矩

$$M_z = (2.5 \times 1 + 0.336 \times 2)\text{kN} \cdot \text{m} = 3.172\text{kN} \cdot \text{m}$$

$$M_y = 1.256 \times 2\text{kN} \cdot \text{m} = 2.512\text{kN} \cdot \text{m}$$

$$W_z = \frac{1}{6}bh^2 = \frac{1}{6} \times 0.6h \cdot h^2 = 0.1h^3$$

$$W_y = \frac{1}{6}hb^2 = \frac{1}{6} \times h \times (0.6h)^2 = 0.06h^3$$

式中，M_z 与 M_y 只取绝对值，且截面上的最大拉压应力相等，故

$$\sigma_{max} = \frac{M_z}{W_z} + \frac{M_y}{W_y} = \frac{3.172 \times 10^6}{0.1h^3} + \frac{2.512 \times 10^6}{0.06h^3}$$

$$= \frac{73.587 \times 10^6}{h^3} \leq [\sigma]$$

即

$$h \geq \sqrt[3]{\frac{73.587 \times 10^6}{10}}\text{mm} = 194.5\text{mm}$$

可取 $h = 200\text{mm}$，$b = 120\text{mm}$。

(2) 计算自由端的挠度分别计算 w_y 与 w_z，如图 10-7c 所示，则

$$w_y = -\frac{F_{1y}l^3}{3EI_z} - \frac{F_2\left(\frac{l}{2}\right)^2}{6EI_z}\left(3l - \frac{l}{2}\right)$$

$$= -\frac{0.336 \times 10^3 \times 2^3 + \frac{1}{2} \times 2.5 \times 10^3 \times 1^3 \times (3 \times 2 - 1)}{3 \times 1.0 \times 10^4 \times 10^6 \times \frac{1}{12} \times 0.12 \times 0.2^3}\text{m}$$

$$= -3.72 \times 10^{-3}\text{m} = -3.72\text{mm}$$

$$w_z = \frac{F_{1z}l^3}{3EI_y} = \frac{1.256 \times 10^3 \times 2^3}{3 \times 1.0 \times 10^4 \times 10^6 \times \frac{1}{12} \times 0.2 \times 0.12^3}\text{m}$$

$$= 0.0116\text{m} = 11.6\text{mm}$$

$$w = \sqrt{w_z^2 + w_y^2} = \sqrt{(-3.72)^2 + (11.6)^2} = 12.18\text{mm}$$

$$\beta = \arctan\left(\frac{11.6}{3.7}\right) = 72.45°$$

10.3 拉伸（压缩）与弯曲的组合

拉伸或压缩与弯曲的组合变形是工程中常见的情况。如图 10-8a 所示的起重机横梁 AB，其受力简图如图 10-8b 所示。轴向力 F_x 和 F_{Ax} 引起压缩，横向力 F_{Ay}、W 和 F_y 引起弯曲，所以杆件产生压缩与弯曲的组合变形。对于弯曲刚度 EI 较大的杆，由于横向力引起的挠度与横截面的尺寸相比很小，因此，由轴向力引起的弯矩可以略去不计。于是，可分别计算由横向力和轴向力引起的杆横截面上的正应力，按叠加原理求其代数和，即得横截面上的正应力。下面举一简单例子来说明。

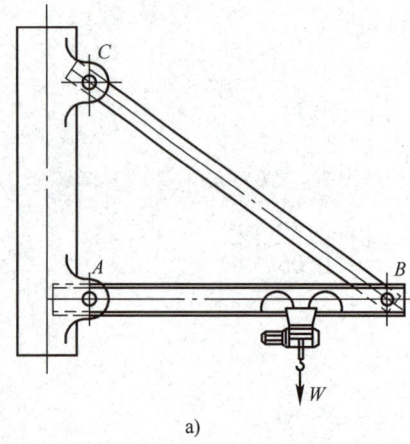

图 10-8

如图 10-9a 所示，在悬臂梁 AB 的自由端 A 作用一与铅直方向成 φ 角的力 F（在纵向对称面 xy 平面内）。将 F 力分别沿 x、y 轴分解，可得

$$F_x = F\sin\varphi$$
$$F_y = F\cos\varphi$$

式中，F_x 为轴向力，对梁引起拉伸变形（如图 10-9b 所示）；F_y 为横向力，引起梁的平面弯曲（如图 10-9c 所示）。

距 A 端 x 的截面上的内力为

轴力　$F_N = F_x = F\sin\varphi$

弯矩　$M_z = -F_y x = -F\cos\varphi \cdot x$

在轴向力 F_x 作用下，杆各个横截面上有相同的轴力 $F_N = F_x$。而在横向力作用下，固定端横截面上的弯矩最大，$M_{max} = -F\cos\varphi \cdot l$，故危险截面是在固定端。

与轴力 F_N 对应的拉伸正应力 σ_t 在该截面

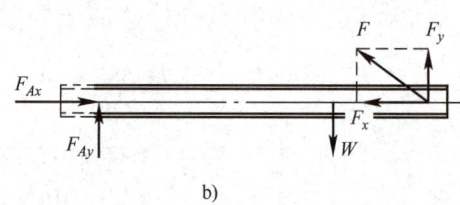

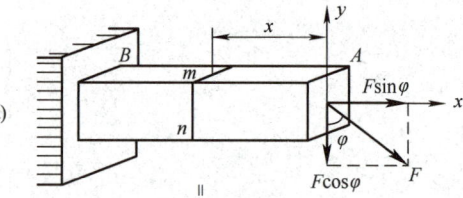

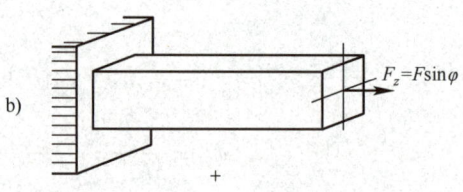

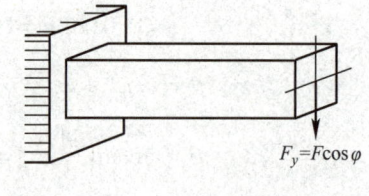

图 10-9

上各点处均相等，其值为

$$\sigma_\mathrm{t} = \frac{F_\mathrm{N}}{A} = \frac{F_x}{A} = \frac{F\sin\varphi}{A}$$

而与 M_max 对应的最大弯曲正应力 σ_b 出现在该截面的上、下边缘处，其绝对值为

$$\sigma_\mathrm{b} = \left|\frac{M_\mathrm{max}}{W_z}\right| = \frac{Fl\cos\varphi}{W_z}$$

在危险截面上与 F_N、M_max 对应的正应力沿截面高度变化的情况分别如图 10-10a、b 所示。将弯曲正应力与拉伸正应力叠加后，正应力沿截面高度的变化情况如图 10-10c 所示。记 σ_bc 为最大弯曲压应力，若 $\sigma_\mathrm{t} > |\sigma_\mathrm{bc}|$，则 σ_min 为拉应力；若 $\sigma_\mathrm{t} < |\sigma_\mathrm{bc}|$，则 σ_min 为压应力。

所以 σ_min 须视轴向力和横向力分别引起的应力而定。如图 10-10c 所示的应力分布图是在 $\sigma_\mathrm{t} < |\sigma_\mathrm{bc}|$ 的情况下作出的。显然，杆件的最大正应力是危险截面上边缘各点处的拉应力，其值为

$$\sigma_\mathrm{tmax} = \frac{F\sin\varphi}{A} + \frac{Fl\cos\varphi}{W_z} \quad (10\text{-}9)$$

如果是压缩与弯曲的组合，则绝对值最大的压应力为

$$|\sigma_\mathrm{c}|_\mathrm{max} = \frac{F\sin\varphi}{A} + \frac{Fl\cos\varphi}{W_z}$$

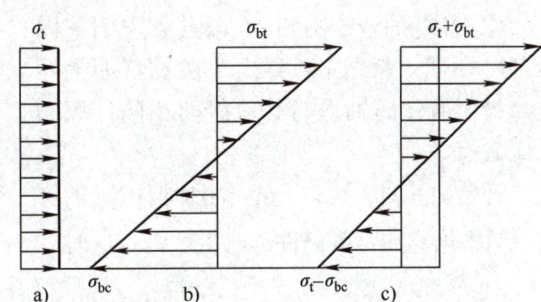

图 10-10 拉弯组合变形的应力叠加

代数值最大的正应力为

$$\sigma_\mathrm{max} = \frac{Fl\cos\varphi}{W_z} - \frac{F\sin\varphi}{A}$$

其为拉应力还是压应力取决于最大弯曲拉应力 σ_bt 与轴向压缩压应力 σ_c 的大小。若 $\sigma_\mathrm{bt} > |\sigma_\mathrm{c}|$，则 σ_max 为拉应力，反之为压应力。

由于危险点处的应力状态为单轴应力状态，故可将最大拉应力与材料的许用应力相比较，以进行强度计算。

应该注意，当材料的许用拉应力和许用压应力不相等时，杆内的最大拉应力和最大压应力必须分别满足杆件的拉、压强度条件。

若杆件的抗弯刚度很小，则由横向力所引起的挠度与横截面尺寸相比不能略去，此时就应考虑轴向力引起的弯矩。

【例 10-2】 最大吊重 $W = 8\mathrm{kN}$ 的起重机如图 10-11a 所示。若 AB 杆为工字钢，材料为 Q235 钢，$[\sigma] = 100\mathrm{MPa}$，试选择工字钢型号。

解：（1）先求出 CD 杆的长度为

$$l = \sqrt{2.5^2 + 0.8^2}\,\mathrm{m} = 2.62\,\mathrm{m}$$

（2）以 AB 为研究对象，其受力如图 10-11b 所示，由平衡方程 $\sum M_A = 0$，得

$$F \times \frac{0.8\text{m}}{2.62\text{m}} \times 2.5\text{m} - 8\text{kN} \times (2.5\text{m} + 1.5\text{m}) = 0$$

$$F = 42\text{kN}$$

把 F 分解为沿 AB 杆轴线的分量 F_x 和垂直于 AB 杆轴线的分量 F_y,可见 AB 杆在 AC 段内产生压缩与弯曲的组合变形。

$$F_x = F \times \frac{2.5}{2.62} = 40\text{kN}$$

$$F_y = F \times \frac{0.8}{2.62} = 12.8\text{kN}$$

作 AB 杆的弯矩图和 AC 段的轴力图如图 10-11c 所示。从图中可看出,在 C 截面上弯矩为最大值,而轴力与其他截面相同,故为危险截面。

开始试算时,可以先不考虑轴力 F_N 的影响,只根据弯曲强度条件选取工字钢。这时

$$W \geqslant \frac{M_{\max}}{[\sigma]} = \frac{12 \times 10^3}{100 \times 10^6}\text{m}^3 = 12 \times 10^{-3}\text{m}^3$$

$$= 120\text{cm}^3$$

查型钢表,选取 16 号工字钢,$W = 141\text{cm}^3$,$A = 26.1\text{cm}^2$。选定工字钢后,同时考虑轴力 F_N 及弯矩 M 的影响,再进行强度校核。在危险截面 C 的下边缘各点有最大压应力,且为

$$|\sigma_{\max}| = \left|\frac{F_N}{A} + \frac{M_{\max}}{W}\right| = \left|-\frac{40 \times 10^3}{26.1 \times 10^{-4}} - \frac{12 \times 10^3}{141 \times 10^{-6}}\right|\text{Pa}$$

$$= 100.5 \times 10^6\text{Pa} = 100.5\text{MPa}$$

结果表明,最大压应力与许用应力接近相等,故无须重新选择截面的型号。

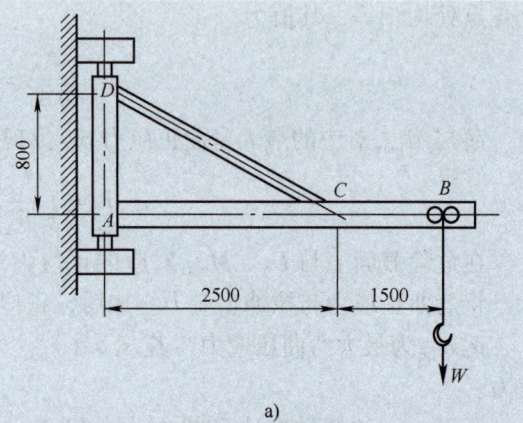
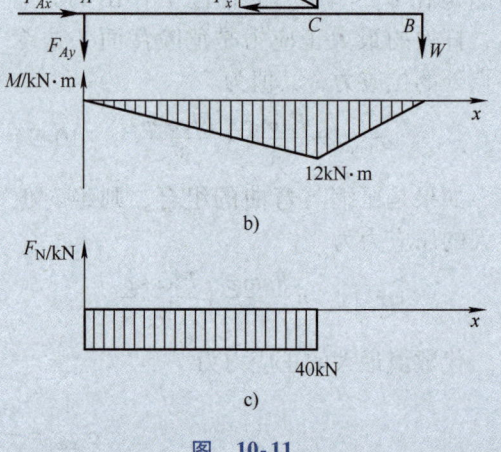

图 10-11

10.4 偏心拉伸(压缩)

作用在直杆上的外力,当其作用线与杆的轴线平行但不重合时,将引起**偏心拉伸**或**偏心压缩**。钻床的立柱(如图 10-12a 所示)和厂房中支承吊车梁的柱子(如图 10-12b 所示)即为偏心拉伸和偏心压缩。

▶ 10.4.1 偏心拉(压)的应力计算

现以横截面具有两对称轴的等直杆承受距离截面形心为 e(称为偏心距)的偏心拉力 F(如图 10-13a 所示)为例,来说明偏心拉杆的强度计算。设偏心力 F 作用在端面上的 K 点,

其坐标为 (e_y, e_z)。将力 F 向截面形心 O 点简化，把原来的偏心力 F 转化为轴向拉力 F；作用在 xz 平面内的弯曲力偶矩 $M_{ey} = F \cdot e_z$；作用在 xy 平面内的弯曲力偶矩 $M_{ez} = F \cdot e_y$。

在这些荷载作用下（如图 10-13b 所示），杆件的变形是轴向拉伸和两个纯弯曲的组合。当杆的弯曲刚度较大时，同样可按叠加原理求解。在所有横截面上的内力——轴力和弯矩均保持不变，即

$$F_N = F, \quad M_y = M_{ey} = F \cdot e_z, \quad M_z = M_{ez} = F \cdot e_y$$

叠加上述三内力所引起的正应力，即得任意横截面 m—m 上某点 $B(y,z)$ 的应力计算式

$$\sigma = \frac{F}{A} + \frac{M_y z}{I_y} + \frac{M_z y}{I_z} = \frac{F}{A} + \frac{F e_z z}{I_y} + \frac{F e_y y}{I_z} \tag{a}$$

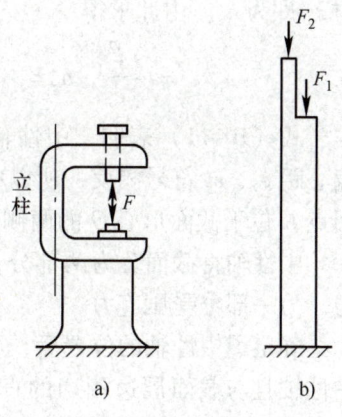

图 10-12

式中，A 为横截面面积；I_y、I_z 分别为横截面对 y、z 轴的惯性矩。利用惯性矩与惯性半径的关系（参见附录 A），有

$$I_y = A \cdot i_y^2, \quad I_z = A \cdot i_z^2$$

于是式（a）可改写为

$$\sigma = \frac{F}{A}\left(1 + \frac{e_z z}{i_y^2} + \frac{e_y y}{i_z^2}\right) \tag{b}$$

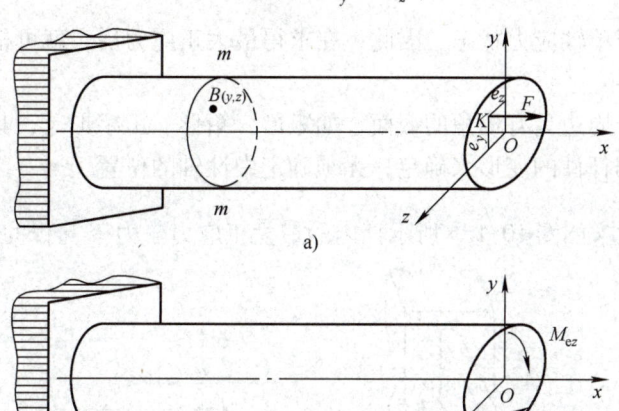

图 10-13

如用截面上各点的正应力 σ 表示不同横截面位置 x 坐标式（b）为一个平面方程，这表明正应力在横截面上按线性规律变化。中性轴（见图 10-14）上任一点 $\sigma = 0$，将中性轴上任一点 $C(z_0, y_0)$ 代入式（b），即得中性轴方程为

$$1 + \frac{e_z z_0}{i_y^2} + \frac{e_y y_0}{i_z^2} = 0 \tag{10-10}$$

显然，中性轴是一条不通过截面形心的直线，它在 y、z 轴上的截距 a_y、a_z 分别可以从式（10-10）计算出来。在式（10-10）中，令 $z_0 = 0$，相应的 y_0 即为 a_y，而令 $y_0 = 0$，相应

的 z_0 即为 a_z。由此求得

$$a_y = -\frac{i_z^2}{e_y}, \quad a_z = -\frac{i_y^2}{e_z} \quad (10\text{-}11)$$

式（10-11）表明，中性轴截距 a_y、a_z 与偏心距 e_y、e_z 符号相反，所以中性轴与外力作用点 K 位于截面形心 O 的两侧，如图 10-14 所示。中性轴将截面分为两部分，一部分受拉应力，另一部分受压应力。

确定了中性轴的位置后，可作两条平行于中性轴且与截面周边相切的直线，切点 D_1 与 D_2 分别是截面上最大拉应力与最大压应力的

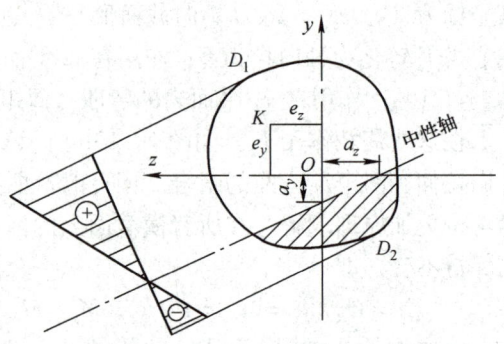

图 10-14 中性轴及应力分布

点，分别将 D_1 (z_1, y_1) 与 D_2 (z_2, y_2) 的坐标代入式（a），即可求得最大拉应力和最大压应力的值

$$\left. \begin{array}{l} \sigma_{D_1} = \dfrac{F}{A} + \dfrac{F e_z z_1}{I_y} + \dfrac{F e_y y_1}{I_z} \\[2mm] \sigma_{D_2} = \dfrac{F}{A} + \dfrac{F e_z z_2}{I_y} + \dfrac{F e_y y_2}{I_z} \end{array} \right\} \quad (10\text{-}12)$$

由于危险点处于单轴应力状态，因此，在求得最大正应力后，就可根据材料的许用应力 $[\sigma]$ 来建立强度条件。

应该注意，对于周边具有棱角的截面，如矩形、箱形、工字形等，其危险点必定在截面的棱角处，并可根据杆件的变形来确定，无须确定中性轴的位置。

【例 10-3】 试求如图 10-15a 所示杆内的最大正应力。力 F 与杆的轴线平行。

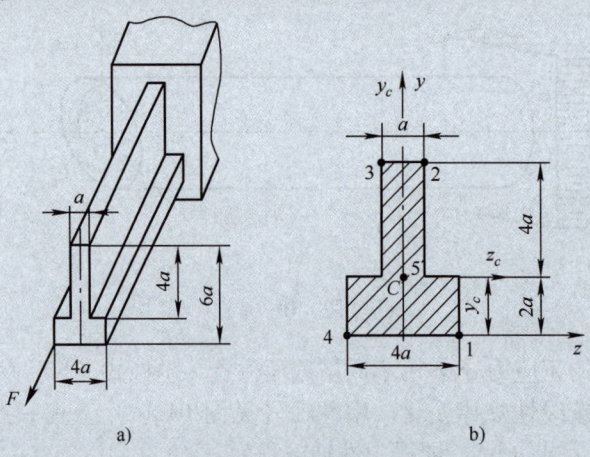

图 10-15

解：横截面如图 10-15b 所示，其面积为

$$A = 4a \times 2a + 4a \times a = 12a^2$$

形心 C 的坐标为

$$y_C = \frac{a \times 4a \times 4a + 4a \times 2a \times a}{a \times 4a + 4a \times 2a} = 2a$$

$$z_C = 0$$

形心主惯性矩

$$I_{z_C} = \frac{a \times (4a)^3}{12} + a \times 4a \times (2a)^2 + \frac{4a \times (2a)^3}{12} + 2a \times 4a \times a^2 = 32a^4$$

$$I_{y_C} = \frac{1}{12}[2a \times (4a)^3 + 4a \times a^3] = 11a^4$$

力 F 对主惯性轴 y_C 和 z_C 之矩

$$M_{y_C} = F \times 2a = 2Fa, \quad M_{z_C} = F \times 2a = 2Fa$$

比较如图 10-15b 所示截面 4 个角点上的正应力可知，角点 4 上的拉应力最大

$$\sigma_4 = \frac{F}{A} + \frac{M_{z_C} \times 2a}{I_{z_C}} + \frac{M_{y_C} \times 2a}{I_{y_C}} = \frac{F}{12a^2} + \frac{2Fa \times 2a}{32a^4} + \frac{2Fa \times 2a}{11a^4} = 0.572 \frac{F}{a^2}$$

压应力最大的可能为角点 2 或角点 5

$$\sigma_2 = \frac{F}{A} - \frac{M_{z_C} \times 2a}{I_{z_C}} - \frac{M_{y_C} \times 2a}{I_{y_C}} = \frac{F}{12a^2} - \frac{2Fa \times 2a}{32a^4} - \frac{2Fa \times 2a}{11a^4} = -0.256 \frac{F}{a^2}$$

$$\sigma_5 = \frac{F}{A} - \frac{M_{y_C} \times 2a}{I_{y_C}} = \frac{F}{12a^2} - \frac{2Fa \times 2a}{11a^4} = -0.280 \frac{F}{a^2}$$

可见，角点 5 有最大压应力。

10.4.2　截面核心

式 (10-12) 中的 y_2、z_2 均为负值。因此当外力的偏心距（即 e_y, e_z）较小时，横截面上就可能不出现压应力，即中性轴不与横截面相交。同理，当偏心压力 F 的偏心距较小时，杆的横截面上也可能不出现拉应力。在工程中，有不少材料抗拉性能差，但抗压性能好且价格比较便宜，如砖、石、混凝土、铸铁等。在这类构件的设计计算中，往往认为其拉伸强度为 0。这就要求构件在偏心压力作用下，其横截面上不出现拉应力，由式 (10-11) 可知，对于给定的截面，e_y、e_z 越小，a_y、a_z 就越大，即外力作用点离形心越近，中性轴距形心就越远。因此，当外力作用点位于截面形心附近的一个区域内时，就可保证中性轴不与横截面相交，这个区域称为**截面核心**。当外力作用在截面核心的边界上时，与此相对应的中性轴就正好与截面的周边相切（见图 10-16）。利用这一关系就可确定截面核心的边界。

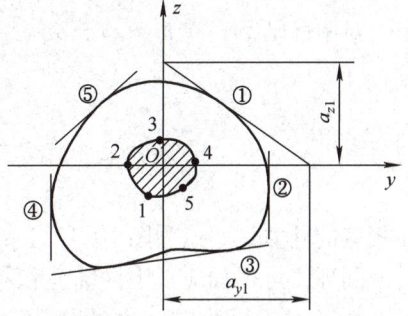

图 10-16　截面核心

为确定任意形状截面（见图 10-16）的截面核心边界，可将与截面周边相切的任一直线 ① 看作中性轴，其在 y、z 两个形心主惯性轴上的截距分别为 a_{y1} 和 a_{z1}。由式 (10-11) 确定

与该中性轴对应的外力作用点 1，即截面核心边界上一个点的坐标 (e_{y1}, e_{z1})，其中

$$e_{y1} = -\frac{i_z^2}{a_{y1}}, \quad e_{z1} = -\frac{i_y^2}{a_{z1}}$$

同样，分别将与截面周边相切的直线②、③⋯看作中性轴，并按上述方法求得与其对应的截面核心边界上点 2、3⋯的坐标。连接这些点所得到的一条封闭曲线，即为所求截面核心的边界，而该边界曲线所包围的带阴影线的面积，即为截面核心（见图 10-16），下面举例说明截面核心的具体作法。

【例 10-4】 一矩形截面如图 10-17 所示，已知两边长度分别为 b 和 h，求作截面核心。

解： 先作与矩形四边重合的中性轴①、②、③和④，利用式（10-11）得

$$e_y = -\frac{i_z^2}{a_y}, \quad e_z = -\frac{i_y^2}{a_z}$$

式中，$i_y^2 = \dfrac{I_y}{A} = \dfrac{\frac{bh^3}{12}}{bh} = \dfrac{h^2}{12}$；$i_z^2 = \dfrac{I_z}{A} = \dfrac{\frac{hb^3}{12}}{bh} = \dfrac{b^2}{12}$；$a_y$、$a_z$ 为中性轴的截距；e_y、e_z 为相应的外力作用点的坐标。

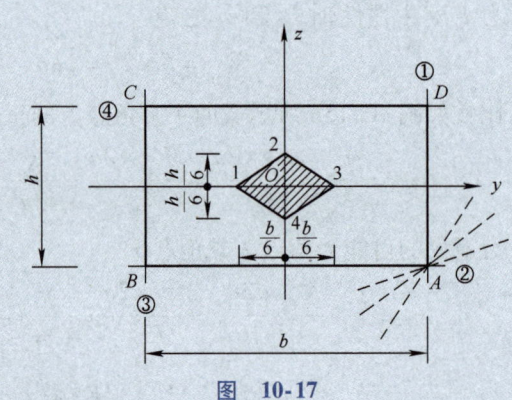

图 10-17

对中性轴①，有 $a_y = \dfrac{b}{2}$，$a_z = \infty$，代入式（10-11），得

$$e_{y1} = -\frac{i_z^2}{a_y} = -\frac{\frac{b^2}{12}}{\frac{b}{2}} = -\frac{b}{6}, \quad e_{z1} = -\frac{i_y^2}{a_z} = -\frac{\frac{h^2}{12}}{\infty} = 0$$

即相应的外力作用点为图 10-17 上的点 1。

对中性轴②，有 $a_y = \infty$，$a_z = -\dfrac{h}{2}$，代入式（10-11），得

$$e_{y2} = -\frac{i_z^2}{a_y} = -\frac{\frac{b^2}{12}}{\infty} = 0, \quad e_{z2} = -\frac{i_y^2}{a_z} = -\frac{\frac{h^2}{12}}{-\frac{h}{2}} = \frac{h}{6}$$

即相应的外力作用点为图 10-17 上的点 2。

同理，可得相应于中性轴③和④的外力作用点的位置如图上的点 3 和点 4。

至于由点 1 到点 2，外力作用点的移动规律如何，我们可以从中性轴①开始，绕截面点 A 作一系列中性轴（图中虚线），一直转到中性轴②，求出这些中性轴所对应的外力作用点的位置，就可得到外力作用点从点 1 到点 2 的移动轨迹。根据中性轴方程式（10-10），设 e_y、e_z 为常数，y_0、z_0 为流动坐标，中性轴的轨迹是一条直线。反之，若设 y_0、z_0 为常数，e_y、e_z 为流动坐标，则力作用点的轨迹也是一条直线。现在，过角点 A 的所有中性轴有

一个公共点，其坐标 $\left(\dfrac{b}{2}, -\dfrac{h}{2}\right)$ 为常数，相当于中性轴方程式（10-10）中的 y_0 和 z_0，而需求的外力作用点的轨迹，则相当于流动坐标 e_y 和 e_z。于是可知，截面上从点 1 到点 2 的轨迹是一条直线。同理可知，当中性轴由②绕角点 B 转到③，由③绕角点 C 转到④时，外力作用点由点 2 到点 3，由点 3 到点 4 的轨迹，都是直线。最后得到一个菱形（图中的阴影区）。即矩形截面的截面核心为一菱形，其对角线的长度为截面边长的 1/3。

对于具有棱角的截面，均可按上述方法确定截面核心。对于周边有凹进部分的截面（例如槽形或工字形截面等），在确定截面核心的边界时，应该注意不能取与凹进部分的周边相切的直线作为中性轴，因为这种直线显然与横截面相交。

【例 10-5】 一圆形截面如图 10-18 所示，直径为 d，试作截面核心。

解： 由于圆截面对于圆心 O 是极对称的，因而，截面核心的边界对于圆心也是极对称的，即为一圆心为 O 的圆。在截面周边 y 轴上取一点 A，过该点作切线①作为中性轴，该中性轴在 y、z 两轴上的截距分别为

$$a_{y1} = \dfrac{d}{2}, \quad a_{z1} = \infty$$

而圆形截面的 $i_y^2 = i_z^2 = \dfrac{d^2}{16}$，将以上各值代入式（10-11），即可得

$$e_{y1} = -\dfrac{i_z^2}{a_{y1}} = -\dfrac{\dfrac{d^2}{16}}{\dfrac{d}{2}} = -\dfrac{d}{8}, \quad e_{z1} = -\dfrac{i_y^2}{a_{z1}} = 0$$

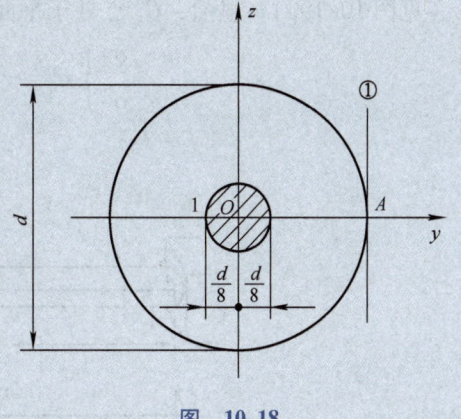

图 10-18

从而可知，截面核心边界是一个以 O 为圆心、以 $\dfrac{d}{8}$ 为半径的圆，即图中带阴影的区域。

10.5 扭转与弯曲的组合

机械中的传动轴与皮带轮、齿轮或飞轮等连接时，往往同时受到扭转与弯曲的联合作用。由于传动轴都是圆截面的，故以圆截面杆为例，讨论杆件发生扭转与弯曲组合变形时的强度计算。

设有一实心圆轴 AB，A 端固定，B 端连一手柄 BC，在 C 处作用一铅直方向力 F，如图 10-19a 所示，圆轴 AB 承受扭转与弯曲的组合变形。略去自重的影响，将力 F 向 AB 轴端截面的形心 B 简化后，即可将外力分为两组，一组是作用在轴上的横向力 F，另一组为在轴端截面内的力偶矩 $M_e = Fa$（见图 10-19b），前者使轴发生弯曲变形，后者使轴发生扭转变形。分别作出圆轴 AB 的弯矩图和扭矩图（见图 10-19c、d），可见，轴的固定端截面是危险截面，其内力分量分别为

$$M = Fl, \quad T = M_e = Fa$$

在截面 A 上弯曲正应力 σ 和扭转切应力 τ 沿截面高度均按线性分布（见图 10-19e、f）。危险截面上铅垂直径上下两端点 C_1 和 C_2 是截面上的危险点，因在这两点上正应力和切应力均达到极大值，故必须校核这两点的强度。对于抗拉强度与抗压强度相等的塑性材料，只需取其中的一个点 C_1 来研究即可。C_1 点的弯曲正应力和扭转切应力分别为

$$\sigma = \frac{M}{W}, \quad \tau = \frac{T}{W_t} \tag{a}$$

对于直径为 d 的实心圆截面，抗弯截面系数与抗扭截面系数分别为

$$W = \frac{\pi d^3}{32}, \quad W_t = \frac{\pi d^3}{16} = 2W \tag{b}$$

围绕 C_1 点分别用横截面、径向纵截面和切向纵截面截取单元体，可得 C_1 点处的应力状态（见图 10-19g）。显然，C_1 点处于平面应力状态，其三个主应力为

$$\left.\begin{array}{r}\sigma_1 \\ \sigma_3\end{array}\right\} = \frac{\sigma}{2} \pm \frac{1}{2}\sqrt{\sigma^2 + 4\tau^2}, \quad \sigma_2 = 0$$

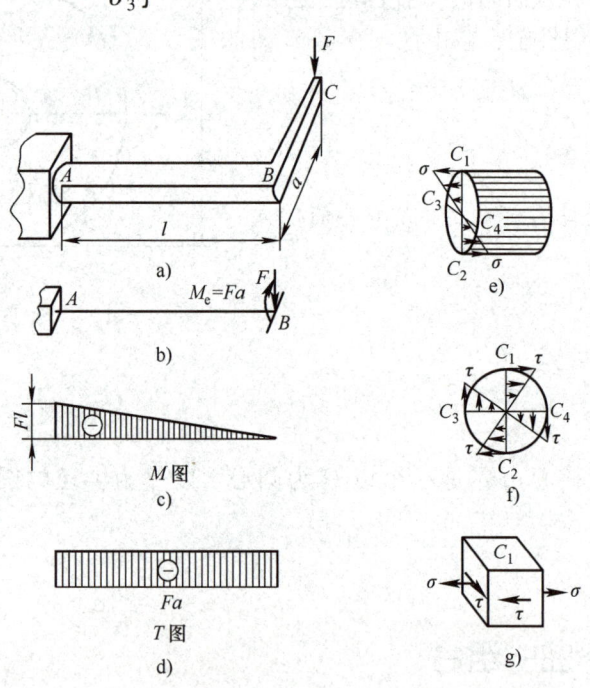

图 10-19

对于用塑性材料制成的杆件，选用第三强度理论或第四强度理论来建立强度条件，即 $\sigma_r \leqslant [\sigma]$。

若用第三强度理论，则相当应力为

$$\sigma_{r3} = \sigma_1 - \sigma_3 = \sqrt{\sigma^2 + 4\tau^2} \tag{10-13a}$$

若用第四强度理论，则相当应力为

$$\sigma_{r4} = \sqrt{\sigma_1^2 + \sigma_3^2 - \sigma_1 \sigma_3} = \sqrt{\sigma^2 + 3\tau^2} \tag{10-13b}$$

将式（a）、式（b）代入式（10-13），相当应力表达式可改写为

$$\sigma_{r3} = \sqrt{\left(\frac{M}{W}\right)^2 + 4\left(\frac{T}{W_t}\right)^2} = \frac{\sqrt{M^2 + T^2}}{W} \tag{10-14a}$$

$$\sigma_{r4} = \sqrt{\left(\frac{M}{W}\right)^2 + 3\left(\frac{T}{W_t}\right)^2} = \frac{\sqrt{M^2 + 0.75T^2}}{W} \tag{10-14b}$$

在求得危险截面的弯矩 M 和扭矩 T 后，就可直接利用式（10-14）建立强度条件，进行强度计算。式（10-14）同样适用于空心圆杆，而只需将式中的 W 改用空心圆截面的抗弯截面系数。

应该注意的是，式（10-14）适用于如图 10-19g 所示的平面应力状态，而不论正应力 σ 是由弯曲还是由其他变形引起的，不论切应力是由扭转还是由其他变形引起的，也不论正应力和切应力是正值还是负值。工程中有些杆件，如船舶推进轴，有止推轴承的传动轴等除了承受弯曲和扭转变形外，同时还受到轴向压缩（拉伸），其危险点处的正应力 σ 等于弯曲正应力与轴向拉（压）正应力之和，应力表达式（10-13）在该情况下仍然适用。但式（10-14）仅适用于扭转与弯曲组合变形下的圆截面杆。

通过以上举例，对传动轴等进行静力强度计算时一般可按下列步骤进行。

（1）外力分析（确定杆件组合变形的类型）。

（2）内力分析（确定危险截面的位置）。

（3）应力分析（确定危险截面上的危险点）。

（4）强度计算（选择适当的强度理论进行强度计算）。

【例 10-6】 机轴上的两个齿轮（如图 10-20a 所示），受到切线方向的力 $F_1 = 5\text{kN}$，$F_2 = 10\text{kN}$ 作用，轴承 A 及 D 处可视为铰支座，轴的许用应力 $[\sigma] = 100\text{MPa}$，求轴所需的直径 d。

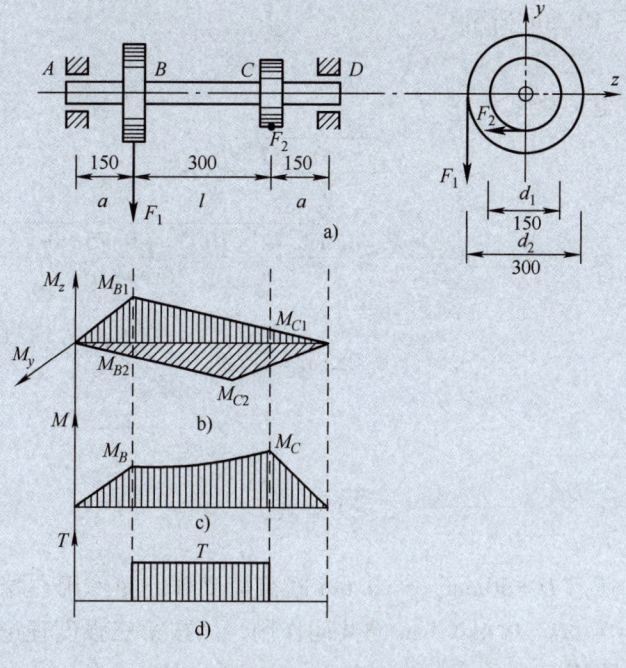

图 10-20

解:（1）外力分析。把F_1及F_2向机轴轴心简化成为竖向力F_1、水平力F_2及力偶矩

$$M_e = P_1 \times \frac{d_1}{2} = P_2 \times \frac{d_2}{2} = 10 \times \frac{150 \times 10^{-3}}{2} \text{kN} \cdot \text{m} = 0.75 \text{kN} \cdot \text{m}$$

两个力使轴发生弯曲变形，两个力偶矩使轴在BC段内发生扭转变形。

（2）内力分析。BC段内的扭矩为

$$T = M_e = 0.75 \text{kN} \cdot \text{m}$$

轴在竖向平面内因F_1作用而弯曲，弯矩图如图10-20b所示，引起B、C处的弯矩分别为

$$M_{B1} = \frac{P_1(l+a)a}{l+2a}, \quad M_{C1} = \frac{P_1 a^2}{l+2a}$$

轴在水平面内因F_2作用而弯曲，在B、C处的弯矩分别为

$$M_{B2} = \frac{P_2 a^2}{l+2a}, \quad M_{C2} = \frac{P_2(l+a)a}{l+2a}$$

B、C两个截面上的合成弯矩为

$$M_B = \sqrt{M_{B1}^2 + M_{B2}^2} = \sqrt{\frac{P_1^2(l+a)^2 a^2}{(l+2a)^2} + \frac{P_2^2 a^4}{(l+2a)^2}} = 0.676 \text{kN} \cdot \text{m}$$

$$M_C = \sqrt{M_{C1}^2 + M_{C2}^2} = \sqrt{\frac{P_1^2 a^4}{(l+2a)^2} + \frac{P_2^2(l+a)^2 a^2}{(l+2a)^2}} = 1.14 \text{kN} \cdot \text{m}$$

轴内每一截面的弯矩都由两个弯矩分量合成，且合成弯矩的作用平面各不相同，但因为圆轴的任一直径都是形心主轴，抗弯截面系数W都相同，所以可将各截面的合成弯矩画在同一张图内（如图10-20c所示）。

（3）强度计算

按第四强度理论建立强度条件

$$\sigma_{r4} = \frac{\sqrt{M^2 + 0.75 T^2}}{W} \leq [\sigma]$$

$$W = \frac{\pi d^3}{32} \geq \frac{\sqrt{(1.44 \times 10^3)^2 + 0.75(0.75 \times 10^3)^2}}{100 \times 10^6} \text{m}^3$$

解得

$$d = 0.053 \text{m} = 53 \text{mm}$$

习 题

10-1 图10-21所示$D = 50\text{mm}$、$l = 0.6\text{m}$圆截面钢杆，受作用在端面中心的横向载荷$F = 600\text{N}$及扭力偶矩为$M_e = 0.4\text{kN} \cdot \text{m}$的共同作用，试按第三强度理论校核杆的强度，已知许用应力$[\sigma] = 150\text{MPa}$。

10-2 14号工字钢悬臂梁受力情况如图10-22所示。已知$l = 0.8\text{m}$，$F_1 = 2.5\text{kN}$，$F_2 = $

1.0kN，试求危险截面上的最大正应力。

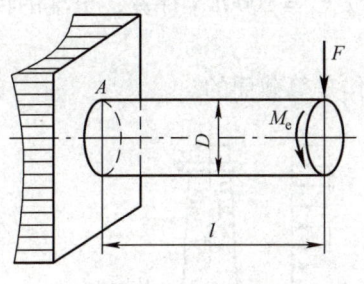

图 10-21　习题 10-1 图

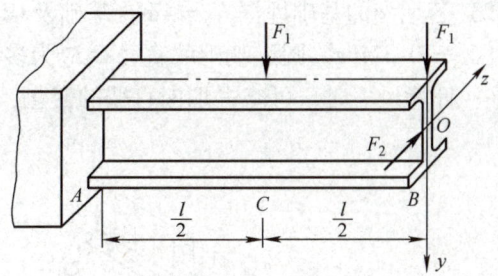

图 10-22　习题 10-2 图

10-3　受集度为 q 的均布荷载作用的矩形截面简支梁，其荷载作用面与梁的纵向对称面间的夹角为 $\alpha=30°$，如图 10-23 所示。已知该梁材料的弹性模量 $E=10\text{GPa}$；梁的尺寸为 $l=4\text{m}$，$h=160\text{mm}$，$b=120\text{mm}$；许用应力 $[\sigma]=12\text{MPa}$；许用挠度 $[w]=l/150$。试校核梁的强度和刚度。

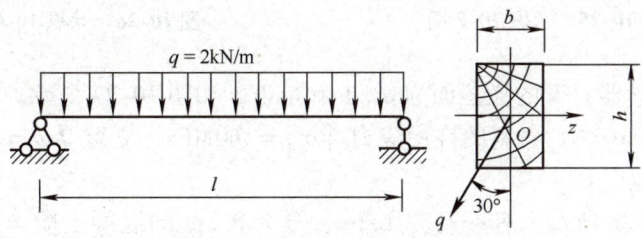

图 10-23　习题 10-3 图

10-4　悬臂梁受集中力 F 作用如图 10-24 所示。已知横截面的直径 $D=120\text{mm}$，$d=30\text{mm}$，材料的许用应力 $[\sigma]=160\text{MPa}$。试求中性轴的位置，并按照强度条件求梁的许可荷载 $[F]$。

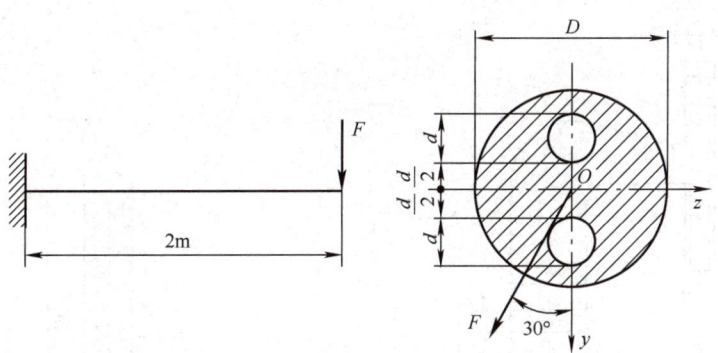

图 10-24　习题 10-4 图

10-5　图 10-25 所示一楼梯木料梁的长度 $l=4\text{m}$，截面为 $0.2\text{m}\times 0.1\text{m}$ 的矩形，受均布荷载作用，$q=2\text{kN/m}$。试作梁的轴力图和弯矩图，并求横截面上的最大拉应力与最大压应力。

10-6　如图 10-26 所示，砖砌烟囱高 $h=30\text{m}$，底截面 $m—m$ 的外径 $d_1=3\text{m}$，内径 $d_2=2\text{m}$，自重 $P_1=2000\text{kN}$，受 $q=1\text{kN/m}$ 的风力作用。试求：

（1）烟囱底截面上的最大压应力。

（2）若烟囱的基础埋深 $h_0 = 4\text{m}$，基础及填土自重按 $P_1 = 1000\text{kN}$ 计算，土壤的许用压应力 $[\sigma] = 0.3\text{MPa}$，圆形基础的直径 D 应为多大？

注：计算风力时，可略去烟囱直径的变化，将其看作是等截面的。

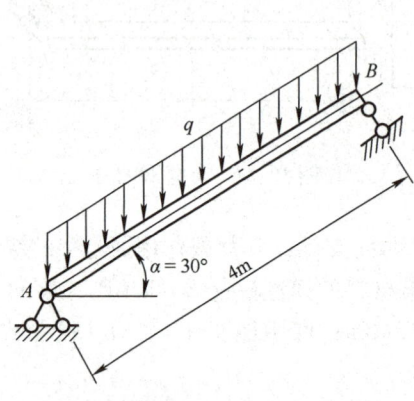

图 10-25 习题 10-5 图

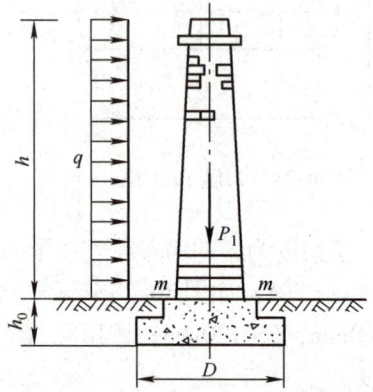

图 10-26 习题 10-6 图

10-7 螺旋夹紧器立臂的横截面为 $a \times b$ 和矩形，如图 10-27 所示。已知该夹紧器工作时承受的夹紧力 $F = 16\text{kN}$，材料的许用应力 $[\sigma] = 160\text{MPa}$，立臂厚 $a = 20\text{mm}$，偏心距 $e = 140\text{mm}$。试求立臂宽度 b。

10-8 如图 10-28 所示，有一高为 1.2m、厚为 0.3m 的混凝土墙，浇筑于牢固的基础上，用作挡水用的小坝。试求：

（1）当水位达到墙顶时，墙底处的最大拉应力和最大压应力（高混凝土的密度为 $2.45 \times 10^3 \text{kN/m}^3$）。

（2）如果要求混凝土中没有拉应力，试问最大许可水深 h 为多大？

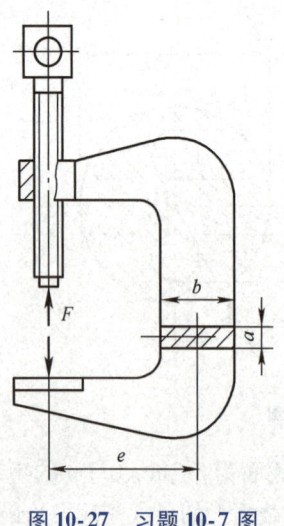

图 10-27 习题 10-7 图

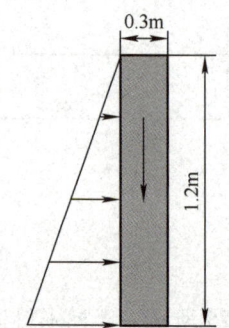

图 10-28 习题 10-8 图

10-9 受拉构件形式状如图 10-29 所示，已知截面尺寸为 $40\text{mm} \times 5\text{mm}$，承受轴向拉力

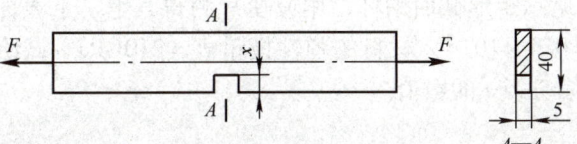

图 10-29 习题 10-9 图

$F=12\mathrm{kN}$。现拉杆开有切口,如不计应力集中影响,当材料的 $[\sigma]=100\mathrm{MPa}$ 时,试确定切口的最大许可深度,并绘出切口截面的应力变化图。

10-10 一圆截面杆受偏心力作用,偏心距 $e=20\mathrm{mm}$,杆的直径为 $70\mathrm{mm}$,许用应力 $[\sigma]$ 为 $120\mathrm{MPa}$。试求杆的许可偏心拉力值。

10-11 图 10-30 所示一浆砌块石挡土墙,墙高 4m,已知墙背承受的土压力 $F=137\mathrm{kN}$,并且与铅垂线成夹角 $\alpha=45.7°$,浆砌石的密度为 $2.35\times10^3\mathrm{kg/m^3}$,其他尺寸如图所示。试取 1m 长的墙体作为计算对象,试计算作用在截面 AB 上 A 点和 B 点处的正应力。又砌体的许用压应力 $[\sigma_c]$ 为 $3.5\mathrm{MPa}$,许用拉应力为 $0.14\mathrm{MPa}$,试作强度校核。

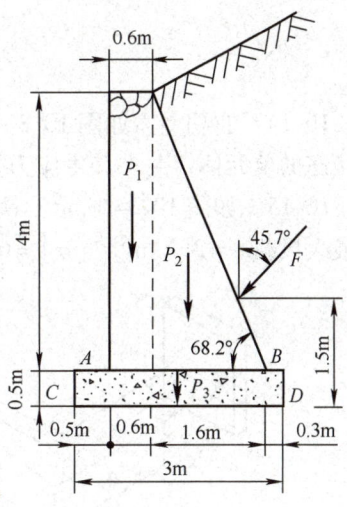

图 10-30 习题 10-11 图

10-12 试确定图 10-31 所示截面的截面核心边界。

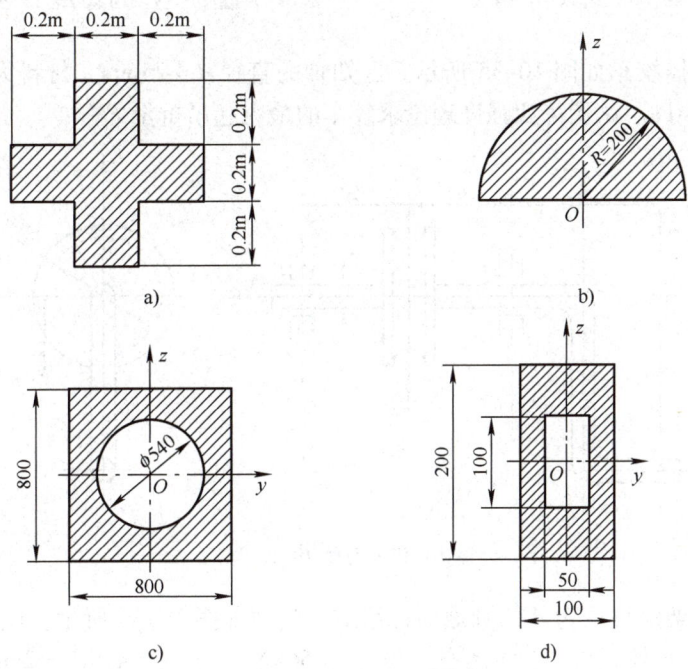

图 10-31 习题 10-12 图

10-13 图 10-32 所示矩形截面钢杆，用应变片测得其上、下表面的轴向正应变分别为 $\varepsilon_a = 1.0 \times 10^{-3}$ 与 $\varepsilon_b = 0.4 \times 10^{-3}$，材料的弹性模量 $E = 210\text{GPa}$。试绘横截面上的正应力分布图。并求拉力 F 及偏心距 e 的数值。

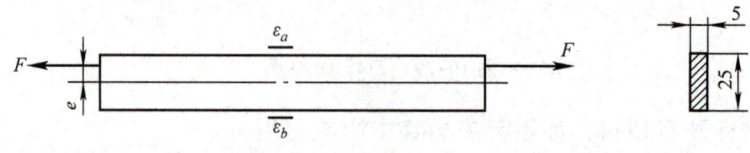

图 10-32　习题 10-13 图

10-14 曲拐受力如图 10-33 所示，其圆杆部分的直径 $d = 50\text{mm}$。试画出表示 A 点处应力状态的单元体，并求其主应力及最大切应力。

10-15 如图 10-34 所示，铁道路标圆信号板，装在外径 $D = 60\text{mm}$ 的空心圆柱上，所受的最大风载 $q = 2\text{kN/m}^2$，$[\sigma] = 60\text{MPa}$。试按第三强度理论选定空心柱的厚度。

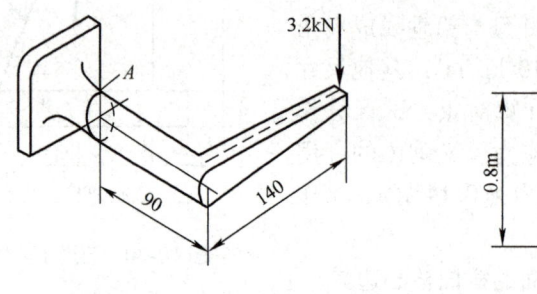 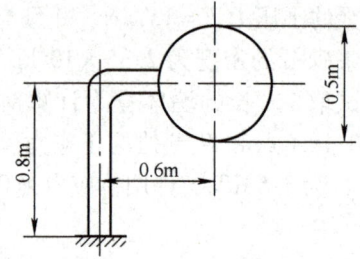

图 10-33　习题 10-14 图　　　图 10-34　习题 10-15 图

10-16 一手摇绞车如图 10-35 所示。已知轴的直径 $d = 25\text{mm}$，材料为 Q235 钢，其许用应力 $[\sigma] = 80\text{MPa}$。试用第四强度理论求绞车的最大起吊重量 P。

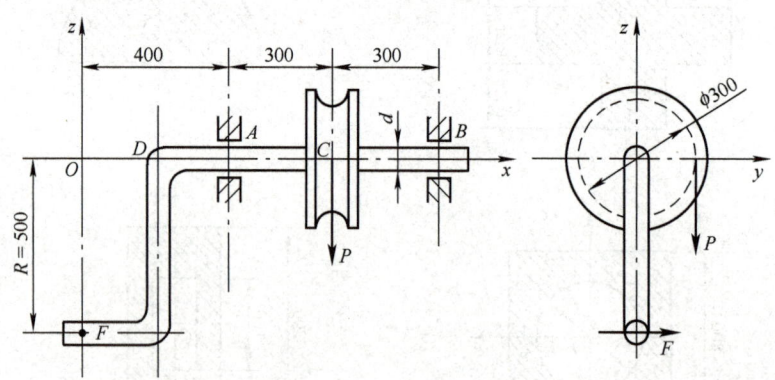

图 10-35　习题 10-16 图

10-17 一框架由直径为 d 的圆截面杆组成，受力如图 10-36 所示。试给出各杆危险截面上危险点处单元体的上应力状态。设 $F = 56\text{kN}$，$l = 15\text{cm}$，$d = 2\text{cm}$，$E = 200\text{GPa}$，$G = 80\text{GPa}$。

10-18 两根直径为 d 的立柱，上、下端分别与强劲的顶、底块刚性连接，并在两端承

受扭转外力偶矩 M_e，如图 10-37 所示。试分析杆的受力情况，绘出内力图，并写出强度条件的表达式。

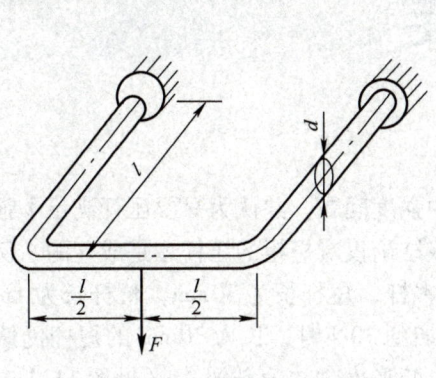

图 10-36　习题 10-17 图

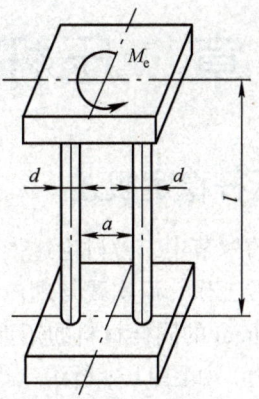

图 10-37　习题 10-18 图

第 11 章 压杆稳定

11.1 压杆稳定概述

在前面的章节中,曾讨论过受压杆件的强度问题,并认为只要压杆满足了强度条件,就能保证其正常工作。但实践与理论证明,该结论仅对短粗的压杆才是成立的。例如,两根宽 30mm、厚 50mm 的同样材料的矩形截面松木杆,短杆长为 30mm,长杆长为 1m,分别对其施加轴向压力,如图 11-1 所示。当压力增加到 30N 时,长为 30mm 的短杆仍然保持直线平衡。长为 1m 的杆就会突然产生显著的弯曲变形而失去直线平衡(见图 11-1b),此时压力在横截面产生较大弯矩,杆可能由于弯曲强度不够而失效,而由压力产生的压应力还远未达到杆件的抗压许用应力。

由此可见,横截面和材料相同的压杆,由于杆的长度不同,其抵抗外力的能力将发生根本的改变。这种受压直杆突然变弯的现象称为丧失稳定,简称**失稳**。

工程中有许多细长压杆,如图 11-2a 所示螺旋千斤顶的螺杆,图 11-2b 所示内燃机的连杆,还有桁架结构中的受压杆,建筑物中的柱也是细长压杆,其失效主要是由失稳引起的。由于压杆失稳是骤然发生的,往往会造成严重的事故。特别地,目前高强度钢和超高强度钢的广泛使用,压杆的失稳问题更为突出。因此,稳定计算已成为结构设计中极为重要的一部分,对细长压杆必须进行稳定性计算。

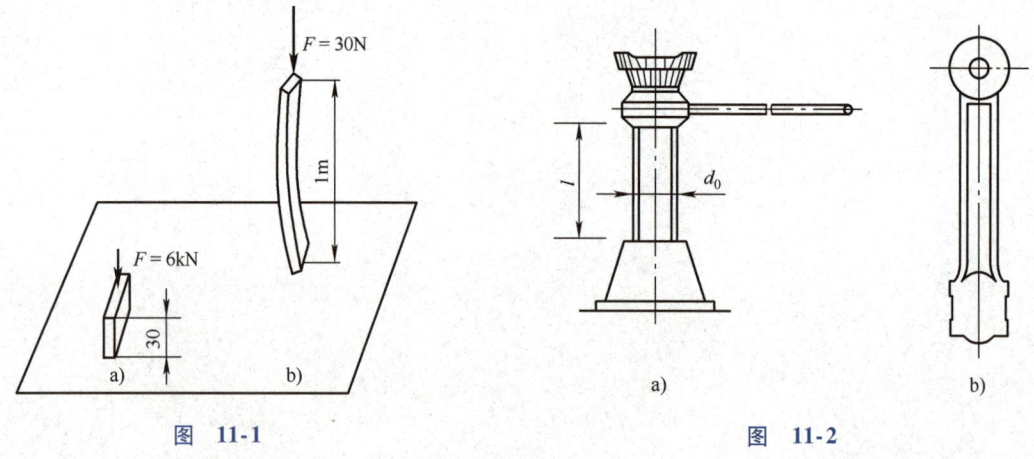

图 11-1

图 11-2

失稳现象并不仅限于压杆,例如,在内压强作用下的薄壁圆筒,其壁内应力为拉应力(圆柱形压力容器就是这种情况),这是一个强度问题。但同样的薄壁圆筒如在均匀外压强作用下(见图 11-3),壁内应力变为压应力,则当外压强达到临界值时,筒壁会突然变成如虚线表示的椭圆形。又如,板条或工字梁在最大抗弯刚度平面内弯曲时(见图 11-4),会因载荷达到临界值而发生侧向弯曲,并伴随着扭转。这些都是稳失稳现象。失稳后一般会发生较大变形，产生很大的附加内力而使构件发生破坏。本章只讨论受压直杆的稳定性。

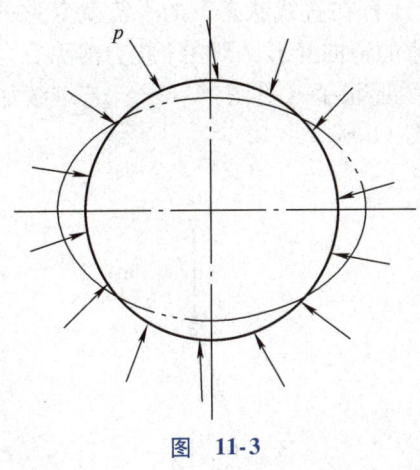

图 11-3

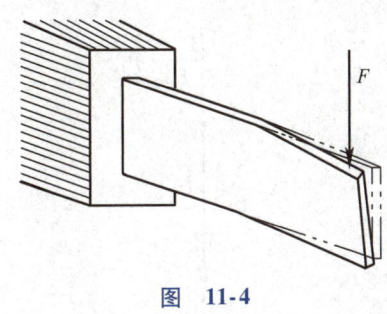

图 11-4

现以图 11-5 所示两端铰支的细长压杆来说明细长压杆的失稳过程。设压力与杆件轴线重合，当压力逐渐增加但小于某一极限值时，杆件一直保持直线形状的平衡，即使用微小的侧向干扰力使它暂时发生轻微弯曲（图 11-5a），但干扰力解除后，它仍将恢复直线形状（图 11-5b），这表明压杆直线形状的平衡是稳定的。当压力逐渐增大到极限值时，这时若再用微小的侧向干扰力使它发生轻微弯曲，干扰力解除后，它将保持曲线形状的平衡，不能恢复原有的直线形状（见图 11-5c），说明压杆原来的直线平衡变为不稳定，在微小侧向力或其他因素的干扰下，将转变为曲线形状的平衡。

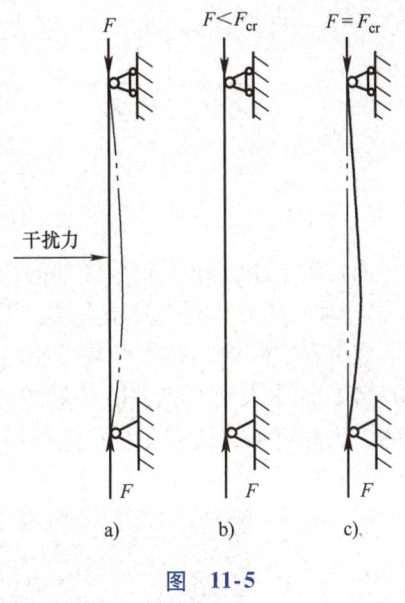

图 11-5

压杆失稳后，压力的微小增大会导致弯曲变形显著加大，压杆可能丧失承载能力，引起构件或结构的整体破坏。可见这种形式的失效并非强度不足，而是稳定性不够。

这里要区分压杆失稳和实际工程中的压杆受压变弯两种现象的本质区别。压杆的理论模型为理想中心受压直杆，仅受压力作用时，其理论上不会发生弯曲。工程实际中的受压杆件，由于存在初始曲率和压力偏心等原因，受压时横截面产生附加弯矩，发生弯曲；而失稳是指横向微小干扰的作用下，平衡状态的突变，由直线平衡过渡到曲线平衡，失稳也称为屈曲。

11.2 临界压力的概念

在一细长直杆的顶端作用一轴向压力 F_P，当力 F_P 的数值小于某一极限值时，杆能一直保持它在直线形状下的平衡。即使作用一微小的侧向干扰力使杆发生微小的弯曲变形，杆也能在干扰力解除后恢复其原有的直线形状,这说明压杆在直线形状下的平衡是稳定的(见图 11-6a)。但是当力 F_P 增大到某一极限值 F_{cr} 时,压杆在直线状态下的平衡就变为不稳定了。这时若再作用一微小的侧向干扰力使杆发生微小的弯曲变形,则在干扰力解除后,杆仍保持其在曲线形状下的平衡,不能再恢复原来的直线形状了(见图 11-6b)。若继续加大力 F_P 使其超过 F_{cr},则杆将继续弯曲,甚至破坏(见图 11-6c)。

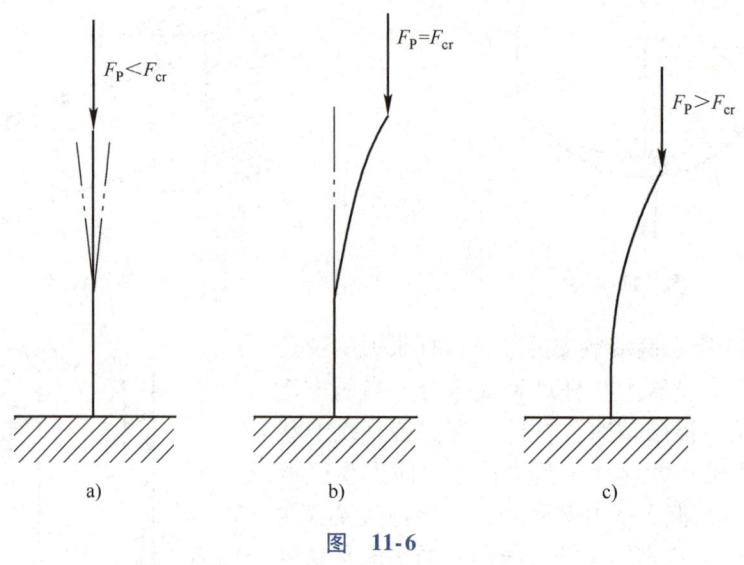

图 11-6

通常将上述直杆所能承受轴向压力的极限值 F_{cr} 称为临界压力(或简称临界力,critical force),轴向压力达到临界压力时,压杆在直线形状下的平衡由稳定转为不稳定,即压杆失稳。

在工程实际中,结构经常可能因其中某些构件的失稳而导致整个结构的破坏。例如,在 1907 年,加拿大魁北克大桥(见图 11-7)在施工时突然倒塌,就是由两根受压杆失稳所引起的。由此可见,研究压杆稳定问题对于保证工程结构的安全是非常重要的。

图 11-7

11.3 两端铰支细长压杆的临界压力

设长度为 l 的两端铰支细长杆,受压力 F 达到临界值 F_{cr} 时(见图 11-8a),压杆开始失稳,而在微小横向干扰力解除后,它将在微弯状态下保持平衡。如图 11-8b 所示,设距原点为 x 的任意截面的挠度为 w,则弯矩为

$$M(x) = -Fw \tag{11-1}$$

在所选定的坐标内当 w 为正值时,$M(x)$ 为负值,所以式(11-1)右端加一负号。当杆中应力不超过材料的比例极限时,可以列出其挠曲线近似微分方程为

$$EI\frac{d^2w}{dx^2} = -Fw \tag{11-2}$$

若令

$$k^2 = \frac{F}{EI} \tag{11-3}$$

则式(11-2)可写成

$$\frac{d^2w}{dx^2} + k^2w = 0 \tag{11-4}$$

此方程的通解为

$$w = C_1 \sin kx + C_2 \cos kx \tag{11-5}$$

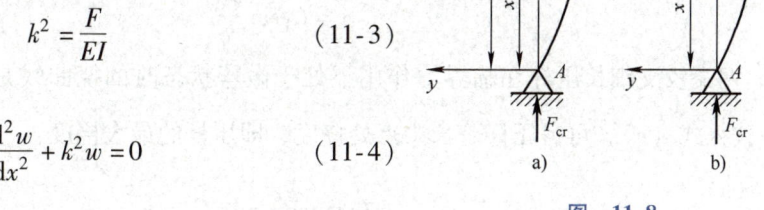

图 11-8

式中,C_1、C_2 为两个待定的积分常数;k 可从式(11-3)中计算,但由于力 F 的数值仍为未知,所以 k 也是一个待定值。

根据杆端的约束情况,可有两个边界条件:在 $x=0$ 处,$w=0$;在 $x=l$ 处,$w=0$。

将第一个边界条件代入式(11-5),得

$$C_2 = 0$$

则式(11-5)可改写为

$$w = C_1 \sin kx \tag{11-6}$$

式(11-6)表示挠曲线为一半波正弦曲线。再将第二个边界条件代入式(11-6),得

$$0 = C_1 \sin kl$$

由此解得

$$C_1 = 0 \text{ 或 } \sin kl = 0$$

若取 $C_1=0$,则由式(11-6)得 $w=0$,表明杆没有挠度,仍保持直线形状的平衡形式,这与杆已发生微小弯曲变形的前提相矛盾。因此,只可能 $\sin kl=0$。满足这一条件的 kl 值为

$$kl = n\pi \quad (n = 0, 1, 2, 3, \cdots)$$

则由式(11-3),得

$$k = \sqrt{\frac{F}{EI}} = \frac{n\pi}{l}$$

故

$$F = \frac{n^2\pi^2 EI}{l^2} \tag{11-7}$$

式（11-7）表明，无论 n 取何正整数，都有与其对应的力 F，使压杆保持曲线形态平衡的压力，在理论上是多值的，但在这些压力中，使压杆保持微小弯曲的最小压力才是临界力。若取 $n=0$，则 $F=0$，这与讨论情况不符。所以应取 $n=1$，相应的压力 F 即为所求的临界力

$$F_{cr} = \frac{\pi^2 EI}{l^2} \tag{11-8}$$

式（11-8）为两端铰支细长压杆临界力计算公式，由著名数学家欧拉于 1744 年首先提出，称为欧拉公式（Euler formula）。式（11-8）表明压杆的临界力与压杆的抗弯刚度成正比，与杆长的平方成反比，说明杆越细长，其临界力越小，压杆越容易失稳。

应该注意，对于两端球铰支承的压杆，式（11-8）中横截面惯性矩应为最小形心主惯性矩 I_{min}。这是因为压杆失稳时，总是在抗弯能力为最小的纵向平面（即最小刚度平面）内弯曲。

在式（11-8）表示的临界力作用下，$k = \frac{\pi}{l}$，则式（11-6）可写成

$$w = C_1 \sin \frac{\pi x}{l} \tag{a}$$

可见，两端铰支细长压杆在临界力作用下处于微弯状态时的挠曲线是条半波正弦曲线。将 $x = \frac{l}{2}$ 代入式（a），可得压杆跨长中点处挠度，即压杆的最大挠度

$$w_{x=\frac{l}{2}} = C_1 \sin \frac{\pi x}{l} \frac{l}{2} = C_1 = w_{max}$$

式中，C_1 为任意微小位移值。C_1 之所以没有一个确定值，是因为式（11-2）中采用了挠曲线的近似微分方程式。如果采用挠曲线的精确微分方程式

$$\frac{d\theta}{ds} = \frac{-M(x)}{EI} = \frac{-F_{cr} w}{EI} \tag{b}$$

式中，θ 为挠曲线的转角。式（b）两边对 s 取导数，并注意到 $\frac{dw}{ds} = \sin\theta$，其中则有

$$\frac{d^2\theta}{ds^2} = \frac{-F_{cr}}{EI}\sin\theta \tag{c}$$

由式（c）可解得挠曲线中点的挠度 C_1 与压力 F 之间的近似关系式为

$$C_1 = \frac{2\sqrt{2}l}{\pi}\sqrt{\frac{F}{F_{cr}}-1}\left[1-\frac{1}{2}\left(\frac{F}{F_{cr}}-1\right)\right] \tag{d}$$

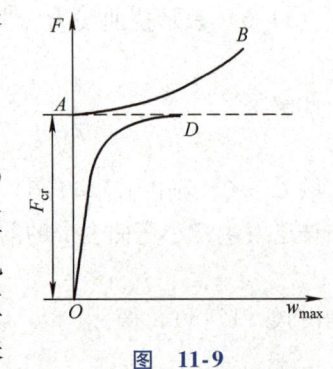

图 11-9

这就是最大挠度 w_{max} 与压力 F 之间的理论关系，可用图 11-9 的 OAB 曲线表示，且 A 点的切线是水平的。此曲线表明，当压力小于临界力 F_{cr} 时，F 与挠度 w_{max} 之间的关系是直线 OA，说明压杆一直保持直线平衡状态。当压力超过临界力 F_{cr} 时，压杆在微弯平衡形态下，压力与挠度 w_{max} 间存在一一对应的关系，压杆挠度随压力急剧增大。

在以上讨论中，假设压杆轴线是理想直线，压力 F 是轴向压力，压杆材料均匀连续。

但工程实际中的压杆的轴线难以避免有一些初弯曲，压力也无法保证没有偏心，材料也经常有不均匀或存在缺陷的情况。实际压杆的这些与理想压杆不符的因素，就相当于作用在杆件上的压力有一个微小的偏心距 e。试验结果表明，实际压杆的 F 与 w_{max} 的关系如图 11-9 中的曲线 OD 表示，偏心距愈小，曲线 OD 愈靠近 OAB。

【例 11-1】 试利用梁的挠曲线近似微分方程导出图 11-10a 所示两端固定的细长受压直杆的临界压力公式，并证明离杆两端各 $l/4$ 处截面弯矩为 0。

解：两端固定的压杆失稳后，变形对中点对称，上下两端的约束力偶矩同为 M_e，水平反力皆等于 0。挠曲线的微分方程为

$$\frac{d^2w}{dx^2} = \frac{M(x)}{EI} = -\frac{Fw}{EI} + \frac{M_e}{EI}$$

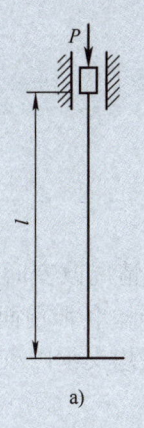
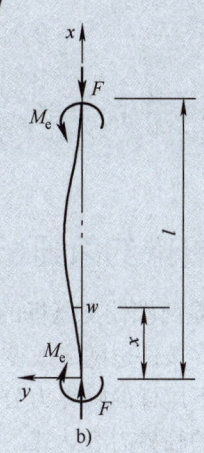

图 11-10

令 $k^2 = \dfrac{F}{EI}$，上式可以写作 $k^2 w + \dfrac{d^2 w}{dx^2} = \dfrac{M_e}{EI}$

方程的通解为

$$w = A\sin kx + B\cos kx + \frac{M_e}{F} \tag{a}$$

$$\frac{dw}{dx} = Ak\cos kx - Bk\sin kx \tag{b}$$

边界条件为

$$x = 0 \text{ 时}, \ w = 0, \ \frac{dw}{dx} = 0$$

$$x = l \text{ 时}, \ w = 0, \ \frac{dw}{dx} = 0$$

将以上边界条件代入式（a）、式（b）中，得

$$B + \frac{M_e}{F} = 0 \tag{c}$$

$$Ak = 0 \tag{d}$$

$$A\sin kl + B\cos kl + \frac{M_e}{F} = 0 \tag{e}$$

$$Ak\cos kl - Bk\sin kl = 0 \tag{f}$$

由式（c）~式（f）得

$$\cos kl - 1 = 0, \quad \sin kl = 0 \tag{g}$$

满足式（g）的根，除了 $kl = 0$ 外，最小根为 $kl = 2\pi$

$$F_{cr} = k^2 EI = \frac{4\pi^2 EI}{l^2}$$

由式（a）求得压杆失稳后任意截面上的弯矩为

$$M = EI \frac{d^2 w}{dx^2} = -EIk^2 (A\sin kx + B\cos kx)$$

由式（c）、式（d）解出 A 和 B，代入上式，并注意到式（g），得到

$$M = M_e \cos \frac{2\pi x}{l}$$

当 $x = \dfrac{l}{4}$ 或 $x = \dfrac{3l}{4}$ 时，$M = 0$。这就证明了上述两点的弯矩等于 0。

11.4 不同杆端约束细长压杆的临界力

式（11-8）是两端铰支压杆的临界力公式。当压杆的约束情况改变时，压杆的挠曲线近似微分方程边界条件也随之改变，因而临界力的公式也不相同。仿照前面的方法，也可求得各种约束情况下压杆的临界力公式。表 11-1 给出了典型的理想支承约束条件下细长等截面中心受压直杆的临界力表达式。

表 11-1 细长等截面中心受压直杆的临界力表达式

支承情况	两端铰支	一端固定，一端自由	两端固定	一端固定，一端铰支	一端固定，另一端横向移动
挠曲线形状					
临界力公式	$F_{cr} = \dfrac{\pi^2 EI}{l^2}$	$F_{cr} = \dfrac{\pi^2 EI}{(2l)^2}$	$F_{cr} = \dfrac{\pi^2 EI}{(0.5l)^2}$	$F_{cr} = \dfrac{\pi^2 EI}{(0.7l)^2}$	$F_{cr} = \dfrac{\pi^2 EI}{l^2}$
相当长度	l	$2l$	$0.5l$	$0.7l$	l
长度因素	1	2	0.5	0.7	1

由表 11-1 可知，中心受压直杆的临界力 F_{cr} 随杆端约束情况的变化而变化，杆端约束越强，杆的抗弯能力就越大，临界力也就越大。对于各种杆端的约束情况，细长等截面中心受压直杆临界力的欧拉公式可以写成统一的形式

$$F_{cr} = \frac{\pi^2 EI}{(\mu l)^2} \tag{11-9}$$

式中，μ 为压杆的长度因素（length factor），与杆端的约束情况有关；μl 为原压杆的相当长度（quite length）。其物理意义可以从表 11-1 中各种杆端约束条件下细长压杆失稳时挠曲线形状说明：由于压杆失稳时挠曲线上拐点处的弯矩为 0，可设想拐点处有一铰支，而将压杆在挠曲线两拐点间的一段看作两端铰支压杆，并利用两端铰支压杆临界力的欧拉公式［见式（11-8）］，得到原支承条件下压杆的临界力 F_{cr}。两拐点之间的长度，就是原压杆的相当长度 l。也就是说，相当长度就是各种支承条件下细长压杆失稳时，挠曲线中相当于半波正弦曲线的一段长度。

11.5 欧拉公式的适用范围、临界应力

欧拉公式是以挠曲线近似微分方程为依据推导出来的，而微分方程在材料符合胡克定律且应力与应变成正比的条件下才成立。因此，当压杆内的应力小于材料的比例极限时，欧拉公式才能适用。为确定欧拉公式的适用范围，首先介绍压杆的临界应力和柔度的概念。

1. 临界应力与柔度

在临界压力作用下压杆横截面上的应力，可以用临界压力 F_{cr} 除以压杆横截面的面积 A 求得，并用 σ_{cr} 表示，称为临界应力（critical stress），即

$$\sigma_{cr} = \frac{F_{cr}}{A} = \frac{\pi^2 EI}{(\mu l)^2 A} \tag{11-10}$$

将横截面的惯性矩 I 写为

$$I = i^2 A \tag{11-11}$$

式中，i 为横截面的惯性半径，则

$$i^2 = \frac{I}{A} \text{ 或 } i = \sqrt{\frac{I}{A}}$$

这样式（11-10）可以写为

$$\sigma_{cr} = \frac{\pi^2 EI}{(\mu l)^2 A} = \frac{\pi^2 E}{\left(\frac{\mu l}{i}\right)^2} \tag{11-12}$$

引入

$$\lambda = \frac{\mu l}{i} \tag{11-13}$$

式中，λ 为压杆的**柔度**或**长细比**（slenderness ratio），它综合反映了压杆的长度、约束条件、截面的形状和尺寸等因素对临界应力 σ_{cr} 的影响。引入柔度 λ 后，式（11-10）可写为

$$\sigma_{cr} = \frac{\pi^2 E}{\lambda^2} \tag{11-14}$$

式（11-14）表明，当压杆的材料确定后，压杆临界应力只与其柔度 λ 有关，且与 λ^2 成反比。式（11-14）称为临界应力的欧拉公式。

可见，压杆的柔度 λ 越大，表明杆越细长，相应的临界压力 σ_{cr} 越小，则压杆越容易失稳；反之，柔度 λ 越小，表明杆越粗短，相应的临界压力 σ_{cr} 越大，则压杆越不容易失稳。所以，柔度 λ 是压杆稳定计算中的一个重要参数。

2. 欧拉公式的适用范围

在前面建立欧拉公式过程中，使用了挠曲线近似微分方程。因此，挠曲线近似微分方程的适用条件也是欧拉公式的适用条件。也就是说，欧拉公式只适用于小变形且压杆内应力不超过材料的比例极限 σ_p 时的情况。亦即

$$\sigma_{cr} = \frac{\pi^2 E}{\lambda^2} \leqslant \sigma_p \qquad (11\text{-}15)$$

即

$$\lambda \geqslant \pi \sqrt{\frac{E}{\sigma_p}}$$

可见，只有压杆的柔度 λ 大于或等于上述极限值时，欧拉公式才是正确的。用 λ_p 代表这一极限值，即

$$\lambda_p = \sqrt{\frac{\pi^2 E}{\sigma_p}} \qquad (11\text{-}16)$$

则欧拉公式的适用条件可简写为

$$\lambda \geqslant \lambda_p$$

满足上述条件的压杆称为**大柔度杆**或**细长压杆**。

根据式（11-15）可计算各种材料压杆的 λ_p。以 Q235 钢为例，其弹性模量 $E = 200\text{GPa}$，比例极限 $\sigma_p = 200\text{MPa}$，则由式（11-14）可求得 Q235 钢的 λ_p 为

$$\lambda_p = \pi \sqrt{\frac{E}{\sigma_p}} = \pi \sqrt{\frac{200 \times 10^9}{200 \times 10^6}} \approx 100$$

因此，对于由 Q235 钢制成的压杆，只有当其柔度 $\lambda \geqslant 100$ 时，才能应用欧拉公式[式（11-10）和式（11-14）]计算其临界力或临界应力。

3. 经验公式及临界应力总图

当压杆的柔度 $\lambda \leqslant \lambda_p$ 时，杆的临界应力大于材料的比例极限，临界力或临界应力不再适用欧拉公式计算。通常采用建立在试验基础上的经验公式来确定临界应力，两种常用的经验公式有**直线公式**和**抛物线公式**。

（1）直线公式及其临界应力总图

对于柔度 $\lambda \leqslant \lambda_p$ 的压杆，通过试验发现，其临界应力 σ_{cr} 与柔度 λ 之间的关系可近似用直线公式表示，即

$$\sigma_{cr} = a - b\lambda \qquad (11\text{-}17)$$

式中，a、b 为与材料力学性能有关的常数，其单位均为 MPa。

事实上，当压杆柔度小于某一值 λ_0 时，压杆在发生强度失效前都不会发生失稳。例如，压缩实验中的低碳钢短圆柱试件，就是这种情况。这时压杆的失效是强度问题。

将 $\lambda < \lambda_0$ 的压杆称为**小柔度杆**（short column）或短粗杆；将 $\lambda_0 \leqslant \lambda \leqslant \lambda_p$ 的压杆称为**中

柔度杆（intermediate column）或中长杆。

对于由塑性材料制成的小柔度杆，当其临界应力达到材料的屈服强度 σ_s 时即认为失效，所以有

$$\sigma_{cr} = \sigma_s$$

将式（11-17）代入，得

$$\sigma_s = a - b\lambda_0 \tag{11-18}$$

如果将式（11-18）中的 σ_s 换为脆性材料的抗压强度 σ_b，即得到脆性材料制成压杆的 λ_0 值。上述分析表明，直线公式的适用范围为 $\lambda_0 \leq \lambda < \lambda_p$ 的中柔度杆。

表 11-2 列出了不同材料的 a、b、λ_p、λ_0 值。

表 11-2　直线公式的 a、b 和柔度 λ_p、λ_0

材料（σ_s/MPa，σ_b/MPa）	a/MPa	b/MPa	λ_p	λ_0
Q235 钢（$\sigma_s = 235$MPa，$\sigma_b \geq 372$MPa）	304	1.12	100	60
优质碳钢（$\sigma_s = 306$MPa，$\sigma_b \geq 470$MPa）	461	2.568	100	60
硅钢（$\sigma_s = 353$MPa，$\sigma_b \geq 510$MPa）	578	3.744	100	60
铬钼钢	980	5.296	55	—
铸铁	332	1.454	80	—
硬铝	372	2.15	50	—
松木	28.7	0.19	59	—

仍以 Q235 钢为例，其 $\sigma_s = 235$MPa，$a = 304$MPa，$b = 1.12$MPa，代入式（11-13），可得

$$\lambda_0 = \frac{a - \sigma_s}{b} = \frac{304 - 235}{1.12} \approx 61$$

由此可知，对于 Q235 钢的压杆，当 $61 < \lambda < 100$ 时，可以使用直线公式计算临界应力。

（2）抛物线公式

对于由结构钢和低合金结构钢等材料制成的非细长压杆，可采用抛物线形经验公式计算临界应力，该公式的一般表达式为

$$\sigma_{cr} = a_1 - b_1 \lambda^2 \tag{11-19}$$

式中，a_1、b_1 为与材料性能有关的常数。

（3）临界应力总图

综上所述，根据柔度值的大小可将压杆分为 3 类：

① $\lambda < \lambda_0$，小柔度杆。

这类压杆失稳前可能发生屈服（塑性材料）或破裂（脆性材料），其临界应力为

$$\sigma_{cr} = \sigma_u = \begin{cases} \sigma_s & \text{（塑性材料）} \\ \sigma_b & \text{（脆性材料）} \end{cases}$$

故对于小柔度杆，应按强度问题计算。

② $\lambda_0 \leq \lambda < \lambda_p$，中柔度杆。

可用直线或抛物线经验公式计算临界应力。

③ $\lambda \geq \lambda_p$，大柔度杆。

应用欧拉公式计算临界应力。

以柔度 λ 为横坐标，临界应力 σ_{cr} 为纵坐标，将临界应力与柔度的关系曲线绘于图中，即得到反映大、中、小柔度压杆的临界应力 σ_{cr} 随柔度 λ 变化情况的临界应力总图，如图 11-11 所示。从图 11-11 可以看出，对于小柔度杆（短粗杆），临界应力与柔度无关，对于大柔度和中柔度杆，临界应力随柔度的增大而减小。

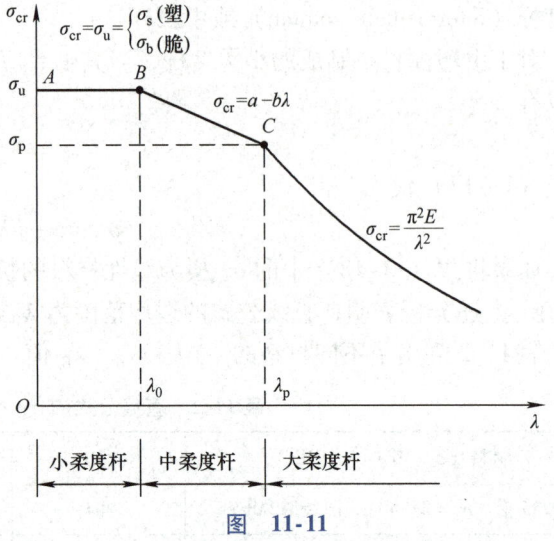

图 11-11

【例 11-2】 空气压缩机的活塞杆由 45 号优质碳素钢制成，$\sigma_p = 280\text{MPa}$，$\sigma_s = 350\text{MPa}$，$E = 210\text{GPa}$，长度 $l = 750\text{mm}$，直径 $d = 45\text{mm}$，试确定其临界力。

解：由式（11-16）求出

$$\lambda_p = \sqrt{\frac{\pi^2 E}{\sigma_p}} = \sqrt{\frac{\pi^2 \times 210 \times 10^9}{280 \times 10^6}} = 86$$

活塞杆可简化为两端铰支，$\mu = 1$，截面为圆形，惯性半径 $i = \sqrt{\frac{I}{A}} = \frac{d}{4}$，可得压杆的柔度为

$$\lambda = \frac{\mu l}{i} = \frac{1 \times 750}{\frac{d}{4}} = \frac{1 \times 750}{\frac{45}{4}} = 66 < \lambda_p$$

所以不能用欧拉公式计算临界力。由表 11-2 查出优质碳钢的 a、b 值分别为 $a = 461\text{MPa}$，$b = 2.568\text{MPa}$，由式（11-18）得

$$\lambda_0 = \frac{a - \sigma_s}{b} = \frac{461 - 350}{2.568} = 43.2$$

可见压杆的柔度 λ 介于 λ_p 和 λ_0 之间，即 $\lambda_0 < \lambda < \lambda_p$，是中柔度杆。由直线形经验公式可得临界应力为

$$\sigma_{cr} = a - b\lambda = (461 - 2.568 \times 66)\text{MPa} = 291.5\text{MPa}$$

临界压力为

$$F_{cr} = \sigma_{cr} A = 291.5 \times 10^6 \times \frac{\pi}{4} \times (45 \times 10^{-3})^2 = 463.4\text{kN}$$

11.6　压杆稳定性计算

1. 压杆稳定条件

从 11.5 节可知，对于不同柔度的压杆总可以计算出它的临界应力，将临界应力乘以压

杆横截面面积，就得到临界力。压杆的临界力 F_{cr} 与压杆实际承受的轴向压力 F 之比值，为压杆的工作安全系数 n，它应该不小于规定的**稳定安全系数** n_{st}。因此压杆的稳定性条件为

$$n = \frac{F_{cr}}{F} \geqslant n_{st} \tag{11-20}$$

由稳定性条件便可对压杆稳定性进行计算，在工程中主要是稳定性校核。通常，将 n_{st} 规定比强度安全系数高，原因是一些难以避免的因素（例如压杆的初弯曲、材料不均匀、压力偏心及支座缺陷等）对压杆稳定性影响远远超过对强度的影响。

式（11-20）是用安全系数形式表示的稳定性条件，在工程中还可以用应力形式表示稳定性条件：

$$\sigma = \frac{F}{A} \leqslant [\sigma]_{st} \tag{11-21}$$

式（11-21）为用应力表示的压杆稳定条件。其中

$$[\sigma]_{st} = \frac{\sigma_{cr}}{n_{st}} \tag{11-22}$$

式中，$[\sigma]_{st}$ 为**稳定许用应力**，其值可从有关设计规范或手册中查得。几种常见的压杆的稳定安全因素如表 11-3 所示。由于临界应力 σ_{cr} 随压杆的柔度而变，而且对不同柔度的压杆又规定不同的稳定安全系数 n_{st}，所以 $[\sigma]_{st}$ 是柔度 λ 的函数。

表 11-3 几种常见压杆的稳定安全因素

实际压杆	金属结构中的压杆	矿山与冶金设备中的压杆	机床丝杠	精密丝杠	水平长丝杠	磨床油缸活塞杆	低速发动机挺杆	高速发动机挺杆
n_{st}	1.8~3	4~8	2.5~4	>4	>4	2~5	4~6	2~5

还应指出，由于压杆的稳定性取决于整个杆件的弯曲刚度，因此，在确定压杆的临界载荷和临界应力时，可不必考虑杆件局部削弱（如铆钉孔或油孔等）的影响，而按为削弱截面计算横截面的惯性矩和惯性面积。但是，对于受削弱的横截面，则还应进行强度校核。

2. 折减系数法

在工程实际中，也常采用所谓折减系数法进行稳定性计算。在这种情况下，稳定许用应力为

$$[\sigma]_{st} = \varphi[\sigma]$$

而稳定条件则为

$$\sigma \leqslant \varphi[\sigma] \tag{11-23}$$

式中，$[\sigma]$ 为许用压应力；φ 为一个小于 1 的系数，称为**稳定系数**或**折减系数**，其值与压杆的柔度及所用材料有关。因为 $[\sigma]_{st}$ 是柔度 λ 的函数，所以 φ 也是 λ 的函数，且总有 $\varphi<1$。

各种轧制与焊接钢构件的稳定系数，可查阅《钢结构设计规范》（GB 50017—2020）；而木制受压构件的稳定系数，即可查阅《木结构设计规范》（GB 50005—2017）。

11.7 提高压杆稳定性的措施

通过以上讨论可知，影响压杆稳定性的因素有压杆截面尺寸及形状、压杆的长度、约束

条件和材料的性质等。因而，讨论如何提高压杆稳定性时，也应从以下四方面入手。

1. 选择合理截面形状

从欧拉公式可知，截面的惯性矩 I 越大，临界力 F_{cr} 越高。从经验公式可知，柔度 λ 越小，临界应力越高。由于 $\lambda = \dfrac{\mu l}{i}$，所以增大惯性半径 i 就能减小 λ 的值。可见，在不增大压杆横截面面积的前提下，应尽可能把材料放在离截面形心较远处，以取得较大的 I 和 A 的比值，即增大惯性半径提高临界压力。例如面积相同的空心圆环截面要比实心圆截面惯性半径大。

如果压杆在过其主轴的两个纵向平面约束条件相同或相差不大，那么应采用圆形或正多边形截面；若约束不同，应采用对两个主形心轴惯性半径不等的截面形状，例如矩形截面或工字形截面，以使压杆在两个纵向平面内有相近的柔度值。这样，在两个相互垂直的主惯性纵向平面内有接近相同的稳定性。

2. 尽量减小压杆长度

由前面可知，压杆的柔度与压杆的长度成正比。在结构允许的情况下，应尽可能减小压杆的长度，甚至可改变结构布局，将压杆改为拉杆，如将图 11-12a 所示的托架改成图 11-12b 的形式。

3. 改善约束条件

改变压杆的支座条件直接影响临界力的大小。例如长为 l 两端铰支的压杆，其 $\mu = 1$，$F_{cr} = \dfrac{\pi^2 EI}{l^2}$。若在这一压杆的中点增加一个中间支座或者把两端改为固定端（见图 11-13）。则相当长度变为 $\mu l = \dfrac{l}{2}$，临界力为

$$F_{cr} = \dfrac{\pi^2 EI}{\left(\dfrac{l}{2}\right)^2} = \dfrac{4\pi^2 EI}{l^2}$$

可见临界力变为原来的 4 倍。一般说，增加压杆的约束，使其更不容易发生弯曲变形，可以提高压杆稳定性。

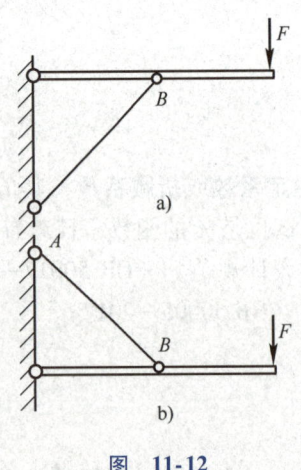

图 11-12

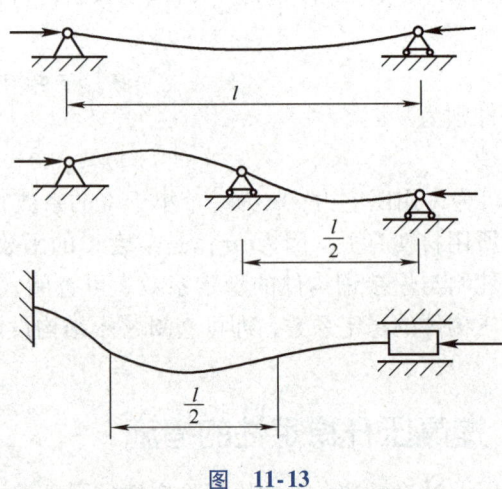

图 11-13

4. 合理选择材料

由欧拉公式［见式（11-14）］可知，临界应力与材料的弹性模量 E 有关。然而，由于各种钢材的弹性模量 E 大致相等，所以对于细长杆，选用优质钢材或低碳钢并无很大差别。对于中柔度杆，无论是根据经验公式或理论分析，都说明临界应力与材料的强度有关，优质钢材在一定程度上可以提高临界应力的数值。至于短粗杆，本来就是强度问题，选择优质钢材自然可以提高其强度。

习 题

11-1 图 11-14 所示为支撑情况不同的两根细长杆，两杆的长度和材料相同，为使两个压杆的临界力相等，b_2 与 b_1 之比应为多少？

11-2 如图 11-15 所示，长方形截面细长杆，$b/h = 1/2$；如果将 b 改为 h 后仍为细长杆，临界力 F_{cr} 为原来的多少倍？

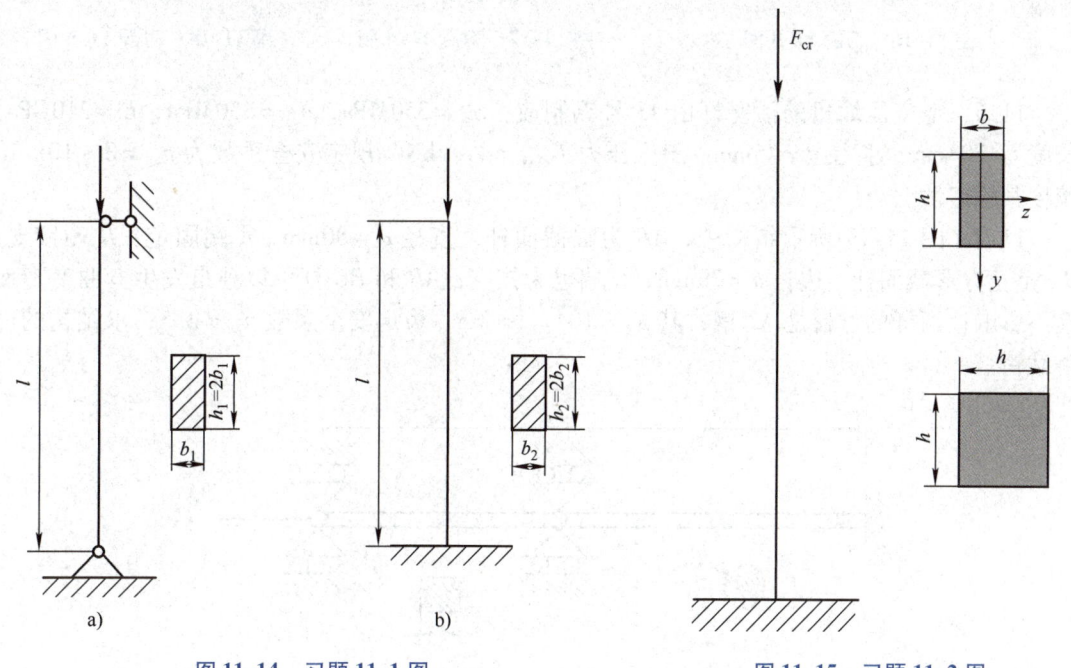

图 11-14　习题 11-1 图　　　　图 11-15　习题 11-2 图

11-3 图 11-16 所示二圆截面压杆的长度、直径和材料均相同，已知 $l = 1\text{m}$，$d = 40\text{mm}$，材料的弹性模量 $E = 200\text{GPa}$，比例极限 $\sigma_p = 200\text{MPa}$，屈服极限 $\sigma_s = 240\text{MPa}$，直线经验公式 $\sigma_{cr} = 304 - 1.122\lambda$，试求二压杆的临界力。

11-4 图 11-17 所示钢质细长杆，两端铰支，长 $l = 1.5\text{m}$，横截面是矩形截面，$h = 50\text{mm}$，$b = 30\text{mm}$，材料为 A3 钢，弹性模量 $E = 200\text{GPa}$。求临界力和临界应力。

11-5 图 11-18 所示两端铰支的压杆，长 $l = 1.5\text{m}$，横截面直径 $d = 50\text{mm}$，材料是 Q235 钢，弹性模量 $E = 200\text{GPa}$，$\sigma_p = 190\text{MPa}$；求压杆的临界力；如果①$l_1 = 0.75l$；②$l_2 = 0.5l$，材料选用优质碳钢；压杆的临界力变为多大？

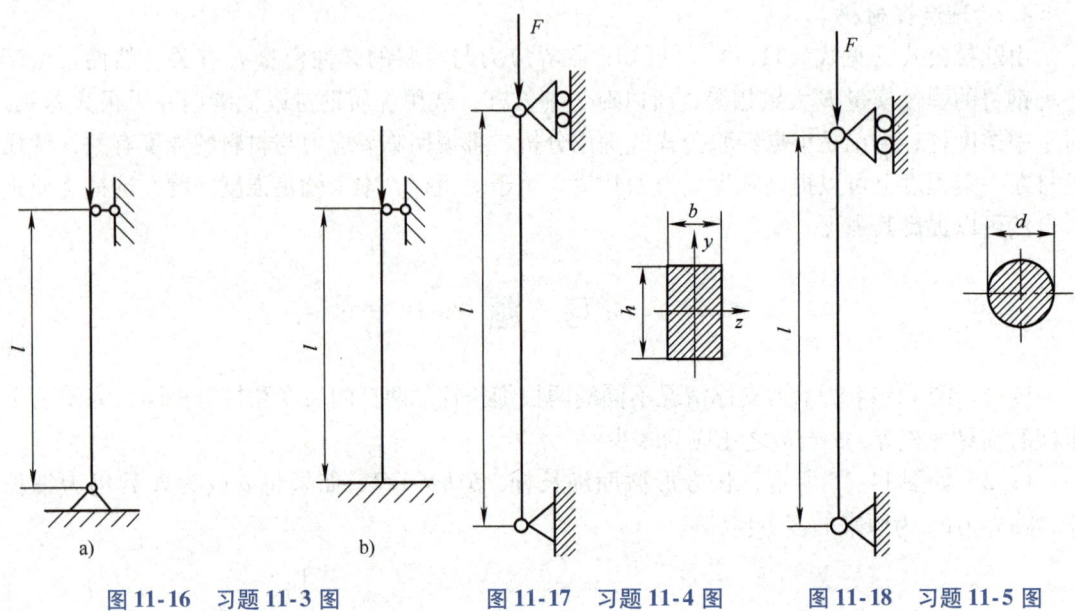

图 11-16 习题 11-3 图　　　图 11-17 习题 11-4 图　　　图 11-18 习题 11-5 图

11-6　空气压缩机的活塞杆由 45 号钢制成，$\sigma_s = 350\text{MPa}$，$\sigma_p = 350\text{MPa}$，$E = 210\text{GPa}$。长度 $l = 703\text{mm}$，直径 $d = 45\text{mm}$。最大压力 $F_{max} = 41.6\text{kN}$。规定安全系数为 $n_{st} = 8 \sim 10$。试校核其稳定性。

11-7　图 11-19 所示结构中，AB 为圆截面杆，直径 $d = 80\text{mm}$，A 端固定，B 端铰支；BC 是正方形截面杆，边长 $a = 70\text{mm}$，C 端也为铰支；AB 和 BC 杆可以独自发生弯曲变形而互不影响；两杆的材料是 A3 钢，其 $\lambda_1 = 104$，$l = 3\text{m}$，稳定安全系数 $n_{st} = 2.5$；求结构的许可载荷。

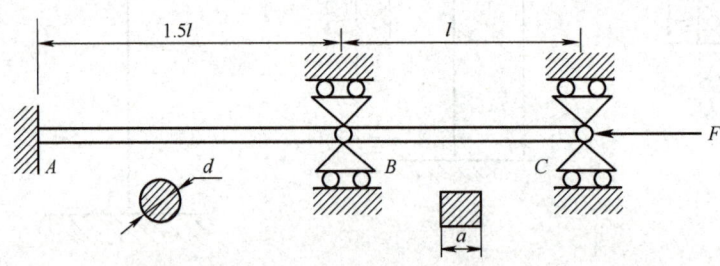

图 11-19　习题 11-7 图

11-8　图 11-20 所示钢结构，承受载荷 F 作用，试校核斜撑杆的稳定性。已知载荷 $F = 12\text{kN}$，其外径 $D = 45\text{mm}$，内径 $d = 36\text{mm}$，稳定安全系数 $n_{st} = 2.5$。斜撑杆材料是 Q235 钢，弹性模量 $E = 210\text{GPa}$，$\sigma_p = 200\text{MPa}$，$\sigma_s = 235\text{MPa}$。

11-9　如图 11-21 所示，简易起重架由两圆钢杆组成，杆 AB 的直径为 $d_1 = 30\text{mm}$，杆 AC 的直径为 $d_2 = 20\text{mm}$，两杆材料均为 Q235 钢，$E = 200\text{GPa}$，$\sigma_s = 240\text{MPa}$，$\lambda_p = 100$，$\lambda_0 = 60$，规定的强度安全系数 $n_s = 2$，稳定安全系数 $n_{st} = 3$，试确定起重机架的最大起重量 F_{max}。

11-10　如图 11-22 所示，木柱长 $l = 7\text{m}$，横截面为矩形，$h = 200\text{mm}$，$b = 120\text{mm}$；当它在 xz 平面（最小刚度平面）内弯曲时，两端视为固定；当它在 xy 平面（最大刚度平面）内弯曲时，两端视为铰支；木材的弹性模量 $E=10\text{GPa}$；求临界力和临界应力。

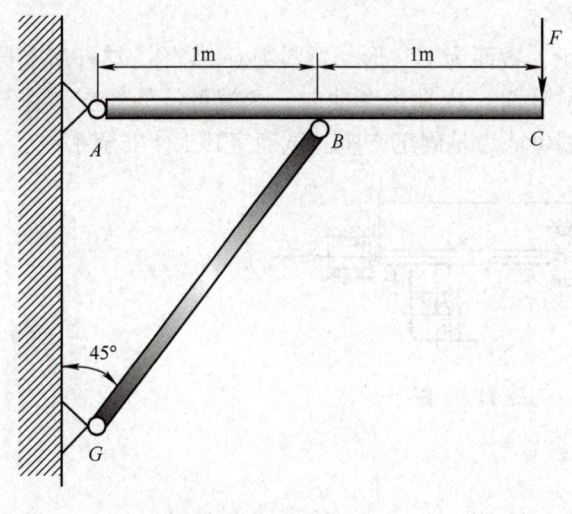

图 11-20　习题 11-8 图

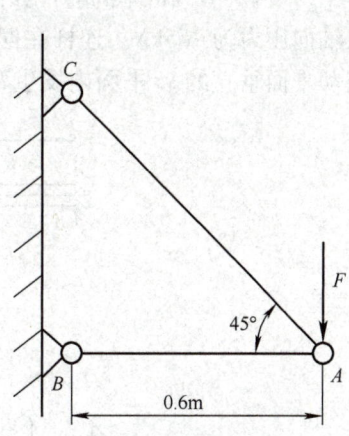

图 11-21　习题 11-9 图

11-11　在图 11-23 所示铰接杆系 ABC 中，AB 和 BC 皆为细长压杆，且截面相同，材料相同。若因在 ABC 平面内失稳而破坏，并现定 $0<\theta<\dfrac{\pi}{2}$，试确定 F 为最大值时的 θ。$\theta=\arctan(\cot^2\beta)$

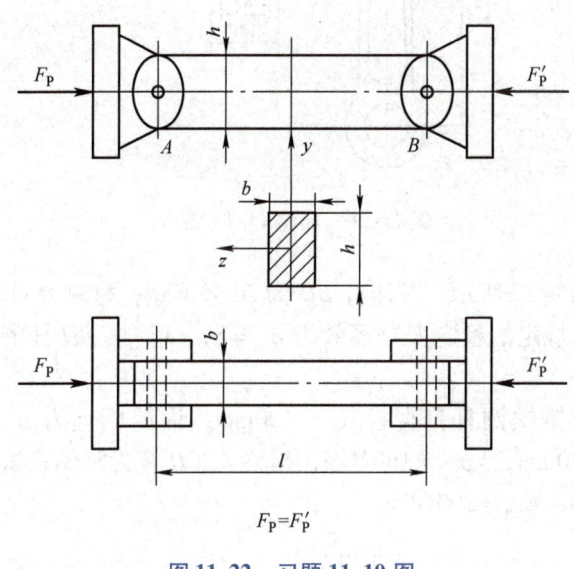

图 11-22　习题 11-10 图

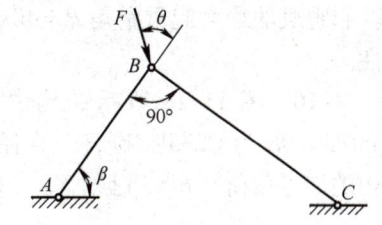

图 11-23　习题 11-11 图

11-12　图 11-24 所示结构中，AB 为圆截面杆，直径 $d=80\text{mm}$，BC 杆为正方形截面，边长 $a=70\text{mm}$，两材料均为 Q235 钢，$E=210\text{GPa}$。它们可以各自独立发生弯曲而互不影响，已知 A 端固定，B、C 为球铰，$l=3\text{m}$，稳定安全系数 $n_{\text{st}}=2.5$。试求此结构的许用载荷 $[F]$。

11-13　如图 11-25 所示，万能铣床工作台升降丝杠的内径为 22mm，螺距 $P=5\text{mm}$。工作台升至最高位置时，$l=500\text{mm}$。丝杠钢材的 $E=210\text{GPa}$，$\sigma_s=300\text{MPa}$，$\sigma_p=260\text{MPa}$。若

伞齿轮的传动比为 1/2，即手轮旋转一周丝杆旋转半周，且手轮半径为 10cm，手轮上作用的最大圆周力为 200N，试求丝杆的工作安全系数。

11-14 蒸汽机车的连杆如图 11-26 所示，截面为工字形，材料为 Q235 钢。连杆所受最大轴向压力为 465kN。连杆在摆动平面（xy 平面）内发生弯曲时，两端可认为铰支，在与摆动平面垂直的 xz 平面内发生弯曲时，两端可认为是固定支座。试确定其工作安全系数。

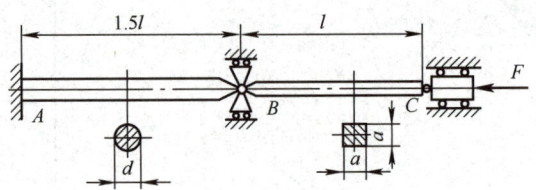

图 11-24 习题 11-12 图

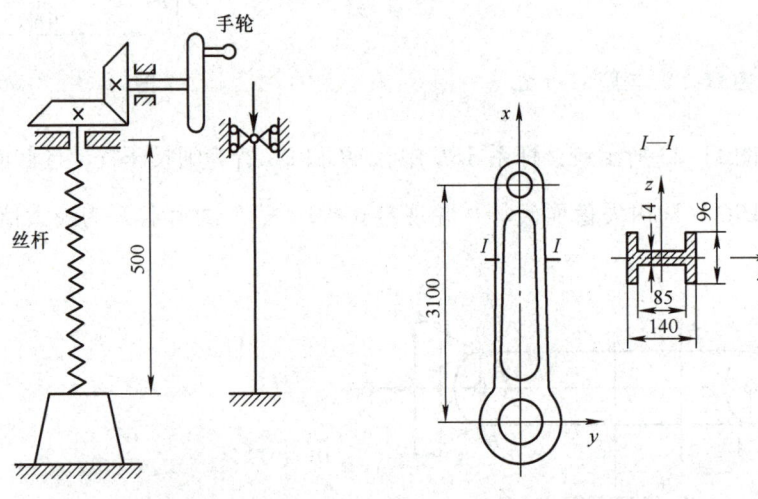

图 11-25 习题 11-13 图　　　　图 11-26 习题 11-14 图

11-15 某厂自制的简易起重机如图 11-27 所示，其压杆 BD 为 20 号槽钢，材料为 Q235 钢。起重机的最大起重量是 $P=40$kN。若规定的稳定安全系效为 $n_{st}=5$，试校核 BD 杆的稳定性。

11-16 图 11-28 所示结构中 CG 为铸铁圆杆，直径 $d_1=100$mm，许用压应力 $\sigma_c=120$MPa。BE 为 Q235 钢圆杆，直径 $d_2=50$mm，$[\sigma]=160$MPa，横梁 ABCD 视为刚体，试求结构的许可载荷 $[F]$。已知 $E_{铁}=120$GPa，$E_{钢}=200$GPa。

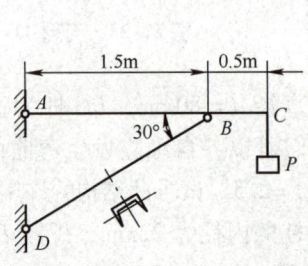　　　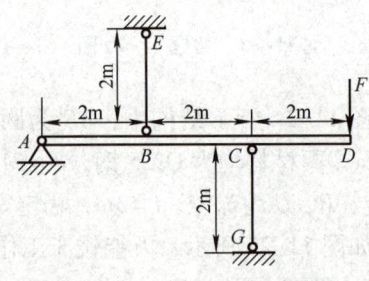

图 11-27 习题 11-15 图　　　　图 11-28 习题 11-16 图

11-17 图 11-29 所示结构中 AB 梁可视为刚体，CD 及 EG 均为细长杆，抗弯刚度均为 EI。因变形微小，故可认为压杆受力达到 F_{cr} 后，其承受能力不能再提高。试求结构所受载荷 F 的极限值 F_{max}。

11-18 如图 11-30 所示，10 号工字梁的 C 端固定，A 端铰支于空心钢管 AB 上。钢管的内径和外径分别为 30mm 和 40mm，B 端亦为铰支。梁及钢管同为 Q235 钢。当重为 300N 的重物落于梁的 A 端时，试校核 AB 杆的稳定性。规定稳定安全系数 $n_{st}=2.5$。

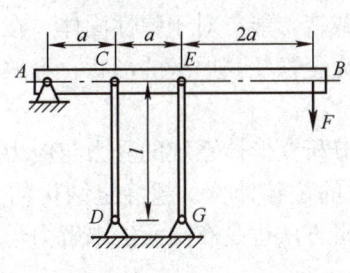
图 11-29 习题 11-17 图

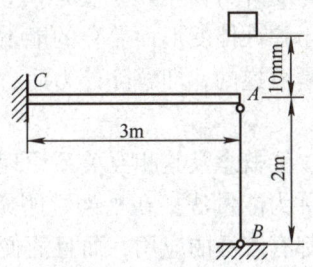
图 11-30 习题 11-18 图

11-19 两端固定的管道长为 2m，内径 $d=30$mm，外径 $D=40$mm。材料为 Q235 钢，$E=210$GPa，线膨胀系数 $\alpha=125\times10^{-7}/℃$。若安装管道时的温度为 10℃，试求不引起管道失稳的最高温度。

11-20 由压杆挠曲线的微分方程式，导出一端固定、另一端自由的压杆的欧拉公式。

11-21 压杆的一端固定，另一端自由，如图 11-31a 所示。为提高其稳定性，在中点增加支座，如图 11-31b 所示。试求加强后压杆的欧拉公式，并与加强前的压杆比较。

11-22 图 11-32a 为万能机的示意图，四根立柱的长度为 $l=3$m。钢材的 $E=210$GPa。立柱丧失稳定后的变形曲线如图 11-32b 所示。若 F 的最大值为 1000kN，规定的稳定安全系数为 $n_{st}=4$，试按稳定条件设计立柱的直径。

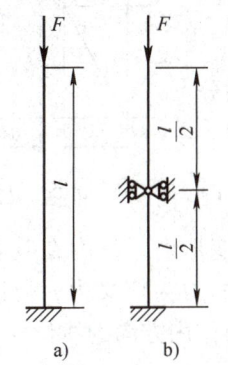
图 11-31 习题 11-21 图

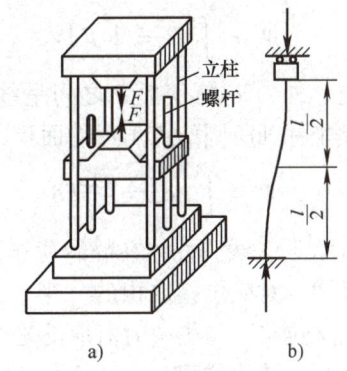
图 11-32 习题 11-22 图

第 12 章 能量方法

当变形体受外力作用发生变形时,外力在变形引起的位移上做功,变形体内将储存能量,这种由于弹性体变形而储存的能量称为应变能或变形能。对于弹性固体,在弹性范围内其变形过程是可逆的,即解除外力后,弹性固体可完全恢复其原来的形状,释放出储存的应变能而做功。

基于功、能概念及其相互关系原理,从总体上分析变形体系统的受力与应力、变形之间关系的方法称为能量法。在桁架、刚架等复杂结构的位移计算、超静定结构的分析等问题中,能量法都有广泛的应用,而且简便、有效。能量方法也是有限元法求解力学问题的重要基础。本章讲述利用能量法求结构的位移。

12.1 杆件基本变形的应变能

12.1.1 作用在弹性体上外力的功

如图 12-1 所示,当弹性体受外力作用发生变形,外力从 0 缓慢增大到 F,对应的变形也从 0 增大到 δ。此时若给外力一个增量 $\mathrm{d}F$,则变形相应有增量 $\mathrm{d}\delta$,力 F 在增量变形 $\mathrm{d}\delta$ 上所做元功为

$$\mathrm{d}W = F\mathrm{d}\delta$$

外力从零缓慢增大到 F 的过程中所做的功为

$$W = \int \mathrm{d}W = \int_0^\delta F\mathrm{d}\delta$$

在线弹性范围内,外力 F 与变形 δ 之间呈线性关系,此积分等于该直线与横坐标轴所围的三角形的面积[⊖],所以

$$W = \int_0^\delta F\mathrm{d}\delta = \frac{1}{2}F\delta \qquad (12\text{-}1)$$

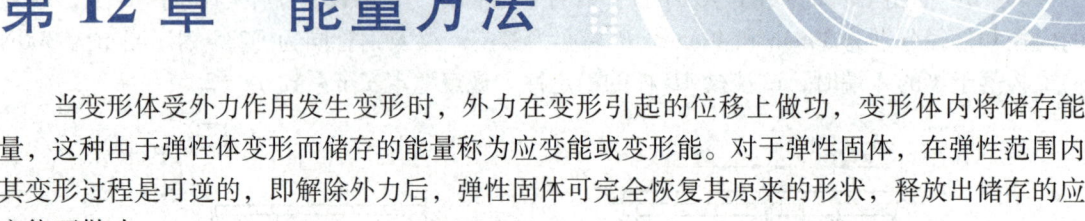

图 12-1

式(12-1)表明,线弹性体在静载荷作用下发生弹性变形时,外力在其对应位移上所做的功,等于外力与对应位移乘积的一半。式(12-1)中的力为广义力,可以是集中力或力偶;位移为广义位移,与集中力对应的是力的作用点沿作用方向的线位移,与力偶对应的是该力偶作用面的转角位移。

12.1.2 构件在基本变形形式下的应变能

1. 轴向拉伸(压缩)杆件的应变能

根据功能原理,弹性体在外力作用下变形时储存的应变能等于外力所做的功。等截面直

⊖ 此积分也可通过外力 F 与变形 δ 之间呈线性关系,将 $F = k\delta$(k 为刚度系数)代入得到。

杆的轴向拉伸（见图 12-2a），载荷为 F 时，对应的轴向变形为 Δl，则在线弹性范围内（见图 12-2b），杆件的应变能为

$$U_\varepsilon = W = \frac{1}{2}F\Delta l$$

将胡克定律 $\Delta l = \dfrac{Fl}{EA}$，代入上式得

$$U_\varepsilon = \frac{F^2 l}{2EA} = \frac{(\Delta l)^2 EA}{2l} \tag{12-2}$$

式中，F 为轴向外力；l 为杆长；A 为横截面面积；EA 为抗（压）拉刚度。

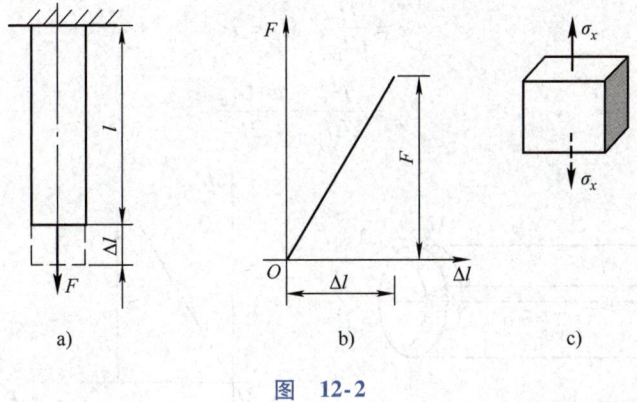

图 12-2

当轴力 F_N 沿杆件轴线变化时，则 $\mathrm{d}x$ 微段杆内伸长为 $\dfrac{F_N(x)\mathrm{d}x}{EA}$，微段的变形能

$$\mathrm{d}U_\varepsilon = \frac{F_N^2(x)}{2EA}\mathrm{d}x \tag{12-3a}$$

整个杆件的应变能为

$$U_\varepsilon = \int_l \frac{F_N^2(x)}{2EA}\mathrm{d}x \tag{12-3b}$$

单位体积的应变能称为应变能密度或应变比能，以 u_ε 表示，国际单位制中其单位为 $\mathrm{J/m^3}$。在 $\mathrm{d}x$ 微段处取微元体积 $A\mathrm{d}x$，故直杆轴向拉伸时的应变能密度为

$$u_\varepsilon = \frac{\mathrm{d}U_\varepsilon}{A\mathrm{d}x} = \frac{F_N(x)F_N(x)}{2EAA} = \frac{1}{2}\sigma\varepsilon$$

上述结果可以推广到更一般的单向应力情况。设弹性体中某点处于单向应力状态，如图 12-2c，以该主应力的方向为 x 轴，该主应力记为 σ_x，在垂直于 x 轴的平面内任选两个正交的方向为 y 轴和 z 轴，取微元体积 $\mathrm{d}V = \mathrm{d}x\mathrm{d}y\mathrm{d}z$，则单元体平行于 x 轴的棱边在力 $\sigma_x\mathrm{d}y\mathrm{d}z$ 作用下，变形量 $\Delta(\mathrm{d}x) = \varepsilon_x \mathrm{d}x = \dfrac{\sigma_x}{E}\mathrm{d}x$，于是单元体的变形能

$$\mathrm{d}U_\varepsilon = \frac{1}{2}\sigma_x\mathrm{d}y\mathrm{d}z\Delta(\mathrm{d}x)$$

在省略下标 x 的情况下，单位体积的变形能可以写为

$$u_\varepsilon = \frac{\mathrm{d}U_\varepsilon}{\mathrm{d}V} = \frac{1}{2}\sigma\varepsilon = \frac{\sigma^2}{2E} = \frac{1}{2}E\varepsilon^2 \tag{12-4}$$

整个杆件的变形能

$$U_\varepsilon = \int_V u_\varepsilon dV$$

2. 纯剪切、扭转杆件的应变能

当等截面圆直杆件受扭转外力偶矩 M_e 作用时（见图 12-3a），在线弹性范围内，两端面扭转角与施加的外力偶矩成正比。外力偶矩与扭转角之间的关系如图 12-3b 所示。图中直线所围的面积表示扭矩由 0 逐渐增至 M_e 时所做的功，此功即为杆件的扭转应变能

$$U_\varepsilon = W = \frac{1}{2} M_e \varphi$$

又

$$\varphi = \frac{Tl}{GI_p}, \quad M_e = T$$

所以

$$U_\varepsilon = \frac{T^2 l}{2GI_p} = \frac{\varphi^2 GI_p}{2l} \tag{12-5}$$

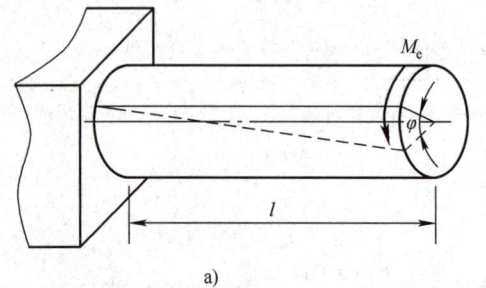 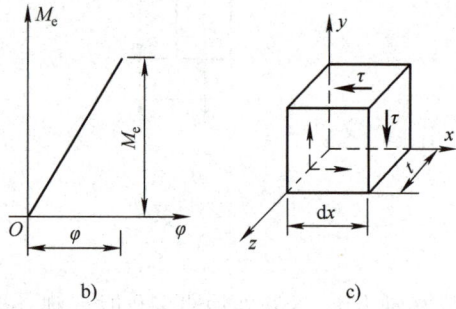

图 12-3

等截面圆轴受扭时，圆轴内的点（除轴线上的点外）处于纯剪切应力状态，用无限接近的两个横截面、两个纵向面及两个圆柱面截取单元体，如图 12-3c，同推导式（12-4）过程类似，可以得到纯剪切单元体的应变能密度为

$$u_\varepsilon = \frac{1}{2}\tau\gamma = \frac{\tau^2}{2G} \tag{12-6}$$

当横截面上的扭矩连续变化时，取体积元素 $dV = \rho d\rho d\varphi dx$，整个杆件的变形能

$$U_\varepsilon = \int_V u_\varepsilon dV = 2\pi \iint u_\varepsilon \rho d\rho dx$$

3. 纯弯曲杆件的应变能

图 12-4a 所示梁发生纯弯曲时，两端面的相对转角 θ 与施加的外力偶矩 m 成正比，如图 12-4b 所示。梁的变形能等于外力偶矩所做的功

$$U_\varepsilon = W = \frac{1}{2} m\theta$$

又由纯弯曲公式 $\theta = \dfrac{ml}{EI}$，且任意横截面弯矩等于外力偶矩，即 $M = m$，可得

$$U_\varepsilon = \frac{M^2 l}{2EI}$$

如图 12-4c 所示，自梁内取出一微段 dx，设其两端面的相对转角为 $d\theta$。在线弹性范围

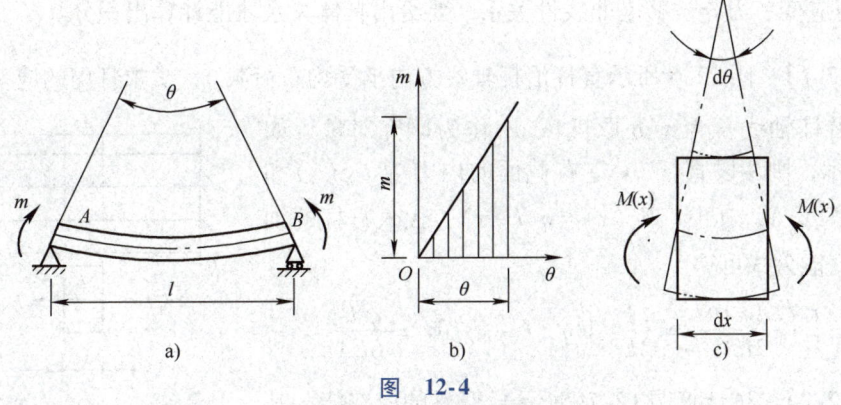

图 12-4

内，当载荷由 0 增大至最后值时，此微段内储存的弯曲应变能为

$$dU_\varepsilon = \frac{Md\theta}{2}$$

图 12-5 所示梁发生横力弯曲时，横截面上的内力既有弯矩 M 也有剪力 F_S，梁同时发生弯曲变形和剪切变形。但对于细长梁，剪切变形产生的应变能很小，通常忽略不计，只计算弯曲应变能。

由于梁左右两侧横截面上的弯矩分别为 $M(x)$ 和 $M(x)+dM(x)$。忽略弯矩增量 $dM(x)$，视其为纯弯曲，由 $d\theta = \frac{M}{EI}dx$，则微段内的弯曲应变能 $dU_\varepsilon = \frac{M^2(x)dx}{2EI}$，所以全梁内的弯曲应变能为

$$U_\varepsilon = \int_l dU_\varepsilon = \int_l \frac{M^2(x)dx}{2EI} \quad (12\text{-}7)$$

又因为 $EIw'' = M$，代入式（12-7）得弯曲应变能的另一表达形式

$$U_\varepsilon = \int_l \frac{1}{2}EI(w'')^2 dx$$

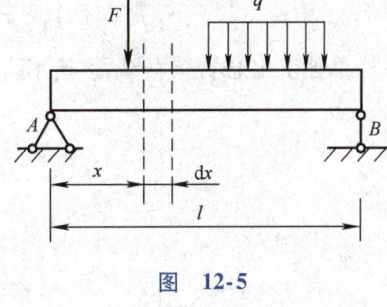

图 12-5

12.1.3 应变能的一般表达式

由上述讨论可知，对于受拉伸（压缩）、扭转或弯曲变形的杆件，其应变能可统一写为

$$U_\varepsilon = W = \frac{1}{2}F\delta \quad (12\text{-}8)$$

式中，力 F 和位移 δ 均是广义的。式（12-8）即为杆件应变能的一般表达式。

应变能 U_ε 是内力（F_N, M, T）或变形（Δl, φ, w''）的二次函数，故一般说来，应变能不能叠加。如果构件上有两种载荷，其中一种载荷在另一种载荷引起的位移上如不做功，则此两种载荷单独作用时的应变能可以叠加，以得到同时作用时的应变能。

对于非线性弹性固体，变形能在数值上仍然等于外力功，但应力与应变、力与位移都不是线性关系。仿照线弹性情况，变形能和变形能密度仍是 $F\text{-}\delta$ 和 $\sigma\text{-}\varepsilon$ 曲线以下的面积，其应变能和应变能密度的表达式为

$$U_\varepsilon = W = \int_0^\delta F d\delta \text{ 或 } u_\varepsilon = \int_0^\varepsilon \sigma d\varepsilon \quad (12\text{-}9)$$

由于应力与应变、力与位移是非线性关系，要给出具体关系才能计算出积分。

【例 12-1】 图 12-6 所示直杆沿杆轴线方向承受均布荷载 q，试求杆内的应变能。

解： 沿杆轴线长为 x 处取微段 dx 作为研究对象，如图 12-6 所示，则微段直杆 dx 左右截面的内力为 $F_N(x)$ 和 $F_N(x) + dF_N(x)$，其中，$F_N(x) = q(l-x)$，代入直杆的轴向拉伸应变能公式可得

$$U_\varepsilon = \int_l \frac{F_N^2(x)dx}{2EA} = \frac{1}{2EA}\int_0^l q^2(l-x)^2 dx = \frac{q^2 l^3}{6EA}$$

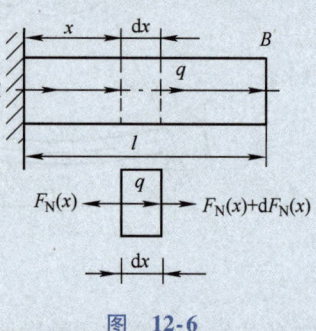

图 12-6

【例 12-2】 试计算图 12-7a 所示悬臂梁的应变能。其中 EI 为常数，忽略剪力的作用。

解： 由于悬臂梁 BC 段不受力，故弯矩为 0。且 AC 段的弯矩方程为

$$M(x) = M_e - \frac{q}{2}x^2 \quad (0 < x < l)$$

由梁的弯曲应变能公式，可得梁的应变能为

$$U_\varepsilon = \int_l \frac{M^2(x)dx}{2EI} = \int_0^l \frac{1}{2EI}\left(M_e^2 - M_e qx^2 + \frac{q^2}{4}x^4\right)dx = \frac{M_e^2 l}{2EI} - \frac{M_e q l^3}{6EI} + \frac{q^2 l^5}{40EI}$$

另外单独求出悬臂梁在载荷 M_e 和 q 单独作用（图 12-7b、c）时的应变能分别为

$$U_{\varepsilon 1} = \frac{M_e^2 l}{2EI}, \quad U_{\varepsilon 2} = \frac{q^2 l^5}{40EI}$$

显然

$$U_\varepsilon \neq U_{\varepsilon 1} + U_{\varepsilon 2}$$

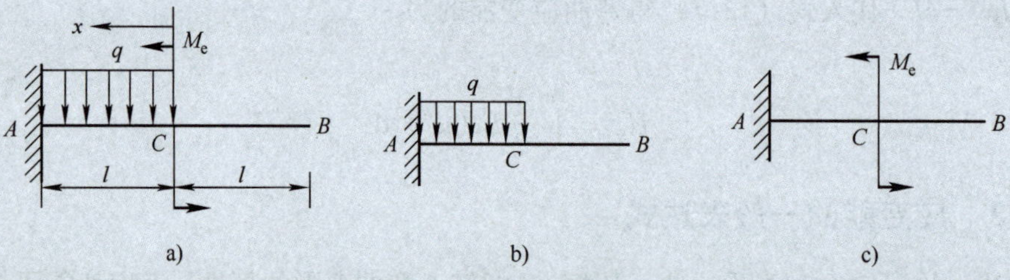

a) b) c)

图 12-7

本例的结果表明，应变能的计算一般不满足叠加原理。

【例 12-3】 如图 12-8a 所示三角形架承受载荷 P 的作用，AB、AC 两杆的横截面面积均为 A。若已知 A 点的水平位移 Δ_{Ax}（←）和铅垂位移 Δ_{Ay}（↓），试按下列况分别计算此三角架的应变能 U_ε，将 U_ε 表达成 Δ_{Ax} 和 Δ_{Ay} 的函数。

（1）若此三角架由线弹性材料制成，EA 为已知；

（2）若此三角架由非线弹性材料制成，其应力-应变关系为 $\sigma = B\sqrt{|\varepsilon|}$，如图 12-8b 所示，$B$ 为常数，这一关系对拉伸和压缩相同。

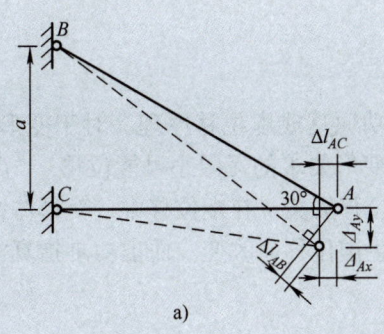 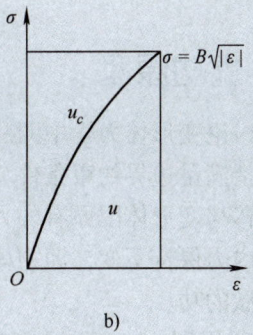

图 12-8

解：(1) 根据胡克定律 $\Delta l_i = \dfrac{F_{Ni} l_i}{EA}$，得 $F_{Ni} = \dfrac{EA \Delta l_i}{l_i}$ 代入式 (12-2) 得

$$U_\varepsilon = \sum_{i=1}^{2} \dfrac{EA}{2 l_i} (\Delta l_i)^2 \qquad (a)$$

由图 12-8a 中变形图得变形几何关系

$$\begin{cases} \Delta l_{AB} = \dfrac{1}{2}(\Delta_{Ay} - \sqrt{3}\Delta_{Ax}) \\ \Delta l_{AC} = \Delta_{Ax} \end{cases} \qquad (b)$$

将式 (a) 代入式 (b) 得

$$U_\varepsilon = \dfrac{EA}{4a}\left[\dfrac{1}{2}(\Delta_{Ay} - \sqrt{3}\Delta_{Ax})\right]^2 + \dfrac{EA}{2\sqrt{3}a}\Delta_{Ax}^2$$

$$= \dfrac{EA}{48a}\left[(9 + 8\sqrt{3})\Delta_{Ax}^2 - 6\sqrt{3}\Delta_{Ax}\Delta_{Ay} + 3\Delta_{Ay}^2\right]$$

(2) 由式 (12-9) 可得

$$u_\varepsilon = \int_0^\varepsilon \sigma d\varepsilon = \int_0^\varepsilon B|\varepsilon|^{\frac{1}{2}} d\varepsilon = \dfrac{2}{3} B |\varepsilon|^{\frac{3}{2}}$$

则应变能为

$$U_\varepsilon = \int_V u_\varepsilon dV = \int_l \dfrac{2}{3} B |\varepsilon|^{\frac{3}{2}} A dx = \dfrac{2}{3} BAl |\varepsilon|^{\frac{3}{2}}$$

对于桁架结构，上式变为

$$U_\varepsilon = \sum_{i=1}^{n} \dfrac{2}{3} B A_i l_i |\varepsilon_i|^{\frac{3}{2}} \qquad (c)$$

代入 (b) 可得

$$\begin{cases} \varepsilon_{AB} = \dfrac{\Delta l_{AB}}{l_{AB}} = \dfrac{1}{4a}(\Delta_{Ay} - \sqrt{3}\Delta_{Ax}) \\ |\varepsilon_{AC}| = \left|\dfrac{\Delta l_{AC}}{l_{AC}}\right| = \dfrac{\Delta_{Ax}}{\sqrt{3}a} \end{cases} \qquad (d)$$

将 (d) 代入 (c) 得

$$U_\varepsilon = \dfrac{BA}{18\sqrt{a}}\left[3(\Delta_{Ay} - \sqrt{3}\Delta_{Ax})^{\frac{3}{2}} + 4(\sqrt{3}\Delta_{Ax})^{\frac{3}{2}}\right]$$

12.2 虚功原理

本节讨论变形体力学中的一个重要原理,即虚功原理或虚位移原理。对于变形体结构,虚位移是指满足边界约束条件、连续条件,符合小变形要求的无限小可能位移。"虚"字表示这一位移与变形体因原有外力作用而产生的真实位移无关。在虚位移中,变形体结构的原有外力和内力保持不变,即物体的平衡状态不因产生虚位移而改变。而虚功是指真实力在虚位移上所做的功。

下面利用图 12-9 所示简支梁来证明虚功原理。首先给梁在其平衡位置附近以任意的虚位移 w^*。由于它是一种可能位移,故 w^* 为 x 的连续函数,并且此虚位移满足下列边界条件,即

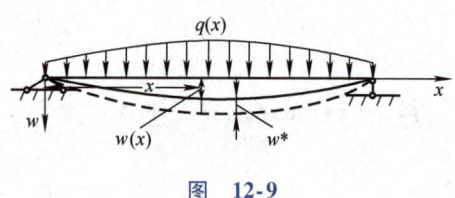

图 12-9

$$w^*(0) = w^*(l) = 0 \tag{a}$$

所以,作用在梁上的分布载荷 $q(x)$ 在虚位移上所做的功即为外力的虚功 δW

$$\delta W = \int_l q(x) w^*(x) \mathrm{d}x \tag{b}$$

而且在小变形条件下,梁的载荷与弯矩之间满足 $\dfrac{\mathrm{d}M^2(x)}{\mathrm{d}x^2} = q(x)$

代入式(b),并采用分部积分得

$$\begin{aligned}\delta W &= \int_l q(x) w^*(x) \mathrm{d}x \\ &= \dfrac{\mathrm{d}M(x)}{\mathrm{d}x} w^* \bigg|_0^l - M(x) \dfrac{\mathrm{d}w^*}{\mathrm{d}x} \bigg|_0^l + \int_0^l M(x) \dfrac{\mathrm{d}^2 w^*}{\mathrm{d}x^2} \mathrm{d}x \end{aligned} \tag{c}$$

代入边界条件式(a),可得

$$\dfrac{\mathrm{d}M(x)}{\mathrm{d}x} w^* \bigg|_0^l = 0$$

而且在简支梁的两端支座处,$M(0) = M(l) = 0$,所以

$$M(x) \dfrac{\mathrm{d}w^*}{\mathrm{d}x} \bigg|_0^l = 0$$

从而式(c)只剩最后一项积分

$$\delta W = \int_l q(x) w^*(x) \mathrm{d}x = \int_0^l M(x) \dfrac{\mathrm{d}^2 w^*}{\mathrm{d}x^2} \mathrm{d}x \tag{12-10}$$

又有 $\dfrac{\mathrm{d}^2 w^*}{\mathrm{d}x^2} = \dfrac{\mathrm{d}\theta^*}{\mathrm{d}x}$,代入式(12-10)得

$$\delta W = \int_l q(x) w^*(x) \mathrm{d}x = \int_0^l M(x) \mathrm{d}\theta^* \tag{12-11}$$

式中,$M(x)\mathrm{d}\theta^*$ 为载荷在梁上引起的弯矩(忽略剪力)在长度为 $\mathrm{d}x$ 的微段的虚相对转角 $\mathrm{d}\theta^*$ 上完成的虚功。这一虚功可称为内力的虚变形功,即梁的总虚变形功,可简称为内力虚功。

所以可知，在外力作用下处于平衡的梁，给它一个符合约束条件的任一虚位移，则外力在虚位移上完成的外力虚功等于梁内所有微段上内力在虚变形上完成的虚变形功或内力虚功，此为虚功原理。即如果给在外力作用下处于静平衡状态的变形体结构以虚位移，则外力在虚位移上所做的虚功等于结构的内力在相应虚变形上所做的虚功。

上述虚功原理同样也适用于杆系结构。还要指出的是，在推导虚功原理时，仅利用了小变形条件，并没有涉及材料的应力-应变关系，因此虚功原理对于载荷与变形之间呈线性关系的线性结构以及载荷与变形之间成非线性关系的非线性结构均适用，而且虚功原理与材料的性能无关。此外利用虚功原理还可以方便地导出莫尔定理等其他与能量方法有关的定理。

12.3　单位荷载法与莫尔积分

求结构位移的应变能法有很多种，其中单位载荷法（也称为莫尔定理）比较方便，现在用图 12-10 所示梁为例来说明此法求位移的原理。

设图 12-10a 所示 AB 梁受一组广义外力 $P_1, P_2, \cdots, P_n$ 作用，现在求梁上任一点 D 的挠度 δ_D。首先在梁的 D 点处加一个大小为 1 的单位力，然后再把原来的外力系引起的梁的挠曲线 $w(x)$ 当作虚位移加在梁上，如图 12-10b 所示。由虚功原理得

$$1 \cdot \delta_D = \int_0^l \overline{M}(x) \frac{\mathrm{d}^2 w(x)}{\mathrm{d}x^2} \mathrm{d}x \tag{a}$$

式中，$\overline{M}(x)$ 为单位力所引起的弯矩。对于线弹性材料，满足 $w''(x) = \dfrac{M(x)}{EI}$。代入式（a），得

$$\delta_D = \int_l \frac{M(x)\overline{M}(x)}{EI} \mathrm{d}x$$

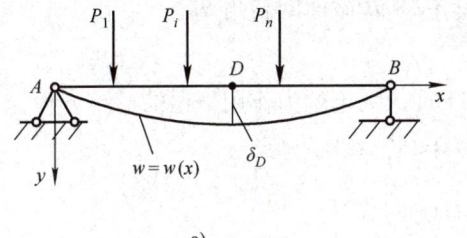
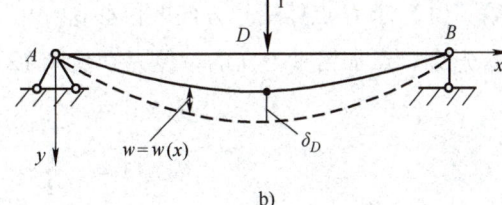

图　12-10

由于 D 点是任意选取的，故上式适用于求弯曲梁上任意点的变形。即弯曲变形梁上任一点的变形或位移为

$$\delta = \int_l \frac{M(x)\overline{M}(x)}{EI} \mathrm{d}x \tag{12-12}$$

那么相同的道理，对横截面上只有轴力的受拉伸（压缩）杆件，有

$$\delta = \int_l \overline{F}_\mathrm{N} \mathrm{d}l \tag{12-13}$$

由 n 根杆组成的杆系结构，将 $\mathrm{d}l = \dfrac{F_\mathrm{N} l}{EA}$ 代入上式，得

$$\delta = \sum_{i=1}^{n} \frac{F_{Ni} \overline{F}_{Ni} l_i}{EA_i} \qquad (12\text{-}14)$$

对于受扭转杆件，欲求某一横截面的扭转角，则用单位扭转力偶作用于该截面，它引起的扭矩为 $\overline{T}(x)$，则扭转角为

$$\delta = \int_l \overline{T}(x) \mathrm{d}\varphi \qquad (12\text{-}15)$$

式中，$\mathrm{d}\varphi$ 为微段左右两侧横截面的相对扭转角。对线弹性杆件，$\mathrm{d}\varphi = \dfrac{T(x)\mathrm{d}x}{GI_p}$，代入上式得

$$\delta = \int_l \frac{T(x)\overline{T}(x)\mathrm{d}x}{GI_p} \qquad (12\text{-}16)$$

式（12-12）、式（12-14）和式（12-16）统称为莫尔定理，也可称为单位载荷法，它只适用于线弹性结构。对于需要求结构上两点的相对位移的问题，只要在这两点处沿两点的连线方向作用一对方向相反的单位力，再用莫尔定理即可求得两点的相对位移。对于需要求受弯构件两截面相对转角的问题，只要在这两处截面加一对等值反向的单位力偶，再用莫尔定理即可求得两截面的相对转角。

对于同时存在多种变形的组合结构，其位移计算公式为

$$\Delta = \sum_{i=1}^{n} \int_0^l \frac{\overline{F}_{Ni} F_{Ni}}{EA} \mathrm{d}x + \sum_{i=1}^{n} \int_0^l \frac{\overline{M}_i M_i}{EI} \mathrm{d}x + \sum_{i=1}^{n} \int_0^l \frac{\alpha_s \overline{F}_S F_S}{GA} \mathrm{d}x + \sum_{i=1}^{n} \int_0^l \frac{\overline{T}_i T_i}{GI_p} \mathrm{d}x$$

式中，M、F_S、F_N 和 T 为实际载荷引起的弯矩、剪力、轴力、扭矩；α_s 为与截面形状有关的切应力实际不均匀的修正因数；n 为结构中杆件的数目。

【例 12-4】 如图 12-11 所示外伸梁的 EI 为常数，C 点作用集中力 $F = ql$，AB 段作用均布载荷 q。求：(1) C 点处铅垂方向的位移 δ_C。(2) B 截面的转角 θ_B。

解：(1) 求 C 点处铅垂方向的位移 δ_C

首先给 C 点加铅垂方向的单位力（见图 12-11b），则单位力作用下梁的弯矩方程为

$$\overline{M}(x_1) = -x_1 \qquad (0 \leq x_1 \leq l)$$

$$\overline{M}(x_2) = -\frac{1}{2} x_2 \qquad (0 \leq x_2 \leq 2l)$$

梁在原载荷（见图 12-11a）作用下的弯矩方程为

$$M(x_1) = -qlx_1 \qquad (0 \leq x_1 \leq l)$$

$$M(x_2) = -\frac{1}{2} q(x_2^2 - lx_2) \qquad (0 \leq x_2 \leq 2l)$$

代入莫尔积分公式［见式（12-12）］可得

$$\delta_C = \int_0^l \frac{M(x_1)\overline{M}(x_1)}{EI}\mathrm{d}x_1 + \int_0^{2l} \frac{M(x_2)\overline{M}(x_2)}{EI}\mathrm{d}x_2$$

$$= \int_0^l \frac{(-x_1)(-qlx_1)}{EI}\mathrm{d}x_1 + \int_0^{2l} \frac{1}{EI}\left(-\frac{1}{2}x_2\right)\left[-\frac{q}{2}(x_2^2 - lx_2)\right]\mathrm{d}x_2 = \frac{2ql^4}{3EI}$$

结果为正值，表示 C 点的位移方向与题设单位力方向相同。

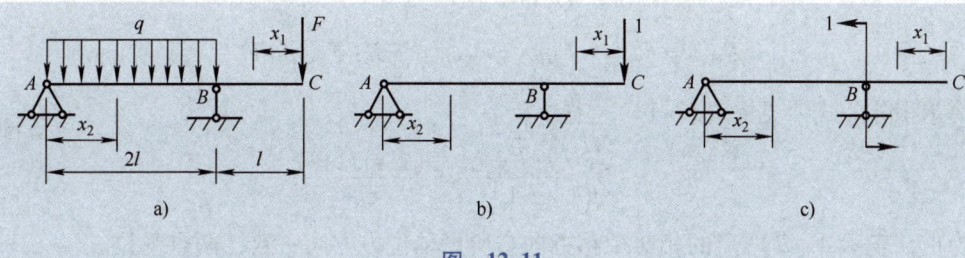

图 12-11

(2) 求 B 截面的转角 θ_B

同上在所求变形处加单位载荷,故在 B 截面处加单位力偶(图 12-11c),得单位力偶作用下梁的弯矩方程为

$$\overline{M}(x_1) = 0 \quad (0 \leqslant x_1 \leqslant l)$$

$$\overline{M}(x_2) = \frac{x_2}{2l} \quad (0 \leqslant x_2 \leqslant 2l)$$

其中梁的原载荷作用下的弯矩同(1)中所求,故代入莫尔积分公式得 B 截面的转角为

$$\theta_B = \int_0^l \frac{M(x_1)\overline{M}(x_1)}{EI} dx_1 + \int_0^{2l} \frac{M(x_2)\overline{M}(x_2)}{EI} dx_2$$

$$= \int_0^{2l} \frac{1}{EI} \cdot \frac{x_2}{2l} \cdot \left(-\frac{q}{2}(x_2^2 - lx_2)\right) dx_2 = -\frac{ql^3}{3EI}$$

结果为负值,表示 B 截面的转角方向与单位力偶方向相反。

【例 12-5】 图 12-12a 所示的正方形杆系结构,由五根相同材料的钢制杆铰接而成,在铰接点 A、B 分别作用一对力 F,且各杆横截面积相同,EA 为常数。求 A、B 两点的相对位移。

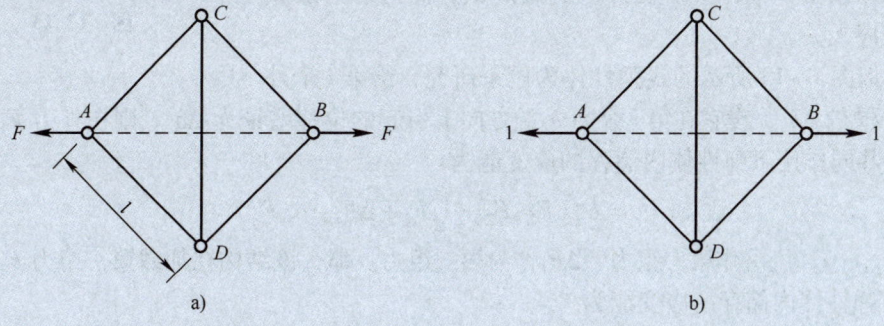

图 12-12

解:为了求 A、B 两点的相对位移,在这两点处沿两点的连线方向作用一对方向相反的单位力(见图 12-12b)。则杆系中各杆在单位力作用下的轴力为

$$\overline{F}_{NAC} = \overline{F}_{NAD} = \overline{F}_{NBC} = \overline{F}_{NBD} = \frac{\sqrt{2}}{2}, \quad \overline{F}_{NCD} = 1$$

而各杆在原载荷 F 作用下的轴力为

$$F_{NAC} = F_{NAD} = F_{NBC} = F_{NBD} = \frac{\sqrt{2}}{2}F, \ F_{NCD} = F$$

代入莫尔积分公式[见式(12-14)]得

$$\delta_{AB} = \sum_{i=1}^{5} \frac{F_{Ni} \overline{F}_{Ni} l_i}{EA_i} = \frac{(2+\sqrt{2})Fl}{EA}$$

结果为正，表示 A、B 两点的相对位移方向与所设单位力方向一致，两点受拉。

12.4 卡氏定理

12.3 节研究了用莫尔定理（单位载荷法）求结构的变形，除了这种方法以外，还可以用卡氏定理。

设任一线弹性结构，如图 12-13 所示，在一组静载 $F_1, F_2, \cdots, F_n$ 作用下发生变形。由于是弹性结构，故结构在外力作用下储存的应变能等于外力所做的功。将应变能视为外力 $F_1, F_2, \cdots, F_n$ 的函数，可表示为

$$U_\varepsilon = f(F_1, F_2, \cdots, F_n)$$

每个外力均视为独立变量，则弹性体内的应变能对某一外力的偏导数，等于弹性体在该外力处沿该力作用方向的位移。此定理称之为卡氏第二定理，简称卡氏定理。其数学表达式为

$$\delta_i = \frac{\partial U_\varepsilon}{\partial F_i} (i = 1, 2, \cdots, n) \quad (12\text{-}17)$$

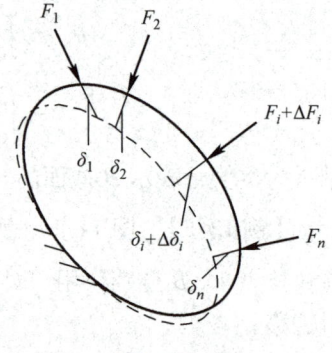

图 12-13

下面来证明卡氏定理，依据的原理是弹性体内的应变能只决定于作用于弹性体上所受外力的最终值，而与外力加载的先后次序无关。

仍然以图 12-13 所示的线弹性体为例来研究，给第 i 个外力 F_i 一个增量 ΔF_i，设它在第 i 个力 F_i 的方向上引起的位移增量为 $\Delta \delta_i$。则在外力 $F_1, F_2, \cdots, F_n$ 和 ΔF_i 共同作用下弹性体内储存的应变能为

$$U_\varepsilon = U_\varepsilon(F_1, F_2, \cdots, F_i + \Delta F_i, \cdots, F_n)$$

把 $F_1, F_2, \cdots, F_n$ 看作第一组力，ΔF_i 作为第二组力。那么该结构在加载第一组力 $F_1, F_2, \cdots, F_n$ 之后，弹性体内储存的应变能为

$$U_{\varepsilon 1} = U_{\varepsilon 1}(F_1, F_2, \cdots, F_i, \cdots, F_n)$$

然后，再加载第二组力 ΔF_i，其储存的应变能为

$$U_{\varepsilon 2} = \frac{1}{2} \Delta F_i \times \Delta \delta_i$$

同时已经加载的第一组力在 ΔF_i 引起的位移上做功，根据功的互等定理

$$F_i \times \Delta \delta_i = \Delta F_i \times \delta_i$$

所以结构总的应变能为

$$U_\varepsilon = U_{\varepsilon 1} + \frac{1}{2}\Delta F_i \times \Delta \delta_i + \Delta F_i \times \delta_i$$

那么增大载荷 ΔF_i 后对应的应变能改变量与载荷改变量比值为

$$\frac{\Delta U_\varepsilon}{\Delta F_i} = \frac{U_\varepsilon - U_{\varepsilon 1}}{\Delta F_i} = \frac{\Delta \delta_i}{2} + \delta_i$$

所以，当 $\Delta F_i \to 0$ 时，$\Delta \delta_i \to 0$，则由偏导数的定义得

$$\delta_i = \frac{\partial U_\varepsilon}{\partial F_i}$$

上述证明是针对线弹性结构而得到的结果，故卡氏定理只适用于线弹性材料在小变形条件下位移的计算，且式（12-17）中的力和位移都是广义的。

下面具体介绍几种常见情形下卡氏定理的应用：

1. 梁

将梁弯曲时的应变能计算公式（12-7）代入卡氏定理表达式（12-17），得

$$\delta_i = \frac{\partial U_\varepsilon}{\partial F_i} = \frac{\partial}{\partial F_i}\left(\int_l \frac{M^2(x)\mathrm{d}x}{2EI}\right)$$

由于是连续函数，可以改变计算顺序，将先积分后求导改为先求导后积分，得

$$\delta_i = \int_l \frac{M(x)}{EI} \cdot \frac{\partial M(x)}{\partial F_i}\mathrm{d}x \tag{12-18}$$

2. 桁架结构

桁架结构中的每根杆都是二力杆，只受拉伸或压缩，其应变能用式（12-3）计算。对于由 n 根杆组成的桁架，其总的应变能为每根杆应变能之和，即

$$U_\varepsilon = \sum_{i=1}^{n} \frac{F_{Ni}^2 l_i}{2EA_i} \tag{12-19}$$

由卡氏定理，得

$$\delta_i = \frac{\partial U_\varepsilon}{\partial F_i} = \sum_{i=1}^{n} \frac{F_{Ni} l_i}{EA_i} \frac{\partial F_{Ni}}{\partial F_i} \tag{12-20}$$

3. 轴

将扭转变形能公式（12-5）代入卡氏定理表达式（12-17），得

$$\delta_i = \frac{\partial U_\varepsilon}{\partial F_i} = \frac{\partial}{\partial F_i}\left(\frac{T^2 l}{2GI_p}\right) = \frac{Tl}{GI_p}\frac{\partial T}{\partial F_i}$$

【例 12-6】 等截面直梁所受载荷如图 12-14 所示，EI 已知，试求梁自由端 C 点的挠度。

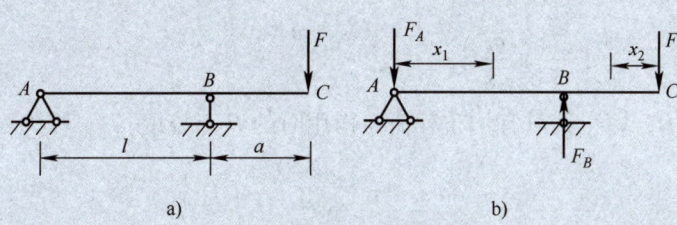

图 12-14

解：（1）求梁的约束力（见图 12-14b）为

$$F_A = \frac{Fa}{l}, \quad F_B = F\left(1 + \frac{a}{l}\right)$$

（2）求梁的弯矩方程为

$$M(x_1) = -\frac{Fa}{l}x_1 \quad (0 \leqslant x_1 \leqslant l)$$

$$M(x_2) = -Fx_2 \quad (0 \leqslant x_2 \leqslant a)$$

分别求偏导数得

$$\frac{\partial M(x_1)}{\partial F} = -\frac{a}{l}x_1, \quad \frac{\partial M(x_2)}{\partial F} = -x_2$$

（3）代入卡氏定理可得梁 C 点的挠度为

$$\delta_C = \int_l \frac{M(x)}{EI} \frac{\partial M(x)}{\partial F} dx = \int_0^l \frac{Fa^2}{EIl^2}x_1^2 dx_1 + \int_0^a \frac{F}{EI}x_2^2 dx_2 = \frac{Fa^2(l+a)}{3EI}$$

📢 **【例 12-7】** 如图 12-15a 所示一悬臂梁，梁上作用了均布载荷 q，梁的 EI 已知，试求梁自由端 B 点的挠度。

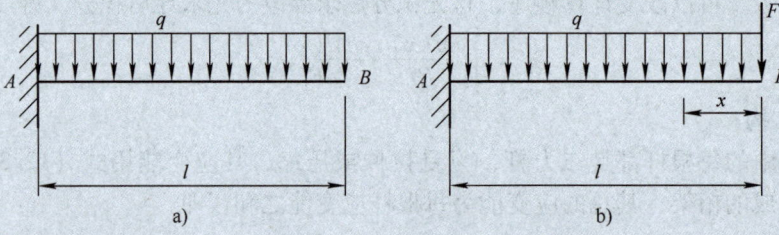

图 12-15

解： 由于所求 B 截面处没有作用与其挠度相对应的载荷，所以不能直接应用卡氏定理，这时一般采用附加力法，即在 B 点沿竖直方向虚加一个力 F，然后再用卡氏定理求解，最后再令 P=0，如图 12-15b 所示。

首先求得梁的弯矩方程及其偏导数为

$$M(x_1) = -Fx - \frac{q}{2}x^2, \quad \frac{\partial M}{\partial F} = -x$$

那么代入卡氏定理可得 B 点的挠度为

$$w_B = \frac{\partial U_\varepsilon}{\partial F} = \int_l \frac{M(x)}{EI} \frac{\partial M(x)}{\partial F} dx = \int_0^l \frac{1}{EI}\left(-Fx - \frac{q}{2}x^2\right)(-x) dx$$

$$= \frac{1}{EI}\left(\frac{Fl^3}{3} + \frac{ql^4}{8}\right)$$

这时再令 F=0，即得到只有均布载荷 q 作用时的 B 点挠度

$$w_B = \frac{ql^4}{8EI}$$

或者在代入积分式前就令附加力 F=0，可以简化计算过程。

12.5 最小势能原理

利用能量方法求结构的变形或位移,除了可以用 12.3、12.4 节所述的莫尔定理和卡氏定理以外,还有一种求变形的方法,即最小势能原理。

首先来说明一下结构系统的势能,如图 12-16 所示的梁 AB,整个系统的势能应包含梁及其上作用的载荷 F_1、F_2 所具有的势能。选梁 AB 未变形前的水平位置 ACB 为势能零位置。梁从在受到载荷作用而发生变形后的位置 $AC'B$,回到预先选取的参考位置 ACB 时,所有作用力所做的功,就是此结构系统处于变形状态时所具有的势能。而在此过程中,当梁从弯曲状态回到其卸载状态时内力所做的功,实际上就是梁在弯曲状态时所具有的应变能 U_ε。但是由于梁从弯曲状态的 $AC'B$ 位置到原始状态的过程中,载荷都是做负功,即为 $-F_1\delta_1$ 和 $-F_2\delta_2$,所以载荷处于梁的弯曲状态时所具有的势能是负的,即势能为 $-F_1\delta_1 - F_2\delta_2$。可知图 12-16 所示的结构系统的总势能为

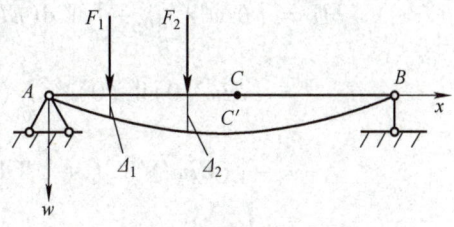

图 12-16

$$\Pi = U_\varepsilon - F_1\delta_1 - F_2\delta_2$$

此处应注意,载荷 F_1、F_2 的势能与加载过程中载荷所做的功是不同的,势能是指载荷最终值从其最终位置(由于梁的变形所致)回到参考位置(梁的原始状态)时所做的功,是常力做功。而加载过程中载荷所做的功是指加载时载荷由 0 逐渐增大至最终值所做的功,是变力做功。

下面来推导最小势能原理。以图 12-17 所示的结构为例,此时图中的 $w(x)$ 为梁的真实挠曲线,则该结构系统的势能为

$$\Pi = \frac{1}{2}\int_0^l EI(w'')^2 dx - \int_0^l q(x)w(x)dx - M_A w'(0) \quad (a)$$

式中,$w'(0)$ 为 A 端的真实转角。梁从变形后的位置回到原始直线位置(即 x 轴)时,在 dx 段上的载荷 $q(x)dx$ 做负功 $-q(x)dx \cdot w(x)$,故整个梁上分布载荷的势能为式(a)右方的第二项积分 $\int_0^l q(x)w(x)dx$。在式(a)中用 w' 表示 dw/dx,用 w'' 表示 d^2w/dx^2。

接着,假设梁的挠曲线从其真实挠曲线 $w(x)$ 开始发生任一微小改变,这种改变值设为 $W(x)$,且设 $W(x)$ 是一连续函数并满足梁的约束条件,即

$$W(0) = 0, \; W(l) = 0, \; W'(l) = 0 \quad (b)$$

那么,结构具有的势能为梁的挠曲线从 $w(x)$ 变为 $w(x) + W(x)$ 时所具有的势能为

$$\Pi + \Delta\Pi = \frac{1}{2}\int_0^l EI[(w+W)'']^2 dx - \int_0^l q(w+W)dx - M_A[w'(0) + W'(0)] \quad (c)$$

再令式(c)与式(a)相减,得

$$\Delta\Pi = \int_0^l EIw''W''\mathrm{d}x - \int_0^l qW\mathrm{d}x - M_A W'(0) + \frac{1}{2}\int_0^l EI(W'')^2\mathrm{d}x \quad (\mathrm{d})$$

$$= \delta\Pi + \frac{1}{2}\int_0^l EI(W'')^2\mathrm{d}x$$

对 $\Delta\Pi$ 的表示式中的第一项进行两次分部积分法，并将条件式（b）代入，可得

$$\delta\Pi = [EIw''W']_0^l - \int_0^l W'\mathrm{d}(EIw'') - \int_0^l qW\mathrm{d}x - M_A W'(0)$$

$$= -EIw''(0)W'(0) - \int_0^l (EIw'')'W'\mathrm{d}x - \int_0^l qW\mathrm{d}x - M_A W'(0)$$

$$= -[(EIw'')'W]_0^l + \int_0^l W\mathrm{d}(EIw'')' - \int_0^l qW\mathrm{d}x - [M_A + EIw''(0)]W'(0)$$

$$= \int_0^l [(EIw'')'' - q]W\mathrm{d}x - [M_A + EIw''(0)]W'(0)$$

由于 $w(x)$ 是梁的真实挠曲线，所以

$$EIw''(0) = M(0) = -M_A$$
$$(EIw'')'' - q = M'' - q = 0$$

因此
$$\delta\Pi = 0$$

由此可得，在满足梁的约束的所有挠曲线中，只有真实挠曲线 $w(x)$ 使结构的势能值为驻值。因此式（d）变为

$$\Delta\Pi = \frac{1}{2}\int_0^l EI(W'')^2\mathrm{d}x$$

当给梁的挠曲线以任意微小改变 $W(x)$，上式积分始终是一个非负值的量，故知
$$\Delta\Pi \geqslant 0$$

因此，满足梁的约束条件的所有挠曲线中只有真实的挠曲线使梁的势能取最小值，此结论即为最小势能原理。 在上述证明过程中，势能的表示式（a）中梁的应变能采用了 $U = \int_l \frac{1}{2}EI(W'')^2\mathrm{d}x$，故最小势能原理只适用线弹性体，同样也适用于线弹性杆系结构。

【例 12-8】 图 12-18 所示一悬臂梁，刚度 EI，试用最小势能原理求 B 点挠度的近似值。

解： 为了应用最小势能原理求梁变形的近似值，需要假设一合理的近似挠曲线，而且此近似挠曲线必须满足梁的边界约束条件。因此设图 12-18 所示悬臂梁的近似挠曲线为

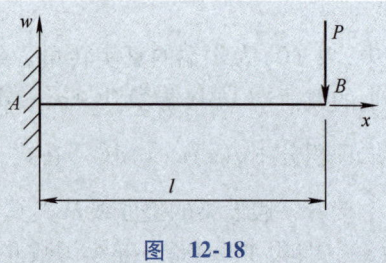

图 12-18

$$w = a_1\left(1 - \cos\frac{\pi x}{2l}\right) \quad (\mathrm{a})$$

式中，a_1 为一待定的未知参数。式应满足梁的边界条件，即 $w(0) = 0$，$w'(0) = 0$。假设挠曲线为上式时，那么力 P 作用点的挠度即为 $w(l) = a_1$，故梁的势能为

$$\Pi = \frac{EI}{2}\int_0^l (w'')^2\mathrm{d}x - Pa_1 \quad (\mathrm{b})$$

把式（a）代入式（b），得到

$$\Pi = a_1^2 \times \frac{\pi^4}{64l^3}EI - Pa_1$$

选择参数 a_1 使 Π 为最小，故要求

$$\frac{d\Pi}{da_1} = 0 = \frac{\pi^4 a_1 EI}{32l^3} - P$$

所以

$$a_1 = \frac{32Pl^3}{\pi^4 EI}$$

此时 B 点挠度为

$$w(l) = a_1 = \frac{32Pl^3}{\pi^4 EI} = 0.3285\frac{Pl^3}{EI}$$

B 点挠度的真值为 $\frac{Pl^3}{3EI}$，故上面给出的近似值的误差约为 1.4%。利用式（a）可求出弯矩的近似值

$$M(x) = EIw'' = EIa_1\frac{\pi^2}{4l^2}\cos\frac{\pi x}{2l}$$

则固定端处的弯矩 $M(0) = \frac{8Pl}{\pi^2} = 0.811Pl$，此值与真值 Pl 相比，误差高达 19%。

例 12-8 所述的方法是先假设一符合边界约束条件的挠曲线近似式，其中包括待定参数，然后利用此挠曲线计算结构的势能，再选择参数使势能为最小，这样即可求出近似的挠曲线。这种方法称为里兹法。由上述例题可看出，里兹法给出的挠曲线的精度是比较高的，而给出的内力的精度则较低。为了提高计算的精度可在挠曲线的近似表示式中包括较多的参数。

习 题

12-1 计算图 12-19 所示杆件的应变能。已知杆的拉伸刚度 EA，$F_1 = F_2 = F$。

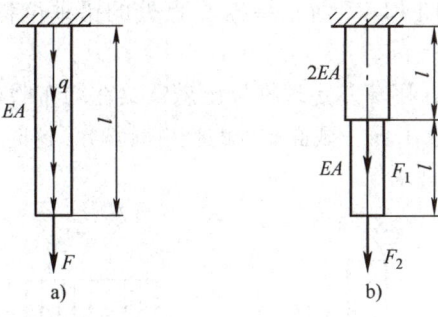

图 12-19 习题 12-1 图

12-2 计算图 12-20 所示杆件的应变能。已知各杆的刚度 EI，$M_e = ql^2$。

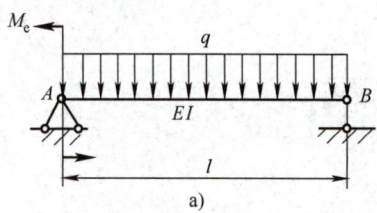
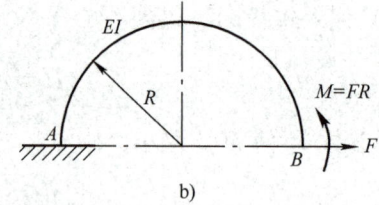

图 12-20 习题 12-2 图

12-3 图 12-21 所示桁架，各杆的刚度均为 EA，用功能原理求 C 点铅垂方向的位移。

12-4 简支梁如图 12-22 所示，抗弯刚度为 EI，用莫尔定理计算梁 A 点的挠度。

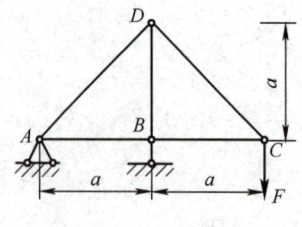
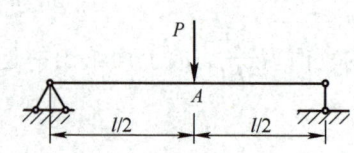

图 12-21 习题 12-3 图　　图 12-22 习题 12-4 图

12-5 图 12-23 所示刚架，EI 为常数。用卡氏定理计算 C 点处的水平位移和铅垂位移。

12-6 如图 12-24 所示，外伸梁 A 端为固定铰支，B 处为线弹性支座，自由端 C 处受集中力 F，弹簧的刚度为 k，梁的 EI 为常数。用卡氏定理求 C 点的铅垂位移。

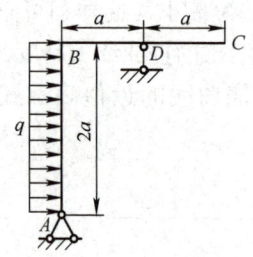
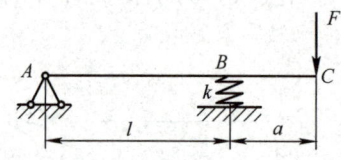

图 12-23 习题 12-5 图　　图 12-24 习题 12-6 图

12-7 用卡氏定理计算图 12-25 所示结构 C 点处的铅垂位移。梁的刚度为 EI，拉杆的刚度为 EA。

12-8 如图 12-26 所示，用莫尔定理推导出悬臂梁在均布载荷作用下的挠曲线方程（梁的弯曲刚度为 EI）。提示：求出任一截面 x 处的挠度 $w(x)$，这时只需在截面 x 处加一个向上的单位力然后再利用莫尔定理求解。

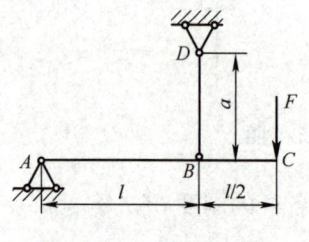
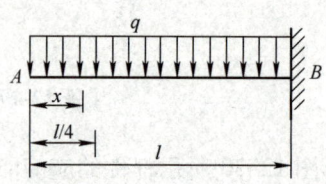

图 12-25 习题 12-7 图　　图 12-26 习题 12-8 图

12-9 用莫尔定理求图 12-27 所示梁 C 截面转角 θ_C 和挠度 w_C（梁的弯曲刚度为 EI）。

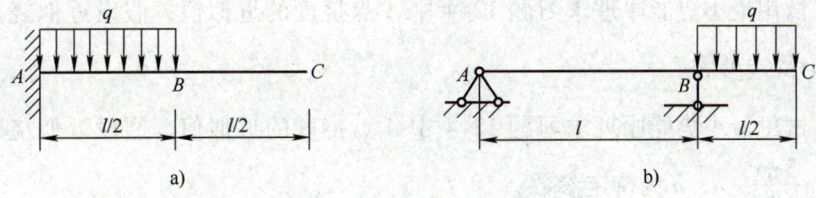

图 12-27 习题 12-9 图

12-10 用卡氏定理求图 12-28 所示开口框架 A、B 两点的相对铅垂位移。

12-11 图 12-29 所示桁架中，已知各杆的拉伸、压缩刚度均为 EA，用莫尔定理求 B、D 两点的相对位移。

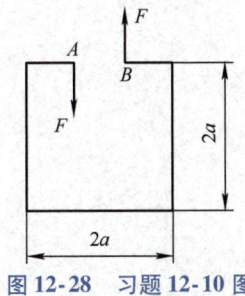

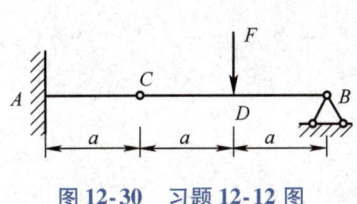
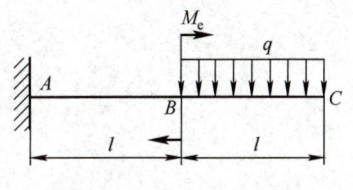

图 12-28 习题 12-10 图   图 12-29 习题 12-11 图

12-12 计算图 12-30 所示线弹性梁在 D 点的挠度和 B 点处的转角。梁 AC、BC 的刚度均为 EI。

12-13 求图 12-31 所示梁 C 截面转角 θ_C 和挠度 w_C（梁的弯曲刚度为 EI）。

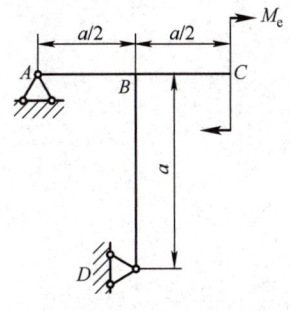

图 12-30 习题 12-12 图   图 12-31 习题 12-13 图

12-14 图 12-32 所示刚架，抗弯刚度 EI 为常数，求 A 截面的转角和 B 截面的铅直位移。

12-15 图 12-33 所示结构中，已知 AB、CE 梁的弯曲刚度为 EI，杆 BD 的拉伸刚度为 EA，求 D 点的铅垂位移 δ_D。

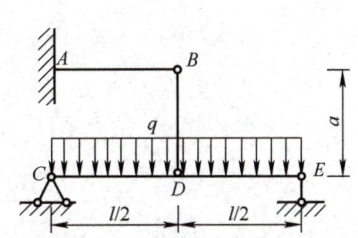

图 12-32 习题 12-14 图   图 12-33 习题 12-15 图

12-16　用卡氏定理求习题 12-4 梁 A 点挠度。

12-17　试用最小势能原理求习题 12-4 中 A 点挠度的近似值，假设近似挠曲线为 $w = a\sin\dfrac{\pi x}{l}$，$a$ 为待定参数。

12-18　试用最小势能原理求习题 12-4 中 A 点挠度的近似值，假设近似挠曲线为 $w = a\sin\dfrac{\pi x}{l} + b\sin\dfrac{3\pi x}{l}$，$a$，$b$ 为待定参数。

12-19　试用最小势能原理求习题 12-8 中 A 点挠度的近似值。假设近似挠曲线为 $w = C(2l^3 - 3l^2 x + x^3)$，此挠曲线满足 $x = l$ 处 $w = 0$ 及 $w' = 0$，其中 C 为待定参数。

第 13 章　超静定问题

工程中广泛采用超静定结构。超静定结构也称为静不定结构,与相应的静定结构相比,具有强度高、刚度大的优点。本章主要介绍超静定结构的概念、超静定次数的判断及超静定结构的求解方法,重点介绍用力法求解超静定结构。

13.1　超静定结构的概念

1. 几何不变体系与几何可变体系的概念

如图 13-1a 所示的平面体系,如果忽略材料变形引起的位移,在任何外荷载作用下都能保持原有的几何形状和位置不变,这类体系称为几何不变体系。而图 13-1b 所示平面体系,即使只有微小的外力作用,也会引起其几何形状和位置的改变,这类体系称为几何可变体系。显然几何可变体系不能用来承受荷载,所以几何可变体系不能作为建筑结构使用,建筑结构必须是几何不变的。

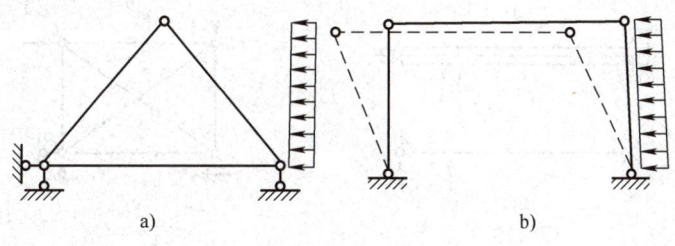

图 13-1

2. 超静定结构的组成

在各种受力情况下,仅利用静力学平衡方程就可全部求得结构的约束力和构件内力,这类几何不变结构称为静定结构。静定结构中,未知力(约束力或内力)的数目与独立平衡方程的个数相等。例如,图 13-2a 所示的被车削工件及图 13-3a 所示的桁架都是静定结构。它们上面作用的载荷和支座约束力构成平面一般力系,有 3 个独立的平衡方程,正好可解出三个未知的支座约束力,其内力也可由截面法或节点法所列的平衡方程求得。

为了满足构件的强度、刚度需求,常常会给原本静定的结构增加一些约束。例如,为了提高图 13-2a 所示工件的车削精度,在自由端 B 处增加了一个尾架,以增加其刚度,减小车削过程中的变形,如图 13-2b 所示。这样未知的支座约束力由原来的 3 个增加到 4 个,因平面任意力系的独立平衡方程只有 3 个,仅仅利用平衡方程已不能求出全部的支座约束力,这类结构称为外力超静定结构。又如在图 13-3a 的桁架中增加一个杆 BD,如图 13-3b 所示。虽然支座约束力仍为 3 个,仍能由静力学平衡方程确定,但是杆件的内力却不能全部由平衡方程求出,这类结构称为内力超静定结构。此外,还有的结构既是外力超静定的,又是内力超静定的，如图 13-3c 所示。凡是用静力学平衡方程无法求出全部支座约束力和内力的几何不变结构，统称为超静定结构或超静定系统。

在图 13-2a 及图 13-3a 所示结构中，原有的约束对于维持结构的平衡是必要的、充分的。而由于其他原因在静定结构上增加的约束，如图 13-2b 中的尾架、图 13-3b 中的 BD 杆，以及图 13-3c 中的杆 BD 杆和 D 处的水平支座链杆，对于维持结构的几何不变来说，则是多余的，因此称它们为"多余约束"，相应的支座约束力或内力，则称为"多余约束力"。当然"多余约束"对改善结构强度或刚度来说并非多余，能提高结构的承载能力。

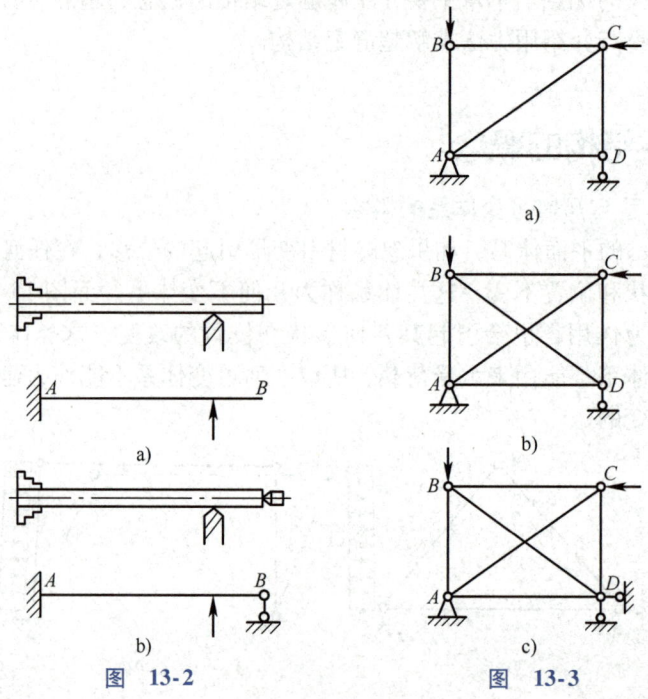

图 13-2　　　　　　　图 13-3

3. 超静定次数

超静定结构中多余约束或多余未知力的数目称为结构的超静定次数。因此，确定结构的超静定次数，一般采用去掉多余约束的方法，将超静定结构变为静定结构，而去掉的多余约束个数就是结构的超静定次数。

（1）外力超静定结构

外力超静定结构去掉多余约束的基本方法和多余约束的个数可按如下规则判别：

① 去掉一根支座链杆，相当于去掉一个多余约束。

② 去掉一个固定铰支座，相当于去掉两个多余约束。

③ 去掉一个固定支座，相当于去掉三个多余约束。

④ 将一个固定支座改为固定铰支座，相当于去掉一个多余约束。

⑤ 将一个固定铰支座改为可动铰支座（单链杆），相当于去掉一个多余约束。

例如图 13-2b 中，用第一种方法，去掉 B 端的一根支座链杆，结构变成悬臂梁（静定结构）。因此，此结构为一次超静定。还可以利用第四种方法，将 A 端的固定端支座改为固定铰支座，结构变成简支梁（静定结构）。同样可以得到此结构为一次超静定。

(2) 内力超静定结构

假想将结构中杆件切开一个或几个截面(即去掉内部多余约束),使其变成静定的。那么切开截面上的内力分量的总数(即原结构内部多余约束数目)就是超静定次数。

内力超静定结构去掉多余约束的方法和多余约束的个数可按如下规则判别:

① 切开一个链式杆(二力杆),截面上只有一个内力分量(轴力 F_N),相当于去掉一个多余约束。

② 拆开一个单铰,截面上有两个内力分量(轴力 F_N、剪力 F_S),相当于去掉两个多余约束。

③ 切开一处刚性联结,截面上有 3 个内力分量(轴力 F_N、剪力 F_S、弯矩 M),相当于去掉 3 个多余约束。

④ 将刚性联结换为单铰,或将单铰换为链杆,均相当于去掉 1 个多余约束。

例如图 13-3b 中,切开链式杆 BD(切开其他任何一根也可),结构就变成静定的,所以此结构为 1 次内力超静定。又如图 13-4a 中所示结构,从中间铰 C 处拆开,就变成静定的(见图 13-4b),切开截面上有两个独立的内力分量(见图 13-4c),所以此结构为两次内力超静定。再如图 13-5a 中所示结构,将任何一处刚性联结切断就变成静定的(见图 13-5b),切开截面上有 3 个独立的内力分量(图 13-5c),所以此结构为 3 次内力超静定。

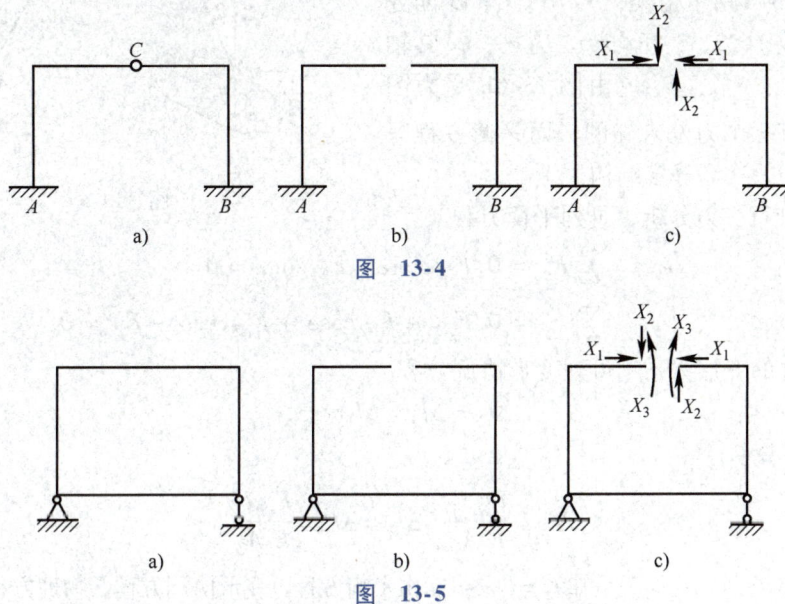

图 13-4

图 13-5

(3) 既是外力超静定又是内力超静定结构

首先判断其外力超静定次数,再判断其内力超静定次数,二者之和即为此结构的超静定次数。例如图 13-3c 中所示结构,外力超静定次数为 1,内力超静定次数也为 1,所以此结构为两次超静定。

13.2 简单超静定问题

由于多余约束的存在,使问题由静力学可解变为静力学不可解,这只是问题的一个方面。问题的另一方面是,由于多余约束对结构位移或变形有着确定的限制,而位移或变形又是与力相联系的，因而多余约束又为求解超静定问题提供了条件。

根据以上分析，求解超静定问题，除了静力平衡方程外，还需要根据多余约束对位移或变形的限制，建立各部分位移或变形之间的几何关系，即建立几何方程，称为**变形协调方程**，并建立力与位移或变形之间的物理关系，即**物理方程**。将这二者联立才能找到求解超静定问题所需的补充方程。将静力平衡方程与补充方程联立求解，就可解出全部未知力。

可见，求解超静定问题，需要综合考察结构的平衡、变形协调与物理等三方面，这就是求解超静定问题的基本方法。这与前面分析扭转切应力、弯曲正应力的方法是相似的。

13.2.1 拉压超静定问题

这类超静定结构中构件只承受轴力。

1. 拉压超静定问题的解法

【**例 13-1**】 图 13-6a 所示桁架架，A、B、C、D 四处均为铰链，其中杆 2 和杆 3 的长度、弹性模量和横截面积相等，求 1、2、3 的内力。

解：图 13-6 所示桁架，A、B、C、D 四处均为铰链，故 1、2、3 杆均为二力杆，设其轴力分别为 F_{N1}、F_{N2}、F_{N3}。由图 13-6b 受力图可知，其中有三个力是未知的，而平衡方程只有两个，故为一次超静定结构。

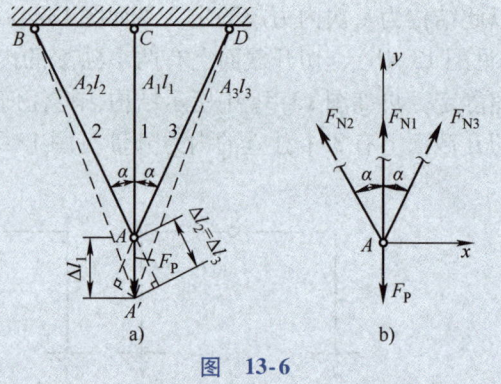

图 13-6

对 A 点进行受力分析，可列平衡方程

$$\sum F_x = 0 : F_{N2}\sin\alpha - F_{N3}\sin\alpha = 0 \tag{a}$$

$$\sum F_y = 0 : F_{N1} + F_{N2}\cos\alpha + F_{N3}\cos\alpha - F_P = 0 \tag{b}$$

根据杆件的变形关系，可列变形协调方程

$$\Delta l_2 = \Delta l_3 = \Delta l_1 \cos\alpha \tag{c}$$

物理方程

$$\Delta l_1 = \frac{F_{N1} l_1}{E_1 A_1}, \quad \Delta l_2 = \Delta l_3 = \frac{F_{N2} l_2}{E_2 A_2} \tag{d}$$

又由图 13-6 所示几何关系知 $l_1 = l_2 \cos\alpha$，由平衡方程、变形协调方程、物理方程联立解出

$$F_{N1} = \frac{F_P}{1 + \dfrac{2E_2 A_2}{E_1 A_1}\cos^3\alpha} \tag{e}$$

$$F_{N2} = F_{N3} = \frac{F_P}{2\cos\alpha + \dfrac{E_1 A_1}{E_2 A_2 \cos^2\alpha}} \tag{f}$$

2. 装配应力

在加工制造过程中，构件尺寸上的微小误差是难免的。对于静定结构，构件的这种误差不会引起附加的内力。但对于超静定结构，加工误差往往会引起附加的内力，如图 13-7a 所

示结构，杆 3 的实际长度比设计尺寸稍短，或者杆 1、2 的实际长度比设计尺寸稍长，导致杆 3 下端与杆 1、2 下端相差微小距离 δ，强制将三杆下端装配在一起。装配后，在未加外力时杆内就已存在应力，这种附加内力称为装配内力，与之对应的应力称为<u>装配应力</u>或<u>预应力</u>。有时候装配应力是不利的，但有时候却可以利用它来改善构件内力的分布情况，而变得有利，如预应力钢筋混凝土梁。

【例 13-2】 如图 13-7 所示杆系结构，三杆材料相同，弹性模量都为 E，横截面面积均为 A。杆 3 较设计长度短了 δ。求装配后三杆内的装配应力。

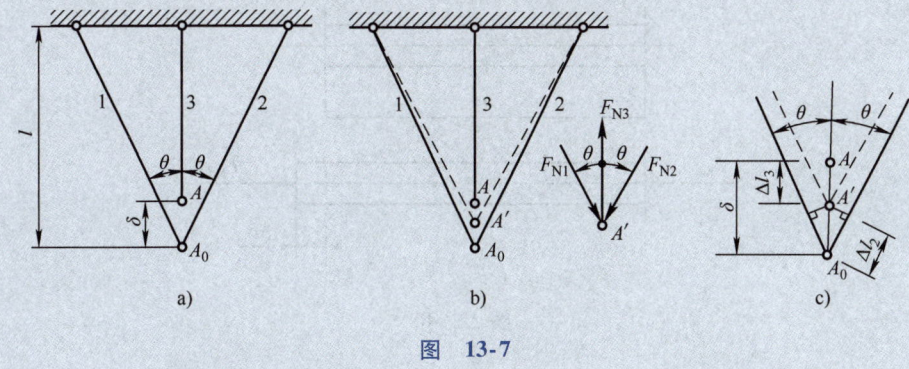

图 13-7

解：如图 13-7b 所示，设三杆下端连接后位于 A'，杆 1、2 受拉，杆 3 受压，可得平衡方程：

$$\left.\begin{array}{r} F_{N1}\sin\theta - F_{N2}\sin\theta = 0 \\ F_{N3} - F_{N1}\cos\theta - F_{N2}\cos\theta = 0 \end{array}\right\} \quad (a)$$

根据图 13-7c 所示几何关系，可得变形协调方程

$$\Delta l_3 + \frac{\Delta l_2}{\cos\theta} = \delta \quad (b)$$

物理方程：

$$\Delta l_3 = \frac{F_{N3} l}{EA}, \quad \Delta l_2 = \frac{F_{N2} l}{EA\cos\theta} \quad (c)$$

联立式（a）~式（c）解出

$$F_{N1} = F_{N2} = \frac{EA\cos^2\theta}{1+2\cos^3\theta}\frac{\delta}{l}(\text{压}), \quad F_{N3} = \frac{2EA\cos^3\theta}{1+2\cos^3\theta}\frac{\delta}{l}(\text{拉})$$

所以，三杆内装配应力分别为

$$\sigma_1 = \sigma_2 = \frac{E\cos^2\theta}{1+2\cos^3\theta}\frac{\delta}{l}(\text{压}), \quad \sigma_3 = \frac{2E\cos^3\theta}{1+2\cos^3\theta}\frac{\delta}{l}(\text{拉})$$

3. 温度应力

在工程实际中，温度的变化往往会引起构件的膨胀或收缩。在超静定结构中，上述由温度变化而引起的变形往往受到约束，从而引起内力。如图 13-8 所示，AB 杆两端被固定，当

杆件随环境温度变化时，杆件将产生膨胀或收缩，这势必附加产生约束力 F_{RA} 和 F_{RB} 作用于杆两端。这就引起杆件内产生附加的应力，这种应力称为温度应力或热应力。

计算温度应力的关键同样是根据变形的几何关系建立变形协调方程。所不同的是，杆的变形包括两部分，即由温度变化所引起的变形，与温度内力相应的弹性变形。杆件的温度变形可表示为

$$\Delta l_T = \alpha_l \Delta T l \tag{13-1}$$

式中，α_l 为热膨胀系数；ΔT 为温度的变化；l 为杆件的长度。

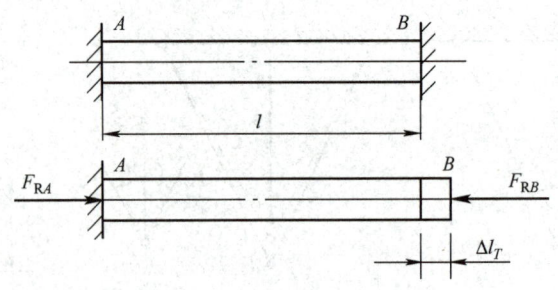

图 13-8

【例 13-3】 如图 13-8 所示杆件，AB 杆两端被固定，给杆件升温 ΔT，热膨胀系数为 α_l，试求杆件横截面上的应力。

解：对上述两端固定的 AB 杆，可列平衡方程

$$F_{RA} = F_{RB} \tag{a}$$

由于杆件两端固定，杆件长度不可能变化，可得变形协调方程

$$\Delta l_T = \Delta l \tag{b}$$

由胡克定律和杆件的温度变形可得物理方程

$$\Delta l_T = \alpha_l \Delta T l, \quad \Delta l = \frac{F_{RB} l}{EA} \tag{c}$$

联立式（a）～式（c）可解得

$$F_{RB} = EA\alpha_l \Delta T$$

横截面上的应力为

$$\sigma_T = \frac{F_{RB}}{A} = E\alpha_l \Delta T$$

13.2.2 扭转超静定问题

【例 13-4】 图 13-9 所示圆截面直杆，A、B 两端固定，C、D 截面位置分别受如图所示力偶，试画出杆件的扭矩图。

解：杆件两端存在两个约束力偶分别为 M_{eA}、M_{eB}，其方向如图 13-9b 所示，而独立的平衡方程只有 1 个，即 $\sum M_x(F) = 0$。因此，为一次超静定结构。

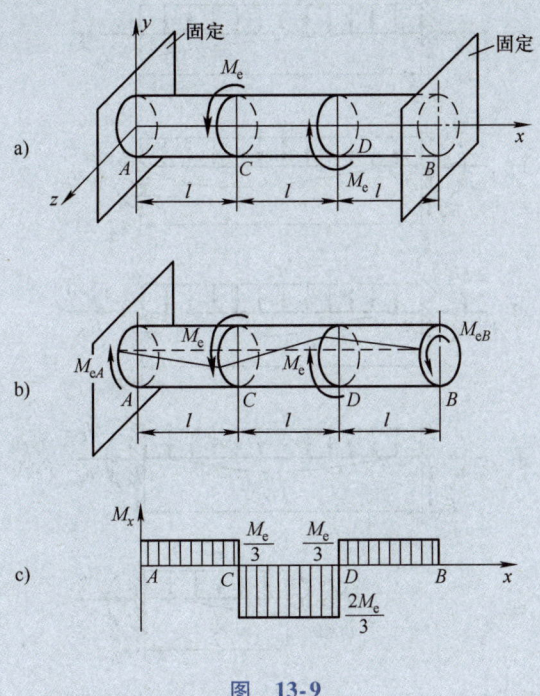

图 13-9

选取 B 端为多余约束，解除多余约束，用一个力偶 M_{eB} 代替，构成基本静定系。

根据前述分析过程，可列出平衡方程

$$-M_{eA} + M_e - M_e + M_{eB} = 0 \tag{a}$$

为了使得基本静定系等效于原来的超静定杆，则 B 端相对于 A 端的转角（即角位移）应为零。可列出几何方程

$$\varphi_{AB} = \varphi_{AC} + \varphi_{CD} + \varphi_{DB} = 0 \tag{b}$$

根据扭转变形的计算公式，可得到物理方程

$$\varphi_{AC} = \frac{M_{eA}l}{GI_p},\ \varphi_{CD} = \frac{-(M_{eA}-M_e)l}{GI_p},\ \varphi_{DB} = \frac{M_{eB}l}{GI_p} \tag{c}$$

联立式（a）~式（c）可解得

$$M_{eA} = M_{eB} = \frac{M_e}{3}$$

于是，可以画出杆的扭矩图如图 13-9c 所示。

13.2.3 简单的超静定梁

如图 13-10a、b、c、d 中四种支承不完全相同、而其他条件均相同的梁。根据约束的性质，各梁的未知约束力的个数分别为 3、4、5、6，而平面任意力系独立平衡方程都只有 3

个，故除图 13-10a 所示为静定梁外，图 13-10b、c、d 所示分别为 1 次、2 次和 3 次超静定梁。

图 13-10

【例 13-5】 图 13-11 所示在一悬臂梁 AB 的自由端 B 处施加一个竖直方向的约束，已知：梁的弯曲刚度为 EI、长度为 l，求梁支座的约束力。

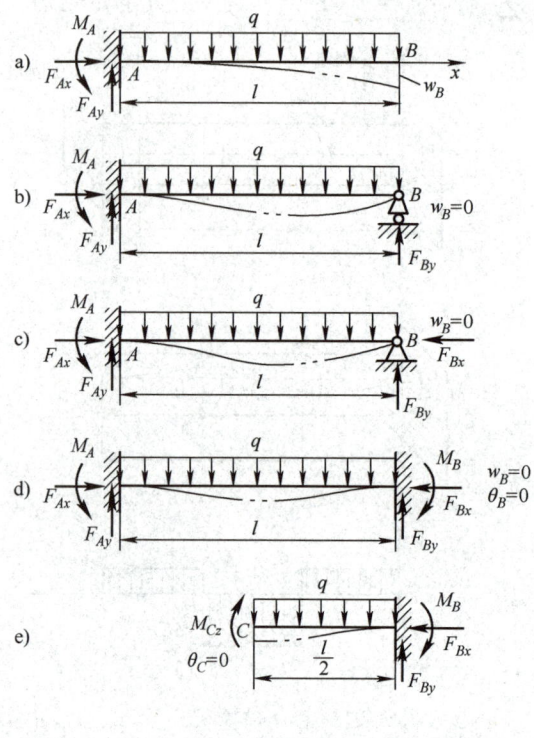

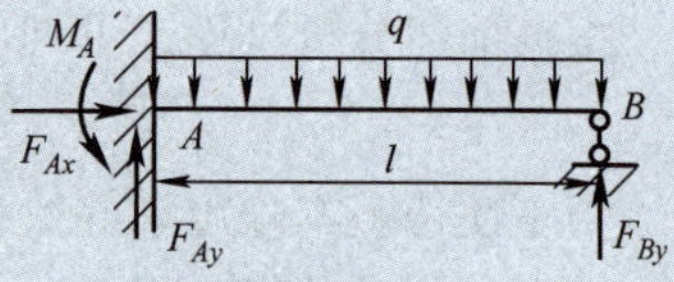

图 13-11

解：图示梁未知约束力的个数为 4，受平面力任意力系作用，其独立平衡方程只有 3 个，有 1 个多余未知约束力，为 1 次超静定。求解此问题只需 1 个补充方程。

对 AB 杆受力分析可建立静力平衡方程：

$$\sum F_x = 0 \quad F_{Ax} = 0 \tag{a}$$

$$\sum F_x = 0 \quad F_{Ay} + F_{By} - ql = 0 \tag{b}$$

$$\sum M_A = 0 \quad M_A + F_{By}l - ql/2 = 0 \tag{c}$$

选取 B 端竖直方向的约束为多余约束，解除多余约束，并加上对应的未知力 F_{By}，得到静定结构。静定结构在荷载和多余约束力共同作用下要与原来超静定结构等效，则必然满足在荷载 q 和多余约束力 F_{By} 作用下 B 点挠度与原超静定结构多余约束 B 处的位移一致，而原超静定结构 B 处位移为 0，此时得到变形协调方程为：

$$w_B = w_B(q) + w_B(F_{By}) = 0 \qquad (d)$$

通过查表可得梁分别在分布力 q 和未知力 F_{By} 作用下 B 点的挠度，即物理方程：

$$w_B(q) = -\frac{ql^4}{8EI}, \quad w_B(F_{By}) = \frac{F_{By}l^3}{3EI} \qquad (e)$$

联立式（a）~式（e）解得

$$F_{By} = \frac{3}{8}ql, \quad F_{Ax} = 0, \quad F_{Ay} = \frac{5}{8}ql, \quad M_A = \frac{1}{8}ql^2$$

13.3 力法求解超静定结构

13.3.1 基本静定系和相当系统

若去掉超静定结构上原有的载荷，只考虑结构本身，同时再解除多余约束得到的静定结构，称为原超静定结构的**基本静定系**。在基本静定系上，用相应的多余未知力代替被解除的多余约束，并加上原有载荷，得到的体系称为原超静定结构的**相当系统**。

基本静定系可以有不同的选择，并不是唯一的，与之相应的相当系统也随基本静定系的选择而不同。例如图 13-12a 所示结构，可以选取 B 端的可动铰支座为多余约束，基本静定系是一个悬臂梁（见图 13-12b），相应的相当系统表示在图 13-12c 中，多余约束力为阻止 B 端竖向位移的竖直方向的力；也可以选取 A 端阻止该截面转动的约束为多余约束，基本静定系是一个简支梁（见图 13-12d），相应的相当系统表示在图 13-12e 中，多余约束力为 A 端阻止转动的力偶。又如图 13-13a 所示的三次超静定结构，其相当系统可以选取多种形式，分别示于图 13-13b~f 中。选取不同的相当系统所得的最终结果是一样的，但计算过程却有繁简之分，所以选择相当系统也是很重要的。

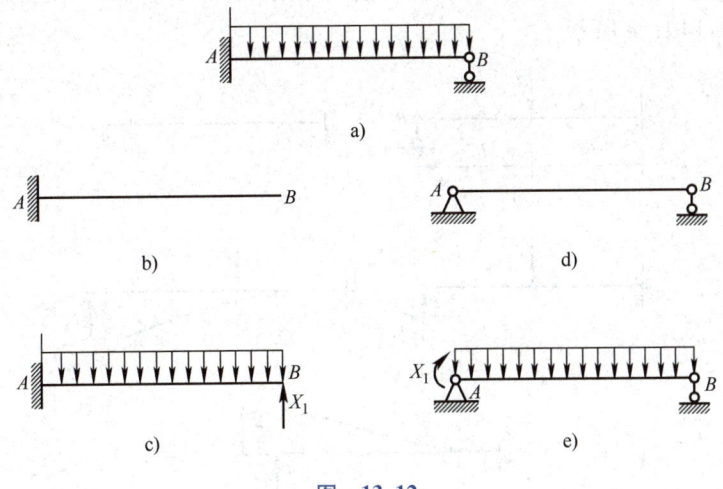

图 13-12

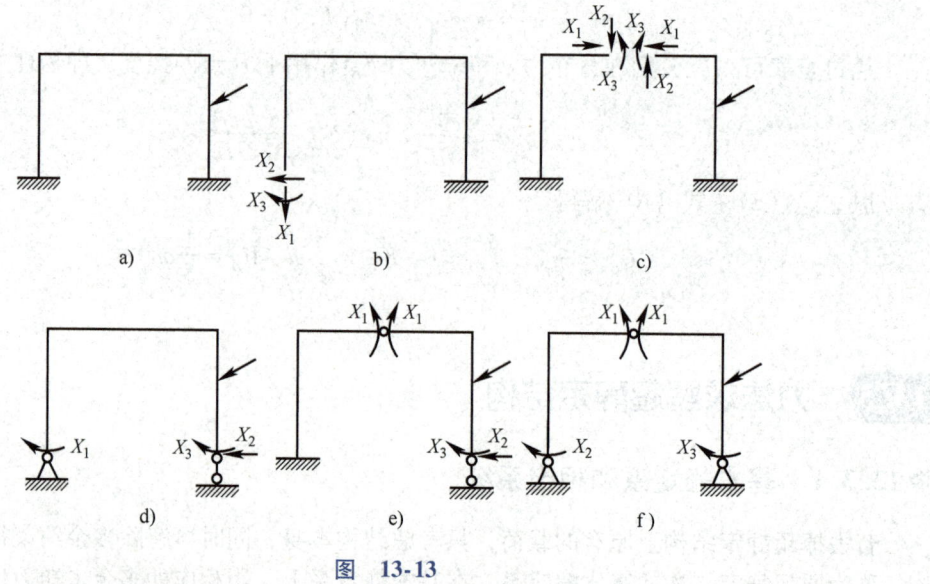

图 13-13

13.3.2 力法求解简单超静定结构

下面以图 13-14a 所示超静定梁为例，说明思路和步骤。

（1）判断超静定次数：本例梁有 1 个多余约束，为 1 次超静定。

（2）选定基本静定系及相当系统分别如图 13-14b、c 所示。

（3）建立位移协调条件，以保证相当系统的变形和位移与原超静定结构完全相同。本例中原结构多余约束 B 处是可动铰，端面 B 不能有铅垂方向的位移，应有 $w_B=0$，所以相当系统中点 B 的挠度也应为零，即

$$w_B = w_{BF} + w_{BX_1} = 0$$

式中，w_{BF} 为原载荷 F 在 B 处引起的挠度；w_{BX_1} 为多余约束力 X_1 在 B 处引起的挠度。w_{BF}、w_{BX_1} 分别如图 13-14d、e 所示。

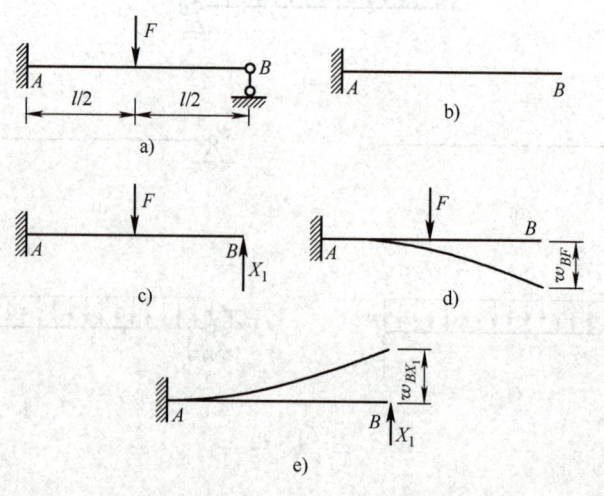

图 13-14

（4）由物理条件将变形或位移表达为力的函数，本例中梁的挠度以向上为正，这两个挠度可由第 7 章中的方法求得

$$w_{BF} = -\frac{5Fl^3}{48EI}$$

$$w_{BX_1} = \frac{X_1 l^3}{3EI}$$

（5）将物理条件代入位移协调方程，求解多余未知力，本例中有

$$-\frac{5Fl^3}{48EI} + \frac{X_1 l^3}{3EI} = 0$$

则

$$X_1 = \frac{5}{16}F \quad (\uparrow)$$

X_1 即为原超静定结构 B 端的支座约束力，A 端的 3 个支座约束力可由 3 个独立的静力平衡方程求出。

X_1 求出后，原来的超静定结构就相当于在 F 和 X_1 共同作用下的静定梁（相当系统）。进一步可按静定梁的方法作 F_S、M 图，求应力和变形，进行强度和刚度计算。经计算可知，本例中的 $|M|_{max}$ 仅为相应静定悬臂梁的 3/8，而挠度的最大值 $|w|_{max}$ 仅为相应静定悬臂梁的 1/33。由此可以看出超静定结构具有强度高、刚度大的优点，因此在工程实际中得到广泛应用。

13.3.3 力法正则方程

研究上例中的位移协调方程

$$w_B = w_{BF} + w_{BX_1}$$

为表示规范，将位移统一以 Δ 表示，因为 B 处是多余未知力 X_1 作用处，所以将 B 改写为 1，则有 $w_B = \Delta_1$，$w_{BF} = \Delta_{1F}$，$w_{BX_1} = \Delta_{1X_1}$

所以位移协调方程改写为

$$\Delta_{1X_1} + \Delta_{1F} = \Delta_1$$

若 $X_1 = 1$ 时在 X_1 方向产生的位移为 δ_{11}，则由力与位移的线性关系，X_1 引起的位移为 $\delta_{11} X_1$，因此上式可写为

$$\delta_{11} X_1 + \Delta_{1F} = \Delta_1 \tag{13-2}$$

式（13-2）称为力法正则方程，式中凡是有两个下标的地方，第一个下标表示位移发生的地点和方向，第二个下标表示位移发生的原因，位移是由哪个因素（这里为力）引起的。下面进一步阐明各项的确切含义。

X_1 为多余未知力，这里的 X_1 指广义力，它可以是力，也可以是力偶矩；可以是外约束力，也可以是内约束力。

Δ_1 为原超静定结构上，X_1 作用处沿 X_1 方向的位移，这里的位移也指广义位移，它可以是线位移，也可以是角位移；可以是绝对位移，也可以是相对位移。

δ_{11} 为在相当系统中，只保留 X_1，并使 $X_1 = 1$，由它引起的 X_1 作用处沿 X_1 方向的位移（广义位移）。

Δ_{1F} 为在相当系统上，只保留原已知载荷 F（广义力），由所有原已知载荷引起的在 X_1

作用处沿 X_1 方向的位移（广义位移）。

在式（13-2）中，第一项 $\delta_{11}X_1$ 表示在相当系统上，只考虑 X_1 的作用，X_1 在自身作用处和作用方向上引起的位移；第二项 Δ_{1F} 表示在相当系统上，不考虑 X_1，只考虑原有载荷，所有原已知载荷在 X_1 作用处沿 X_1 方向引起的位移；由叠加原理，二者之和应等于原结构在 X_1 作用点沿 X_1 方向的位移。

对于高次超静定结构，一般都采用规范化了的正则方程求解。n 次超静定结构的力法正则方程为

$$\left.\begin{array}{l}\delta_{11}X_1+\delta_{12}X_2+\cdots+\delta_{1n}X_n+\Delta_{1F}=\Delta_1\\ \delta_{21}X_1+\delta_{22}X_2+\cdots+\delta_{2n}X_n+\Delta_{2F}=\Delta_2\\ \vdots\\ \delta_{n1}X_1+\delta_{n2}X_2+\cdots+\delta_{nn}X_n+\Delta_{nF}=\Delta_n\end{array}\right\} \quad (13\text{-}3)$$

式（13-3）即为力法正则方程的标准形式，也可表达为矩阵形式

$$\begin{pmatrix}\delta_{11}&\delta_{12}&\cdots&\delta_{1n}\\ \delta_{21}&\delta_{22}&\cdots&\delta_{2n}\\ \vdots&\vdots&\vdots&\vdots\\ \delta_{n1}&\delta_{n2}&\cdots&\delta_{nn}\end{pmatrix}\begin{pmatrix}X_1\\ X_2\\ \vdots\\ X_n\end{pmatrix}+\begin{pmatrix}\Delta_{1F}\\ \Delta_{2F}\\ \vdots\\ \Delta_{nF}\end{pmatrix}=\begin{pmatrix}\Delta_1\\ \Delta_2\\ \vdots\\ \Delta_n\end{pmatrix}$$

在很多情况下原超静定结构在 n 个多余约束处的位移均为零，那么力法正则方程可写为

$$\begin{pmatrix}\delta_{11}&\delta_{12}&\cdots&\delta_{1n}\\ \delta_{21}&\delta_{22}&\cdots&\delta_{2n}\\ \vdots&\vdots&\vdots&\vdots\\ \delta_{n1}&\delta_{n2}&\cdots&\delta_{nn}\end{pmatrix}\begin{pmatrix}X_1\\ X_2\\ \vdots\\ X_n\end{pmatrix}+\begin{pmatrix}\Delta_{1F}\\ \Delta_{2F}\\ \vdots\\ \Delta_{nF}\end{pmatrix}=0 \quad (13\text{-}4)$$

从力法正则方程式（13-3）可以看出，只要求出全部的系数 δ_{ij} 及自由项 Δ_{iF} 就可以解出全部多余未知力。这样就把求解超静定的问题转化为在静定结构上求一系列位移 δ_{ij}、Δ_{iF} 的问题，而这些位移可以用求静定结构位移的知识去求。

另外有一个问题要特别加以说明。用正则方程解得多余未知力 X_1 后，若想求出原超静定结构的内力，例如弯矩，可用叠加法。

$$M=M_F+\sum_{i=1}^{n}X_i\overline{M}_i$$

式中，M_F 为相当系统上只保留原已知载荷 F 时的弯矩；$\overline{M}_i$ 为相当系统上只保留 X_i，并使 $X_i=1$ 时的弯矩；"＋"号表示按代数值叠加。

超静定结构的内力求出后，可进一步求危险截面上危险点的应力，就可解决强度计算问题。

【例 13-6】 桁架结构受力及尺寸如图 13-15a 所示，已知杆 1、杆 3 的拉压刚度为 E_1A_1，杆 2 的拉压刚度为 E_2A_2，试求各杆轴力。

解：此题为 1 次超静定结构。

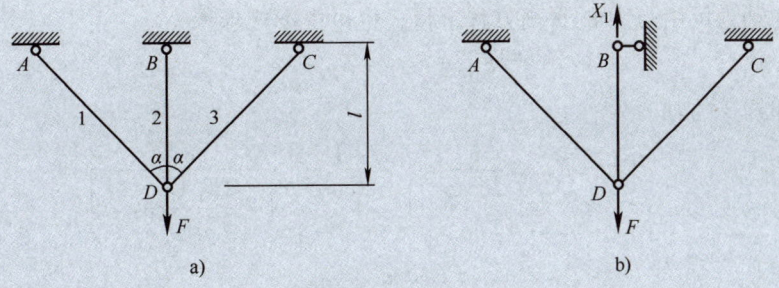

图 13-15

取 B 处铰支座的竖向约束为多余约束，解除竖向约束，用一个约束力 X_1 代替，保留横向约束，相当系统如图 13-15b。

B 点原为固定铰支座，因此相当系统在 X_1 方向的位移为 0。力法正则方程为

$$\delta_{11}X_1 + \Delta_{1F} = 0 \tag{a}$$

计算 δ_{11} 及 Δ_{1F}

相当系统上只作用 F 时

$$F_{N1F} = F_{N3F} = \frac{F}{2\cos\alpha}, \quad F_{N2F} = 0$$

相当系统上只作用 X_1，且 $X_1 = 1$ 时，

$$\overline{F}_{N1} = \overline{F}_{N3} = -\frac{1}{2\cos\alpha}, \quad \overline{F}_{N2} = 1$$

则有

$$\delta_{11} = \sum_{i=1}^{3} \frac{(\overline{F}_{Ni})^2 l_i}{E_i A_i} = \frac{2}{E_1 A_1}\left(-\frac{1}{2\cos\alpha}\right)^2 \frac{l}{\cos\alpha} + \frac{1}{E_2 A_2} l \tag{b}$$

$$= \frac{l}{2E_1 A_1 \cos^3\alpha} + \frac{l}{E_2 A_2}$$

$$\Delta_{1F} = \sum_{i=1}^{3} \frac{F_{NiF}\overline{F}_{Ni}l_i}{E_i A_i} = -\frac{2}{E_1 A_1}\left(\frac{F}{2\cos\alpha} \cdot \frac{1}{2\cos\alpha} \cdot \frac{l}{\cos\alpha}\right) \tag{c}$$

$$= -\frac{Fl}{2E_1 A_1 \cos^3\alpha}$$

求各杆轴力

将式（b）、式（c）代入式（a），求得

$$X_1 = -\frac{\Delta_{1F}}{\delta_{11}} = \frac{F}{1 + \dfrac{2E_1 A_1}{E_2 A_2}\cos^3\alpha}$$

即杆 2 的轴力 F_{N2} 为

$$F_{N2} = X_1 = \frac{F}{1 + \dfrac{2E_1 A_1}{E_2 A_2}\cos^3\alpha}（拉）$$

另二杆的轴力可由点 D 的平衡方程求得，也可由下式求得

$$F_{Ni} = F_{NiF} + \overline{F}_{Ni}X_1$$

即杆 1 和杆 3 的轴力为

$$F_{N1} = F_{N3} = \frac{F}{2\cos\alpha} + \left(-\frac{1}{2\cos\alpha} \cdot \frac{F}{1 + \frac{2E_1A_1}{E_2A_2}\cos^3\alpha}\right)$$

$$= \frac{F\cos^2\alpha}{\frac{E_2A_2}{E_1A_1} + 2\cos^3\alpha}（拉）$$

由本例题可以看出，超静定结构中各部分的内力分配与各部分间的相对刚度有关，这是超静定结构的一个特点。

【例 13-7】 两端固定的圆轴 AB，尺寸如图 13-16a 所示，在横截面 C 上受扭转力偶矩 M_t 的作用，若圆轴的扭转刚度 GI_p 为已知，试求两固定端的约束力偶矩 M_A 和 M_B。

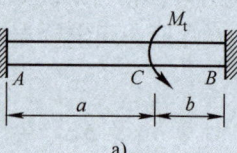

图 13-16

解： 此题为 1 次超静定结构。

取 B 端的固定端约束为多余约束，相当系统如图 13-16b。

原超静定结构 B 点角位移为 0，因此相当系统在 X_1 方向的角位移为 0，力法正则方程为

$$\delta_{11}X_1 + \Delta_{1F} = 0 \quad (a)$$

计算 δ_{11} 及 Δ_{1F}

$$\delta_{11} = -\frac{a+b}{GI_p} \quad (b)$$

$$\Delta_{1F} = \frac{M_t a}{GI_p} \quad (c)$$

将式（b）、式（c）代入式（a），求得

$$X_1 = -\frac{\Delta_{1F}}{\delta_{11}} = \frac{M_t a}{a+b}$$

求约束力偶矩 M_A 和 M_B

$$M_B = X_1 = \frac{M_t a}{a+b}（方向同 X_1）$$

$$M_A = M_t - M_B = \frac{M_t b}{a+b}（力偶矩矢量沿截面外法线方向）$$

【例 13-8】 结构受力及尺寸如图 13-17a 所示，AB 梁的弯曲刚度 EI 及 BD 杆的拉压刚度 EA 均为已知，试求 BD 杆的轴力 F_N。

解： 此题为 1 次超静定结构，可选取不同的基本静定系，下面用两种方法求解。

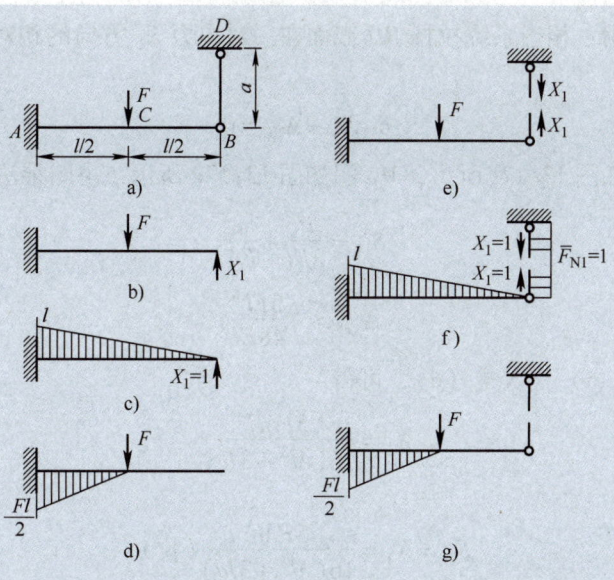

图 13-17

解法一

去掉拉杆 BD 的约束,代以相应约束力 X_1,相当系统如图 13-17b 所示。

变形协调条件为 B 点的挠度等于拉杆 BD 的变形量。

正则方程为

$$\delta_{11}X_1 + \Delta_{1F} = -\frac{X_1 a}{EA} \tag{a}$$

式中,右端负号是因为原超静定结构在 B 处位移向下,与 X_1 方向相反。

计算 δ_{11} 及 Δ_{1F}

相当系统上只保留 X_1,并使 $X_1=1$,作出 $\overline{M}$ 图如图 13-17c 所示,相当系统上只保留力 F,作出 M_F 图如图 13-17d 所示。由图乘法

$$\delta_{11} = \frac{1}{EI}\left[\left(\frac{1}{2}\times l \times l\right)\times \frac{2}{3}l\right] = \frac{l^3}{3EI} \tag{b}$$

$$\Delta_{1F} = -\frac{1}{EI}\left[\left(\frac{1}{2}\times \frac{l}{2}\times \frac{Fl}{2}\right)\times \frac{5}{6}l\right] = -\frac{5Fl^3}{48EI} \tag{c}$$

将式(b)、式(c)代入式(a),求得

$$X_1 = \frac{5FAl^3}{16(Al^3+3Ia)}$$

杆 BD 的轴力为

$$F_N = X_1 = \frac{5FAl^3}{16(Al^3+3Ia)}(拉)$$

解法二

切断拉杆 BD,代以截面的一对轴力 X_1,相当系统如图 13-17e 所示。

变形协调条件为：相当系统拉杆 BD 截面在一对内力 X_1 方向的相对位移为 0。

正则方程为

$$\delta_{11}X_1 + \Delta_{1F} = 0 \tag{d}$$

$\overline{M}_1$ 图及 $\overline{F}_{N1}$ 图如图 13-17f 所示，M_F 图如图 13-17g 所示，由图乘法可得

$$\delta_{11} = \frac{l^3}{3EI} + \frac{a}{EA} \tag{e}$$

$$\Delta_{1F} = -\frac{5Fl^3}{48EI} \tag{f}$$

将式（e）、式（f）代入式（d），可得

$$X_1 = \frac{5FAl^3}{16(Al^3 + 3Ia)}$$

杆 BD 轴力为

$$F_N = X_1 = \frac{5FAl^3}{16(Al^3 + 3Ia)}（拉）$$

由本例可以看出，选取不同的基本静定系，正则方程是不同的，方程中各项的值也不会完全相同，但最终结果却是相同的。

注：图乘法的基本原理。

计算梁和钢架在荷载作用下的位移时，先要写出 $\overline{M}$ 和 M_P 的方程式，然后通过如下积分公式计算位移

$$\Delta = \int \frac{\overline{M}M_P}{EI} ds$$

这一积分计算满足如下三个条件，即可通过 $\overline{M}$ 和 M_P 两个弯矩图之间相乘的方法来解决。

（1）EI 为常数。

（2）杆轴为直线。

（3）$\overline{M}$ 图和 M_P 图中至少有一个为直线图形。

以图 13-18 所示两个弯矩图来说明，假设 $\overline{M}$ 图为直线图形，M_P 图为任意形状，由 $\overline{M}$ 图可知，$\overline{M} = y = x\tan\alpha$。

$$\Delta = \int \frac{\overline{M}M_P}{EI} ds = \frac{1}{EI}\tan\alpha \int x dA_P$$

$$= \frac{1}{EI}\tan\alpha \cdot x_C A_P$$

$$= \frac{1}{EI} A_P y_C$$

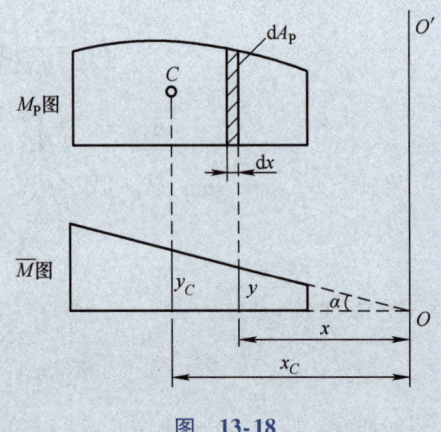

图 13-18

因此，上述积分式等于一个弯矩图的面积 A_P 乘以其形心所对应的另一个直线弯矩图的竖坐标 y_C，再除以 EI，所得结果按 A_P 和 y_C 在基线同一侧为正，否则为负，此为**图乘法**。

【例 13-9】 刚架受力及尺寸如图 13-19a 所示，已知刚架的弯曲刚度为 EI，试作刚架的弯矩图。

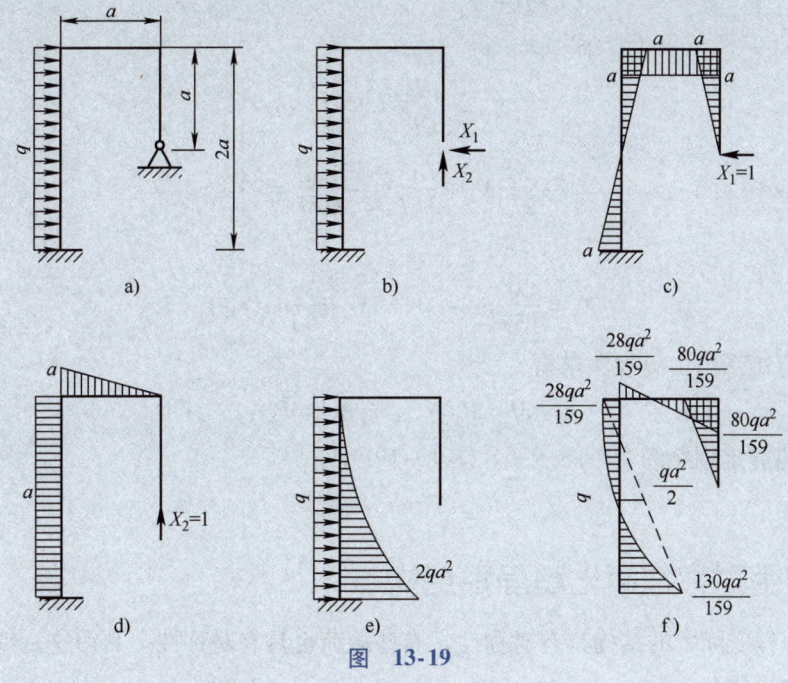

图 13-19

解：结构为 2 次超静定结构。

取如图 13-19b 所示相当系统，原结构多余约束处水平与铅垂位移为 0，力法正则方程为

$$\left. \begin{array}{l} \delta_{11}X_1 + \delta_{12}X_2 + \Delta_{1F} = 0 \\ \delta_{21}X_1 + \delta_{22}X_2 + \Delta_{2F} = 0 \end{array} \right\} \quad \text{(a)}$$

$\overline{M}_1$ 图如图 13-19c 所示，$\overline{M}_2$ 图如图 13-19d 所示，M_P 图如图 13-19e 所示，由图乘法 $\overline{M}_1$ 图自身相乘得

$$\delta_{11} = \frac{1}{EI}\left[3 \times \left(\frac{1}{2} \times a \times a \right) \times \frac{2}{3}a + (a \times a) \times a \right] = \frac{2a^3}{EI} \quad \text{(b)}$$

$\overline{M}_1$ 图与 $\overline{M}_2$ 图相乘得

$$\delta_{21} = \delta_{12} = -\frac{1}{EI}\left[\left(\frac{1}{2} \times a \times a \right) \times a \right] = -\frac{a^3}{2EI} \quad \text{(c)}$$

$\overline{M}_2$ 图自身相乘得

$$\delta_{22} = \frac{1}{EI}\left[\left(\frac{1}{2} \times a \times a \right) \times \frac{2}{3}a + (a \times 2a) \times a \right] = \frac{7a^3}{3EI} \quad \text{(d)}$$

M_P 图与 $\overline{M}_1$ 图相乘得

$$\Delta_{1F} = -\frac{1}{EI}\left[\left(\frac{1}{3} \times 2a \times 2qa^2 \right) \times \frac{1}{2}a \right] = -\frac{2qa^4}{3EI} \quad \text{(e)}$$

M_P 图与 $\overline{M}_2$ 图相乘得

$$\Delta_{2F} = -\frac{1}{EI}\left[\left(\frac{1}{3}\times 2a\times 2qa^2\right)\times a\right] = -\frac{4qa^4}{3EI} \tag{f}$$

将式（b）~式（f）代入式（a）得

$$\left.\begin{array}{l}\dfrac{2a^3}{EI}X_1 - \dfrac{a^3}{2EI}X_2 - \dfrac{2qa^4}{3EI} = 0 \\[2mm] -\dfrac{a^3}{2EI}X_1 + \dfrac{7a^3}{3EI}X_2 - \dfrac{4qa^4}{3EI} = 0\end{array}\right\}$$

可解得

$$X_1 = \frac{80}{159}qa(\leftarrow), \quad X_2 = \frac{36}{53}qa(\uparrow)$$

原结构弯矩图可由叠加法求得

$$M = M_P + X_1\overline{M}_1 + X_2\overline{M}_2$$

最终原超静定刚架的弯矩图表示在图 13-19f 中。

13.4 利用对称性简化超静定结构

有很多工程实际中的结构具有对称性，有些载荷也具有对称性。利用这一特点，可以使计算得到很大简化。

平面结构的对称是指结构的几何形状、杆件的截面尺寸及材料的弹性模量等均对称于某一轴线，此轴线称为对称轴。若将结构沿对称轴对折，两侧部分的结构将完全重合。

如果平面结构沿对称轴对折后，其上作用载荷的分布、大小和方向或转向均完全重合，则称此种载荷为对称载荷。图 13-20a 所示的即为对称结构承受对称载荷的情况。如果结构沿对称轴对折后，载荷的分布、大小相同，但方向或转向相反，则称为反对称载荷。图 13-21a 所示的即为对称结构承受反对称载荷的情况。

结构对称，载荷也对称，其内力和变形必然也对称于对称轴；结构对称，载荷反对称，其内力和变形必然反对称于对称轴。注意，此处指内力并非内力图。由于剪力的符号规定，对称的剪力画出剪力图是反对称的。

下面分为 5 种情况来讨论。

（1）结构对称，载荷也对称的奇数跨结构

以图 13-20a 所示的 3 次超静定刚架为例。由于荷载对称，内力也是对称的，所以在对称轴处的横截面 C 处，只可能有轴力和弯矩，不可能存在剪力；由于结构的变形和位移是对称的，如图中虚线所示，所以 C 处不可能产生水平方向位移和转角，只可能有铅垂方向位移。从以上两方面分析可知，在截面 C 处将结构切开，取其一半进行计算，在切口处用一个滑动支座来代替原有的刚性联结（见图 13-20b）即可。这样图 13-20a 所示的 3 次超静定刚架的半边结构就等效为图 13-20b 所示的 2 次超静定结构。

（2）结构对称，载荷反对称的奇数跨结构

以图 13-21a 所示的 3 次超静定刚架为例，由于荷载是反对称的，内力也是反对称的，

所以在横截面 C 处，只可能存在剪力，不可能有轴力和弯矩；由于结构的变形和位移是反对称的，如图中虚线所示，所以 C 处不可能产生铅垂方向位移，只可能有水平方向位移和转角。从以上分析可知，在截面 C 处将刚架切开，取其一半进行计算即可：在切口处用一个可动铰支座来代替原有的刚性联结（见图 13-21b）。这样图 13-21a 所示的 3 次超静定刚架的半边结构就等效为图 13-21b 所示的 1 次超静定结构。

（3）结构对称，载荷也对称的偶数跨结构

以图 13-22a 所示的 6 次超静定刚架为例，此结构与图 13-20a 所示结构相比较，再考虑到中间竖杆 CD 的长度变化可以忽略不计（由对称性知 CD 上只有轴力，刚架中轴力引起的变形可忽略），所以在 C 处只需用固定支座代替图 13-20b 中含有约束力偶矩的滑动支座即可，如图 13-22b 所示。这样图 13-22a 所示的半边结构就等效为图 13-22b 所示的 3 次超静定结构。

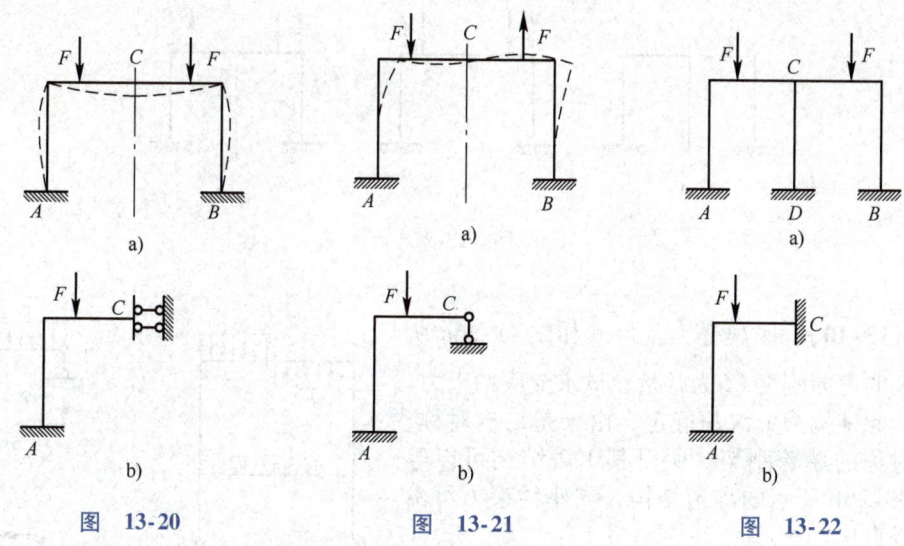

图 13-20　　　　图 13-21　　　　图 13-22

（4）结构对称，载荷反对称的偶数跨结构

以图 13-23a 所示结构为例，设想中间竖杆 CD 由两根惯性矩各为 $I/2$ 的竖杆组成，如图 13-23b，这种情况显然与原结构等效。再设想从此两竖杆中间横梁的中点 C 处切开，由于结构对称载荷是反对称的，所以切口处只存在剪力 F_{SC}，如图 13-23c。这一对剪力只能使两竖杆分别产生等值反号的轴力，而不影响其他杆的内力。而原有中间竖杆的内力等于此两竖杆的内力之和，故剪力 F_{SC} 对原结构的内力和变形均无影响，可将 F_{SC} 略去不计。只取刚架的半边结构进行计算，如图 13-23d。这样图 13-23a 所示的 6 次超静定刚架的半边结构就等效为图 13-23d 所示的 3 次超静定结构。

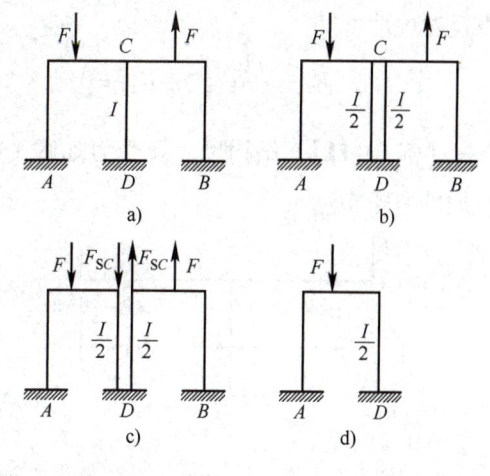

图 13-23

(5) 双对称结构

结构和载荷对两个互相垂直的轴都对称,就称为双对称结构,图 13-24 所示即为一双对称结构。可将结构在横截面 C 和 D 处切开,取 1/4 结构进行计算,并在 C、D 两个截面处均采用含有约束力偶矩的滑动支座,如图 13-24b。这样图 13-24a 所示的 3 次超静定刚架的 1/4 结构就等效为图 13-24b 所示的 1 次超静定结构。

当对称结构承受一般载荷(既不对称也不反对称)时,如图 13-25a 所示的情况,可以将其分解为对称和反对称两组载荷,如图 13-25b、c 所示。对这两组载荷的情况再分别利用对称和反对称性进行简化计算,然后再将二者结果叠加起来即可。

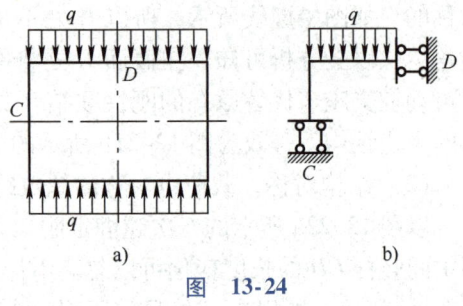

图 13-24

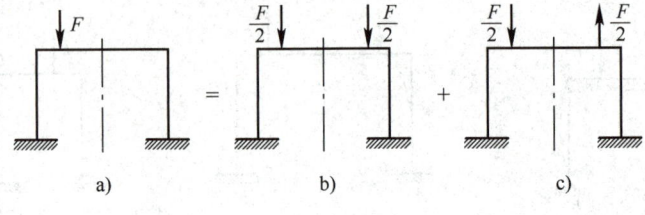

图 13-25

【例 13-10】 刚架受力及尺寸如图 13-26a 所示,刚架的弯曲刚度 EI 为常量,试求支座约束力。

解:此结构为 1 次超静定,由于是结构对称、载荷反对称的单跨刚架,所以其 1/2 结构可以等效为图 13-26b 所示的静定结构,支座约束力可由平衡方程直接求出。

$$F_{By} = \frac{ql}{4}(\uparrow),\ F_{Cy} = \frac{ql}{4}(\uparrow),\ F_{Bx} = 0$$

由反对称性可知

$$F_{Ay} = \frac{ql}{4}(\downarrow),\ F_{Ax} = 0$$

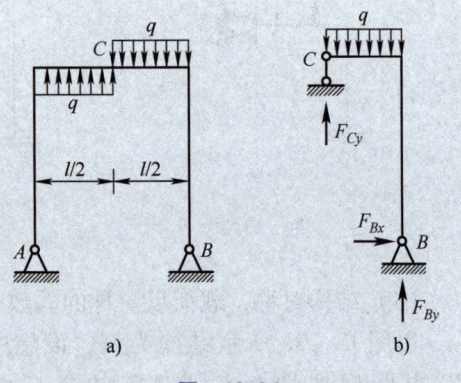

图 13-26

【例 13-11】 结构尺寸及受力如图 13-27a 所示,弯曲刚度 EI 为常量,试求 CD 段 C 截面的弯矩 M_{CD}。

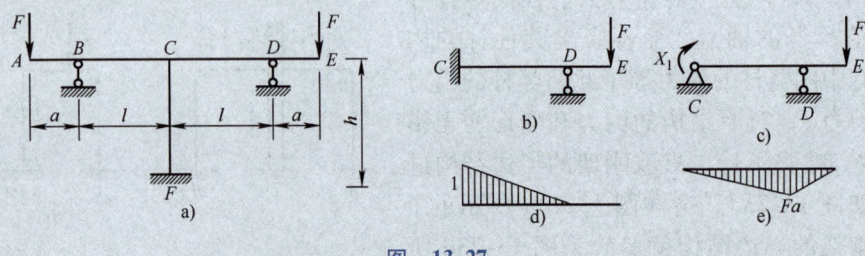

图 13-27

解：原结构为 2 次超静定。

由于是结构对称载荷对称的偶数跨结构，所以其一半可以等效为图 13-27b 所示的 1 次超静定结构，下面求解此结构。

取相当系统如图 13-27c 所示。

相当系统（见图 13-27c）截面 C 的转角与原结构（见图 13-27b）截面 C 转角一致，原结构截面 C 转角为 0，正则方程为

$$\delta_{11}X_1 + \Delta_{1F} = 0$$

$\overline{M}_1$ 图如图 13-27d 所示，M_P 图如图 13-27e 所示。

由图乘法

$$\delta_{11} = \frac{1}{EI}\left[\left(\frac{1}{2} \times l \times 1\right) \times \frac{2}{3}\right] = \frac{l}{3EI}$$

$$\Delta_{1F} = -\frac{1}{EI}\left[\left(\frac{1}{2} \times l \times Fa\right) \times \frac{1}{3}\right] = -\frac{Fla}{6EI}$$

求解多余约束力

$$X_1 = -\frac{\Delta_{1F}}{\delta_{11}} = \frac{Fa}{2}$$

$$M_{CD} = X_1 = \frac{Fa}{2}（下侧受拉）$$

习 题

13-1 试作图 13-28 所示等直杆的轴力图。

13-2 图 13-29 所示支架承受荷载 $F = 10\text{kN}$，杆 1、2、3 由同一种材料制成，其横截面面积分别为 $A_1 = 100\text{mm}^2$，$A_2 = 150\text{mm}^2$，$A_3 = 200\text{mm}^2$。试求各杆的轴力。

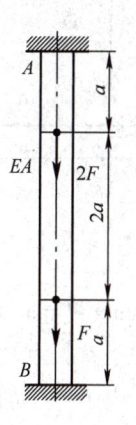

图 13-28 习题 13-1 图

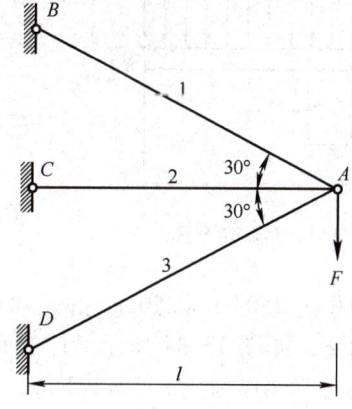

图 13-29 习题 13-2 图

13-3 一刚性板由四根支柱支撑，四根支柱的长度和截面都相同，如图 13-30 所示。如果荷载 F 作用在 A 点，试求这四根支柱各受多少力。

13-4 刚性杆 AB 的左端铰支,两根长度相等、横截面面积相同的钢杆 CD 和 EF 使该刚性杆处于水平位置,如图 13-31 所示。如已知 $F = 50\text{kN}$,两根钢杆的横截面面积 $A = 1000\text{mm}^2$,试求两杆的轴力和应力。

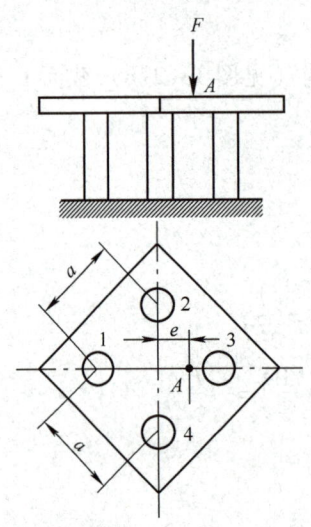

图 13-30 习题 13-3 图

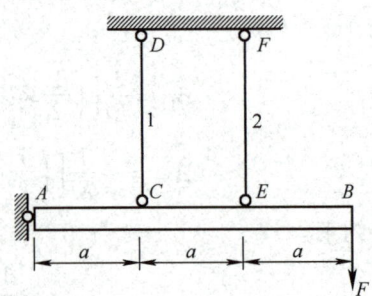

图 13-31 习题 13-4 图

13-5 图 13-32 所示刚性梁受均布荷载作用,梁在 A 端铰支,在 B 点和 C 点由两根钢杆 BD 和 CE 支承。已知钢杆 BD 和 CE 的横截面面积 $A_2 = 200\text{mm}^2$ 和 $A_1 = 400\text{mm}^2$,钢杆的许用应力 $[\sigma] = 170\text{MPa}$,试校核该钢杆的强度。

13-6 试求图 13-33 所示结构的许可荷载 $[F]$。已知杆 AD、CE、BF 的横截面面积均为 A,杆材料的许用应力为 $[\sigma]$,梁 AB 可视为刚体。

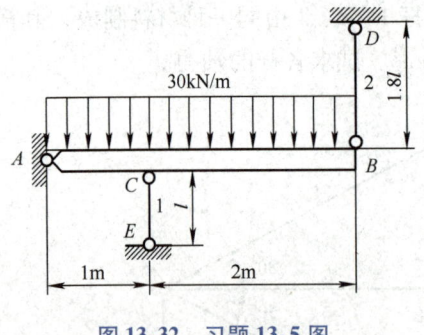

图 13-32 习题 13-5 图

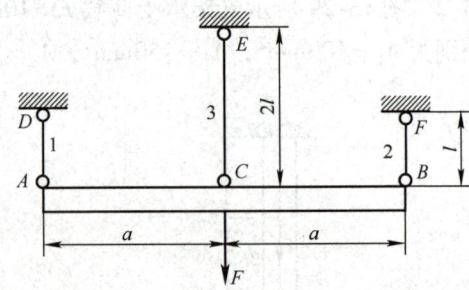

图 13-33 习题 13-6 图

13-7 横截面积为 $250\text{mm} \times 250\text{mm}$ 的短木柱,用四根 $40\text{mm} \times 40\text{mm} \times 5\text{mm}$ 的等边角钢加固,并承受压力 F,如图 13-34 所示。已知角钢的许用应力 $[\sigma]_s = 160\text{MPa}$、弹性模量 $E_s = 200\text{GPa}$;木材的许用应力 $[\sigma]_w = 12\text{MPa}$、弹性模量 $E_w = 10\text{GPa}$。试求短木柱的许可荷载 $[F]$。

13-8 水平刚性横梁 AB 上部由于杆 1 和杆 2 悬挂,下部由铰支座 C 支承,如图 13-35 所示。由于制造误差,杆 1 长度短了 $\delta = 1.5\text{mm}$。已知两杆的材料和横截面面积均相同,且 $E_1 = E_2 = 200\text{GPa}$,$A_1 = A_2 = A$。试求装配后两杆的应力。

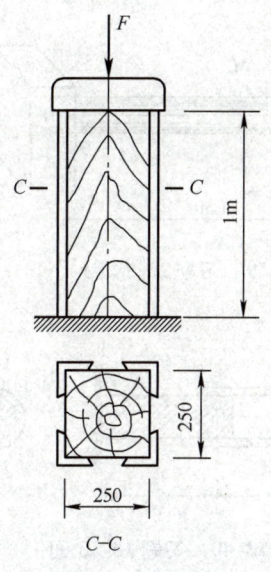

图 13-34　习题 13-7 图

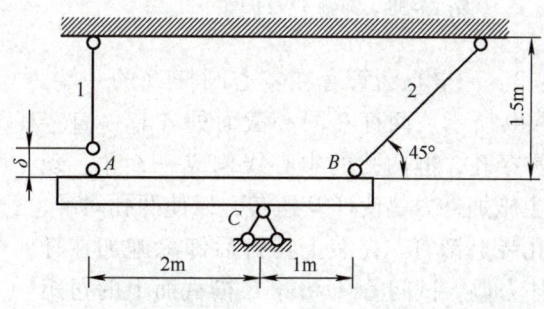

图 13-35　习题 13-8 图

13-9　图 13-36 所示阶梯状杆，其上端固定，下端与支座距离 $\delta = 1\text{mm}$。已知上、下两段杆的横截面面积分别为 600mm^2 和 300mm^2，材料的弹性模量 $E = 210\text{GPa}$。试作图示荷载作用下杆的轴力图。

13-10　两端固定的阶梯状杆如图 13-37 所示。已知 AC 段和 BD 段的横截面面积为 A，CD 段的横截面面积为 $2A$；杆的弹性模量为 $E = 210\text{GPa}$，线膨胀系数 $\alpha_l = 12 \times 10^{-6}\text{℃}^{-1}$。试求当温度升高 30℃ 后，该杆各部分产生的应力。

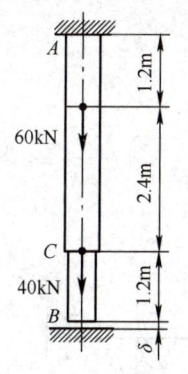

图 13-36　习题 13-9 图

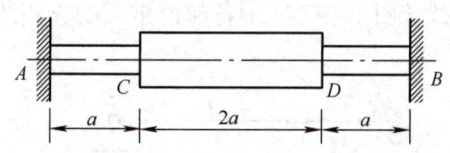

图 13-37　习题 13-10 图

13-11　图 13-38 所示为一两端固定的阶梯状圆轴，在截面突变处承受外力偶矩 M_e。若 $d_1 = 2d_2$，试求固定端的支反力偶矩 M_A 和 M_B，并作扭矩图。

13-12　图 13-39 所示一两端固定的钢圆轴，其直径 $d = 60\text{mm}$。轴在截面 C 处承受一外力偶矩 $M_e = 3.8\text{kN·m}$。已知钢的切变模量 $G = 80\text{GPa}$。试求截面 C 两侧横截面上的最大切应力和截面 C 的扭转角。

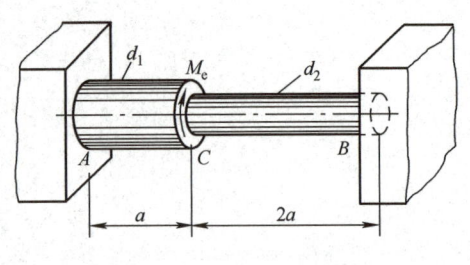
图 13-38 习题 13-11 图

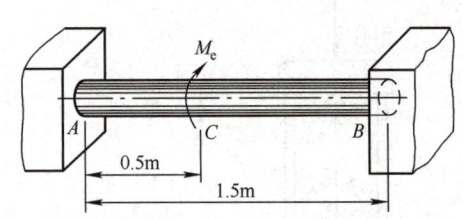
图 13-39 习题 13-12 图

13-13 一空心圆管套在实心圆杆 B 的一端,如图 13-40 所示。两杆在同一截面处各有一直径相同的贯穿孔,但两孔的中心线构成一 β 角。现在杆 B 上施加外力偶使杆 B 扭转,以使两孔对准,并穿过孔装上销钉。在装上销钉后卸除施加在杆 B 上的外力偶。试问管 A 和杆 B 横截面上的扭矩为多大?已知杆 A 和杆 B 的极惯性矩分别 I_{pA} 和 I_{pB};两杆的材料相同,其切变模量为 G。

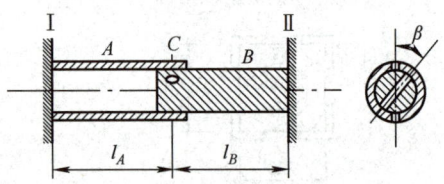
图 13-40 习题 13-13 图

13-14 图 13-41 所示圆截面杆 AC 的直径 $d_1=100\text{mm}$,A 端固定,在截面 B 处承受外力偶矩 $M_e=7\text{kN}\cdot\text{m}$,截面 C 的上、下两点处与直径均为 $d_2=20\text{mm}$ 的圆杆 EF、GH 铰接。已知各杆材料相同,弹性常数间的关系为 $G=0.4E$。试求杆 AC 中的最大切应力。

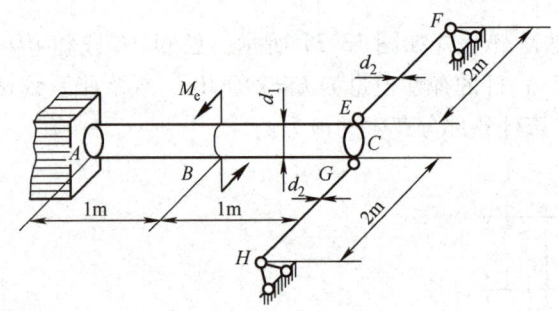
图 13-41 习题 13-14 图

13-15 试求图 13-42 所示各超静定梁的支座约束力。

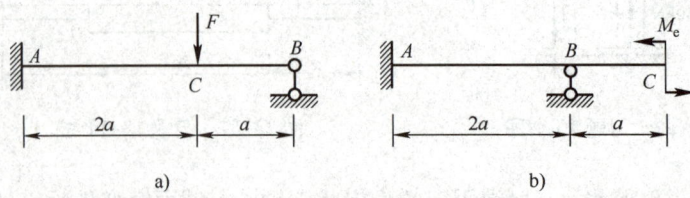
图 13-42 习题 13-15 图

13-16 如图 13-43 所示,荷载 F 作用在梁 AB 及 CD 的连接处,试求每根梁在连接处所受的力。已知跨长比和刚度比分别为:$\dfrac{l_1}{l_2}=\dfrac{3}{2}$ 和 $\dfrac{EI_1}{EI_2}=\dfrac{4}{5}$。

13-17 梁 AB 因强度和刚度不足，用同一材料和同样截面的短梁 AC 加固，如图 13-44 所示。试求：(1) 二梁接触处的压力 F_C。(2) 加固后梁 AB 的最大弯矩和 B 点的挠度减小的百分数。

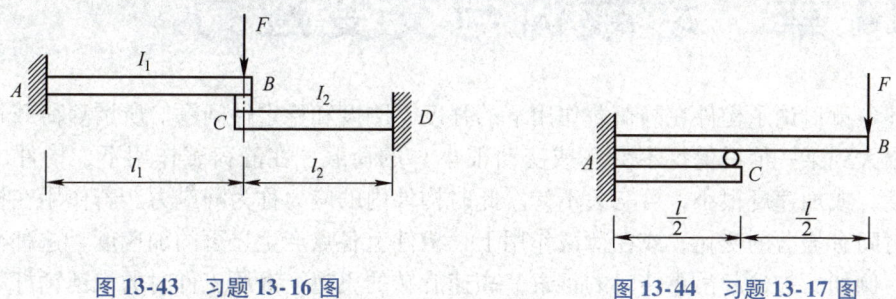

图 13-43 习题 13-16 图　　　图 13-44 习题 13-17 图

13-18 图 13-45 所示结构中梁 AB 和梁 CD 的尺寸及材料均相同，已知 EI 为常量。试绘出梁 CD 的剪力图和弯矩图。

13-19 如图 13-46 所示，在一直线上打入 n 个半径为 r 的圆桩，桩间距均为 l。将厚度为 δ 的平钢板按图示方式插入圆桩之间，钢板的弹性模量为 E，试求钢板内产生的最大弯曲应力。

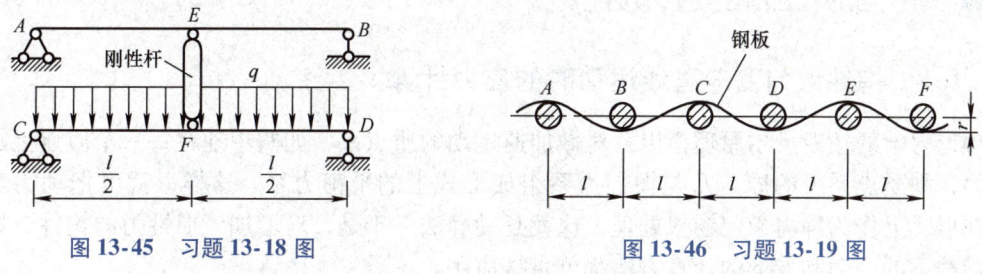

图 13-45 习题 13-18 图　　　图 13-46 习题 13-19 图

13-20 如图 13-47 所示，直梁 ABC 在承受荷载前搁置在支座 A 和 C 上，梁与支座 B 间有一间隙 Δ。当加上均布荷载后，梁在中点处与支座 B 接触，因而三个支座都产生约束力。为使这三个约束力相等，试求 Δ。

13-21 如图 13-48 所示，梁 AB 的两端均为固定端，当其左端转动了一个微小角度 θ 时，试确定梁的约束力 M_A、F_A、M_B、F_B。

13-22 梁 AB 的左端固定而右端铰支，如图 13-49 所示。梁的横截面高为 h。设梁在安装后其顶面温度为 t_1，而底面温度为 t_2，设 $t_2 > t_1$，且沿截面高度 h 成线性变化。梁的弯曲刚度为 EI，材料的线膨胀系数为 α。试求梁的约束力。

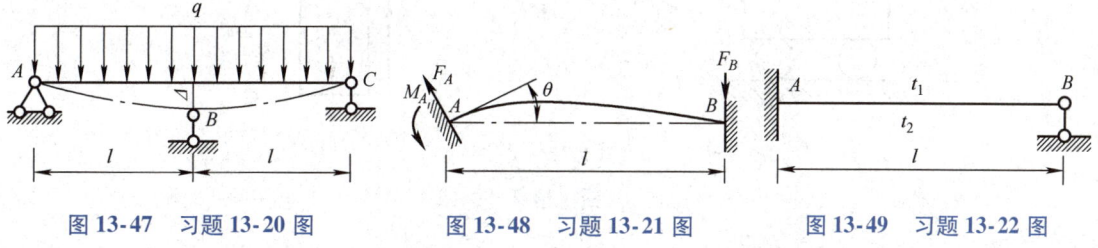

图 13-47 习题 13-20 图　　　图 13-48 习题 13-21 图　　　图 13-49 习题 13-22 图

第 14 章 动载荷与交变应力

前述各章讨论了构件在静荷载作用下的强度、刚度和稳定性问题。所谓静荷载是指由零缓慢地增大到某一值后保持不变（或变动很小）的荷载。在静荷载作用下，构件内各点没有加速度，或加速度很小，可略去不计。此时构件内的应力称为静应力。若作用在构件上的荷载随时间有显著的变化，或在荷载作用下，构件上各点产生显著的加速度，这种荷载称为动荷载。例如，加速起吊重物时的钢索，高速旋转的飞轮，锻压工件时的汽锤锤杆等，都受到不同形式的动荷载作用。

构件中动荷载产生的应力称为动应力。试验表明，只要动应力在材料的比例极限内，在动荷载作用下的应力与应变仍然符合胡克定律，而且弹性模量也与静荷载下的数值相同。下面通过实例，讨论构件做匀变速直线运动和匀速转动时的动应力计算问题。

14.1 考虑惯性力的应力计算

14.1.1 构件做匀变速直线运动时的应力计算

理论力学的达朗贝尔原理指出，对做加速运动的质点系，如假想地在每一个质点上加上惯性力，则质点系上的原力系与惯性力系组成形式上的平衡力系。这样，就可把动力学问题，在形式上作为静力学问题来处理，这就是动静法。于是，对增加了惯性力的构件，以前在静荷载下的应力和变形的计算方法都可直接应用。

例如，图 14-1a 所示的吊车以匀加速度 a 提升重物。设重物的重量为 G，钢绳的横截面面积为 A，重量不计，求钢绳中的应力。

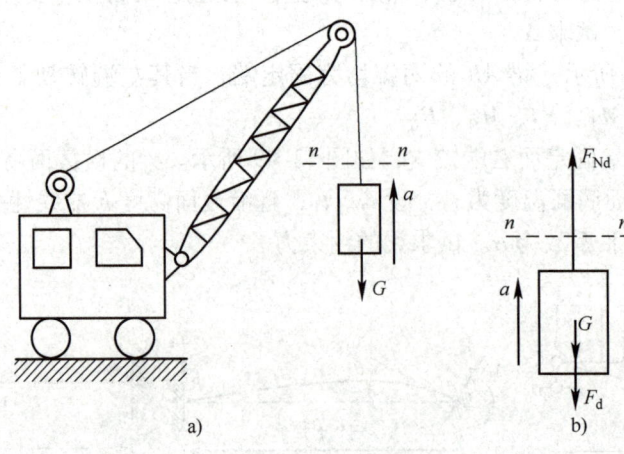

图 14-1

用截面法将钢绳沿 $n—n$ 面截开，取下半部分为研究对象（见图14-1b）。按照达朗贝尔原理，对匀加速直线运动的物体，如加上惯性力，就可以作为静力学平衡问题处理。设重物的惯性力为 F_d，其大小为重物的质量 m 与加速度 a 的乘积，即

$$F_d = ma = \frac{G}{g}a$$

方向与加速度 a 相反，F_{Nd} 为钢绳在动荷载作用下的轴力。则重力 G、轴力 F_{Nd} 和惯性力 F_d 在形式上构成平衡力系。由平衡方程

$$\sum F = 0, \quad F_{Nd} - G - \frac{G}{g}a = 0$$

得

$$F_{Nd} = G + \frac{G}{g}a = G\left(1 + \frac{a}{g}\right)$$

则钢绳横截面上的由动载荷引起的动应力为

$$\sigma_d = \frac{F_{Nd}}{A} = \frac{G}{A}\left(1 + \frac{a}{g}\right) \tag{a}$$

加速度 $a = 0$ 时，由式（a）求得静荷载下的应力为

$$\sigma_{st} = \frac{G}{A}$$

可见，动应力可表示为

$$\sigma_d = \sigma_{st}\left(1 + \frac{a}{g}\right) \tag{b}$$

$\left(1 + \dfrac{a}{g}\right)$ 可称为动荷系数，并记为

$$K_d = 1 + \frac{a}{g} \tag{c}$$

它表示动应力与静应力的比值。于是式（b）可写成

$$\sigma_d = K_d \sigma_{st} \tag{14-1}$$

即动应力等于静应力乘以动荷系数。强度条件可以表示为

$$\sigma_d = K_d \sigma_{st} \leqslant [\sigma] \tag{14-2}$$

【**例 14-1**】 矿井提升机构如图14-2所示，提升矿物的重量（包括吊笼重量）$G = 40\text{kN}$。启动时，吊笼上升，加速度 $a = 1.5\text{m/s}^2$，吊索横截面面积 $A = 8\text{cm}^2$，自重不计。试求启动过程中绳索横截面上的动应力。

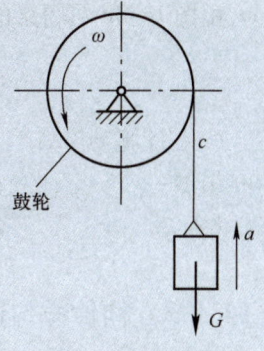

图 14-2

解：吊索横截面上的静应力为

$$\sigma_{st} = \frac{G}{A} = \frac{40 \times 10^3}{8 \times 10^{-4}}\text{Pa} = 50\text{MPa}$$

动荷系数为

$$K_d = 1 + \frac{a}{g} = 1.153$$

将 σ_{st} 和 K_d 的值代入式（14-1），得吊索横截面上的动应力

$$\sigma_d = K_d \sigma_{st} = 1.153 \times 50 \text{MPa} = 57.7 \text{MPa}$$

【例 14-2】 如图 14-3a 所示矩形截面梁，自重 $P = 24\text{kN}$，长 $l = 6\text{m}$。截面宽 $b = 0.35\text{m}$，高 $h = 0.5\text{m}$。用横截面面积 $A = 108\text{mm}^2$ 的两根吊索以加速度 $a = 10\text{m/s}^2$ 起吊，试求吊索横截面上和梁内的最大动应力。

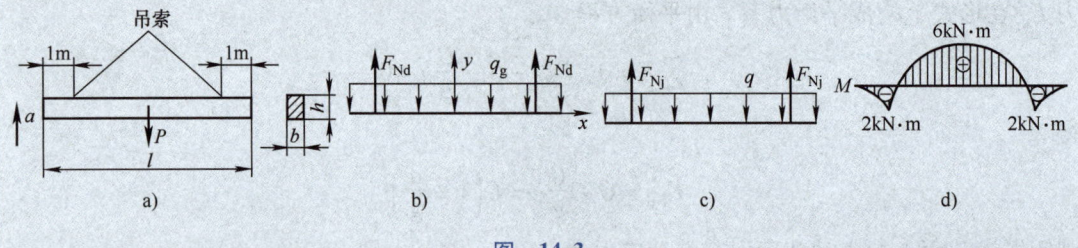

图 14-3

解：（1）求动荷因数

将梁视为均质材料，受力如图 14-3b 所示。构件在相应静载荷作用下的受力如图 14-3c 所示。由梁的自重引起的均布载荷集度为

$$q = \frac{P}{l} = \frac{24}{6}\text{kN/m} = 4\text{kN/m}$$

当以加速度 a 起吊时，梁的均布载荷集度为

$$q_g = q + \frac{qa}{g} = \left(1 + \frac{a}{g}\right)q$$

动荷因数 K_d 为

$$K_d = 1 + \frac{a}{g} = 1 + \frac{10}{9.8} = 2.02$$

（2）计算静应力

由图 14-3c 求得吊索静拉力作用下的应力为

$$\sigma_{st} = \frac{F_N}{A} = \frac{ql}{2A} = \frac{4 \times 6 \times 10^3}{2 \times 108 \times 10^{-6}}\text{Pa} = 111.1\text{MPa}$$

由图 14-3d 可得梁的最大静弯矩为 $6\text{kN}\cdot\text{m}$，最大静应力为

$$\sigma_{stmax} = \frac{M_{max}}{W} = \frac{6 \times 10^3}{(0.35 \times 0.5^2)/6}\text{Pa} = 0.411\text{MPa}$$

（3）计算动应力

吊索： $\sigma_d = K_d \sigma_{stmax} = 2.02 \times 111.1 \text{MPa} = 224.4 \text{MPa}$

梁： $\sigma_d = K_d \sigma_{stmax} = 2.02 \times 0.411 \text{MPa} = 0.83 \text{MPa}$

14.1.2 构件做匀速转动时的应力计算

在工程中有很多做旋转运动的构件，如飞轮、皮带轮和齿轮等，若不计其轮辐的影响，可近似地将轮缘看作定轴转动的圆环。下面再以匀速转动的圆环说明动静法的应用。

设圆环绕通过圆心且垂直于圆环平面的轴以匀角速 ω 转动（见图 14-4a）。已知圆环的横截面面积为 A，平均直径为 D，密度为 ρ，求圆环横截面上的应力。

1. 计算惯性力

圆环以匀角速度 ω 转动时，圆环上各点只有法向加速度 a_n。若圆环的平均直径 D 远大于环壁厚度 t，则可近似地认为环上各点的 a_n 相同，且都等于 $D\omega^2/2$。

因圆环单位圆弧长度上的质量为 ρA，所以圆环单位圆弧长度上的惯性力，即沿圆环周向均布的惯性力集度 q_d 为

$$q_d = \rho A a_n = \frac{\rho A D}{2}\omega^2$$

其方向与 a_n 相反，如图 14-4b 所示。

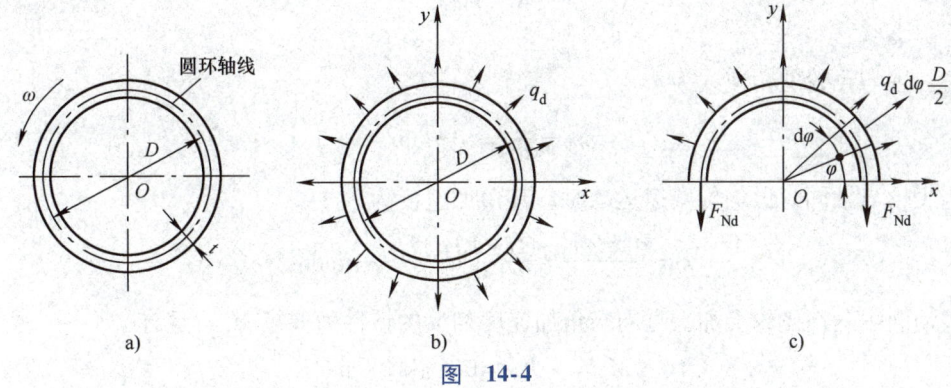

图 14-4

2. 求内力和应力

取半个圆环为研究对象（见图 14-4c），F_{Nd} 为圆环横截面上的内力。根据动静法，列平衡方程 $\sum F_y = 0$ 得

$$\int_0^\pi q_d \sin\varphi \cdot \frac{D}{2} d\varphi - 2F_{Nd} = 0$$

$$F_{Nd} = \frac{q_d D}{2} = \frac{\rho A D^2}{4}\omega^2$$

由此，求出圆环横截面上的应力为

$$\sigma_d = \frac{F_{Nd}}{A} = \frac{\rho D^2 \omega^2}{4} = \rho v^2 \tag{14-3}$$

式中，$v = D\omega/2$ 为圆环轴线上点的线速度。圆环强度条件为

$$\sigma_d = \rho v^2 \leq [\sigma] \tag{14-4}$$

式（14-3）、式（14-4）表明，圆环横截面上的动应力仅与圆环材料的密度 ρ 及线速度 v 有关，而与横截面面积无关。因此，为降低圆环的应力，应限制圆环的直径或转速，或选用密度较小的材料。

【例 14-3】 在 AB 轴的 B 端有一个质量很大的飞轮（见图 14-5）。与飞轮相比，轴的质量可以忽略不计。轴的另一端 A 装有刹车离合器。飞轮的转速 $n = 300$r/min，转动惯量 $J = 0.5$kg·m²。轴的直径 $d = 100$mm。制动时使轴在 10s 内均匀减速停止转动。试求轴内最大动应力。

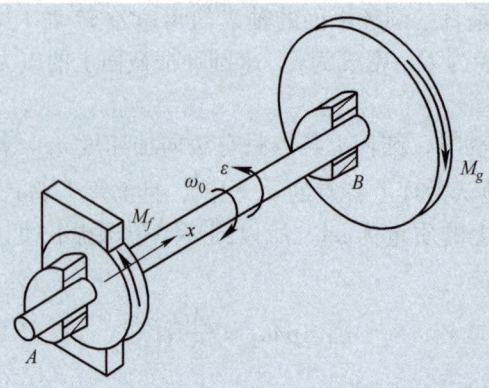

图 14-5

解： 轴与飞轮的角速度为

$$\omega_0 = \frac{n\pi}{30} = 10\pi \text{rad/s}$$

当飞轮与轴同时做均匀减速运动时，其角加速度为

$$\varepsilon = \frac{\omega_1 - \omega_0}{t} = \frac{(0 - 10\pi)}{10} = -\pi \text{rad/s}^2$$

按动静法，在飞轮上加上方向与角加速度相反的惯性力偶矩 M_g，且有

$$M_g = -J_x \varepsilon = 0.5\pi \text{kN} \cdot \text{m}$$

设作用在轴上的摩擦力矩为 M_f，由平衡方程 $\sum M_x = 0$，求出

$$M_f = M_g = 0.5\pi \text{kN} \cdot \text{m}$$

AB 轴由于摩擦力矩 M_f 和惯性力偶矩 M_g 引起扭转变形，横截面上的扭矩为

$$T = M_g = 0.5\pi \text{kN} \cdot \text{m}$$

横截面上的最大扭转切应力为

$$\tau_{\max} = \frac{T}{W_t} = \frac{0.5\pi \times 10^3}{\frac{\pi}{16}(100 \times 10^{-3})^3} \text{Pa} = 8 \times 10^6 \text{Pa} = 8 \text{MPa}$$

14.2　冲击荷载

当运动物体以一定的速度作用到静止构件上时，构件将受到很大的作用力，这种现象称为冲击，被冲构件因冲击而引起的应力称为**冲击应力**。工程中冲击实例很多，例如汽锤锻造、落锤打桩、金属冲压加工、传动轴突然制动等，都是常见的冲击现象。此外，如被轧件进入轧钢机的轧辊时，轧辊受到冲击；矿井提升机在下降过程中如突然停止时，钢丝绳受到冲击等。

在冲击过程中，冲击物的速度在极短时间内发生急剧的改变，产生很大的加速度，由于冲击物的惯性，它将施加给被冲击物很大的作用力，从而使构件产生很大的应力与变形。由于冲击过程极为短促，且加速度及相应的冲击力又是迅速变化的，它们的数值都难以精确求得。因此，对于冲击问题，不宜采用动静法而需要另觅途径。工程上多采用一种简化了的能量方法，先计算构件被冲击物的变形，再通过变形计算应力。

14.2.1 自由落体冲击

现以自由落体的冲击问题为例，说明计算冲击应力的思路以及能量法的原理。如图14-6a、b、c所示，设有一重量为 F 的冲击物，自高度 h 处自由下落到直杆的顶面上，并以一定的速度 v 开始冲击直杆。若冲击物与直杆接触后仍附着于杆上，由于杆的阻碍将使冲击物的速度逐渐降低至 0，与此同时直杆在被冲击处的位移将达到最大值 Δ_d，与之相应的冲击荷载值为 F_d，冲击应力值为 σ_d。

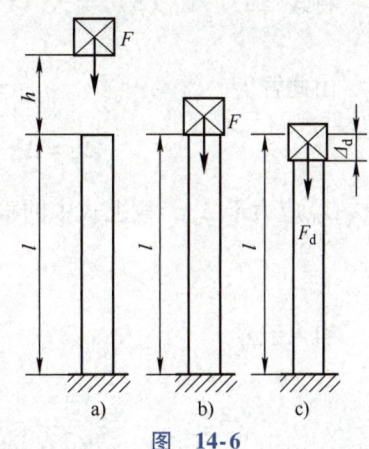

图 14-6

如果能够设法求出冲击时的最大位移值 Δ_d，并假设冲击时杆仍在弹性范围内工作，根据荷载、应力、变形间的正比关系，可进而求得冲击荷载 F_d 及冲击应力 σ_d。这就是求解冲击问题的基本思路。由此可见，关键在于 Δ_d 的确定。可以用能量法求解上述问题。在求解过程中，做以下假定：

（1）冲击物的变形很小，可视为刚体。
（2）构件（被冲击物）的质量与冲击物相比很小，可忽略去不计。
（3）材料服从胡克定律。
（4）不计冲击过程中的能量损失。

根据能量守恒定律可知，在冲击过程中，冲击物所减少的动能 ΔT 和势能 ΔV 应等于被冲击物所增加的变形能 U_d，即

$$\Delta T + \Delta V = U_\mathrm{d} \tag{14-5}$$

冲击物开始冲击时所具有的初动能等于自由下落过程中重力所做的功 Fh。由于冲击后重物的速度降低为零，即其末动能为 0。因此，在冲击过程中冲击物所减少的动能为

$$\Delta T = Fh \tag{a}$$

在冲击物对直杆的冲击问题中，当直杆由原来位置被冲击而达到最大变形位置时（见图 14-6c），冲击物所减少的势能为

$$\Delta V = F\Delta_\mathrm{d} \tag{b}$$

在冲击过程中，被冲杆件增加的变形能 U_d 可通过力 F_d 所做的功来表示。由于力 F_d 与位移 Δ_d 都是由零增至最大值，当材料服从胡克定律时，可得

$$U_\mathrm{d} = \frac{1}{2} F_\mathrm{d} \Delta_\mathrm{d} \tag{c}$$

如果将力 F 以静荷载的方式作用在杆件上时，并以杆 Δ_st 和 σ_st 表示与静荷载相应的变形与应力。在线弹性范围内荷载、位移与应力成正比。即

$$\frac{F_\mathrm{d}}{F} = \frac{\Delta_\mathrm{d}}{\Delta_\mathrm{st}} = \frac{\sigma_\mathrm{d}}{\sigma_\mathrm{st}} \tag{d}$$

由式（d）得

$$F_\mathrm{d} = \frac{\Delta_\mathrm{d}}{\Delta_\mathrm{st}} F, \; \sigma_\mathrm{d} = \frac{\Delta_\mathrm{d}}{\Delta_\mathrm{st}} \sigma_\mathrm{st} \tag{e}$$

将式（e）代入式（c），可得杆件变形能的另一表达式为

$$U_d = \frac{1}{2}\frac{\Delta_d^2}{\Delta_{st}}F \tag{f}$$

将式（a）、式（b）与式（f）代入式（14-5），整理后得

$$\Delta_d^2 - 2\Delta_d\Delta_{st} - 2h\Delta_{st} = 0$$

由此解出

$$\Delta_d = \Delta_{st} \pm \sqrt{\Delta_{st}^2 + 2h\Delta_{st}} = \Delta_{st}\left(1 \pm \sqrt{1 + \frac{2h}{\Delta_{st}}}\right)$$

Δ_d 应大于 Δ_{st}，故上式中的根号前应取正号，故有

$$\Delta_d = \Delta_{st}\left(1 + \sqrt{1 + \frac{2h}{\Delta_{st}}}\right) \tag{g}$$

引入记号

$$K_d = 1 + \sqrt{1 + \frac{2h}{\Delta_{st}}} \tag{14-6}$$

K_d 称为自由落体的冲击动荷系数。这样就可把式（e）、式（g）写成

$$\Delta_d = K_d\Delta_{st},\quad F_d = K_d F,\quad \sigma_d = K_d \sigma_{st} \tag{14-7}$$

可见，只要求出冲击动荷系数 K_d，然后以 K_d 乘以静荷载、静位移和静应力，就可求得冲击时的荷载、位移和应力。当然这里的 F_d、Δ_d 和 σ_d 是指受冲构件达最大变形，冲击物速度等于零时的瞬时荷载、位移和应力。

突然加于构件上的荷载相当于物体自由下落时 $h = 0$ 的情况。由式（14-6）可知，此时 $K_d = 2$。所以在突加荷载下，应力和位移皆为静载的 2 倍。

应当注意，上面所得的有关公式是近似的计算公式。实际上，冲击物并非绝对刚体，而被冲击构件也是有质量的线弹性体。此外，冲击过程中还有其他的能量损失，即冲击物所减少的动能和势能并不会全部转化为被冲击构件的变形能。但经过简化而得出的近似公式，不但使计算简化，而且由于不计其他能量损失等因素，也使所得结果偏于安全，因此在工程中被广泛采用。

必须指出：(1) 根据上述有关公式计算出来的最大冲击应力，只有在不超过材料的比例极限时才能应用，因为在公式的推导过程中采用了胡克定律。

(2) 上面所得的公式都是针对自由落体冲击推导出来的，在非自由落体的其他冲击情况下，在能量方程式（14-5）中的 ΔT、ΔV 及 U_d 的表达式也将与式（a）、式（b）及式（c）不同，从而求得的冲击动荷系数 K_d 的表达式也将与式（14-6）不同。

14.2.2 水平冲击

当刚体沿水平方向冲击弹性体时（见图 14-7），冲击物势能不变，$\Delta V = 0$；若与被冲击物接触时冲击物的速度为 v，则冲击物的动能由 $\frac{P}{2g}v^2$ 变为 0，动能的减少为 $T = \frac{P}{2g}v^2$。

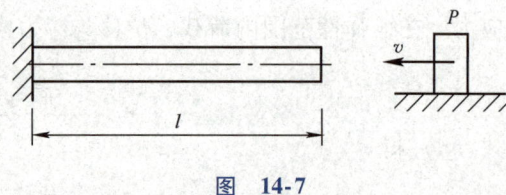

图 14-7

被冲击物变形能为 $U_d = \frac{1}{2}\frac{\Delta_d^2}{\Delta_{st}}P$。将 V、T 和 U_d 代入式（14-5），得

$$\frac{P}{2g}v^2 = \frac{1}{2}\frac{\Delta_d^2}{\Delta_{st}}P$$

$$\Delta_d = \sqrt{\frac{v^2}{g\Delta_{st}}}\Delta_{st} \tag{14-8}$$

由式（e）可得

$$F_d = \sqrt{\frac{v^2}{g\Delta_{st}}}P, \quad \sigma_d = \sqrt{\frac{v^2}{g\Delta_{st}}}\sigma_{st} \tag{14-9}$$

以上各式中，Δ_{st} 和 σ_{st} 是 P 沿冲击方向以静载方式加于被冲击物时产生的位移和应力。动荷系数

$$K_d = \sqrt{\frac{v^2}{g\Delta_{st}}} \tag{14-10}$$

从上面的分析可以看出，增大受冲构件与冲击物接触的静位移 Δ_{st} 就可降低动荷系数，从而降低了动位移和动应力。受冲构件的静位移 Δ_{st} 大则表示刚度小较为柔软，能更多地吸收冲击物的能量。汽车大梁和轮轴之间安装叠板弹簧，火车车厢与轮轴之间安装螺旋弹簧，某些机器和零件上安装橡皮垫圈或坐垫，都可以提高 Δ_{st}、降低冲击应力，起到缓冲作用。有时可以改变受冲构件的尺寸或形状，以增加静位移。例如把承受冲击的气缸盖螺钉由短螺钉（见图14-8a）改为长螺钉（见图14-8b），增加了螺钉的长度自然就增加了静位移，也就提高了抗冲击能力。

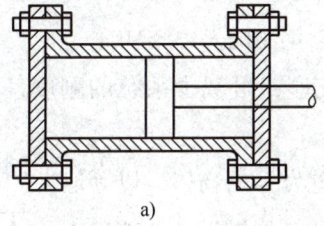
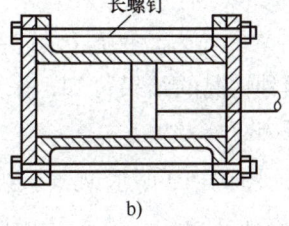

图 14-8

【例 14-4】 图 14-9a、b 分别为两个矩形截面钢梁受重为 F 的物体冲击，一梁支于刚性支座上，另一梁支于弹簧刚度 $K = 1000\text{N/cm}$ 的弹簧支座上。已知 $F = 1\text{kN}$，$l = 3\text{m}$，截面高度 $h = 0.05\text{m}$，惯性矩 $I_z = 3400\text{cm}^4$，抗弯截面系数 $W_z = 309\text{cm}^3$，弹性模量 $E = 200\text{GPa}$，试比较二者的最大冲击应力。

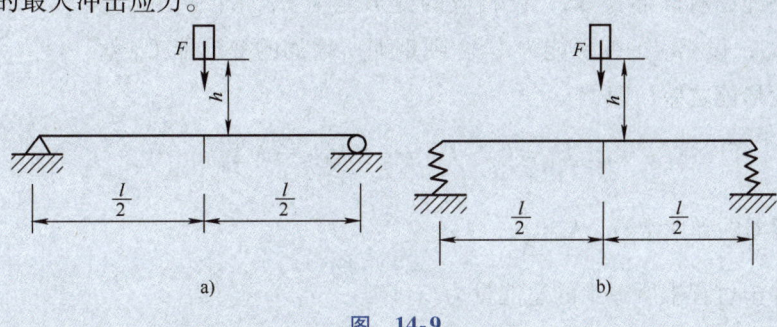

图 14-9

解： 首先求出两种情况下的冲击动荷系数值，由

$$K_d = 1 + \sqrt{1 + \frac{2h}{\Delta_{st}}}$$

可知，两种情况的差别仅在于静变形 Δ_{st} 不同。对刚性支撑的梁，其静变形 Δ_{st} 和静应力 σ_{st} 分别为

$$\Delta_{st} = \frac{Fl^3}{48EI_z} = \frac{1000 \times 3^3}{48 \times 200 \times 10^9 \times 3400 \times 10^{-8}} \text{m} = 8.27 \times 10^{-5} \text{m}$$

$$\sigma_{stmax} = \frac{Fl}{4W_z} = \frac{1000 \times 3}{4 \times 309 \times 10^{-6}} \text{Pa} = 2.43 \text{MPa}$$

$$K_d = 1 + \sqrt{1 + \frac{2h}{\Delta_{st}}} = 1 + \sqrt{1 + \frac{2 \times 0.05}{8.27 \times 10^{-5}}} = 34.8$$

可得

$$\sigma_{dmax} = K_d \sigma_{stmax} = 34.8 \times 2.43 \text{MPa} = 84.5 \text{MPa}$$

对于弹簧支撑的梁，其

$$\Delta_{st} = \frac{Fl^3}{48EI_z} + \frac{F}{2K} = \left(8.27 \times 10^{-5} + \frac{1000}{2 \times 1000 \times 10^2}\right) \text{m} = 5.08 \times 10^{-3} \text{m}$$

$$K_d = 1 + \sqrt{1 + \frac{2h}{\Delta_{st}}} = 1 + \sqrt{1 + \frac{2 \times 0.05}{5.08 \times 10^{-3}}} = 5.55$$

可得

$$\sigma_{dmax} = K_d \sigma_{stmax} = 5.55 \times 2.43 \text{MPa} = 13.5 \text{MPa}$$

比较上述两种情况的结果可知，采用弹簧支座，可减少系统的刚度，降低动荷系数，从而减少冲击应力。

【例 14-5】 图 14-10 所示钢绳下悬挂一重量为 G 的物体，以等速 v 下降，当卷筒突然被刹住时，求钢绳内的应力。已知钢绳的截面积为 A，弹性模量为 E，被刹住时绳长为 l，不计钢绳自重。

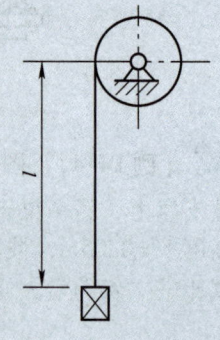

图 14-10

解： 当卷筒被刹住时，重物速度由 v 变到 0，这时绳将受到冲击，但这种冲击情况与前述自由落体的冲击情况不同，因此不能直接利用动荷系数公式（14-6），而必须从基本方程式（14-5）出发求解。卷筒被刹住前钢绳已有静伸长 Δ_{st}，设相应的变形能为 U_1，冲击后钢绳的总伸长为 Δ_d，设相应的变形能为 U_2。则钢绳所增加的变形能 U_d 就等于这两个变形能之差，即

$$U_d = U_2 - U_1 = \frac{1}{2} K \Delta_d^2 - \frac{1}{2} K \Delta_{st}^2$$

式中，K 为钢绳的弹性常数，$K = \dfrac{G}{\Delta_{st}}$。

重物在冲击过程中所减少的总能量为

$$\Delta T + \Delta V = \frac{1}{2} \frac{G}{g} v^2 + G(\Delta_d - \Delta_{st})$$

根据式（14-5），得到

$$\frac{1}{2}K\Delta_d^2 - \frac{1}{2}K\Delta_{st}^2 = \frac{1}{2}\frac{G}{g}v^2 + G(\Delta_d - \Delta_{st})$$

将 $K = G/\Delta_{st}$，代入上式并化简得

$$\Delta_d^2 - 2\Delta_{st}\Delta_d + \left(\Delta_{st}^2 + \frac{\Delta_{st}v^2}{g}\right) = 0$$

由上式解出

$$\Delta_d = \Delta_{st}\left(1 + \sqrt{\frac{v^2}{g\Delta_{st}}}\right)$$

故求得动荷系数为

$$K_d = \frac{\Delta_d}{\Delta_{st}} = 1 + \sqrt{\frac{v^2}{g\Delta_{st}}}$$

现设 $G = 50\text{kN}$，$A = 25\text{cm}^2$，$E = 170\text{GPa}$，$l = 100\text{m}$，$v = 2\text{m/s}$，则钢绳静应力及静伸长分别为

$$\sigma_{st} = \frac{G}{A} = \frac{50 \times 10^3}{25 \times 10^{-4}}\text{Pa} = 20\text{MPa}$$

$$\Delta_{st} = \frac{Gl}{EA} = \frac{50 \times 10^3 \times 100}{170 \times 10^9 \times 25 \times 10^{-4}}\text{m} = 1.18 \times 10^{-2}\text{m}$$

动荷系数为

$$K_d = 1 + \sqrt{\frac{v^2}{g\Delta_{st}}} = 1 + \sqrt{\frac{2^2}{9.8 \times 1.18 \times 10^{-2}}} = 6.87$$

故冲击应力为

$$\sigma_d = K_d\sigma_{st} = 6.87 \times 20\text{MPa} = 137.4\text{MPa}$$

由计算结果可知，σ_d 为 σ_{st} 的 6 倍多，因此，在工程实际中，应对动应力给予足够的重视。如前所述，在钢绳与重物之间加一缓冲弹簧，则将使动应力大为降低。

【**例 14-6**】 图 14-11 所示 AB 轴的 B 端有一质量很大的飞轮，与飞轮相比轴的质量可以忽略不计。轴的 A 端装有刹车离合器。飞轮的转动惯量为 $J_x = 500\text{kg}\cdot\text{m}^2$，转速为 $n = 100\text{r/min}$。轴的直径 $d = 100\text{mm}$。若 AB 轴在 A 端突然刹车（即 A 端突然停止转动），试求轴内最大应力。设切变模量 $G = 80\text{GPa}$，轴长 $l = 1\text{m}$。

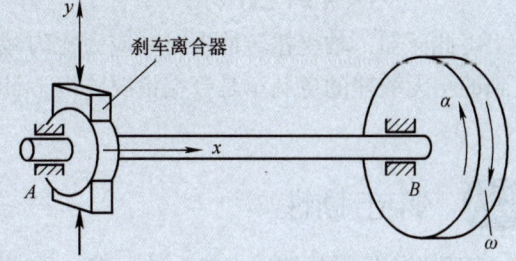

图 14-11

解：飞轮与轴转动的角速度为

$$\omega = \frac{\pi n}{30} = \frac{\pi \times 100}{30}\text{rad/s} = \frac{10\pi}{3}\text{rad/s}$$

因飞轮具有动能，A 端突然刹车将使 AB 轴受到冲击，引起扭转变形。以 T_d 代表冲击

引起的动扭矩,则 AB 轴的扭转变形能为

$$U_d = \frac{T_d^2 l}{2GI_p}$$

在冲击过程中,飞轮角速度最后降为 0,其动能的减少为

$$\Delta T = \frac{1}{2} J_x \omega^2$$

由式(14-5)得

$$\frac{1}{2} J_x \omega^2 = \frac{T_d^2 l}{2GI_p}$$

$$T_d = \omega \sqrt{\frac{J_x GI_p}{l}}$$

轴内最大冲击切应力为

$$\tau_{dmax} = \frac{T_d}{W_t} = \frac{\omega}{W_t} \sqrt{\frac{J_x GI_p}{l}}$$

对于实心圆轴的 $I_p = \frac{\pi d^4}{32}$,$W_t = \frac{\pi d^3}{16}$。则

$$\frac{I_p}{W_t^2} = \frac{\pi d^4}{32} \times \left(\frac{16}{\pi d^3}\right)^2 = \frac{2}{\frac{\pi d^2}{4}} = \frac{2}{A}$$

于是

$$\tau_{dmax} = \omega \sqrt{\frac{2GJ_x}{Al}}$$

可见扭转冲击时,轴内的最大动应力 τ_{dmax} 与轴的体积 Al 有关,体积越大,动应力越小。将已知数据代入上式,得

$$\tau_{dmax} = \frac{10 \times \pi \times 16}{3 \times \pi \times (100 \times 10^{-3})^3} \sqrt{\frac{500 \times 80 \times 10^9 \times \pi \times (100 \times 10^{-3})^4}{32 \times 1}} \text{Pa} = 1057 \text{MPa}$$

由此而知,轴受扭转冲击时动应力比匀减速转动时的动应力值增大是惊人的。但这里提到的全无缓冲的急刹车是极端情况,以上计算只是定性地指出冲击的危害。

14.3 冲击韧性

工程上衡量材料抗冲击能力的标准,是冲断试样所需要能量的多少。试验时,将带有切槽的弯曲试样置放于试验机的支架上,并使切槽位于受拉的一侧(见图 14-12),当重摆从一定高度自由落下将试样冲断时,试样所吸收的能量等于重摆所做的功 W。W 除以试样在切槽处的最小横截面积 A 得

$$a_k = \frac{W}{A} \tag{14-11}$$

式中,a_k 为冲击韧性,其单位为 J/mm^2。a_k 越大表示材料抗冲击的能力越强。一般来说,

塑性材料的扩冲击能力远高于脆性材料，如低碳钢的抗冲击能力就远高于铸铁。冲击韧性也是材料的性能指标之一。某些工程问题中，对冲击韧性的要求一般有具体的规定。

a_k 的数值与试样的尺寸、形状、支承条件等因素有关，所以它是衡量材料抗冲击能力的一个相对指标。为便于比较，测定 a_k 时应采用标准试样。我国通用的标准试样是两端简支的弯曲试样（见图 14-13a），试样中央开有半圆形切槽，称为 U 形切槽试样。为避免材料不均匀和切槽不准确的影响，试验时每组不应少于四根试样。试样上开切槽是为了使切槽区域高度应力集中，这样，切槽附近区域内便集中吸收了较多的能量。切槽底部越尖锐就更能体现上述要求。所以有时采用 V 形切槽试样，如图 14-13b 所示。

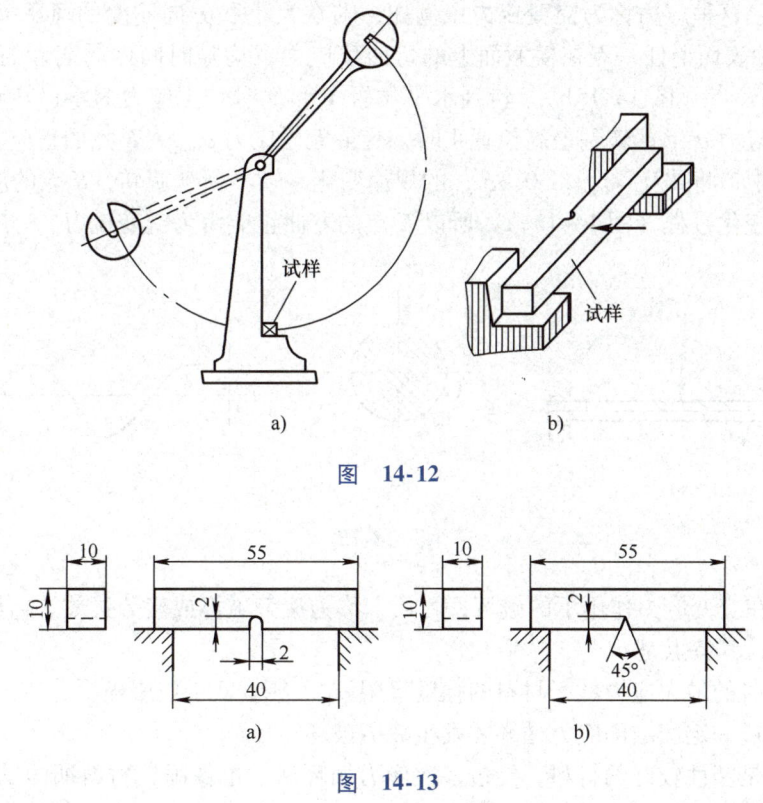

图 14-12

图 14-13

试验结果表明，a_k 的数值随温度降低而减小。在图 14-14 中，若纵轴代表试样冲断时吸收的能量，低碳钢的 a_k 随温度的变化情况如图中实线所示。图线表明，随着温度的降低，在某一狭窄的温度区间内，a_k 的数值骤然下降，材料变脆，这就是冷脆现象，使 a_k 骤然下降的温度称为转变温度。试样冲断后，断面的部分面积呈晶粒状是脆性断口，另一部分面积呈纤维状是塑性断口。V 形切槽试样应力集中程度较高，因而断口分区比较明显。用一组 V 形切槽试样在不同温度下进行试验，晶粒状断口面积占整个断面面积的百分比随温度

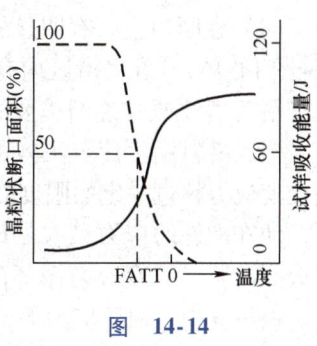

图 14-14

降低而升高，如图 14-14 中的虚线所示。一般将晶粒状断口面积占整个断面面积 50% 时的温度规定为转变温度，称作 FATT。

也不是所有金属都有冷脆现象。例如，铝、铜和某些高强度合金钢在很大的温度变化范围内 a_k 的数值变化很小，没有明显的冷脆现象。

14.4 交变应力与疲劳失效

14.4.1 概述

作用在构件上的荷载如果随时间周期性的变化，称为**交变荷载**。构件中的应力也随时间周期性的变化，这种应力称为**交变应力**。例如，轴在大小和方向不变的荷载 F 作用下（见图 14-15a），轴表面上任一点在横截面上的弯曲正应力，均随时间做周期性的变化。譬如，$n-n$ 截面上的 K 点（图 14-15b），转到水平位置 1 和 3 时，正应力为零；转到最低位置 2 时，受最大拉应力 σ_{max}；转到最高位置 4 时，受最大压应力 σ_{min}。K 点的正应力在轴旋转一个周期的过程中，将按 $0 \to \sigma_{max} \to 0 \to \sigma_{min}$ 的规律变化。轴不断地旋转，K 点的应力也就不断地重复上述的变化过程（图 14-15c），所以 K 点的弯曲正应力为交变应力。

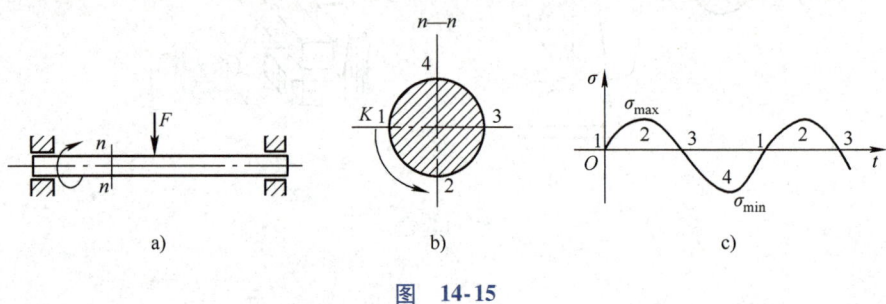

图 14-15

金属材料在交变应力作用下的破坏，习惯上称为**疲劳破坏**或**疲劳失效**。它与静应力下的破坏截然不同，其特点是：

（1）破坏时的最大应力低于材料的强度极限 σ_b，甚至低于屈服极限 σ_s。

（2）需经过一定次数的应力循环才发生疲劳破坏。

（3）即使是塑性较好的材料，经过多次应力循环后，也像脆性材料那样发生突然断裂，断裂前没有明显的塑性变形。

（4）在断口上，有明显的两个区域：光滑区和粗糙区（见图 14-16）。在光滑区内有时可以看出以微裂纹为起始点（称为裂纹源）逐渐扩展的弧形曲线。

金属材料发生疲劳失效的原因，目前一般的解释是：当交变应力超过一定的限度并经历了足够多次的反复作用后，便在构件的应力最大处或材料薄弱处产生细微裂纹，形成裂纹源。随着应力循环次数的增加，裂纹逐渐扩展。在扩展过程中，由于应力的交替变化，裂纹的两表面时而压紧，时而分离，类似研磨作用，形成断口表面的光滑区。随着裂纹的不断扩展，构件横截面的面积逐渐减小，应力随之增大。当有效的面积削弱到不足以承受外力时，

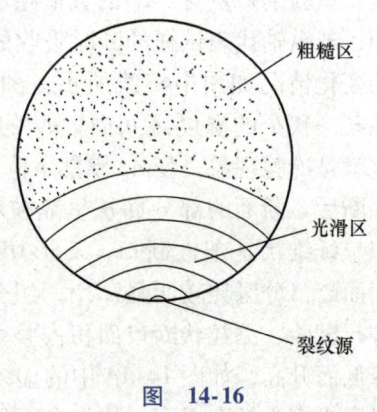

图 14-16

便突然发生脆性断裂，形成断口的粗糙区。所以，疲劳失效的过程，是裂纹产生和不断扩展的过程。

由于疲劳失效是在没有明显的塑性变形的情况下突然发生的，因而极易造成重大事故。据统计，飞机、车辆及机械零件的损坏，80%以上属于疲劳失效。因此，对于承受交变应力作用的构件，必须进行疲劳强度的计算。

14.4.2 交变应力的循环特性

设应力 σ 与时间 t 的关系如图 14-17 所示。由 a 到 b 应力经历了变化的全过程又回到原来的数值，称为一个应力循环。完成一个循环所需要的时间（如图中的 T）称为一个周期。σ_{max} 和 σ_{min} 分别表示应力循环中的最大和最小应力，二者比值

$$r = \frac{\sigma_{min}}{\sigma_{max}} \tag{14-12}$$

称为交变应力的循环特性。

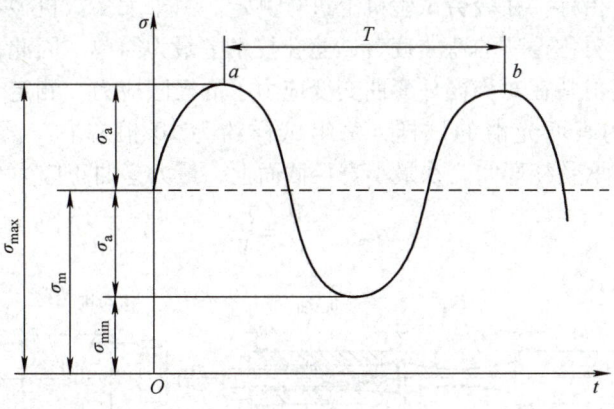

图 14-17

σ_{max} 和 σ_{min} 的代数和的 1/2 称为平均应力，即

$$\sigma_m = \frac{1}{2}(\sigma_{max} + \sigma_{min}) \tag{14-13}$$

σ_{max} 和 σ_{min} 的代数差的 1/2 称为应力幅，即

$$\sigma_a = \frac{1}{2}(\sigma_{max} - \sigma_{min}) \tag{14-14}$$

若交变应力的 σ_{max} 和 σ_{min} 大小相等符号相反，这种情况称为对称循环（见图 14-18）。由式（14-12）~式（14-14）得

$$r = -1, \sigma_m = 0, \sigma_a = \sigma_{max} \tag{a}$$

各种应力循环中，除对称循环外，其余情况通称为不对称循环。由式（14-13）和式（14-14）得

$$\sigma_{max} = \sigma_m + \sigma_a, \sigma_{min} = \sigma_m - \sigma_a \tag{14-15}$$

可见任一不对称循环都可以看作是在平均应力 σ_m 上叠加一个幅度为 σ_a 的对称循环。

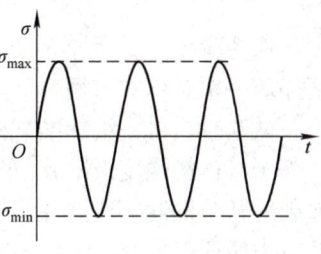

图 14-18

若交变应力变动于某一应力与零之间（图 14-19），即 $\sigma_{\min}=0$，这时

$$r=0, \sigma_a=\sigma_m=\frac{1}{2}\sigma_{\max} \qquad (b)$$

这种情况称为**脉动循环**。

静应力也可以看作是交变应力的特例，这时应力保持不变，故

$$r=1, \sigma_a=0, \sigma_m=\sigma_{\max}=\sigma_{\min} \qquad (c)$$

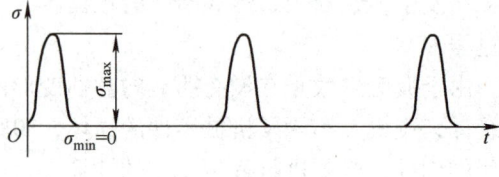

图 14-19

14.4.3 材料的持久极限

由于疲劳失效时，构件的最大应力往往低于静载下材料的屈服极限或强度极限。因此屈服极限或强度极限等静载强度指标，不能作为疲劳强度的指标，必须通过试验测定材料在交变应力下的极限应力，作为疲劳强度指标。

材料的疲劳强度指标，在疲劳试验机上进行测定。由于大多数机械零件，都承受对称循环的弯曲应力，同时对称循环的弯曲疲劳试验在技术上最为简单。因此，通常使用对称循环弯曲疲劳试验机测定材料在对称循环弯曲交变应力下的极限应力。测定时将金属材料加工成直径 $d=7\sim10\text{mm}$ 的表面光滑的试样，每组试样约为 10 根左右。试样装于疲劳试验机（见图 14-20）上恰好承受纯弯曲。在最小直径截面上，最大弯曲正应力为

$$\sigma_{\max}=\frac{M}{W}=\frac{Fa}{W}$$

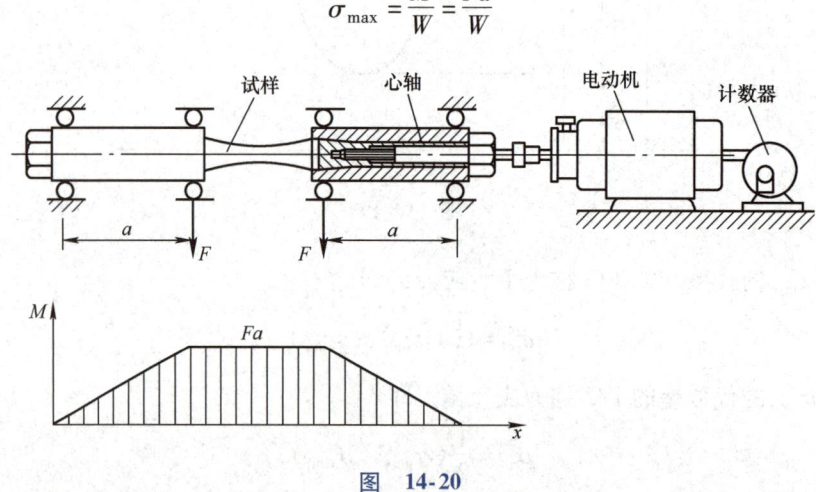

图 14-20

保持荷载 F 的大小和方向不变，以电动机带动试样旋转。每旋转一周，横截面上的点便经历一次对称应力循环。

试验时，将一组标准试样逐根夹在试验机中，递减加载。第一根试样的最大应力 $\sigma_{\max,1}$ 约等于其材料强度极限 σ_b 的 70%，以后各根试件的最大应力都比前一根的最大应力递减。加载后开动机器，使试件旋转，直至断裂，记下各根试件从开始旋转到断裂所经历的转数，即应力循环次数 N，便得一组试验数据，即各根试件的最大应力 $\sigma_{\max}$ 与其对应的应力循环次数 N，如 $(\sigma_{\max,1}, N_1)$、$(\sigma_{\max,2}, N_2)$、$(\sigma_{\max,3}, N_3)$ 等。若以 $\sigma_{\max}$ 为纵坐标，N 为横坐标，便可描绘出最大应力 $\sigma_{\max}$ 与应力循环次数 N 的关系曲线，称为应力-寿命曲线或 S-N 曲线（见

图 14-21）。

由 S-N 曲线可以看出，试件在给定的交变应力作用下经过一定的循环次数后，方发生疲劳破坏。交变应力的最大应力越大，破坏前能经历的应力循环次数就越少；反之，如降低最大应力，则能经受的应力循环次数就增多。当最大应力降低到某一临界值时，疲劳曲线开始趋于水平，说明试件可经历无数次应力循环而不会发生疲劳破坏。最大应力的这一临界值，是材料能经受无数次应力循环而不破坏的最大应力，称为材料的持久极限（或疲劳极限），是材料在交变应力下的极限应力。对称循环下的持久极限记为 σ_{-1}，下标"-1"表示对称循环的循环特性 r 为 -1。

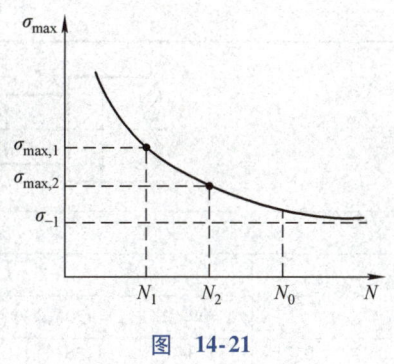

图 14-21

试验表明，钢试件在对称循环交变应力作用下，循环次数 $N_0 = 10^7$ 次时，S-N 曲线就趋于水平。因此，对于钢材，一般规定 $N_0 = 10^7$ 所对应的最大应力作为持久极限。对于有色金属及其合金，S-N 曲线不出现水平部分。所以，只能根据实际需要，选取与某一循环次数 N（常取 $N_0 = 10^8$ 次）所对应的最大应力作为持久极限。

14.4.4 影响构件持久极限的主要因素

材料的持久极限由标准试件测得，但实际构件的外形、尺寸及表面加工质量等与标准试件往往不同。试验表明，构件持久极限的大小也因此不同于其材料持久极限的大小。因此，必须了解上述因素对持久极限的影响情况，以便将材料的持久极限进行适当的修正，作为实际构件的持久极限。下面介绍影响构件持久极限的主要因素。

1. 构件外形的影响

很多构件常常做成带有孔、槽、台阶等各种外形，构件截面由此发生突然变化。试验指出，在截面突然变化处，将出现应力集中。在静荷载作用下的塑性材料，由于产生塑性变形，可使应力集中得到缓和，故一般不考虑应力集中对其强度的影响。但是，在交变应力作用下，由于应力集中将促使疲劳裂纹的形成与扩展，使持久极限降低。所以，无论是塑性材料还是脆性材料都必须考虑应力集中对疲劳强度的影响。对称循环下弯曲和拉压的应力集中对持久极限的影响程度，用有效应力集中系数 K_σ 表示。

$$K_\sigma = \frac{(\sigma_{-1})_\mathrm{d}}{(\sigma_{-1})_\mathrm{k}} \tag{14-16}$$

式中，$(\sigma_{-1})_\mathrm{d}$ 为光滑试样的持久极限；$(\sigma_{-1})_\mathrm{k}$ 为有应力集中因素且尺寸与光滑试样相同的试样的持久极限。有效应力集中系数 K_σ 是一个大于 1 的系数，具体数值见表 14-1。

由表 14-1 可以看出，r/d 越小，则有效应力集中系数 K_σ 越大。所以零件应采用足够大的过渡圆角 r，以减弱应力集中的影响。该表还表明，材料强度极限 σ_b 越高，有效应力集中系数 K_σ 越大。因此，对优质钢材更应减弱应力集中的影响，否则由于应力集中引起的持久极限的降低，将使优质钢材的高强度特性不能发挥。

对称循环下扭转的有效应力集中系数为

$$K_\tau = \frac{(\tau_{-1})_\mathrm{d}}{(\tau_{-1})_\mathrm{k}} \tag{14-17}$$

表 14-1 有效应力集中系数 K_σ

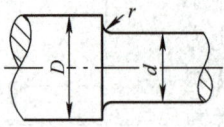 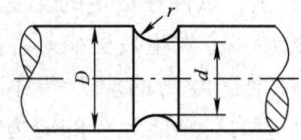

$\dfrac{D-d}{r}$	$\dfrac{r}{d}$	K_σ							
		σ_b/MPa							
		$\sigma_b=392$MPa	$\sigma_b=490$MPa	$\sigma_b=588$MPa	$\sigma_b=686$MPa	$\sigma_b=784$MPa	$\sigma_b=882$MPa	$\sigma_b=980$MPa	$\sigma_b=1176$MPa
2	0.01	1.34	1.36	1.38	1.40	1.41	1.43	1.45	1.49
	0.02	1.41	1.44	1.47	1.49	1.52	1.54	1.57	1.62
	0.03	1.59	1.63	1.67	1.71	1.76	1.80	1.84	1.93
	0.05	1.54	1.59	1.64	1.69	1.73	1.78	1.83	1.92
	0.10	1.38	1.44	1.50	1.55	1.61	1.66	1.72	1.83
4	0.01	1.51	1.54	1.57	1.59	1.62	1.64	1.67	1.72
	0.02	1.76	1.81	1.86	1.91	1.96	2.01	2.06	2.16
	0.03	1.76	1.82	1.88	1.94	1.99	2.05	2.11	2.28
	0.05	1.70	1.76	1.82	1.88	1.95	2.01	2.07	2.19
6	0.01	1.86	1.90	1.94	1.99	2.03	2.08	2.12	2.21
	0.02	1.90	1.96	2.02	2.08	2.13	2.19	2.25	2.37
	0.03	1.89	1.96	2.03	2.10	2.16	2.23	2.30	2.44
10	0.01	2.07	2.12	2.17	2.23	2.28	2.34	2.39	2.50
	0.02	2.09	2.16	2.23	2.30	2.38	2.45	2.52	2.66

2. 构件尺寸的影响

持久极限一般用直径 $d=7\sim10$mm 的小试件测定。试验表明,弯曲或扭转的对称循环的持久极限将随截面尺寸的增大而降低,截面尺寸的大小对持久极限的影响程度,用尺寸系数 ε_σ 表示

$$\varepsilon_\sigma = \frac{(\sigma_{-1})_d}{\sigma_{-1}} \tag{14-18}$$

式中,$(\sigma_{-1})_d$ 为光滑大试样的持久极限;σ_{-1} 为标准光滑小试样的持久极限。对于截面尺寸大于标准试件的构件,尺寸系数 $\varepsilon_\sigma<1$,具体数值可查表 14-2。对于轴向拉压对称循环的持久极限,受尺寸影响不大,可取 $\varepsilon_\sigma=1$。

表 14-2 尺寸系数 ε_σ

直径 d/mm		>20~30	>30~40	>40~50	>50~60	>60~70	>70~80	>80~100	>100~120	>120~150	>150~500
ε_σ	碳钢	0.91	0.88	0.84	0.81	0.78	0.75	0.73	0.70	0.68	0.60
	合金钢	0.83	0.77	0.73	0.70	0.68	0.66	0.64	0.62	0.60	0.54
ε_τ	各种钢	0.89	0.81	0.78	0.76	0.74	0.73	0.72	0.70	0.68	0.60

扭转的尺寸系数为

$$\varepsilon_\tau = \frac{(\tau_{-1})_d}{\tau_{-1}} \tag{14-19}$$

3. 构件表面质量的影响

构件的持久极限随着其表面加工质量降低而变小，因加工质量低，其表面缺陷（刀痕、擦伤等）就多，使应力集中加剧，所以持久极限降低。相反，若对构件表面进行淬火、氮化、喷丸等强化处理，则将有效地提高构件的持久极限。因构件的最大应力往往发生在构件表面，故提高表面强度，使裂纹难以形成或扩张，则持久极限就会提高。表面质量对持久极限的影响程度，用表面质量系数 β 表示

$$\beta = \frac{(\sigma_{-1})_\beta}{(\sigma_{-1})_d} \tag{14-20}$$

式中，$(\sigma_{-1})_d$ 为表面磨光的试样的持久极限；$(\sigma_{-1})_\beta$ 为表面为其他情况的试样的持久极限。当构件表面质量低于标准试件时 $\beta<1$；若构件表面经过强化处理，则 $\beta>1$。表面质量系数的具体数值，可查表 14-3。

综合考虑上述三个主要因素，构件在弯曲或拉压对称循环下的持久极限可表示为

$$\sigma_{-1}^0 = \frac{\varepsilon_\sigma \beta}{K_\sigma} \sigma_{-1} \tag{14-21}$$

式中，σ_{-1} 为标准试件的持久极限。对于扭转对称循环交变应力，式（14-21）可写作

$$\tau_{-1}^0 = \frac{\varepsilon_\tau \beta}{K_\tau} \tau_{-1} \tag{14-22}$$

式中各参数的具体数值可查阅相关资料。

表 14-3 表面质量系数 β

加工方法	轴表面粗糙度 $R_a/\mu m$	β		
		$\sigma_b = 400\text{MPa}$	$\sigma_b = 800\text{MPa}$	$\sigma_b = 1200\text{MPa}$
磨削	0.4~0.2	1	1	1
车削	3.2~0.8	0.95	0.90	0.80
粗车	25~6.3	0.85	0.80	0.65
未加工的表面	∞	0.75	0.65	0.45

14.4.5 构件的疲劳强度计算

计算对称循环下构件的疲劳强度时，应以构件的持久极限为极限应力。选定适当的安全系数 n 后，便得到对称循环交变应力下构件的弯曲或拉、压许用应力。

$$[\sigma_{-1}] = \frac{\sigma_{-1}^0}{n} \tag{a}$$

构件弯曲或拉、压的疲劳强度条件为

$$\sigma_{\max} \geq [\sigma_{-1}] \tag{14-23}$$

式中，$\sigma_{\max}$ 为构件中交变应力的最大值。

在疲劳强度计算中，常常采用由安全系数表示的强度条件，由式（14-23）

$$\sigma_{\max} \geq [\sigma_{-1}] = \frac{\sigma_{-1}^0}{n}$$

可得

$$\frac{\sigma_{-1}^0}{\sigma_{\max}} \leqslant n \tag{b}$$

构件的持久极限 σ_{-1}^0 与构件的最大工作应力 $\sigma_{\max}$ 之比，是构件工作时的实际安全储备，称为构件的工作安全系数，用 n_σ 表示，即

$$n_\sigma = \frac{\sigma_{-1}^0}{\sigma_{\max}} \tag{14-24}$$

将式（14-24）代入式（b），得到对称循环下以安全系数表示的疲劳强度条件为

$$n_\sigma = \frac{\sigma_{-1}}{\dfrac{K_\sigma}{\varepsilon_\sigma \beta}\sigma_{\max}} \leqslant n \tag{14-25}$$

式中，n 为规定的安全系数，其数值可从有关的设计规范查得。如为扭转交变应力，应将式（14-25）改写为

$$n_\tau = \frac{\tau_{-1}}{\dfrac{K_\tau}{\varepsilon_\tau \beta}\tau_{\max}} \leqslant n \tag{14-26}$$

当构件承受不对称循环交变应力时，由式（14-13）和式（14-14）求出应力幅度 σ_a 和平均应力 σ_m，并根据构件的外形、尺寸和表面质量求得 K_σ、ε_σ 和 β，然后计算出构件的工作安全系数

$$n_\sigma = \frac{\sigma_{-1}}{\dfrac{K_\sigma}{\varepsilon_\sigma \beta}\sigma_a + \psi_\sigma \sigma_m} \tag{14-27}$$

式中，系数 ψ_σ 与材料有关，对于承受拉压或弯曲的碳钢，$\psi_\sigma = 0.1 \sim 0.2$，对于合金钢则 $\psi_\sigma = 0.2 \sim 0.3$。对承受扭转的构件工作安全系数应为

$$n_\tau = \frac{\tau_{-1}}{\dfrac{K_\tau}{\varepsilon_\tau \beta}\tau_a + \psi_\tau \tau_m} \tag{14-28}$$

扭转时碳钢的 $\psi_\tau = 0.05 \sim 0.1$，对合金钢则 $\psi_\tau = 0.1 \sim 0.15$。

若构件承受弯扭组合交变应力，工作安全系数计算公式为

$$n_{\sigma\tau} = \frac{n_\sigma n_\tau}{\sqrt{n_\sigma^2 + n_\tau^2}} \tag{14-29}$$

式中，n_σ 为弯扭组合中正应力的工作安全系数。若正应力为对称循环，n_σ 按式（14-25）计算；若正应力为不对称循环，n_σ 按式（14-27）计算。n_τ 为弯扭组合中扭转切应力的工作安全系数，若切应力为对称循环，n_τ 按式（14-26）计算；若切应力为不对称循环，n_τ 按式（14-28）计算。

【例 14-7】 合金钢制成的阶梯轴，如图 14-22 所示。该阶梯轴承受对称循环弯矩 $M = 1.5 \text{kN} \cdot \text{m}$，材料的 $\sigma_b = 980\text{MPa}$，$\sigma_{-1} = 550\text{MPa}$，表面为磨削加工，若规定的安全系数 $n = 1.7$，试校核其疲劳强度。

解：(1) 计算工作时的最大应力 σ_{max}

$$\sigma_{max} = \frac{M_{max}}{W_z} = \frac{1.5 \times 10^3}{\frac{\pi}{32} \times 50^3 \times 10^{-9}} \text{Pa} = 122.3 \text{MPa}$$

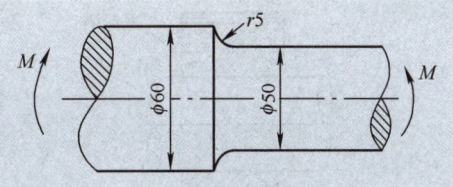

图 14-22

(2) 确定各影响系数
由轴的尺寸得

$$\frac{D-d}{r} = \frac{60-50}{5} = 2, \quad \frac{r}{d} = \frac{5}{50} = 0.1$$

根据 $\sigma_b = 980 \text{MPa}$，查表 14-1 得

$$K_\sigma = 1.72$$

由 $d = 50 \text{mm}$，查表 14-2 得

$$\varepsilon_\sigma = 0.73$$

由表面为磨削加工，查表 14-3 得

$$\beta = 1$$

(3) 校核轴的疲劳强度
由式 (14-25) 得此轴的工作安全系数为

$$n_\sigma = \frac{\sigma_{-1}}{\frac{K_\sigma}{\varepsilon_\sigma \beta} \sigma_{max}} = \frac{550 \times 10^6}{\frac{1.72}{0.73 \times 1} \times 122.3 \times 10^6} = 1.91$$

因 $n = 1.7$，所以 $n_\sigma > n$，故此轴的疲劳强度足够。

综上所述，为了提高构件的疲劳强度，应尽量减缓应力集中和提高表面质量。工程实践中常采取以下措施以提高构件的疲劳强度。

1. 减缓应力集中

设计构件外形时，应尽量避免带有尖角的孔和槽。在截面尺寸突然变化处（如阶梯轴的轴肩处），宜用圆角过渡，并应尽量增大圆角半径（见图14-23）。当结构需要直角时，可在直径较大的轴段上开减荷槽（见图14-24）或退刀槽（见图14-25），则应力集中明显减弱。

当轴与轮毂采用静配合时，可在轮毂上开减荷槽（见图14-26），在配合部分轴上开减荷槽（见图14-27）或增大配合部分轴的直径，并用圆角过渡（见图14-28），这样便可缩小轮毂与轴的刚度差距，减缓配合边缘处的应力集中。

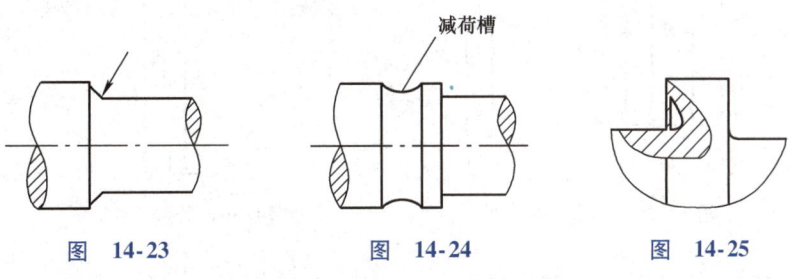

图 14-23　　　　图 14-24　　　　图 14-25

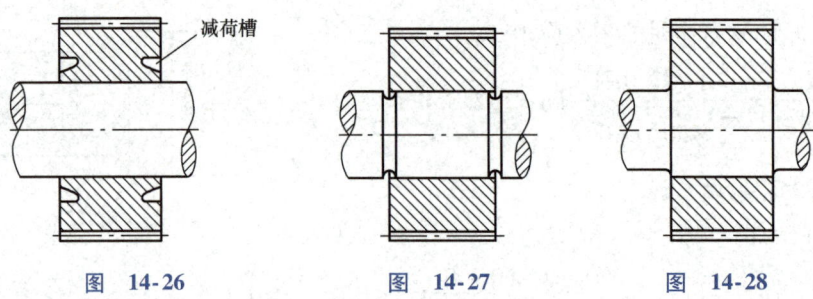

图 14-26　　　　　　图 14-27　　　　　　图 14-28

2. 提高表面加工质量

构件表层的应力一般较大（如构件弯曲或扭转时），加上构件表面的切削刀痕又将引起应力集中，故容易形成疲劳裂纹。提高表面加工质量，可以减弱切削刀痕引起的应力集中，从而提高构件的疲劳强度。特别是高强度构件，对应力集中较敏感，则更应具有较高的表面加工质量。此外，应尽量避免构件表面的机械损伤和化学腐蚀。

3. 增加表层强度

增加构件表面层的强度，是提高构件疲劳强度的重要措施。生产上通常采用表面热处理（如高频淬火）、化学处理（如表面渗碳或氮化）和表面机械强化（如滚压、喷丸）等方法，使构件表面层强度提高，以提高构件的疲劳强度。

习　题

14-1　如图 14-29 所示，长为 l，横截面面积为 A 的杆以加速度 a 向上提升。若材料密度为 ρ，试求杆内的最大应力。

14-2　桥式起重机上悬挂一重量 $P = 50\mathrm{kN}$ 的重物，以匀速度 $v = 1\mathrm{m/s}$ 向前移（如图 14-30 所示，移动的方向垂直于纸面）。当起重机突然停止时，重物像单摆一样向前摆动。若梁为 14 号工字钢，吊索横截面面积 $A = 5 \times 10^{-4} \mathrm{m}^2$，问此时吊索内及梁内的最大应力增加多少？设吊索的自重以及由重物摆动引起的斜弯曲影响都忽略不计。

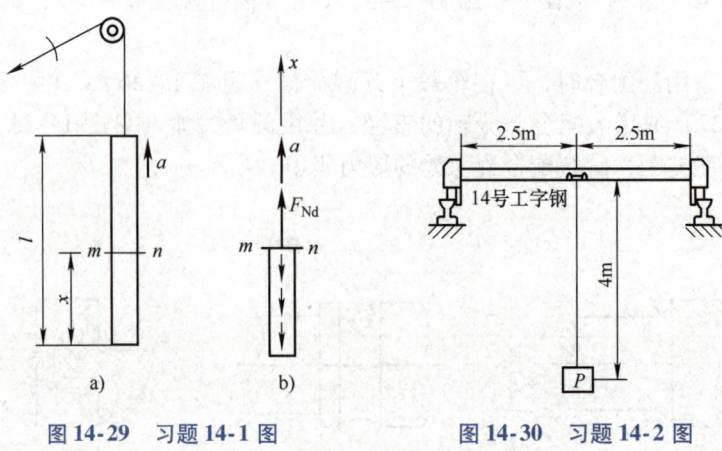

图 14-29　习题 14-1 图　　　图 14-30　习题 14-2 图

14-3　如图 14-31 所示，一起重机 A 重 20kN，装在两根 32b 号工字钢上，起吊一重 $G = $

60kN 的重物。若重物在第一秒内以等加速上升 2.5m，试求绳内的拉力和梁内最大的应力。

14-4 如图 14-32 所示，一重物 $G = 20$kN 的荷载悬挂在钢绳上，钢绳由 500 根直径 $d = 0.5$mm 的钢丝所组成，鼓轮以角加速度 $\alpha = 10$rad/s^2 反时针旋转，其长 $l = 5$m，外径 $D = 50$cm，弹性模量 $E = 220$GPa，求钢绳的最大正应力及伸长。

14-5 如图 14-33 所示，一飞轮做等角速转动，转速 $n = 360$r/min，材料的密度为 $\rho = 7.65 \times 10^3$ kg/m^3，许用应力为 $[\sigma] = 45$MPa，飞轮内外直径分别为 $d = 3.8$m，$D = 4.2$m，设飞轮的轮辐影响不计，试校核其强度。

14-6 如图 14-34 所示的轴上装一钢质圆盘，盘上有一圆孔。若轴与盘以匀角速度 $\omega = 40$rad/s 旋转，试求轴内由这一圆孔引起的最大正应力。已知圆盘材料的密度 $\rho = 7.81 \times 10^3$ kg/m^3。

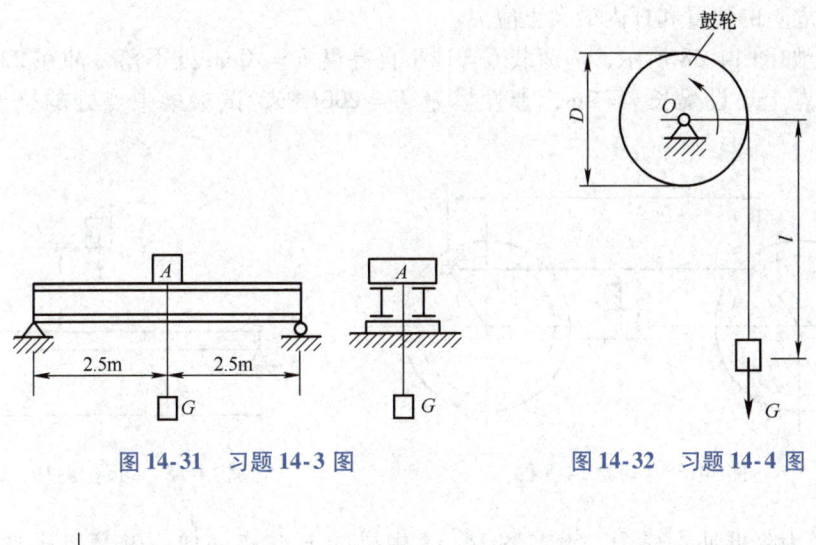

图 14-31 习题 14-3 图   图 14-32 习题 14-4 图

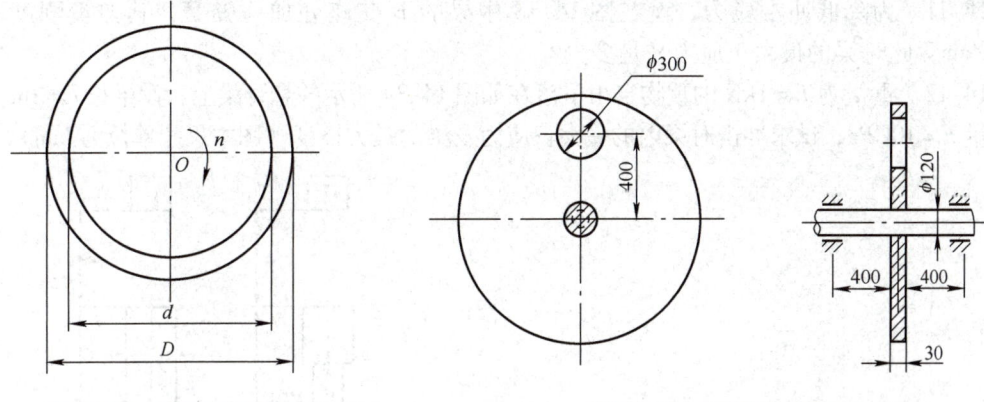

图 14-33 习题 14-5 图   图 14-34 习题 14-6 图

14-7 如图 14-35 所示钢轴 AB 的直径为 80mm，轴上有一直径为 80mm 的钢质圆杆 CD，CD 垂直于 AB。若 AB 以匀角速度 $\omega = 40$rad/s 转动。材料的许用应力 $[\sigma] = 70$MPa，密度 $\rho = 7.8 \times 10^3$ kg/m^3。试校核 AB 轴及 CD 杆的强度。

14-8 AD 轴以匀角速度 ω 转动。在轴的纵向对称面内，于轴线的两侧有两个重为 P 的偏心荷载，如图 14-36 所示。试求轴内最大弯矩。

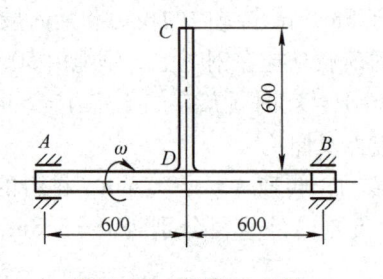

图 14-35　习题 14-7 图

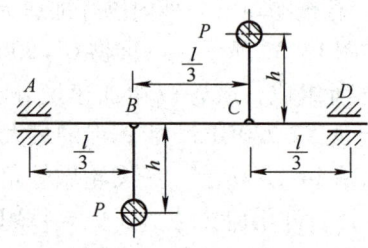

图 14-36　习题 14-8 图

14-9　如图 14-37 所示机车车轮以 $n=300\text{r/min}$ 的转速旋转。平行杆 AB 的横截面为矩形，$h=5.6\text{cm}$，$b=2.8\text{cm}$，长度 $l=2\text{m}$，$r=25\text{cm}$，材料的密度为 $\rho=7.8\times10^3\text{kg/m}^2$。试确定平行杆最危险的位置和杆内最大正应力。

14-10　如图 14-38 所示，一荷载 $G=1\text{kN}$ 自高度 $h=10\text{cm}$ 处下落，冲在 22a 号工字钢简支梁的中点上。设梁长 $l=2\text{m}$，弹性模量 $E=200\text{GPa}$，试求梁中点处的挠度及最大正应力。

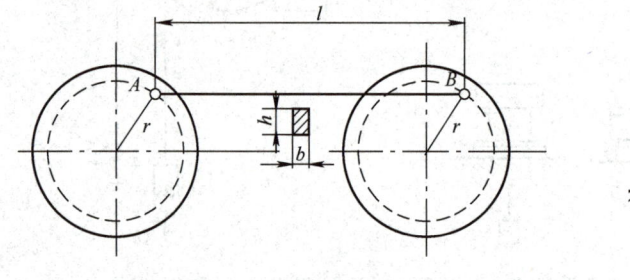

图 14-37　习题 14-9 图

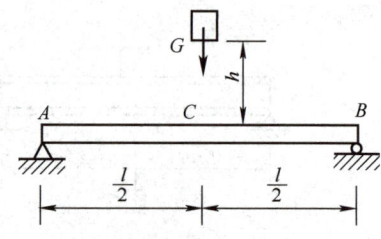

图 14-38　习题 14-10、11 图

14-11　为降低冲击应力，设在图 14-38 中梁的 B 支座处加一弹簧，其弹簧刚度 $k=50\text{kN/cm}$，此时梁的最大正应力又是多少？

14-12　重量为 $F=1\text{kN}$ 的重物自由下落在如图 14-39 所示的悬臂梁上，设梁长 $l=2\text{m}$，弹性模量 $E=10\text{GPa}$，试求冲击时梁内的最大正应力及梁的最大挠度（图中尺寸单位为 mm）。

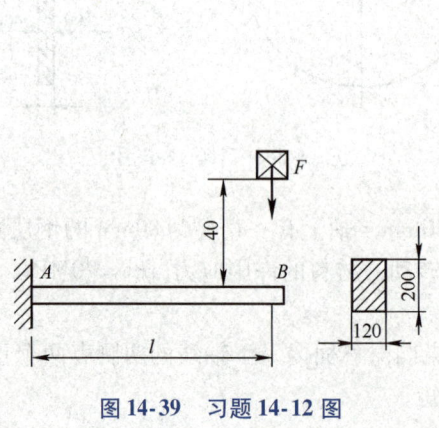

图 14-39　习题 14-12 图

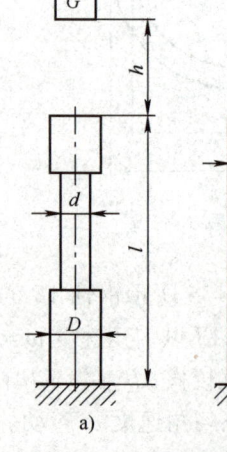

图 14-40　习题 14-13 图

14-13 材料相同、长度相等的变截面杆和等截面杆如图14-40所示，若两杆的最大横截面面积相等，试求两杆的动应力。设变截面杆直径为d的部分长为$l/2$，为了便于比较，假设h较大，可以近似地把动荷系数取为$K_d = 1 + \sqrt{1 + \dfrac{2h}{\Delta_{st}}} \approx \sqrt{\dfrac{2h}{\Delta_{st}}}$。

14-14 如图14-41所示，直径$d = 30\text{cm}$，长$l = 6\text{m}$的圆木桩，下端固定，上端受重量$G = 2\text{kN}$的重锤作用。木材的弹性模量$E_1 = 10\text{GPa}$。试求下列三种情况下，木桩内的最大正应力。

（a）重锤以静荷载的方式作用于木桩上。
（b）重锤从离桩顶0.5m的高度自由落下。
（c）在桩顶放置直径为15cm、厚为40mm的橡皮垫，橡皮的弹性模量$E = 8\text{MPa}$，重锤也是从离橡皮垫顶0.5m的高度自由落下。

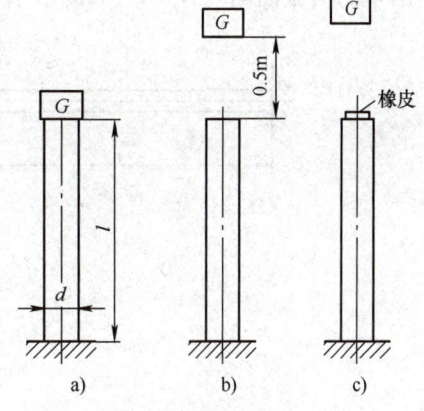

图14-41 习题14-14图

14-15 如图14-42所示钢杆的下端有一固定圆盘，盘上放置弹簧。弹簧在15kN的静荷载作用下缩短0.0625cm。钢杆的直径$d = 4\text{cm}$，$l = 4\text{m}$，许用应力$[\sigma] = 120\text{MPa}$，弹性模量$E = 200\text{GPa}$。若有重为15kN的重物自由落下，求其许可的高度h。又若没有弹簧，则许可高度h将等于多大？

14-16 如图14-43所示16号工字钢左端铰支，右端置于弹簧上。弹簧共有10圈，其平均直径$D = 10\text{cm}$。簧丝的直径$d = 20\text{mm}$。梁的许用应力$[\sigma] = 160\text{MPa}$，弹性模量$E = 200\text{GPa}$，弹簧的许用切应力$[\sigma] = 200\text{MPa}$，切变模量$G = 80\text{GPa}$。今有重量$P = 2\text{kN}$的重物，从梁的跨度中点上方自由落下，试求其许可高度h。

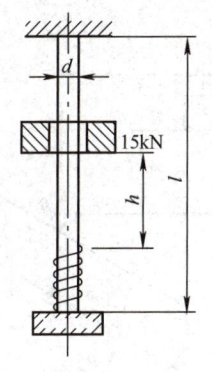 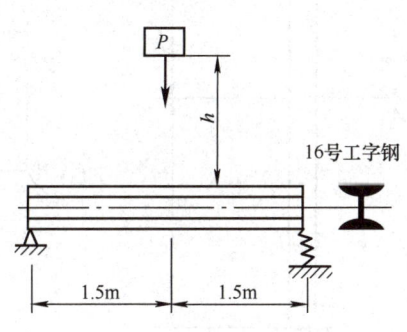

图14-42 习题14-15图　　图14-43 习题14-16图

14-17 如图14-44所示圆轴直径$d = 6\text{cm}$，$l = 2\text{m}$，左端固定，右端有一直径$D = 40\text{cm}$的鼓轮。轮上绕以钢绳，绳的端点B悬挂吊盘。绳长$l = 10\text{m}$，横截面面积$A = 1.2\text{cm}^2$，弹性模量$E = 200\text{GPa}$，轴的切变模量$G = 80\text{GPa}$。重量$P = 800\text{N}$的物块自$h = 20\text{cm}$处落于吊盘上，求轴内最大切应力和绳内最大正应力。

14-18 如图14-45所示钢吊索的下端悬挂一重量为$P = 25\text{kN}$的重物，并以速度$v = 100\text{cm/s}$下降。当吊索长为$l = 20\text{m}$时，滑轮突然被卡住。试求吊索受到的冲击荷载F_d。设钢吊索的横截面面积 $A = 4.14\text{cm}^2$，弹性模量 $E = 170\text{GPa}$，滑轮和吊索的质量可略去不计。

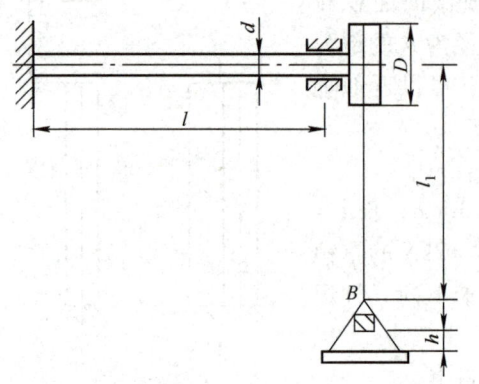

图 14-44 习题 14-17 图   图 14-45 习题 14-18 图

14-19 在习题 14-18 的重物和钢索之间，若加入一个弹簧，则冲击荷载和动应力是增加还是减少？若弹簧刚度为 4kN/m，试求冲击荷载。

14-20 如图 14-46 所示，重为 W 的物体以速度 v 水平冲击在构件 C 点，已知构件的截面惯性矩 I，抗弯截面系数 W_z 和弹性模量 E。试求构件的最大弯曲动应力和最大挠度。

14-21 AB 和 CD 二梁的材料相同，横截面相同。在图 14-47 所示冲击荷载作用下，试求二梁最大应力之比和各自吸收能量之比。

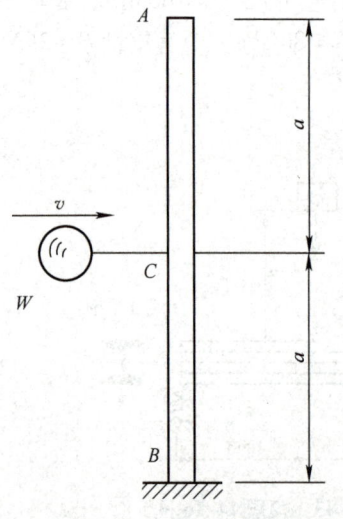
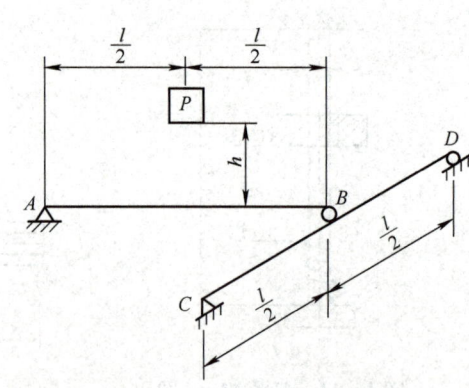

图 14-46 习题 14-20 图   图 14-47 习题 14-21 图

14-22 火车轮轴受力情况如图 14-48 所示。已知 $a = 500\text{mm}$，$l = 1435\text{mm}$，轮轴中段直径 $d = 150\text{mm}$，若 $F = 50\text{kN}$，试求轮轴中段截面边缘上一点的最大应力 $\sigma_{\max}$、最小应力 $\sigma_{\min}$ 和循环特征 r，并作出 σ-t 曲线。

14-23 柴油发动机连杆大头螺钉在工作时受到拉伸交变应力，最大拉力 $F_{\max} = 58.3\text{kN}$，最小拉力 $F_{\min} = 55.8\text{kN}$，螺纹处内径 $d = 11.5\text{mm}$。试求其平均应力 σ_m、应力幅值

σ_a、循环特征 r，并作出 σ-t 曲线。

14-24 某阀门弹簧如图 14-49 所示。当阀门关闭时，最小工作荷载 $F_{min}=200\text{N}$；当阀门顶开时，最大工作荷载 $F_{max}=500\text{N}$，设簧丝的直径 $d=5\text{mm}$、弹簧外径 $D=36\text{mm}$，试求平均切应力 σ_m、应力幅值 σ_a、循环特征 r，并作出 σ-t 曲线。

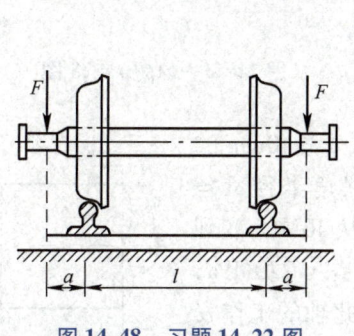
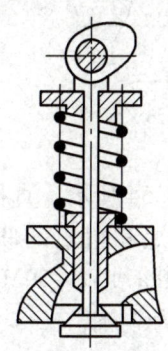

图 14-48 习题 14-22 图　　图 14-49 习题 14-24 图

14-25 阶梯轴如图 14-50 所示。材料为铬镍合金，$\sigma_b=920\text{MPa}$，轴的尺寸 $d=40\text{mm}$，$D=50\text{mm}$，$R=5\text{mm}$。求弯曲时的有效应力集中系数和尺寸系数。

14-26 如图 14-51 所示的电动机轴直径 $d=30\text{mm}$，轴上开有端铣加工的键槽。轴的材料是合金钢，$\sigma_b=750\text{MPa}$，$\tau_b=400\text{MPa}$，$\tau_s=260\text{MPa}$，$\tau_{-1}=190\text{MPa}$。轴在 $n=750\text{r/min}$ 的转速下传递的功率 $P=14.7\text{kW}$。该轴时而工作，时而停止，但没有反向旋转。轴表面经磨削加工，端铣加工键槽的有效应力集中系数 $K_\tau=1.8$。若规定安全因数 $n=2$，试校核轴的强度。

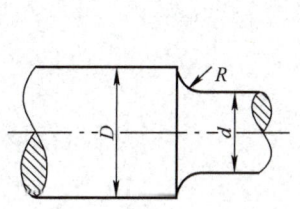
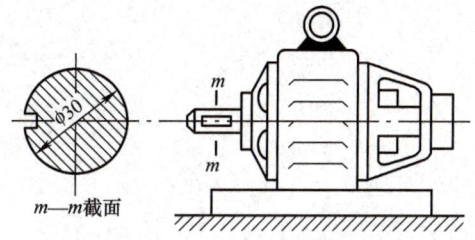

图 14-50 习题 14-25 图　　图 14-51 习题 14-26 图

14-27 如图 14-52 所示圆杆表面未经加工，且因径向圆孔而削弱。杆受由 $0\sim F_{max}$ 的交变轴向力作用。已知材料为普通碳钢，$\sigma_b=600\text{MPa}$，$\sigma_{-1}=200\text{MPa}$。取 $\psi_\sigma=0.1$，圆杆因径向圆孔而削弱，其有效应力集中系数为 $K_\tau=1.8$，规定安全因数 $n=1.7$，试求最大荷载。

14-28 卷扬机的阶梯轴的某段需要安装一滚珠轴承，因滚珠轴承内座圈上圆角半径很小，如装配时不用定距环（见图 14-53a），则轴上的圆角半径应为 1mm，如增加一定距环（见图 14-53b），则轴上圆角半径可增加为 5mm。已知材料为 Q235 钢，$\sigma_b=520\text{MPa}$，$\sigma_{-1}=220\text{MPa}$，$\beta=1$，规定安全因数 $n=1.7$。试比较轴在两种情况下，对称循环的许可弯矩 $[M]$。

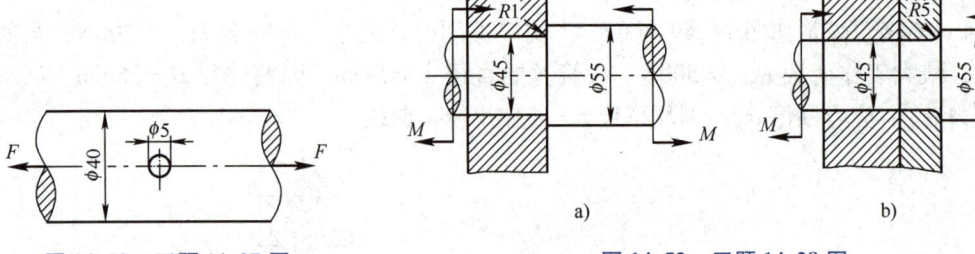

图 14-52　习题 14-27 图　　　　　图 14-53　习题 14-28 图

14-29　如图 14-54 所示，直径 $D = 50\text{mm}$，$d = 40\text{mm}$ 的阶梯轴，受交变弯矩和扭矩的联合作用。圆角半径 $R = 2\text{mn}$。正应力从 50MPa 变到 -50MPa，切应力从 40MPa 变到 20MPa，轴的材料为碳钢，$\sigma_b = 550\text{MPa}$，$\sigma_{-1} = 220\text{MPa}$，$\tau_{-1} = 120\text{MPa}$。若取 $\psi_\tau = -0.1$，$\beta = 1$，试求此轴的工作安全因数。

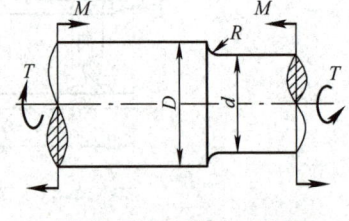

图 14-54　习题 14-29 图

附录 A　截面的几何性质

A.1　静矩和形心

图 A-1 所示的一个任意截面图形，在图形平面内建立直角坐标系。任取一微面积 dA，该微面积的坐标为 (y,z)。将积分 $\int_A y\mathrm{d}A$ 和 $\int_A z\mathrm{d}A$ 分别定义为该截面对 z 轴和 y 轴的**静矩**（或称为一次矩），并分别用 S_z 和 S_y 来表示，即

$$S_z = \int_A y\mathrm{d}A, \quad S_y = \int_A z\mathrm{d}A \tag{A-1}$$

静矩是对一定的轴而言的，同一截面对不同轴的静矩值不同。从式（A-1）的定义可知，静矩为一代数量，其值可正、可负、可为零。静矩的量纲为 L^3，其常用单位为 m^3 或 mm^3。

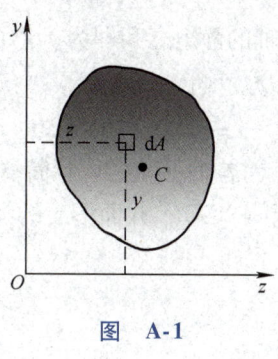

图　A-1

静矩可用来确定截面的**形心**（几何中心）位置。图 A-1 中，C 为截面的形心，y_C、z_C 为形心的坐标，将截面假想为厚度均为 t 的均质薄板，此时形心即为薄板的重心。设薄板的重度为 γ，薄板的总重力 $G = At\gamma$，微面积 dA 的重力 $\mathrm{d}G = t\gamma\mathrm{d}A$。根据合力矩定理，重力对垂直于纸面的 x 轴的矩为

$$At\gamma \cdot z_C = G \cdot z_C = \int_A z\mathrm{d}G = \int_A zt\gamma\mathrm{d}A = t\gamma\int_A z\mathrm{d}A = t\gamma S_y$$

可得 $A \cdot z_C = S_y$，这样就推出了薄板的重心，即形心 y、z 坐标的计算公式为

$$\begin{cases} y_C = \dfrac{\int_A y\mathrm{d}A}{A} = \dfrac{S_z}{A} \\ z_C = \dfrac{\int_A z\mathrm{d}A}{A} = \dfrac{S_y}{A} \end{cases} \tag{A-2}$$

或

$$\begin{cases} S_z = Ay_C \\ S_y = Az_C \end{cases} \tag{A-3}$$

式中，A 为薄板面积；y_C、z_C 为形心坐标。

由式（A-3）可知，**某一截面图形对其所在平面内坐标轴 z 轴的静矩，等于其面积与形心的 y 坐标的乘积；对坐标轴 y 轴的静矩，等于其面积与形心的 z 坐标的乘积**。静矩常用来确定组合平面图形形心的位置。

有些截面是由几个简单图形组成的，在计算静矩时，也可以分别计算各简单图形对该轴的静矩，然后再代数相加，即

$$\begin{cases} S_z = \sum_{i=1}^{n} A_i y_i \\ S_y = \sum_{i=1}^{n} A_i z_i \end{cases} \quad (A-4)$$

式中，A_i 和 y_i、z_i 分别为各简单图形的面积和形心坐标。即：**组合截面图形对某一轴的静矩等于各组成部分面积对同一轴的静矩的代数和**。

【例 A-1】 一个 T 形截面，其尺寸如图 A-2 所示，试求阴影面积对 z 轴的静矩。

解：将 T 形截面分 A_1 和 A_2 两个矩形面积，A_1 与 A_2 对 z 轴的静矩之和即为 T 形面积对 z 轴的静矩，即

$$S_z = A_1 y_{c1} + A_2 y_{c2}$$
$$= [(50 \times 20) \times 50 + (20 \times 40) \times 20] \text{mm}^3 = 66 \times 10^3 \text{mm}^3$$

若截面由几个简单图形组成，由式（A-3）和式（A-4），截面形心的计算公式可以表达为

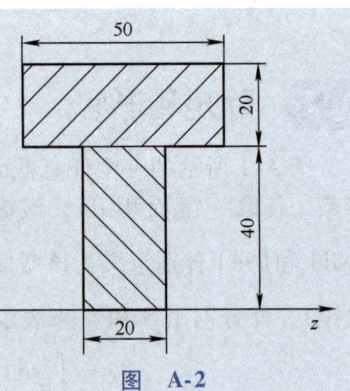

图 A-2

$$\begin{cases} y_C = \dfrac{\sum_{i=1}^{n} A_i y_i}{A} \\ z_C = \dfrac{\sum_{i=1}^{n} A_i z_i}{A} \end{cases} \quad (A-5)$$

如果 z 轴通过截面的形心，则 y_C 等于零，由式（A-3）可知，此时 $S_z = 0$。同理，如果 y 轴通过截面的形心，z_C 等于零，此时 $S_y = 0$，这表明：**截面对通过其形心的轴的静矩等于零；反之，若截面对某轴的静矩等于 0，则该轴也一定通过截面的形心**。

如果平面图形有对称轴，**形心必在对称轴上**，如果两轴均为图形的对称轴，则其交点即为图形形心。

【例 A-2】 角钢截面如图 A-3 所示，图中的单位为 cm。求该截面形心的坐标。

解法一：取坐标轴。将图形分割成两个矩形，第一个矩形的面积和形心 C_1 的坐标分别为

$$A_1 = 12 \text{cm}^2, \quad x_1 = 0.5 \text{cm}, \quad y_1 = 6 \text{cm}$$

第二个矩形的面积和形心 C_2 的坐标分别为

$$A_2 = 7 \text{cm}^2, \quad x_2 = (1+3.5) \text{cm} = 4.5 \text{cm}, \quad y_2 = 0.5 \text{cm}$$

用式（A-5）求截面图形的形心坐标为

$$x_C = \frac{\sum A_i x_i}{A} = \frac{A_1 x_1 + A_2 x_2}{A_1 + A_2} = 1.97 \text{cm}$$

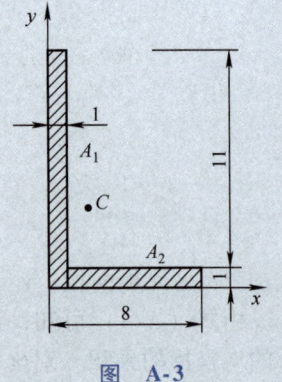

图 A-3

$$y_C = \frac{\sum A_i y_i}{A} = \frac{A_1 y_1 + A_2 y_2}{A_1 + A_2} = 3.97\text{cm}$$

解法二：将所研究的图形视为大矩形中割去阴影部分的矩形，如图 A-4 所示。在应用式（A-5）时，被去掉的部分的面积应取为负值。采用这种方法称为负面积法。

取坐标轴如图 A-4。大矩形的面积和形心 C_1 的坐标分别为

$$A_1 = 8 \times 12\text{cm}^2 = 96\text{cm}^2, \quad x_1 = 4\text{cm}, \quad y_1 = 6\text{cm}$$

被割去的小矩形面积和形心 C_2 的坐标分别为：

$$A_2 = 7 \times 11\text{cm}^2 = 77\text{cm}^2, \quad x_2 = 4.5\text{cm}, \quad y_2 = 6.5\text{cm}$$

将 A_2 用负值代入式（A-5）求得截面图形的形心坐标为

$$x_C = \frac{\sum A_i x_i}{A} = \frac{A_1 x_1 - A_2 x_2}{A_1 - A_2} = 1.97\text{cm}$$

$$y_C = \frac{\sum A_i y_i}{A} = \frac{A_1 y_1 - A_2 y_2}{A_1 - A_2} = 3.97\text{cm}$$

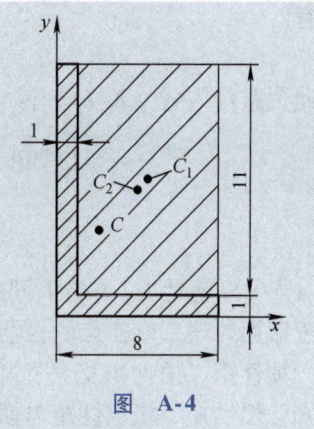

图 A-4

A.2 惯性矩、惯性积和极惯性矩

图 A-5 所示的截面图形，在图形内任取一微面积 dA，该微面积坐标为 (y,z)。将乘积 $y^2 dA$ 和 $z^2 dA$ 分别定义为微面积 dA 对 z 轴和 y 轴的**惯性矩**，而将积分 $\int_A y^2 dA$ 和 $\int_A z^2 dA$ 分别称为平面图形对 z 轴和对 y 轴的**惯性矩**，并分别用 I_z 和 I_y 来表示，即

$$\left.\begin{array}{l} I_z = \int_A y^2 dA \\ I_y = \int_A z^2 dA \end{array}\right\} \quad (A\text{-}6)$$

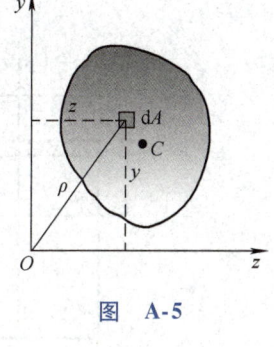

图 A-5

积分

$$I_p = \int_A \rho^2 dA \quad (A\text{-}7)$$

称为截面对坐标原点的**极惯性矩**。式中，ρ 为微面积 dA 到坐标原点的距离。

微面积与它一对坐标的乘积 $yzdA$ 定义为微面积 dA 对 z、y 二轴的惯性积，而将积分 $\int_A yzdA$ 称为截面对 z、y 二轴的**惯性积**，并用 I_{zy} 表示，即

$$I_{zy} = \int_A yzdA \quad (A\text{-}8)$$

惯性矩 I_z、I_y 和惯性积 I_{zy} 都是对坐标轴而言的，同一截面对不同的坐标轴，其数值不同。极惯性矩是对点（称为极点）而言的，同一截面对不同点的极惯性矩值也各不相同。截面对 z、y 轴的惯性矩与截面对坐标原点 O 的极惯性矩之间存在着一定的关系。在图 A-5

中有
$$\rho^2 = y^2 + z^2$$

将此关系代入式（A-7），得
$$I_p = \int_A \rho^2 dA = \int_A (y^2 + z^2) dA = \int_A y^2 dA + \int_A z^2 dA = I_z + I_y$$

即
$$I_p = I_z + I_y \tag{A-9}$$

式（A-9）就是 I_z、I_y 与 I_p 间的关系，它表明：**截面对面内任意一对正交轴的惯性矩之和，等于截面对该二轴交点的极惯性矩。**

惯性矩、惯性积及上节讨论的静矩都属于平面图形的几何性质，从式（A-6）~式（A-9）可知，惯性矩、极惯性矩与惯性积的量纲为 L^4，其常用单位为 m^4 或 mm^4。惯性矩与极惯性矩恒大于 0，惯性积则可正、可负或为 0。

【例 A-3】 图 A-6a 所示的矩形截面中，z、y 轴为截面的两个对称轴，试求该矩形截面对 z 轴和 y 轴的惯性矩及对 z、y 二轴的惯性积。

解： 先求对 z 轴的惯性矩。取图 A-6a 中的阴影面积 dA，即
$$dA = b\,dy$$

截面对 z 轴的惯性矩则为
$$I_z = \int_A y^2 dA = \int_{-h/2}^{h/2} by^2 dy = \frac{bh^3}{12}$$

同理，可求得截面对 y 轴的惯性矩为
$$I_z = \frac{hb^3}{12}$$

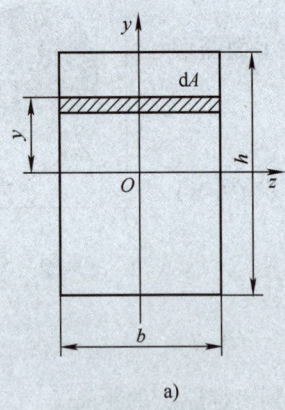 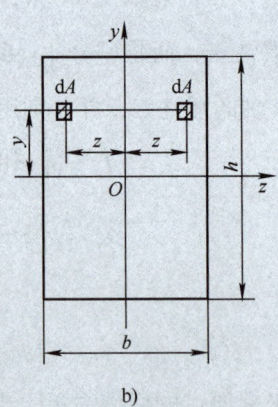

图 A-6

下面讨论惯性积，y 轴为对称轴，在 y 轴两侧对称位置取相同的微面积 dA，如图 A-6b，由于处于对称位置的 $zy\,dA$ 值大小相等，正负号相反（y 坐标相同，z 坐标差一负号），因此，该二微面积对 z、y 轴的惯性积之和等于零。将此推广到整个截面，则有
$$I_{zy} = \int_A yz\,dA = 0$$

这表明：只要正交坐标轴之一为截面的对称轴，则截面对该二轴的惯性积一定为 0。

【例 A-4】 图 A-7 所示的圆形截面中，z、y 轴通过截面的形心，试求截面对圆心 O 点的极惯性矩和对 z 轴的惯性矩。

解：先求截面对 O 点的极惯性矩。取图示中的环形面积为 dA，即

$$dA = 2\pi\rho d\rho$$

截面对 O 点的极惯性矩则为

$$I_p = \int_A \rho^2 dA = \int_0^{d/2} \rho^2 2\pi\rho d\rho = \frac{\pi d^4}{32}$$

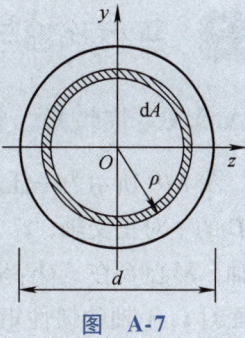

图 A-7

截面对 z 轴的惯性矩可通过 I_z 与 I_p 间的关系求得。由于图形具有极对称性，z、y 轴均为对称轴，故 $I_z = I_y$，由式（A-9）可得

$$I_p = I_z + I_y = 2I_z$$

所以

$$I_z = \frac{I_p}{2} = \frac{\pi d^4}{64}$$

惯性矩、极惯性矩、惯性积也都可以叠加，即：组合截面图形对某一轴的惯性矩、极惯性矩、惯性积等于各组成部分面积对同一轴的惯性矩、极惯性矩、惯性积的代数和。

【例 A-5】 试求图 A-8 所示的箱形截面和空心圆截面对 z 轴（截面对称轴）的惯性矩。

解：若箱型截面的面积为 A，此截面面积等于整个大矩形面积 $A_0 = bh$ 减掉中间部分小矩形的面积 $A_1 = b_1 h_1$。根据上述结论，箱型截面对 z 轴的惯性矩为大小两个矩形对 z 轴的惯性矩之差

$$I_z = \int_A y^2 dA = \int_{A_0} y^2 dA - \int_{A_1} y^2 dA = \frac{bh^3}{12} - \frac{b_1 h_1^3}{12}$$

同理，空心圆截面对 z 轴的惯性矩为

$$I_z = \frac{\pi D^4}{64} - \frac{\pi d^4}{64}$$

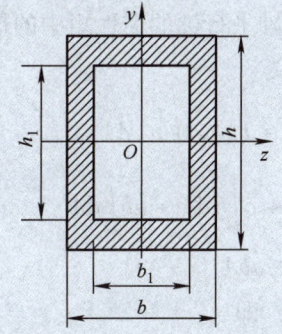 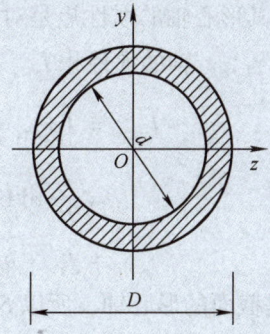

图 A-8

A.3 平行移轴与转轴公式

A.3.1 惯性矩、惯性积的平行移轴公式

图 A-9 所示为一任意截面，z、y 为通过截面形心 C 的一对正交轴，z_1、y_1 为与 z、y 轴平行的另一对轴，形心 C 在 $z_1 O y_1$ 坐标系中的坐标 (b, a)，如截面对 z、y 轴的惯性矩 I_z、I_y 均为已知，现求截面对 z_1、y_1 轴的惯性矩 I_{z_1} 和 I_{y_1}。

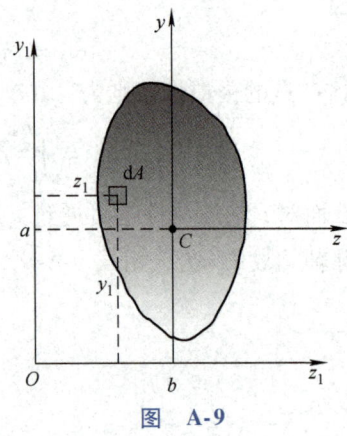

图 A-9

根据定义，截面对 z_1 轴的惯性矩为

$$I_{z_1} = \int_A y_1^2 \mathrm{d}A$$

由图 A-9 可知

$$y_1 = y + a$$

将其代入上式，得

$$I_{z_1} = \int_A y_1^2 \mathrm{d}A = \int_A (y + a)^2 \mathrm{d}A$$
$$= \int_A y^2 \mathrm{d}A + 2a \int_A y \mathrm{d}A + a^2 \int_A \mathrm{d}A$$
$$= I_z + 2a S_z + a^2 A$$

式中，$S_z = \int_A y \mathrm{d}A$ 为截面对 z 轴的静矩，因 z 轴通过截面的形心，故 $S_z = 0$，因此可得

$$I_{z_1} = I_z + a^2 A \tag{A-10a}$$

用上述同样方法可得截面对 y_1 轴的惯性矩为

$$I_{y_1} = I_y + b^2 A \tag{A-10b}$$

式（A-10）就是惯性矩的**平行移轴公式：截面对任一轴的惯性矩，等于其对平行该轴的形心轴的惯性矩加上截面积与两轴距离平方的乘积**。在式（A-10）中，$a^2 A$ 与 $b^2 A$ 均为正值，因此，截面对其形心轴的惯性矩是对所有与该轴平行轴的惯性矩中的最小者。

下面求截面对 y_1、z_1 轴的惯性积 $I_{y_1 z_1}$。根据定义

$$I_{y_1 z_1} = \int_A y_1 z_1 \mathrm{d}A = \int_A (y + b)(z + a) \mathrm{d}A$$
$$= \int_A yz \mathrm{d}A + b \int_A z \mathrm{d}A + a \int_A y \mathrm{d}A + ab \int_A \mathrm{d}A$$
$$= I_{yz} + b S_y + a S_z + ab A$$

由于 z、y 轴是截面的形心轴，所以 $S_z = S_y = 0$，即

$$I_{y_1 z_1} = I_{yz} + ab A \tag{A-11}$$

式（A-11）就是惯性积的**平行移轴公式：截面对任一对正交坐标轴的惯性积，等于其

对分别平行于该两轴的形心轴的惯性积加上截面积与形心坐标乘积。

利用惯性矩和惯性积的平行移轴公式时，其中一个或一对坐标轴必须是形心轴。

【例 A-6】 试求图 A-10 所示矩形截面对 z_1 轴的惯性矩。

解： z_1 轴不通过截面的形心，求截面对该轴的惯性矩时，可应用惯性矩的平行移轴公式，即

$$I_{z_1} = I_z + a^2 A = \frac{bh^3}{12} + \left(\frac{h}{2}\right)^2 bh = \frac{1}{3}bh^3$$

工程中经常遇到组合截面，在计算组合截面对某轴的惯性矩时，根据惯性矩的定义。可分别计算各组成部分对该轴的惯性矩，然后再相加。下面举例说明。

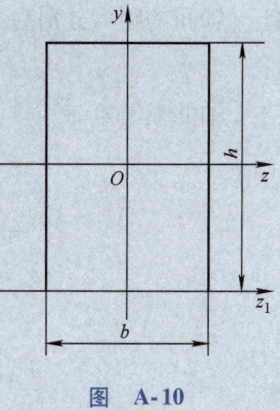

图 A-10

【例 A-7】 试求图 A-11a 所示截面对其水平的形心轴的惯性矩。

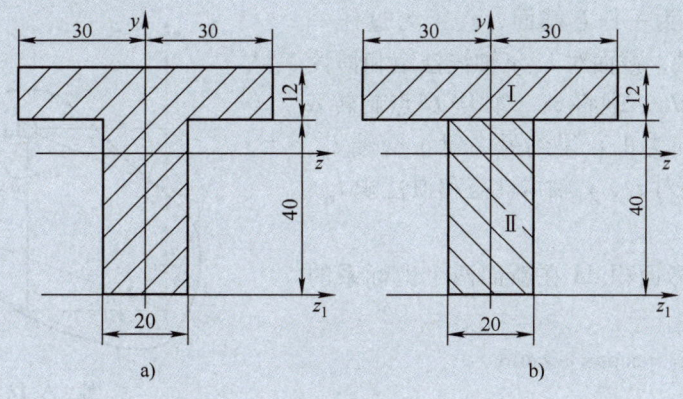

图 A-11

解：（1）确定形心位置

取一对参考直角坐标系 z_1、y，其中 y 为截面的对称轴。由于图形是对称的，故形心位于 y 轴上，即 $z_C = 0$，只需计算坐标 y_C。将截面分成图 A-11b 所示的两个矩形，它们的面积和形心到 z_1 轴的距离分别为

$$A_{\text{I}} = 0.072\text{m}^2, \ A_{\text{II}} = 0.08\text{m}^2$$

$$y_{C\text{I}} = 0.46\text{m}, \ y_{C\text{II}} = 0.2\text{m}$$

依式（A-5），得

$$y_C = \frac{A_{\text{I}} y_{C\text{I}} + A_{\text{II}} y_{C\text{I}}}{A_{\text{I}} + A_{\text{II}}}$$

$$= \frac{0.072 \times 0.46 + 0.08 \times 0.2}{0.072 + 0.08}\text{m} = 0.323\text{m}$$

（2）截面对 z 轴的惯性矩

分别计算每个矩形对 z 轴的惯性矩，二者之和即为截面对 z 轴的惯性矩。二矩形的形心轴与 z 轴间的距离分别为

$$a_1 = 0.137\text{m}, \ a_2 = 0.123\text{m}$$

截面对 z 轴的惯性矩为

$$\begin{aligned}
I_z &= I_{z_0}^{\text{I}} + a_1^2 A_{\text{I}} + I_{z_0}^{\text{II}} + a_2^2 A_{\text{II}} \\
&= \left[\frac{1}{12} \times 0.6 \times 0.12^3 + 0.137^2 \times (0.6 \times 0.12) + \right. \\
&\quad \left. \frac{1}{12} \times 0.2 \times 0.4^3 + 0.123^2 \times (0.4 \times 0.2)\right]\text{m}^4 \\
&= 0.372 \times 10^{-2}\text{m}^4
\end{aligned}$$

A.3.2　惯性矩、惯性积的转轴公式

图 A-12 所示为一任意截面，z、y 为过任一点 O 的一对正交轴，截面对 z、y 轴惯性矩和惯性积分别为 I_z、I_y、I_{yz}。现将 z、y 轴绕 O 点旋转 α 角（以逆时针方向为正）得到另一对正交轴 z_1、y_1 轴，下面求截面对 z_1、y_1 轴惯性矩和惯性积 I_{z_1}、I_{y_1}、$I_{y_1 z_1}$。

由图 A-12，微面积 dA 在新旧两个坐标系的坐标关系为

$$\begin{cases} z_1 = z\cos\alpha + y\sin\alpha \\ y_1 = y\cos\alpha - z\sin\alpha \end{cases}$$

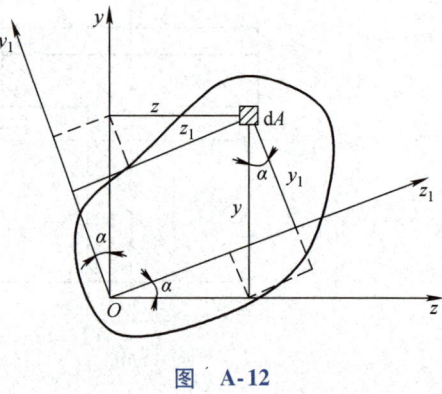

图　A-12

由定义

$$\begin{aligned}
I_{z1} &= \int_A y_1^2 dA = \int (y\cos\alpha - z\sin\alpha)^2 dA \\
&= \cos^2\alpha \int_A y^2 dA + \sin^2\alpha \int_A z^2 dA - 2\sin\alpha\cos\alpha \int_A yz dA \\
&= I_z \cos^2\alpha + I_y \sin^2\alpha - I_{yz}\sin 2\alpha
\end{aligned}$$

利用三角公式，上式可化为

$$I_{z_1} = \frac{I_z + I_y}{2} + \frac{I_z - I_y}{2}\cos 2\alpha - I_{yz}\sin 2\alpha \tag{A-12}$$

同理可得

$$I_{y_1} = \frac{I_z + I_y}{2} - \frac{I_z - I_y}{2}\cos 2\alpha + I_{yz}\sin 2\alpha \tag{A-13}$$

$$I_{y_1 z_1} = \frac{I_z - I_y}{2}\sin 2\alpha + I_{yz}\cos 2\alpha \tag{A-14}$$

式（A-12）、式（A-13）称为**惯性矩的转轴公式**，式（A-14）称为**惯性积的转轴公式**。

A.4 主惯性轴与主惯性矩

由式（A-14）可以发现，当 $\alpha = 0°$，即两坐标轴互相重合时，$I_{y_1z_1} = I_{yz}$；当 $\alpha = 90°$ 时，$I_{y_1z_1} = -I_{yz}$，这说明，当坐标轴由 $\alpha = 0°$ 旋转至 $\alpha = 90°$ 时，惯性积的正负发生改变，因此必定有这样的一对坐标轴，使截面对它的惯性积为零。通常把这样的一对坐标轴称为截面的**主惯性轴**，简称**主轴**，截面对主轴的惯性矩叫作**主惯性矩**。

假设将 z、y 轴绕 O 点旋转 α_0 角得到主轴 z_0、y_0，由主轴的定义

$$I_{y_0z_0} = \frac{I_z - I_y}{2}\sin2\alpha_0 + I_{yz}\cos2\alpha_0 = 0$$

从而得

$$\tan2\alpha_0 = \frac{-2I_{yz}}{I_z - I_y} \tag{A-15}$$

式（A-15）即为确定一点主轴方位的公式。

由式（A-15）及三角公式可得

$$\cos2\alpha_0 = \frac{I_z - I_y}{\sqrt{(I_z - I_y)^2 + 4I_{yz}^2}}$$

$$\sin2\alpha_0 = \frac{-2I_{yz}}{\sqrt{(I_z - I_y)^2 + 4I_{yz}^2}}$$

将此上式代入式（A-12）、式（A-13）便可得到截面对主轴 z_0、y_0 的主惯性矩

$$\begin{cases} I_{z_0} = \dfrac{I_z + I_y}{2} + \dfrac{1}{2}\sqrt{(I_z - I_y)^2 + 4I_{yz}^2} \\ I_{y_0} = \dfrac{I_z + I_y}{2} - \dfrac{1}{2}\sqrt{(I_z - I_y)^2 + 4I_{yz}^2} \end{cases} \tag{A-16}$$

可以证明：通过一点的所有轴中，截面对一对主轴的惯性矩分别为极大与极小值。

若主轴通过截面的形心，则称为形心主轴，截面对形心主轴的惯性矩称为**形心主惯性矩**。当截面具有对称轴时，截面对包括该对称轴在内的一对正交轴的惯性积等于零。因此，截面图形的对称轴及与之正交的任一轴必是一对主轴，若另一正交轴也通过截面形心，则这一对轴必为形心主轴。

在有关计算中，经常需要知道截面的形心主轴的位置和形心主惯性矩的数值。

―――― 习　题 ――――

A-1　求图 A-13 所示各图形中阴影部分对 z 轴的静矩。

A-2　确定图 A-14 所示各图形的形心位置。

A-3　求图 A-15 所示截面对 z、y 轴的惯性矩和惯性积。

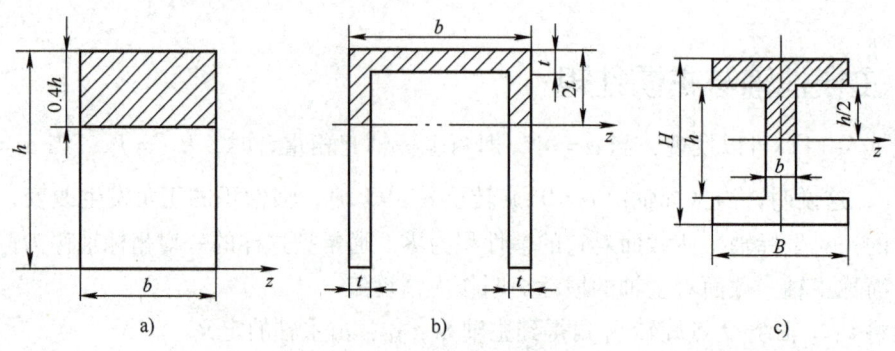

图 A-13 习题 A-1 图

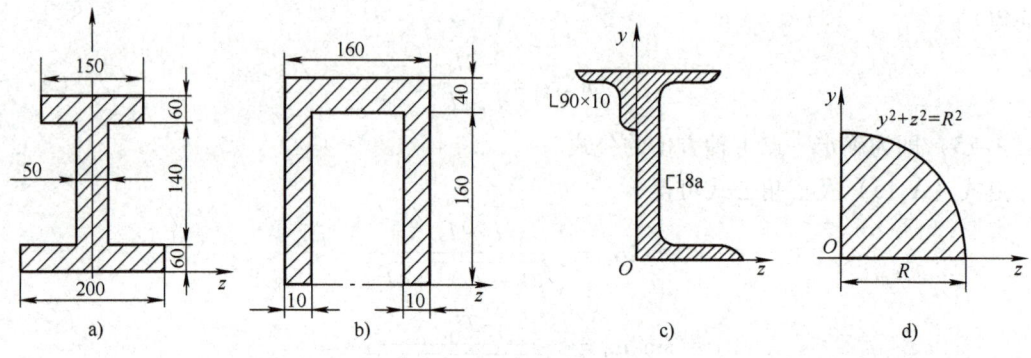

图 A-14 习题 A-2 图

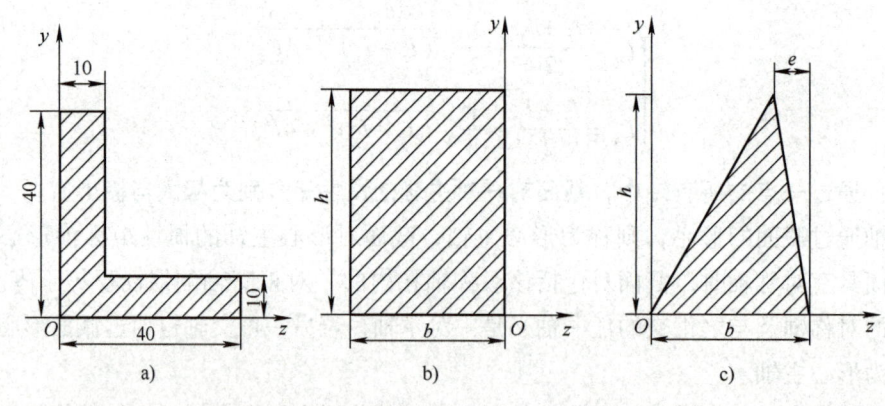

图 A-15 习题 A-3 图

A-4 试确定图 A-16 所示各图形的形心位置。

A-5 试求图 A-17 所示各平面图形关于形心轴 x 的惯性矩 I_x。

A-6 试求图 A-18 所示各图形关于 x 轴的惯性矩 I_x。

A-7 图 A-19 所示截面系由一个长为 l 的正方形挖去一个边长为 $l/2$ 的正方形,试求该截面关于 x 轴的惯性矩 I_x。

A-8 图 A-20 所示为由两个 18a 号槽钢组成的组合截面,如欲使此截面对两个对称轴的惯性矩相等,问两根槽钢的间距 a 应为多少?

习 题

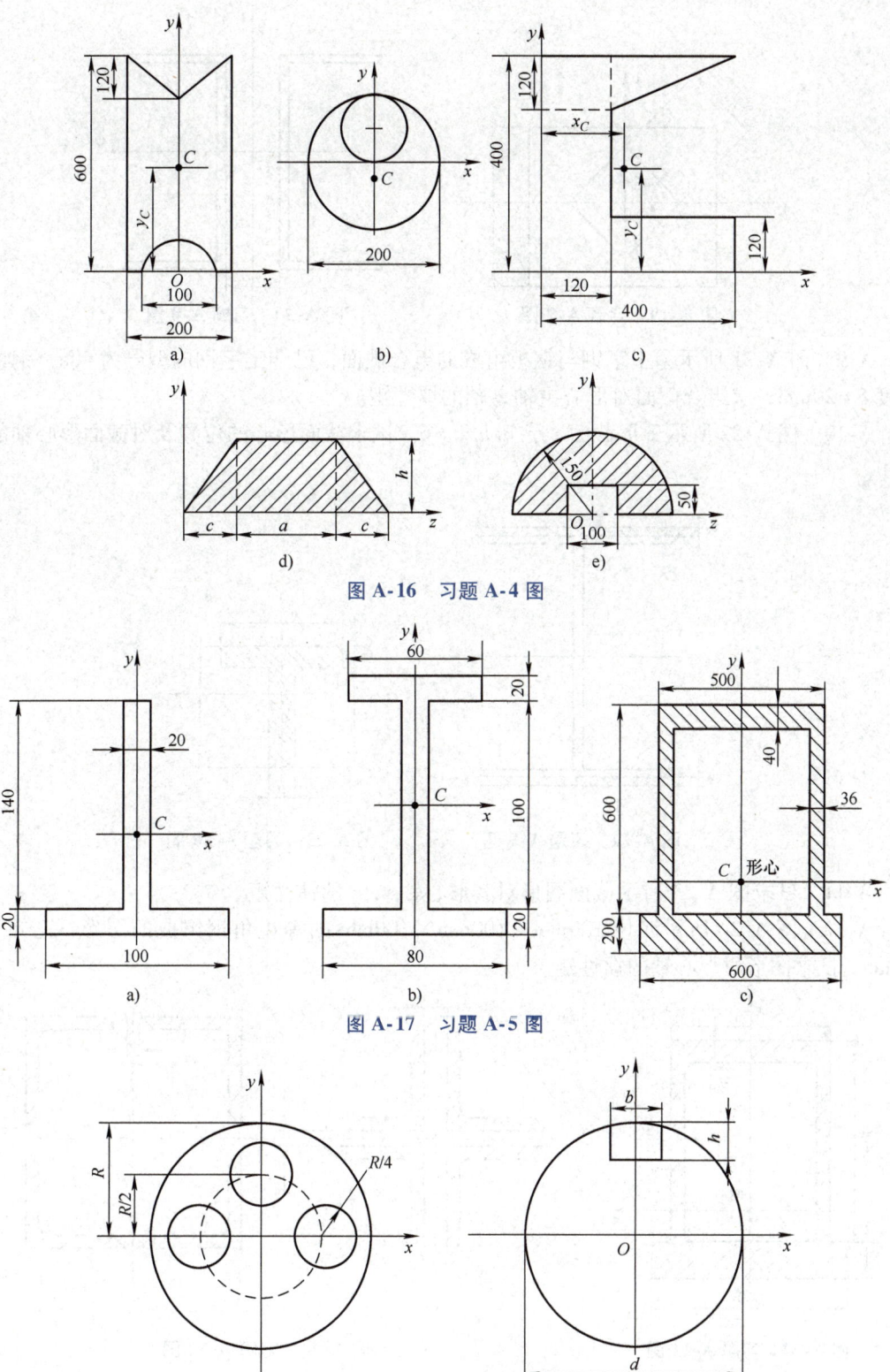

图 A-16 习题 A-4 图

图 A-17 习题 A-5 图

图 A-18 习题 A-6 图

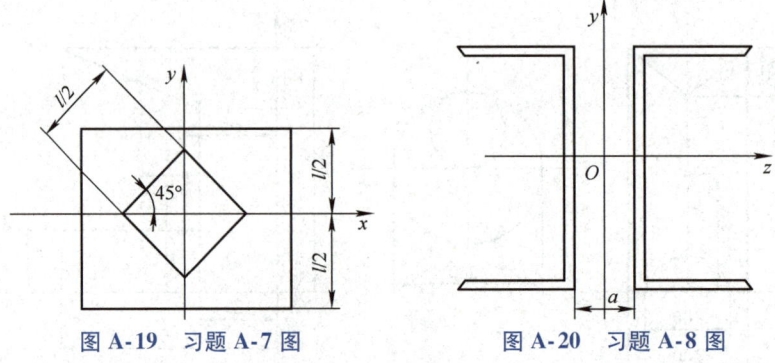

图 A-19 习题 A-7 图   图 A-20 习题 A-8 图

A-9 图 A-21 所示为工字钢与钢板组成的组合截面,已知工字钢的型号为 40a,钢板的厚度 $\delta = 20\text{mm}$,求组合截面对形心主轴 z_0 轴的惯性矩。

A-10 图 A-22 所示 T 形截面,已知 $h/b = 6$。试求截面形心的位置及对截面形心轴的惯性矩。

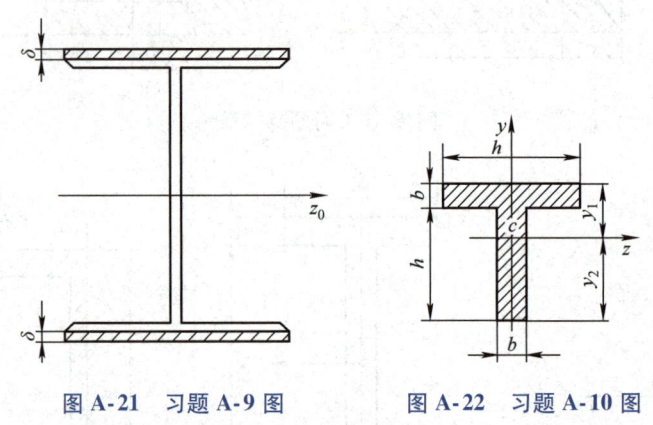

图 A-21 习题 A-9 图   图 A-22 习题 A-10 图

A-11 试求图 A-23 所示截面图形对其形心轴 y、z 的惯性矩。

A-12 图 A-24 所示四块 $100\text{mm} \times 100\text{mm} \times 100\text{mm}$ 的等边角钢组成的图形,已知 $\delta = 12\text{mm}$。试求图形对形心轴的惯性矩。

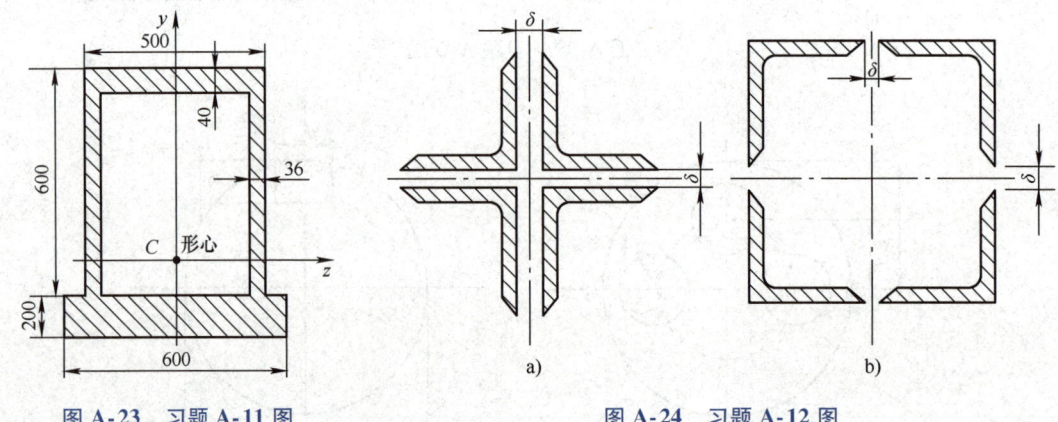

图 A-23 习题 A-11 图   图 A-24 习题 A-12 图

附录 B　常用截面的几何性质计算公式[一]

截面形状和形心轴的位置	面积 A	惯性矩 I_x	惯性矩 I_y	惯性半径 i_x	惯性半径 i_y
矩形	bh	$\dfrac{bh^3}{12}$	$\dfrac{b^3h}{12}$	$\dfrac{h}{2\sqrt{3}}$	$\dfrac{b}{2\sqrt{3}}$
直角三角形	$\dfrac{bh}{2}$	$\dfrac{bh^3}{36}$	$\dfrac{b^3h}{36}$	$\dfrac{h}{3\sqrt{2}}$	$\dfrac{b}{3\sqrt{2}}$
圆形	$\dfrac{\pi d^2}{4}$	$\dfrac{\pi d^4}{64}$	$\dfrac{\pi d^4}{64}$	$\dfrac{d}{4}$	$\dfrac{d}{4}$
圆环 $\alpha = \dfrac{d}{D}$	$\dfrac{\pi D^2}{4}(1-\alpha^2)$	$\dfrac{\pi D^4}{64}(1-\alpha^4)$	$\dfrac{\pi D^4}{64}(1-\alpha^4)$	$\dfrac{D}{4}\sqrt{1+\alpha^2}$	$\dfrac{D}{4}\sqrt{1+\alpha^2}$
薄壁圆环 $\delta \ll r_0$	$2\pi r_0 \delta$	$\pi r_0^3 \delta$	$\pi r_0^3 \delta$	$\dfrac{r_0}{\sqrt{2}}$	$\dfrac{r_0}{\sqrt{2}}$

[一] 在本附录中所用的坐标系与本书各章中所用的不同。在有关对称弯曲的问题中，截面的中性轴可以是本附录中的 x 轴或 y 轴；但对本附录中的三角形截面，则 x、y 轴均非这样的中性轴。希予注意。

附录B 常用截面的几何性质计算公式

（续）

截面形状和形心轴的位置	面积 A	惯性矩		惯性半径	
		I_x	I_y	i_x	i_y
椭圆截面，半轴 a、b	πab	$\dfrac{\pi}{4}ab^3$	$\dfrac{\pi}{4}a^3b$	$\dfrac{b}{2}$	$\dfrac{a}{2}$
圆扇形，$\dfrac{d\sin\theta}{3\theta}$	$\dfrac{\theta d^2}{4}$	$\dfrac{d^4}{64}\left(\theta+\sin\theta\cos\theta-\dfrac{16\sin^2\theta}{9\theta}\right)$	$\dfrac{d^4}{64}(\theta-\sin\theta\cos\theta)$	—	—
圆弧扇形，$y_1=\dfrac{d-\delta}{2}\left(\dfrac{\sin\theta}{\theta}-\cos\theta\right)+\dfrac{\delta\cos\theta}{2}$	$\theta\left[\left(\dfrac{d}{2}\right)^2-\left(\dfrac{d}{2}-\delta\right)^2\right]$ $\approx \theta\delta d$	$\dfrac{\delta(d-\delta)^3}{8}\left(\theta+\sin\theta\cos\theta-\dfrac{2\sin^2\theta}{\theta}\right)$	$\dfrac{\delta(d-\delta)^3}{8}(\theta-\sin\theta\cos\theta)$	—	—

附录 C 简单荷载作用下梁的转角和挠度

序号	梁的简图	挠曲轴方程	挠度和转角
1	悬臂梁 A—B，长 l，自由端 B 作用集中力 F	$w = \dfrac{Fx^2}{6EI}(x-3l)$	$w_B = -\dfrac{Fl^3}{3EI}$ $\theta_B = -\dfrac{Fl^2}{2EI}$
2	悬臂梁 A—B，长 l，距 A 端 a 处作用集中力 F	$w = \dfrac{Fx^2}{6EI}(x-3a),\ (0 \le x \le a)$ $w = \dfrac{Fa^2}{6EI}(a-3x),\ (a \le x \le l)$	$w_B = -\dfrac{Fa^2}{6EI}(3l-a)$ $\theta_B = -\dfrac{Fa^2}{2EI}$
3	悬臂梁 A—B，长 l，全跨均布荷载 q	$w = \dfrac{qx^2}{24EI}(4lx - 6l^2 - x^2)$	$w_B = -\dfrac{ql^4}{8EI}$ $\theta_B = -\dfrac{ql^3}{6EI}$
4	悬臂梁 A—B，长 l，自由端 B 作用力偶 M_e	$w = -\dfrac{M_e x^2}{2EI}$	$w_B = -\dfrac{M_e l^2}{2EI}$ $\theta_B = -\dfrac{M_e l}{EI}$
5	悬臂梁 A—B，长 l，距 A 端 a 处作用力偶 M_e	$w = -\dfrac{M_e x^2}{2EI}$ $(0 \le x \le a)$ $w = -\dfrac{M_e a}{EI}\left(\dfrac{a}{2}-x\right)$ $(a \le x \le l)$	$w_B = -\dfrac{M_e a}{EI}\left(l - \dfrac{a}{2}\right)$ $\theta_B = -\dfrac{M_e a}{EI}$
6	简支梁 A—B，长 l，中点 C 作用集中力 F	$w = \dfrac{Fx}{12EI}\left(x^2 - \dfrac{3l^2}{4}\right)$ $\left(0 \le x \le \dfrac{l}{2}\right)$	$w_C = -\dfrac{Fl^3}{48EI}$ $\theta_A = -\theta_B = -\dfrac{Fl^2}{16EI}$

附录C 简单荷载作用下梁的转角和挠度

(续)

序号	梁的简图	挠曲轴方程	挠度和转角
7	(简支梁，集中力 F 距 A 端 a，距 B 端 b)	$w = \dfrac{Fbx}{6lEI}(x^2 - l^2 + b^2)$ $(0 \leq x \leq a)$ $w = \dfrac{Fa(l-x)}{6lEI}(x^2 + a^2 - 2lx)$ $(a \leq x \leq l)$	$\delta = -\dfrac{Fb(l^2 - a^2)^{3/2}}{9\sqrt{3}\,lEI}$ $\left(\text{位于 } x = \sqrt{\dfrac{l^2 - b^2}{3}} \text{ 处}\right)$ $\theta_A = -\dfrac{Fb(l^2 - b^2)}{6lEI}$ $\theta_B = -\dfrac{Fa(l^2 - a^2)}{6lEI}$
8	(简支梁，均布荷载 q)	$w = \dfrac{qx}{24EI}(2lx^2 - x^3 - l^3)$	$\delta = -\dfrac{5ql^4}{384EI}$ $\theta_A = -\theta_B = -\dfrac{ql^3}{24EI}$
9	(简支梁，B 端作用力偶 M_e)	$w = \dfrac{M_e x}{6lEI}(l^2 - x^2)$	$\delta = \dfrac{M_e l^2}{9\sqrt{3}\,EI}$ (位于 $x = l/\sqrt{3}$ 处) $\theta_A = \dfrac{M_e l}{6EI}$ $\theta_B = -\dfrac{M_e l}{3EI}$
10	(简支梁，跨中 M_e，距 A 端 a，距 B 端 b)	$w = \dfrac{M_e x}{6lEI}(l^2 - 3b^2 - x^2)$ $(0 \leq x \leq a)$ $w = \dfrac{M_e(l-x)}{6lEI}(3a^2 - 2lx + x^2)$ $(a \leq x \leq l)$	$\delta_1 = \dfrac{M_e(l^2 - 3b^2)^{3/2}}{9\sqrt{3}\,lEI}$ (位于 $x = \sqrt{l^2 - 3b^2}/\sqrt{3}$ 处) $\delta_2 = -\dfrac{M_e(l^2 - 3a^2)^{3/2}}{9\sqrt{3}\,lEI}$ (位于距 B 端 $\bar{x} = \sqrt{l^2 - 3a^2}/\sqrt{3}$ 处) $\theta_A = \dfrac{M_e(l^2 - 3b^2)}{6lEI}$ $\theta_B = \dfrac{M_e(l^2 - 3a^2)}{6lEI}$ $\theta_C = \dfrac{M_e(l^2 - 3a^2 - 3b^2)}{6lEI}$

附录 D 型钢规格表

符号意义：
- b——边宽度
- d——边厚度
- r——内圆弧半径
- r_1——边端圆弧半径
- Z_0——重心距离

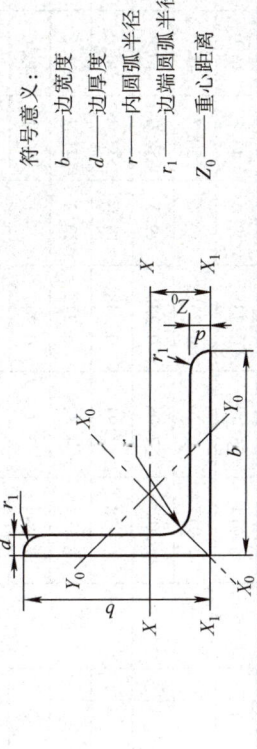

型号	截面尺寸/mm			截面面积/cm²	理论质量/(kg/m)	外表面积/(m²/m)	惯性矩/cm⁴				惯性半径/cm			截面系数/cm³			重心距离/cm
	b	d	r				I_x	I_{x1}	I_{x0}	I_{y0}	i_x	i_{x0}	i_{y0}	W_x	W_{x0}	W_{y0}	Z_0
2	20	3	3.5	1.132	0.89	0.078	0.40	0.81	0.63	0.17	0.59	0.75	0.39	0.29	0.45	0.20	0.60
		4		1.459	1.15	0.077	0.50	1.09	0.78	0.22	0.58	0.73	0.38	0.36	0.55	0.24	0.64
2.5	25	3		1.432	1.12	0.098	0.82	1.57	1.29	0.34	0.76	0.95	0.49	0.46	0.73	0.33	0.73
		4		1.859	1.46	0.097	1.03	2.11	1.62	0.43	0.74	0.93	0.48	0.59	0.92	0.40	0.76
3	30	3		1.749	1.37	0.117	1.46	2.71	2.31	0.61	0.91	1.15	0.59	0.68	1.09	0.51	0.85
		4		2.276	1.79	0.117	1.84	3.63	2.92	0.77	0.90	1.13	0.58	0.87	1.37	0.62	0.89
3.6	36	3	4.5	2.109	1.66	0.141	2.58	4.68	4.09	1.07	1.11	1.39	0.71	0.99	1.61	0.76	1.00
		4		2.756	2.16	0.141	3.29	6.25	5.22	1.37	1.09	1.38	0.70	1.28	2.05	0.93	1.04
		5		3.382	2.65	0.141	3.95	7.84	6.24	1.65	1.08	1.36	0.7	1.56	2.45	1.00	1.07
4	40	3		2.359	1.85	0.157	3.59	6.41	5.69	1.49	1.23	1.55	0.79	1.23	2.01	0.96	1.09
		4		3.086	2.42	0.157	4.60	8.56	7.29	1.91	1.22	1.54	0.79	1.60	2.58	1.19	1.13
		5		3.792	2.98	0.156	5.53	10.7	8.76	2.30	1.21	1.52	0.78	1.96	3.10	1.39	1.17
4.5	45	3	5	2.659	2.09	0.177	5.17	9.12	8.20	2.14	1.40	1.76	0.89	1.58	2.58	1.24	1.22
		4		3.486	2.74	0.177	6.65	12.2	10.6	2.75	1.38	1.74	0.89	2.05	3.32	1.54	1.26
		5		4.292	3.37	0.176	8.04	15.2	12.7	3.33	1.37	1.72	0.88	2.51	4.00	1.81	1.30
		6		5.077	3.99	0.176	9.33	18.4	14.8	3.89	1.36	1.70	0.80	2.95	4.64	2.06	1.33

(续)

型号	截面尺寸/mm			截面面积/cm²	理论质量/(kg/m)	外表面积/(m²/m)	惯性矩/cm⁴				惯性半径/cm			截面系数/cm³			重心距离/cm
	b	d	r				I_x	I_{x1}	I_{x0}	I_{y0}	i_x	i_{x0}	i_{y0}	W_x	W_{x0}	W_{y0}	Z_0
5	50	3	5.5	2.971	2.33	0.197	7.18	12.5	11.4	2.98	1.55	1.96	1.00	1.96	3.22	1.57	1.34
		4		3.897	3.06	0.197	9.26	16.7	14.7	3.82	1.54	1.94	0.99	2.56	4.16	1.96	1.38
		5		4.803	3.77	0.196	11.2	20.9	17.8	4.64	1.53	1.92	0.98	3.13	5.03	2.31	1.42
		6		5.688	4.46	0.196	13.1	25.1	20.7	5.42	1.52	1.91	0.98	3.68	5.85	2.63	1.46
5.6	56	3	6	3.343	2.62	0.221	10.2	17.6	16.1	4.24	1.75	2.20	1.13	2.48	4.08	2.02	1.48
		4		4.39	3.45	0.220	13.2	23.4	20.9	5.46	1.73	2.18	1.11	3.24	5.28	2.52	1.53
		5		5.415	4.25	0.220	16.0	29.3	25.4	6.61	1.72	2.17	1.10	3.97	6.42	2.98	1.57
		6		6.42	5.04	0.220	18.7	35.3	29.7	7.73	1.71	2.15	1.10	4.68	7.49	3.40	1.61
		7		7.404	5.81	0.219	21.2	41.2	33.6	8.82	1.69	2.13	1.09	5.36	8.49	3.80	1.64
		8		8.367	6.57	0.219	23.6	47.2	37.4	9.89	1.68	2.11	1.09	6.03	9.44	4.16	1.68
6	60	5	6.5	5.829	4.58	0.236	19.9	36.1	31.6	8.21	1.85	2.33	1.19	4.59	7.44	3.48	1.67
		6		6.914	5.43	0.235	23.4	43.3	36.9	9.60	1.83	2.31	1.18	5.41	8.70	3.98	1.70
		7		7.977	6.26	0.235	26.4	50.7	41.9	11.0	1.82	2.29	1.17	6.21	9.88	4.45	1.74
		8		9.02	7.08	0.235	29.5	58.0	46.7	12.3	1.81	2.27	1.17	6.98	11.0	4.88	1.78
6.3	63	4	7	4.978	3.91	0.248	19.0	33.4	30.2	7.89	1.96	2.46	1.26	4.13	6.78	3.29	1.70
		5		6.143	4.82	0.248	23.2	41.7	36.8	9.57	1.94	2.45	1.25	5.08	8.25	3.90	1.74
		6		7.288	5.72	0.247	27.1	50.1	43.0	11.2	1.93	2.43	1.24	6.00	9.66	4.46	1.78
		7		8.412	6.60	0.247	30.9	58.6	49.0	12.8	1.92	2.41	1.23	6.88	11.0	4.98	1.82
		8		9.515	7.47	0.247	34.5	67.1	54.6	14.3	1.90	2.40	1.23	7.75	12.3	5.47	1.85
		10		11.66	9.15	0.246	41.1	84.3	64.9	17.3	1.88	2.36	1.22	9.39	14.6	6.36	1.93
		4		5.570	4.37	0.275	26.4	45.7	41.8	11.0	2.18	2.74	1.40	5.14	8.44	4.17	1.86
		5		6.876	5.40	0.275	32.2	57.2	51.1	13.3	2.16	2.73	1.39	6.32	10.3	4.95	1.91

70	6	7		8.160	6.41	0.275	37.8	68.7	59.9	15.6	2.15	2.71	1.38	7.48	12.1	5.67	1.95
70	7	7		9.424	7.40	0.275	43.1	80.3	68.4	17.8	2.14	2.69	1.38	8.59	13.8	6.34	1.99
70	8	7		10.67	8.37	0.274	48.2	91.9	76.4	20.0	2.12	2.68	1.37	9.68	15.4	6.98	2.03
75	5	7.5		7.412	5.82	0.295	40.0	70.6	63.3	16.6	2.33	2.92	1.50	7.32	11.9	5.77	2.04
75	6	7.5		8.797	6.91	0.294	47.0	84.6	74.4	19.5	2.31	2.90	1.49	8.64	14.0	6.67	2.07
75	7	7.5		10.16	7.98	0.294	53.6	98.7	85.0	22.2	2.30	2.89	1.48	9.93	16.0	7.44	2.11
75	8	7.5		11.50	9.03	0.294	60.0	113	95.1	24.9	2.28	2.88	1.47	11.2	17.9	8.19	2.15
75	9	7.5		12.83	10.1	0.294	66.1	127	105	27.5	2.27	2.86	1.46	12.4	19.8	8.89	2.18
75	10	7.5		14.13	11.1	0.293	72.0	142	114	30.1	2.26	2.84	1.46	13.6	21.5	9.56	2.22
80	5	8		7.912	6.21	0.315	48.8	85.4	77.3	20.3	2.48	3.13	1.60	8.34	13.7	6.66	2.15
80	6	8		9.397	7.38	0.314	57.4	103	91.0	23.7	2.47	3.11	1.59	9.87	16.1	7.65	2.19
80	7	8		10.86	8.53	0.314	65.6	120	104	27.1	2.46	3.10	1.58	11.4	18.4	8.58	2.23
80	8	8		12.30	9.66	0.314	73.5	137	117	30.4	2.44	3.08	1.57	12.8	20.6	9.46	2.27
80	9	8		13.73	10.8	0.314	81.1	154	129	33.6	2.43	3.06	1.56	14.3	22.7	10.3	2.31
80	10	8		15.13	11.9	0.313	88.4	172	140	36.8	2.42	3.04	1.56	15.6	24.8	11.1	2.35
90	6	9		10.64	8.35	0.354	82.8	146	131	34.3	2.79	3.51	1.80	12.6	20.6	9.95	2.44
90	7	9		12.30	9.66	0.354	94.8	170	150	39.2	2.78	3.50	1.78	14.5	23.6	11.2	2.48
90	8	9		13.94	10.9	0.353	106	195	169	44.0	2.76	3.48	1.78	16.4	26.6	12.4	2.52
90	9	9		15.57	12.2	0.353	118	219	187	48.7	2.75	3.46	1.77	18.3	29.4	13.5	2.56
90	10	9		17.17	13.5	0.353	129	244	204	53.3	2.74	3.45	1.76	20.1	32.0	14.5	2.59
90	12	9		20.31	15.9	0.352	149	294	236	62.2	2.71	3.41	1.75	23.6	37.1	16.5	2.67

附录D 型钢规格表

(续)

型号	截面尺寸/mm				截面面积/cm²	理论质量/(kg/m)	外表面积/(m²/m)	惯性矩/cm⁴				惯性半径/cm			截面系数/cm³			重心距离/cm
	b	d		r				I_x	I_{x1}	I_{x0}	I_{y0}	i_x	i_{x0}	i_{y0}	W_x	W_{x0}	W_{y0}	Z_0
10	100	6		12	11.93	9.37	0.393	115	200	182	47.9	3.10	3.90	2.00	15.7	25.7	12.7	2.67
		7			13.80	10.8	0.393	132	234	209	54.7	3.09	3.89	1.99	18.1	29.6	14.3	2.71
		8			15.64	12.3	0.393	148	267	235	61.4	3.08	3.88	1.98	20.5	33.2	15.8	2.76
		9			17.46	13.7	0.392	164	300	260	68.0	3.07	3.86	1.97	22.8	36.8	17.2	2.80
		10			19.26	15.1	0.392	180	334	285	74.4	3.05	3.84	1.96	25.1	40.3	18.5	2.84
		12			22.80	17.9	0.391	209	402	331	86.8	3.03	3.81	1.95	29.5	46.8	21.1	2.91
		14			26.26	20.6	0.391	237	471	374	99.0	3.00	3.77	1.94	33.7	52.9	23.4	2.99
		16			29.63	23.3	0.390	263	540	414	111	2.98	3.74	1.94	37.8	58.6	25.6	3.06
11	110	7		12	15.20	11.9	0.433	177	311	281	73.4	3.41	4.30	2.20	22.1	36.1	17.5	2.96
		8			17.24	13.5	0.433	199	355	316	82.4	3.40	4.28	2.19	25.0	40.7	19.4	3.01
		10			21.26	16.7	0.432	242	445	384	100	3.38	4.25	2.17	30.6	49.4	22.9	3.09
		12			25.20	19.8	0.431	283	535	448	117	3.35	4.22	2.15	36.1	57.6	26.2	3.16
		14			29.06	22.8	0.431	321	625	508	133	3.32	4.18	2.14	41.3	65.3	29.1	3.24
12.5	125	8		14	19.75	15.5	0.492	297	521	471	123	3.88	4.88	2.50	32.5	53.3	25.9	3.37
		10			24.37	19.1	0.491	362	652	574	149	3.85	4.85	2.48	40.0	64.9	30.6	3.45
		12			28.91	22.7	0.491	423	783	671	175	3.83	4.82	2.46	41.2	76.0	35.0	3.53
		14			33.37	26.2	0.490	482	916	764	200	3.80	4.78	2.45	54.2	86.4	39.1	3.61
		16			37.74	29.6	0.489	537	1050	851	224	3.77	4.75	2.43	60.9	96.3	43.0	3.68
14	140	10		14	27.37	21.5	0.551	515	915	817	212	4.34	5.46	2.78	50.6	82.6	39.2	3.82
		12			32.51	25.5	0.551	604	1100	959	249	4.31	5.43	2.76	59.8	96.9	45.0	3.90
		14			37.57	29.5	0.550	689	1280	1090	284	4.28	5.40	2.75	68.8	110	50.5	3.98
		16			42.54	33.4	0.549	770	1470	1220	319	4.26	5.36	2.74	77.5	123	55.6	4.06

附录D 型钢规格表

15	150	8	23.75	18.6	0.592	521	900	827	215	4.69	5.90	3.01	47.4	78.0	38.1	3.99
		10	29.37	23.1	0.591	638	1130	1010	262	4.66	5.87	2.99	58.4	95.5	45.5	4.08
		12	34.91	27.4	0.591	749	1350	1190	308	4.63	5.84	2.97	69.0	112	52.4	4.15
		14	40.37	31.7	0.590	856	1580	1360	352	4.60	5.80	2.95	79.5	128	58.8	4.23
		15	43.06	33.8	0.590	907	1690	1440	374	4.59	5.78	2.95	84.6	136	61.9	4.27
		16	45.74	35.9	0.589	958	1810	1520	395	4.58	5.77	2.94	89.6	143	64.9	4.31
16	160	10	31.50	24.7	0.630	780	1370	1240	322	4.98	6.27	3.20	66.7	109	52.8	4.31
		12	37.44	29.4	0.630	917	1640	1460	377	4.95	6.24	3.18	79.0	129	60.7	4.39
		14	43.30	34.0	0.629	1050	1910	1670	432	4.92	6.20	3.16	91.0	147	68.2	4.47
		16	49.07	38.5	0.629	1180	2190	1870	485	4.89	6.17	3.14	103	165	75.3	4.55
18	180	12	42.24	33.2	0.710	1320	2330	2100	543	5.59	7.05	3.58	101	165	78.4	4.89
		14	48.90	38.4	0.709	1510	2720	2410	622	5.56	7.02	3.56	116	189	88.4	4.97
		16	55.47	43.5	0.709	1700	3120	2700	699	5.54	6.98	3.55	131	212	97.8	5.05
		18	61.96	48.6	0.708	1880	3500	2990	762	5.50	6.94	3.51	146	235	105	5.13
20	200	14	54.64	42.9	0.788	2100	3730	3340	864	6.20	7.82	3.98	146	236	112	5.46
		16	62.01	48.7	0.788	2370	4270	3760	971	6.18	7.79	3.96	164	266	124	5.54
		18	69.30	54.4	0.787	2620	4810	4160	1080	6.15	7.75	3.94	182	294	136	5.62
		20	76.51	60.1	0.787	2870	5350	4550	1180	6.12	7.72	3.93	200	322	147	5.69
		24	90.66	71.2	0.785	3340	6460	5290	1380	6.07	7.64	3.90	236	374	167	5.87

参 考 文 献

[1] 任述光. 材料力学：上［M］. 北京：国防工业出版社，2015.
[2] 任述光. 材料力学［M］. 西安：西安交通大学出版社，2018.
[3] 刘鸿文. 材料力学：Ⅰ［M］. 5版. 北京：高等教育出版社，2010.
[4] 孙训方，方孝淑，关来泰. 材料力学：Ⅰ［M］. 5版. 北京：高等教育出版社，2008.
[5] 单辉祖. 材料力学：Ⅰ［M］. 3版. 北京：高等教育出版社，2009.
[6] 吴永端，邓宗白，周克印. 材料力学［M］. 北京：高等教育出版社，2011.
[7] 苏翼林，王燕群，赵志刚，等. 材料力学［M］. 天津：天津大学出版社，2001.
[8] 韦德骏. 材料力学［M］. 北京：机械工业出版社，1995.
[9] 范钦珊，殷雅俊. 材料力学［M］. 2版. 北京：清华大学出版社，2008.
[10] 教育部高等学校力学教学指导委员会力学基础课程教学指导分委员会. 理工科非力学专业力学基础课程教学基本要求［M］. 北京：高等教育出版社，2008.
[11] 任述光. 弹性力学与有限单元法［M］. 西安：西安交通大学出版社，2018.
[12] 胡增强. 固体力学基础［M］. 南京：东南大学出版社，1990.
[13] 杜庆华，熊祝华，陶学文. 应用固体力学基础［M］. 北京：高等教育出版社，1987.
[14] 徐芝纶. 弹性力学：上册［M］. 2版. 北京：人民教育出版社，1982.
[15] 王龙甫. 弹性理论［M］. 北京：科学出版社，1978.
[16] 徐秉业，刘信声. 结构塑性极限分析［M］. 北京：中国建筑工业出版社，1985.